탁월한 적중률! 합격의 동반자!

채한태
명품
공직선거법

전범위 모의고사

머리말 PREFACE

그동안 헌법을 전공한 후 대학 강단과 수험 현장에서 강의를 시작한지 20년이 넘는 시간 동안 수험계에서 많은 합격생과 최고의 전통이라는 금자탑을 이룩하였으며 수험생 제위의 성원에 힘입어 『명품공직선거법 전범위 모의고사』를 출간하는 바이다.

수험생 여러분이 공직선거법에 쉽게 접근하여 단기간에 공직선거법을 정복할 수 있는 방법을 불철주야 연구하여 미력하나마 수험생 여러분의 합격에 기여하고 싶은 마음이 간절하다.

『명품공직선거법 전범위 모의고사』는 공직선거법 출제경향상 난이도가 높은 문제와 함정 문제를 효과적으로 단기간에 정복할 수 있도록 심혈을 기울여 독창적으로 만든 '실전 모의고사' 문제집으로, 본서는 최근의 기출문제를 철저히 심도 있게 분석하여 시험 출제경향에 맞추어 문제를 엄선하여 수록하였다.

『명품공직선거법 전범위 모의고사』의 특징은 아래와 같이 요약할 수 있다.

> **첫째** 새로운 문제유형에 적응하기 위해서 박스 문항 문제를 많이 수록하였다.
> **둘째** 옳은 설명 문제를 찾는 데 중점을 두어 내용을 정확하게 숙지하여 풀 수 있도록 하였다.
> **셋째** 최근 개정법률과 헌법재판소의 최신 주요 판례를 완벽 반영하여 수록하였다.
> **넷째** 변경된 7급 문제 유형에 대응하기 위해서 1회부터 5회까지는 문항 수를 25문항으로 수록하였다.

본서의 출간에 항상 성원해 주시는 Daum 채한태헌법교실 카페의 4만여 명의 회원 및 메가스터디교육(주) 편집부 직원 여러분께 감사드린다. 앞으로도 헌법과 관련하여 동영상강의 및 양질의 수험자료들을 채한태헌법교실(https://cafe.daum.net/cht016)을 통해 수시로 업데이트 해드릴 것을 약속하는 바이다.

盡人事待天命
수험생여러분의 합격을 진심으로 기원하며 이 글을 이만 마친다.

다산공무원시험 합격연구소
채한태 법학박사 배상

합격자 추천 후기 RECOMMENDATION

헌법을 처음 공부할 때는 기본강의 이후 기출문제만 반복하다 보니 일정 수준 이상의 점수를 벗어나기가 어려웠습니다. 단순 기출 반복이 아닌 적용된 법이나 원리의 이해를 바탕으로 지문 하나하나의 쟁점을 파악하며 문제 푸는 연습을 하였습니다. 그 결과 모의고사에서도 여러 차례 50점 만점을 받을 수 있었고 헌법이라는 과목에 자신감이 생겼습니다. 특히 앞서 말씀드린 것처럼 매일 전과목을 공부하고 기록하는 방법은 채한태 교수님께서 강조하여 말씀해 주신 방법이기에 반드시 지켜야겠다는 생각으로 매일매일 전과목을 공부했습니다.
채한태 교수님이 면접의 노하우를 지도해 주셔서 면접에서도 합격을 할 수 있습니다. 감사합니다.

2023년 경찰(순경직) 서울경찰청 김○○

명품공직선거법 시리즈 강의를 통해서 고득점으로 합격하였습니다. 감사합니다.   2023년 9급 선관위직 합격 이○○

헌법은 채한태 박사님 기본강의 들었습니다.
이해하면 외워지는 스타일이라 기출 풀 때 초반 문제 다지기에 집중했습니다. 저는 법 과목은 일단 기본서를 정독하고 판례에 저만의 코멘트를 달며 저의 언어로 법을 이해하며 학습했습니다. 법 과목은 해설도 난해한 용어로 적혀 있고, 두 번 꼬아서 말을 하기에 회독 시 이해 시간을 줄이기 위해 제가 이해한 내용대로 옆에 열심히 필기해 놓으며 저의 것으로 만들려고 노력했습니다. 처음엔 시간이 많이 걸리는 과목이지만 개인적으로 헌법이 제일 재밌는 것 같습니다. (박사님의 훌륭하신 강의 덕분에 95점 받았습니다)
공부는 입력도 중요하지만 출력은 더더욱 중요합니다. 꼭 하프, 모고 등 출력의 과정을 거치시고 자신의 학습수준을 점검하셔서 더욱 효율적으로 공부하시기 바랍니다. 자신이 공부할 때 어떤 스타일인지 메타인지를 키우셔서 적용하시면 빠르게 합격하실 거라 생각합니다.
헌법 시작부터 합격까지 면접도 채한태 박사님의 도움으로 합격을 할 수 있었습니다. 자소서는 채한태 박사님께 첨삭 지도받았습니다. 부족한 부분을 잘 캐치해 주셔서 더 완성도 높은 자소서와, 면접 마인드를 배울 수 있었습니다. 대단히 감사드립니다!
오직 국회만 바라보고 준비해서 많은 부담감이 있었으나 면접일 2일 전부터 이러한 마음을 내려놓고 마인드컨트롤에 집중하였습니다. 긴장을 많이 하는 편이라 인데놀 복용하였습니다. 면접 당일 준비한 답변들 마음속으로 중얼거리며 연습하였습니다. 저는 긴장을 조금이라도 낮추기 위해 면접장 문 열고 들어갔을 때 제가 면접 씬을 찍는 배우라 생각하고 현실의 압박을 내려놓으려 했습니다. 면접관님들께서 미소를 띠며 질문해 주셔서 저도 똑같이 미소를 띠고 답변했습니다. (면접 때 안 웃으셔도 되지만, 전 인상이 안 웃으면 화나 보인다고 해서 미소를 신경썼습니다) 준비해 간 답변들이 채한태 박사님께서 지도해 주신 것과 같이 '국회사랑, 공직자 마인드, 나라사랑'에 중점을 둔 답변이라서 정말 제가 국회를 사랑하고, 합격한다면 정말 나라와 국민을 위해 헌신하여 일하겠다는 의지와 모습을 최대한 보여드렸습니다.
국회 면접은 제로베이스라고 알고 있었고, 면접장에서 만난 다른 면접자분들 인상이 훌륭하셔서 여기서 돋보이지 않으면 끝이겠구나 판단하였고 최선을 다해서 쉬운 질문이더라도 저라는 사람을 보여드릴 수 있는, 특히 평정표에서 점수를 얻을 수 있는 답변을 하였습니다. 또한 면접관님께서 질문하실 때 눈을 쳐다보고 살짝 고개를 끄덕이는 등 집중하는 시그널, 긍정적인 모습을 보여드리려 노력했습니다.

끝까지 포기하지 않고 왔더니 합격하게 되었습니다. 사실 아직도 실감은 안 나지만 괴로웠던 모든 과정이 끝났다는 게 너무 기쁘고 벅찹니다! 꿈을 이루기까지 많이 힘드시겠지만 조금만 더 힘내시고 꼭 합격하시길 바라겠습니다.
채한태 박사님께 다시 한번 존경과 감사의 말씀 올립니다. 박사님의 자소서 첨삭 지도가 면접 준비 방향을 잡는 데 정말 많은 도움이 되었습니다. 감사드립니다.　　　　　　　　　　　　　　　　　　　2023년 국회(속기직) 문○○

명품헌법으로 공부하여 단기간에 고득점으로 합격하였습니다. 다양한 사례와 방대한 판례를 공식으로 만들어 주셔서 감사드립니다.　　　　　　　　　　　　　　　　　　　　　　　　　　　　　　2023년 7급 국가직 김○○

명품헌법 시리즈를 구해서 반복적으로 공부하여 합격하게 되었습니다. 명품헌법은 정리가 잘 되어 있어 시간을 줄일 수 있습니다.　　　　　　　　　　　　　　　　　　　　　　　　　　　　　　2023년 7급 대구시 지방직 이○○

채한태 박사님께서 헌법재판소 판례비교 정리를 잘해주셔서 단기간에 총정리하여 좋은 결과가 왔습니다. 감사드려요.
　　　　　　　　　　　　　　　　　　　　　　　　　　　　　　2023년 상반기 비상계획관 김○○ 대령

명품헌법 종합기출문제집 특강과 헌법 기출지문 OX 4700제로 헌법고득점을 하였습니다. 채한태교수님의 도표정리가 많은 도움이 되었습니다.　　　　　　　　　　　　　　　　　　　　　　　　　　　　　2023년 국회8급 이○○

명품헌법으로 공부하고 고득점하여 꿈을 이루었습니다. 최신판례와 시사적인 내용을 신속하게 정리하여 주어 많은 도움이 되었습니다.　　　　　　　　　　　　　　　　　　　　　　　2023년 상반기 순경직 순경 공채필기 합격 최○○

명품헌법 채한태 박사님의 강의는 전체적인 개요와 도표를 통한 설명은 자신감을 높일 수 있었습니다. 단기간에 고득점을 할 수 있습니다. 감사드립니다.　　　　　　　　　　　　　　　　　　　　　　　　2023 사무관 승진합격 김○○

방대한 헌법재판소의 판례를 체계적으로 정리해 주시고 판례공식을 알려주어 부담을 줄일 수 있었습니다. 채한태 박사님 강의를 통해서 목표를 이루었습니다.　　　　　　　　　　　　　　　　　　　　　　　　2023 경정승진 합격 이○○

순경준비하던 수험생으로서 시작이 가장 힘든 과목이었습니다. 채한태 교수님 명품 헌법을 들으면서 시작하였습니다. 적지 않은 시험 범위에 걱정이 많이 되었지만, 채한태교수님이 차근차근 명쾌하게 설명해 주시면서 출제예상 판례와 이론 위주의 수업은 시간을 절약해야 하는 저에게 큰 도움이 되었습니다.
첫 2회전을 돌렸어도 여전히 기출을 바로 풀기에는 무리였으나, 올해 1월쯤 시작한 〈명품헌법 기출지문 4700제 OX〉를 풀고 나서 완전히 달라졌습니다. 문제가 이해가 되고 보이기 시작하였습니다. 그래서 짧은 기간 내 6회전을 바로 돌렸고, 그제서야 헌법 종합 기출문제가 쉽게 풀리기 시작하였습니다. 마지막 달에 해주신 예상 판례 특강을 통해서 마지막 복습 정리를 하여서 출제예상 문제에 좀 더 집중할 수 있었습니다. 많은 수험생 여러분도 채한태 교수님 헌법 커리큘럼을 믿고 따라오시면 합격 점수는 보장해 주실 겁니다.　　　　　　　　　　　　2022년 상반기 서울지방경찰청 순경 공채 합격 서○○

합격자 추천 후기 | RECOMMENDATION

채한태 박사님 명품헌법 기본심화 강의와 헌법재판소판례 특강을 통해서 방대한 헌법을 정복하였습니다.

2022년 상반기 비상계획관 합격 김○○ 대령

명품헌법 시리즈특강을 통해서 고득점을 할 수 있었습니다. 국회직 면접까지 박사님이 지도해 주셔서 최종합격할 수 있었습니다.

2022년 국회 8급 합격 이○○

법과목 중에서 헌법분량이 많지만 채한태 선생님이 요약정리해 주셔서 고득점하였습니다.

2022년 법원서기보 합격 박○○

명품 공직선거법 교재와 채한태샘 강의 듣고 합격을 했습니다. 도표정리가 많은 도움이 되었어요.

2022년 9급 선관위직 필기 합격 이○○

방대한 공직선거법 조문을 잘 정리해 주셔서 단기간에 고득점했습니다.

2022년 9급 선관위직 필기 합격 김○○

국가공무원 7급 시험을 준비하고 있는 수험생입니다. 박사님의 명품헌법 기본강의, 기출강의, 최신판례 강의, 모의고사 강의 등을 통해서 헌법 만점을 얻었습니다. 이번 2차 시험에서 헌법 만점을 받을 수 있었습니다. 좋은 가르침에 진심으로 감사드립니다.

2021년 7급 국가직 합격 김○○

채한태 박사님 명품헌법 기본서 · 종합기출문제집 · 헌법재판소판례특강을 메가공무원 홈페이지에서 인터넷 강의를 통해 반복적으로 수강하였습니다. 독학으로 알아내기 어려웠던 명쾌한 부분들을 짚어주신 덕분에 고득점으로 합격을 했습니다.

2021년 비상계획관 합격 김○○

박사님의 헌법재판소 판례강의와 기본이론 명품헌법강의는 주제별로 총정리가 잘 되어 있기에 단기간에 원하는 목표를 얻을 수 있었습니다.

2021 경찰승진 합격 최○○

비전공자에게 법적인 마인드 함양과 법해석의 방법을 선생님께서 쉽고 자세하게 설명해 주셔서 법원직 헌법 과목에서 좋은 점수를 득점할 수 있었습니다.

2021 법원직 합격 이○○

헌법이론과 시사적인 내용을 하나로 연결하여 이해하기 쉽게 설명을 해주신 덕분에 단기간에 헌법을 쉽게 이해할 수 있었습니다.

2021 국회직 합격 정○○

탁월한 **적중률!** 합격의 **동반자!** 채한태 법학박사의 **명품공직선거법**

사실 저는 현직에 근무하면서 학습시간의 부족으로 퇴근 후 학습시간은 주로 헌법과 법령 위주로 공부하여 면접에 많은 시간을 투자할 시간을 가지지는 못했습니다. 면접과 관련한 기본적 지식은 제가 다녔던 비상계획관 학원 강의를 통해 배운 내용을 주요 키워드 위주로 정리 암기하였으며 면접 PT 작성요령, 답변 방법, 자세, 기타 면접 노하우 등은 채한태 박사님께서 운영하는 면접 특강을 2회 수강하면서 가르쳐주신 방법을 전적으로 믿고 면접 당일 그대로 적용하려 노력하였으며 그 결과 첫 시험치고는 괜찮은 면접 성적을 얻었다고 생각합니다. 채한태 박사님께 문자로 질문하였고 박사님의 친절하신 답변이 많은 도움이 되었습니다. 박사님과의 면접 실습을 통한 저의 약점 보완은 제게 커다란 도움이 되었습니다. 박사님의 노하우 담긴 조언과 개별적인 눈높이 교육은 정말 큰 도움이 되리라 믿습니다. 박사님의 도움이 커다란 힘이 되었음에 깊은 감사를 드립니다.

2020년 상반기 비상계획관 합격 조○○

경찰 간부후보생 시험 합격 후 경찰 승진 준비를 하면서 채한태 박사님 책을 보게 되었습니다. 기초가 부족하고 헌법을 처음 접해 보는 사람에게 무조건 추천해 드리고 싶습니다. 시간이 되신다면 박사님 강의를 병행하면서 짧은 시간에 큰 효과를 거둘 수 있습니다. 박사님 책을 보면서 더욱 수험생 혹은 승진 대상자들을 배려하는 세심한 설명과 자세한 자료를 보면서 매년 더욱 만족하고 있습니다.

2020년 국가직 7급 합격 이○○

저는 법학 전공이 아니지만 공직선거법을 채한태 박사님 강의를 듣고 고득점했어요. 중요 내용을 도표로 정리해 주는 최적화된 강의 감사해요.

2019년 선거직 9급 합격 박○○

명품 공직선거법의 기본서와 단원별 객관식 문제집으로 공부하여 합격의 영광을 얻게 되었어요. 면접까지도 채한태 박사님이 지도해 주셔서 최종 합격했어요. 감사드려요.

2019년 선거직 7급 합격 김○○

채한태 박사님의 명품헌법 강의를 듣고 헌법에 대한 이해와 자신감을 가지게 되었습니다. 헌법에 대해서 어려움을 가지고 계신 분들은 채한태 박사님의 강의를 통해서 해결할 수 있습니다.

2019년 국가직 7급 합격 김○○

어려운 헌법 과목을 가장 이해하기 쉽게 가르쳐 주십니다. 핵심정리와 암기 공식을 제시하여 헌법이 고득점 과목이 되었습니다.

2019년 국회직 8급 합격 이○○

명품헌법 기본서와 채한태 박사님 강의로 방대한 헌법을 단기간에 해결하여 비상계획관 시험에서 합격의 영광을 얻게 되었어요. 질문할 때마다 친절하게 도와주셨던 채한태 박사님 고맙습니다.

2018년 비상계획관 합격 김○○

공대생이라 법 과목이 너무나 힘들었으나 쉽고 명쾌하게 강의하시는 채한태 교수님 명품헌법 덕분에 합격할 수 있었습니다.

2018년 소방간부후보생 합격 이○○

합격자 추천 후기 | RECOMMENDATION

채한태닷컴에서 동영상으로 명품헌법 기본강의를 반복적으로 공부하여 합격했습니다. 명품헌법 교재는 중요 내용의 밑줄 처리와 색감 처리가 잘 되어 있어 가독성이 탁월합니다. 동영상으로 강의 듣기에도 편리합니다.

2018년 법원직 합격 김○○

합격한 선배님의 추천으로 명품헌법 기본서로 강의를 듣고 합격하였습니다. 중요 내용의 도표 정리와 기출문제의 반복적인 설명 등을 채한태 교수님이 잘해주셔서 헌법에서 고득점을 하였습니다.

2018년 국회직 8급 합격 이○○

명품헌법과 헌법 종합 기출문제집을 반복적으로 공부하여 단기간에 고득점을 하였습니다. 복잡한 헌법재판소 판례가 주제별로 잘 정리되어 보기에 편했습니다. 실전에서도 문제 푸는 데 많은 도움이 되었습니다.

2018년 서울시 7급 합격 박○○

추상적이고 방대한 양의 헌법에 처음엔 힘이 들었지만 채교수님의 체계적인 강의 덕분에 어려운 헌법 용어 및 개념들을 쉽게 이해할 수 있게 되었으며 또한 핵심적인 부분만을 가르쳐주시는 수험적합적 강의 덕분에 짧은 시간에 무리 없이 고득점을 확보할 수 있었다고 생각합니다.

2017년 국가직 7급 출입국관리직 합격 김○○

채한태 교수님 강의가 최고라고 생각합니다. 강의는 기본강의 들어보시면 판례도 비슷한 판례를 비교해서 정리도 잘해주시고, 체계도 잘 잡아주십니다. 저는 특히 강의에서 테마별·주제별로 정리해 주시는 부분이 가장 마음에 들었습니다. 그거 그대로 단권화할 때 써먹으시면 됩니다.

2017년 국가직 7급 외무영사직 합격 이○○

채한태 박사님의 명품헌법 강의를 통해 어디에서도 배울 수 없었던 남다른 팁과 정리표, 1:1 관리 등으로 실전 감각을 유지할 수 있었고 가벼운 마음으로 자신감 있게 합격할 수 있었습니다.

2017년 서울시 7급 합격 김○○

간결하고 명쾌하며 풍부한 시사 상식을 접목시키는 박사님의 명품 강의는 시간 가는 줄 모르고 헌법 공부에 몰입할 수 있게 해 주었습니다. 저는 헌법 용어와 개념이 취약했기 때문에 채한태 명품헌법 기본서를 충실하게 공부하며 기출문제집, 모의고사 문제집에 시간을 많이 투자했습니다. 저자가 다른 여러 헌법 서적을 보라는 조언들이 있었지만 저는 부화뇌동하지 않았습니다. 채한태 명품헌법의 강의가 가장 알차고, 기본서는 가장 충실하며, 언제든지 궁금한 점이 있으면 답변을 받을 수 있었기에, 저는 꾸준히 강의를 듣고 기본서를 중심으로 공부하면서 문제집을 공략하였습니다. 든든한 언덕이 되어 주신 채한태 박사님으로부터 헌법을 배울 수 있었던 것은 행운이었습니다.

2015년 상반기 비상계획관 합격 오○○

채한태 교수님 강의 덕분에 기본 개념부터 충분히 인지할 수 있었고 특히 채한태 교수님 카페에 가입하며 메일로 최신 판례를 받아볼 수 있었던 점이 도움이 됐습니다. 헌법은 최신판례가 많이 반영되기 때문에 수험생들이 최신판례 공부를 철저히 한 뒤 시험에 임하는 것이 좋을 것 같습니다. 또한 헌법은 비슷한 개념이 많이 나오는 편인만큼, 유사 개념들을 표로 정리해 특징을 정리하고 헷갈리는 부분들을 점검할 수 있어서 마무리까지 많은 도움이 됐습니다.

2014년 서울시 7급 일반행정직 최연소 (당시 21세) 합격 김○○

탁월한 **적중률!** 합격의 **동반자!** 채한태 법학박사의 **명품공직선거법**

성실한 강의, 헌법의 핵심과 출제경향을 꿰뚫는 강의, 채한태 박사님의 강의를 직접 확인하신다면 헌법에 대한 시야는 확 달라질 것입니다.

2014년 교정직 7급 최연장(당시 51세) 합격 조○○

법에 대해서 아무것도 몰랐던 저도 채한태 선생님의 명품헌법을 보고 헌법을 정복할 수 있었습니다. 채한태 선생님의 체계적인 강의와 더불어 이 책을 함께 보신다면 여러분 또한 합격의 길로 들어서실 수 있습니다.

2014년 국가직 7급 세무직 차석 합격 박○○

말이 필요하겠습니까. 결과가 보여줍니다. 국가직 헌법 고득점의 1등 공신 역할은 명품헌법이었습니다.

2014년 국가직 우정사업본부 합격 조○○

헌법의 기본이론을 강의를 들으면서 총정리하고 반복하여 공부하여 정복했습니다. 최신판례특강과 모의고사 문제풀이를 통해서 마무리 정리하여 효과를 보았습니다.

2014년 국회사무처 8급 합격 박○○

채한태 박사님의 헌법 강의를 듣지 않았으면, 앞으로 6개월은 더 학습을 해야 할 상황이었습니다. 무조건 특강이든, 수업이든 참석했습니다. 강의는 기본이지만 간간이 들려주시는 시사성 있는 멘트들은 웃음을 자아냈고, 봉사활동 등 말씀을 들으며 많이 배웠습니다. 공부야 시험 보고 나면 합격으로 끝나지만 인생은 오래가니까. 헌법 공부하시는 분들~ 명품을 믿고 그리고 추가 공부!

2014년 비상계획관 합격 오○○

이번에 시험 보면서 교수님이 적중률이 정말 높다는 것을 새삼 실감했어요. 헌법이 어려웠다고 한 학생들은 처음 보는 게 많아서 그랬다고 하는데 저는 교수님 덕분에 처음 보는 문제는 하나도 없었던 거 같아요. 봤던 문제, 중요하다고 하셨던 문제가 다 나와서 시간 절약이 많이 된 과목이었어요. 정말 감사드립니다!

2013년 외무영사직 수강생

2013년 외무영사직 수강생법 과목을 처음 접해본 저에게 채한태 박사님의 명품헌법은 그야말로 명쾌한 해답으로 다가왔습니다. 정확하고 깔끔한 강의! 합격생으로서 감히 여러분께 추천드립니다.

2013년 국가직 7급 일반행정직 합격 홍○○

헌법은 당연히 100점을 맞고 합격했습니다. 합격하고 나서 생각해보니 헌법이란 과목을 채한태 박사님께 배운 것은 큰 행운이었습니다. 헌법은 화학과를 나온 저에게도 합격할 때까지 항상 효자 과목이었습니다. 박사님 감사합니다!

2013년 국가직 7급 일반행정직 합격 소○○

제가 수험 2년차에 명품헌법을 처음 접하고 나서 "헌법이 쉽다"라고 감히 생각할 수 있었습니다. 풍부한 사례를 통해 추상적인 헌법을 생활 속에 숨 쉬게 해줍니다. 믿고 따라가신다면 합격의 전략과목 중 하나가 헌법이 될 것입니다. 꼭 합격하시길 바랍니다.

2013년 국가직 회계직 합격 김○○

합격자 추천 후기 RECOMMENDATION

법 공부를 처음 접했던 저에게 헌법은 굉장히 낯선 과목이었습니다. 채한태 쌤 수업을 들으면서 시사를 예로 들면서 명료하게 진행하시는 것을 느꼈고 헌법 공부를 재밌게 할 수 있었습니다. 더하여 언제나 합격할 수 있다는 자신감을 심어주신 쌤께 진심으로 감사드립니다.
명품헌법 + 채한태 쌤 강의를 통해 훌륭한 공무원이 되기 위한 첫걸음을 시작하시길 바라며, 합격을 기원합니다.

2013년 외무영사직 합격 신○○

수험공부를 하면서 가장 좋았던 책을 꼽으라면 고민 없이 명품헌법을 꼽을 수가 있습니다. 정리와 요약이 잘 되어 있고, 기출문제 표기도 들어 있어서 다른 책을 볼 필요가 없었습니다. 명품헌법 한 권에 단권화를 하여 시험 당일까지 들고 다니시면 무적의 파트너를 만난 기분이실 것입니다. 헌법 공부는 시작부터 마무리까지 명품헌법 한 권으로 잡아낼 수 있으니 걱정 마시고 명품헌법을 나만의 책으로 만들어 보세요.

2013년 외무영사직 합격 임○○

명품헌법은 헌법을 처음 접하는 수험생도 체계적이고 효율적으로 공부할 수 있도록 합니다. 강의만 믿고 따라가시면 헌법 고득점은 보장되어 있습니다. 믿고 따라가십시오! 합격의 문이 열립니다!　　2013년 국가직 7급 일반행정직 합격 심○○

헌법은 단연 만점으로 합격했습니다. 비(非)법대생인 저도 이해하기 쉽고 체계적으로 공부할 수 있게 해준 명서입니다. 특히 기출 표시는 2회독부터 그 진가를 발휘하더군요. 정말 유용했습니다. 명품헌법에 있던 문장들을 그대로 시험장에서 봤을 때의 그 희열을 잊지 못할 것입니다. 명품헌법! 경험한 만큼 자신 있게 추천드립니다.

2012년 7급 국가직 일반행정직 합격 이○○

명품헌법 덕분에 저의 전략 과목이었던 헌법은 당연하게 100점 맞고 최종 합격하였습니다. 이해를 시켜주는 교재였기 때문에 처음 공부하는 헌법이 막막하지 않았고, 뜬구름 잡는 듯한 느낌이 없었습니다. 법 과목은 기본기가 중요하다는 것이 공부를 할수록 무슨 말인지 알겠더군요. 앞으로도 계속 예비 공무원들의 합격 길라잡이로서 명성을 이어나갈 것을 확신합니다.

2012년 국가직 7급 세무직 합격 권○○

9급 합격 후 이제 그만 현실에 안주하고 싶던 즈음에 친구의 권유로 박사님께 상담받고 조금 더 도전하자 스스로를 다독이며, 주저 없이 명품헌법을 선택하여 최종 합격까지 무난히 올 수 있었습니다. 돌이켜 생각해 보아도 정말 다행입니다. 처음 공부할 때와는 달리 목표의식이 다소 희박해졌을 때인데 명품헌법을 선택하고 시행착오 없이, 더불어 헌법 공부도 짧지만 강렬하게 할 수 있었습니다. 남들보다 빨리 헌법 고득점을 원하신다면 명품헌법 추천해 드립니다.

2012년 서울시 7급 일반행정직 합격 박○○

탁월한 **적중률!** 합격의 **동반자!** 채한태 법학박사의 **명품공직선거법**

명품헌법은 헌법의 사용설명서다!! 헌법을 어디서부터 어떻게 시작해야 할지 모를 때 나의 지침서가 되어 주었기 때문에 ~ 기본서 위주로 공부한 나한테 꼭 맞는 맞춤서였습니다~ 쉽지만 속이 꽉 찬~ 단권화를 위한 필수 기본서!! 강추합니다~~^^

2010년 국가직 7급 세무직 합격 이○○

저는 처음부터 헌법은 시행착오 없이 바로 명품헌법으로 공부하였습니다. 기본서를 선택하기 위해 여러 가지 책을 살펴보고 강의도 청취해 보았습니다. 그중에서 명품헌법의 틀이 체계적으로 잡혀있었고, 헷갈리기 쉬운 것들이나 같이 묶어서 외우면 편리할 것들이 잘 정리되어 좋았습니다. 이 점에서는 명품헌법을 공부하신 분들은 누구나 인정하더군요. 그리고 다른 책들과는 달리 불필요하다고 생각되는 내용이 없더군요. 명품헌법 보시고 고득점하세요.

2010년 국가직 7급 세무직 합격 김○○

시간이 부족한 7급 수험생에게 헌법은 특히 효율적으로 공부할 필요성이 있는 과목입니다. 명품헌법은 난해한 법 이론과 법조문 및 판례가 보기 쉽게 집필되어 있으며, 사이사이에 핵심요약 정리가 되어 있어 공부하기 편리합니다. 명품헌법 교재와 함께 교수님의 명품 강의는 합격을 위한 필수죠! 간명하게 이해시켜 주신 뒤에 핵심정리 및 암기 공식을 제공. 그리고 매시간마다 치러지는 쪽지시험, 매주 있는 모의시험을 통해 헌법이 효자 과목이 되었던 것 같습니다.

2010년 국가직 7급 세무직 합격 권○○

명품헌법 교재는 법 공부를 처음 공부하는 초학자도 단기간에 쉽게 이해할 수 있도록 정리가 잘 되어 있습니다. 시험 합격하는 데 큰 힘이 되어 준 명품 교재입니다.

2010년 비상계획관 합격 정○○

채한태 박사님 헌법 강의의 가장 큰 특징은 헌법을 처음 접한 사람도 박사님의 강의를 한 번만 들으면 자신감을 가지고 공부를 할 수 있도록 과목의 구성이 체계적이며, 단계적으로 헌법을 공부할 수 있도록 지도해 주시며, 무엇보다 어렵고 낯선 헌법 과목을 가장 이해하기 쉽게 가르치시며, 혼신의 불타는 열정을 가지고 한 가지라도 더 알려주고자 하는 대한민국 최고의 명품 강사이십니다. 박사님의 명품헌법 책자 발간을 다시 한번 축하드립니다.

2010년 비상계획관 합격 강○○

[법률 제19855호, 2023. 12. 28. 일부개정]

제22조(시·도의회의 의원정수)

① 시·도별 지역구시·도의원의 총 정수는 그 관할구역 안의 자치구·시·군(하나의 자치구·시·군이 2 이상의 국회의원지역구로 된 경우에는 국회의원지역구를 말하며, 행정구역의 변경으로 국회의원지역구와 행정구역이 합치되지 아니하게 된 때에는 행정구역을 말한다)수의 2배수로 하되, 인구·행정구역·지세·교통, 그 밖의 조건을 고려하여 100분의 20의 범위에서 조정할 수 있다. **다만, 인구가 5만명 미만인 자치구·시·군의 지역구시·도의원정수는 최소 1명으로 하고, 인구가 5만명 이상인 자치구·시·군의 지역구시·도의원정수는 최소 2명으로 한다.** 〈개정 2014. 2. 13., 2016. 3. 3., 2022. 4. 20.〉

② 제1항에도 불구하고 「지방자치법」 제10조제2항에 따라 시와 군을 통합하여 도농복합형태의 시로 한 경우에는 시·군통합후 최초로 실시하는 임기만료에 의한 시·도의회의원선거에 한하여 해당 시를 관할하는 도의회의원의 정수 및 해당 시의 도의회의원의 정수는 통합 전의 수를 고려하여 이를 정한다. 〈개정 1998. 4. 30., 2005. 8. 4., 2010. 1. 25., 2021. 1. 12.〉

③ 제1항 및 제2항의 기준에 의하여 산정된 의원정수가 19명 미만이 되는 광역시 및 도는 그 정수를 19명으로 한다. 〈개정 1998. 4. 30., 2002. 3. 7., 2010. 1. 25.〉

④ 비례대표시·도의원정수는 제1항 내지 제3항의 규정에 의하여 산정된 지역구시·도의원정수의 100분의 10으로 한다. 이 경우 단수는 1로 본다. 다만, 산정된 비례대표시·도의원정수가 3인 미만인 때에는 3인으로 한다. 〈신설 1995. 4. 1.〉 [제목개정 2014. 2. 13.] [2010. 1. 25. 법률 제9974호에 의하여 2007. 3. 29. 헌법재판소에서 헌법불합치 결정된 이 조를 개정함]

제26조(지방의회의원선거구의 획정)

① 시·도의회의원지역선거구(이하 "市·道議員地域區"라 한다)는 인구·행정구역·지세·교통 그 밖의 조건을 고려하여 자치구·시·군(하나의 自治區·市·郡이 2 이상의 國會議員地域區로 된 경우에는 國會議員地域區를 말하며, 行政區域의 변경으로 國會議員地域區와 行政區域이 合致되지 아니하게 된 때에는 行政區域을 말한다)을 구역으로 하거나 분할하여 이를 획정하되, 하나의 시·도의원지역구에서 선출할 지역구시·도의원정수는 1명으로 하며, 그 시·도의원지역구의 명칭과 관할구역은 별표 2와 같이 한다. 〈개정 1995. 4. 1., 2010. 1. 25.〉

② 자치구·시·군의원지역구는 인구·행정구역·지세·교통 그 밖의 조건을 고려하여 획정하되, 하나의 자치구·시·군의원지역구에서 선출할 지역구자치구·시·군의원정수는 2인 이상 4인 이하로 하며, 그 자치구·시·군의원지역구의 명칭·구역 및 의원정수는 시·도조례로 정한다. 〈개정 2005. 8. 4.〉

③ 제1항 또는 제2항의 규정에 따라 시·도의원지역구 또는 자치구·시·군의원지역구를 획정하는 경우 하나의 읍·면(「지방자치법」 제7조제3항에 따라 행정면을 둔 경우에는 행정면을 말한다. 이하 같다)·동(「지방자치법」 제7조제4항에 따라 행정동을 둔 경우에는 행정동을 말한다. 이하 같다)의 일부를 분할하여 다른 시·도의원지역구 또는 자치구·시·군의원지역구에 속하게 하지 못한다. 〈개정 1995. 4. 1., 2005. 8. 4., 2010. 1. 25., 2021. 1. 12.〉

④ 자치구·시·군의원지역구는 하나의 시·도의원지역구 내에서 획정하여야 한다. 〈신설 2005. 8. 4., 2022. 4. 20.〉 [2022. 4. 20. 법률 제18841호에 의하여 2019. 2. 28. 헌법재판소에서 헌법불합치 결정된 제26조 제1항 [별표 2]를 개정함.]

제56조(기탁금)

① 후보자등록을 신청하는 자는 등록신청 시에 후보자 1명마다 다음 각 호의 **기탁금(후보자등록을 신청하는 사람이 「장애인복지법」 제32조에 따라 등록한 장애인이거나 선거일 현재 29세 이하인 경우에는 다음 각 호에 따른 기탁금의 100분의 50에 해당하는 금액을 말하고, 30세 이상 39세 이하인 경우에는 다음 각 호에 따른 기탁금의 100분의 70에 해당하는 금액을 말한다)**을 중앙선거관리위원회규칙으로 정하는 바에 따라 관할선거구선거관리위원회에 납부하여야 한다. 이 경우 예비후보자가 해당 선거의 같은 선거구에 후보자등록을 신청하는 때에는 제60조의2제2항에 따라 납부한 기탁금을 제외한 나머지 금액을 납부하여야 한다. 〈개정 1997. 11. 14., 2000. 2. 16., 2001. 10. 8., 2002. 3. 7., 2010. 1. 25., 2012. 1. 17., 2020. 3. 25., 2022. 4. 20.〉

1. 대통령선거는 3억원
2. 지역구국회의원선거는 1천500만원
2의2. 비례대표국회의원선거는 500만원
3. 시·도의회의원선거는 300만원
4. 시·도지사선거는 5천만원
5. 자치구·시·군의 장 선거는 1천만원
6. 자치구·시·군의원선거는 200만원

② 제1항의 기탁금은 체납처분이나 강제집행의 대상이 되지 아니한다.

③ 제261조에 따른 과태료 및 제271조에 따른 불법시설물 등에 대한 대집행비용은 제1항의 기탁금(제60조의2제2항의 기탁금을 포함한다)에서 부담한다. 〈개정 2010. 1. 25.〉

④ **제1항에 따라 장애인 또는 39세 이하의 사람이 납부하는 기탁금의 감액비율은 중복하여 적용하지 아니한다. 〈신설 2022. 4. 20.〉** [2020. 3. 25. 법률 제17127호에 의하여 2016. 12. 29. 헌법재판소에서 헌법불합치 결정된 이 조 제1항 제2호를 개정함.]

제57조(기탁금의 반환 등)

① 관할선거구선거관리위원회는 다음 각 호의 구분에 따른 금액을 선거일 후 30일 이내에 기탁자에게 반환한다. 이 경우 반환하지 아니하는 기탁금은 국가 또는 지방자치단체에 귀속한다. 〈개정 2004. 3. 12., 2005. 8. 4., 2010. 1. 25., 2020. 3. 25., 2022. 4. 20.〉

최신 개정 주요 내용 총정리

1. 대통령선거, 지역구국회의원선거, 지역구지방의회의원선거 및 지방자치단체의 장선거
   가. 후보자가 당선되거나 사망한 경우와 유효투표총수의 100분의 15 **이상(후보자가 「장애인복지법」 제32조에 따라 등록한 장애인이거나 선거일 현재 39세 이하인 경우에는 유효투표총수의 100분의 10 이상을 말한다)**을 득표한 경우에는 기탁금 전액
   나. 후보자가 유효투표총수의 100분의 10 이상 100분의 15 **미만(후보자가 「장애인복지법」 제32조에 따라 등록한 장애인이거나 선거일 현재 39세 이하인 경우에는 유효투표총수의 100분의 5 이상 100분의 10 미만을 말한다)**을 득표한 경우에는 기탁금의 100분의 50에 해당하는 금액
   다. 예비후보자가 사망하거나, 당헌·당규에 따라 소속 정당에 후보자로 추천하여 줄 것을 신청하였으나 해당 정당의 추천을 받지 못하여 후보자로 등록하지 않은 경우에는 제60조의2제2항에 따라 납부한 기탁금 전액
2. 비례대표국회의원선거 및 비례대표지방의회의원선거
   당해 후보자명부에 올라 있는 후보자중 당선인이 있는 때에는 기탁금 전액. 다만, 제189조 및 제190조의2에 따른 당선인의 결정 전에 사퇴하거나 등록이 무효로 된 후보자의 기탁금은 제외한다.
② 제56조제3항에 따라 기탁금에서 부담하여야 할 비용은 제1항에 따라 기탁금을 반환하는 때에 공제하되, 그 부담비용이 반환할 기탁금을 넘는 사람은 그 차액을, 기탁금 전액이 국가 또는 지방자치단체에 귀속되는 사람은 그 부담비용 전액을 해당 선거구선거관리위원회의 고지에 따라 그 고지를 받은 날부터 10일 이내에 납부하여야 한다. 〈개정 2010. 1. 25.〉
③ 관할선거구선거관리위원회는 제2항의 납부기한까지 해당자가 그 금액을 납부하지 아니한 때에는 관할세무서장에게 징수를 위탁하고, 관할세무서장은 국세 체납처분의 예에 따라 이를 징수하여 국가 또는 해당 지방자치단체에 납입하여야 한다. 이 경우 제271조에 따른 불법시설물 등에 대한 대집행비용은 우선 해당 선거관리위원회가 지출한 후 관할세무서장에게 그 징수를 위탁할 수 있다. 〈신설 2010. 1. 25.〉
④ 삭제 〈2000. 2. 16.〉
⑤ 기탁금의 반환 및 귀속 기타 필요한 사항은 중앙선거관리위원회규칙으로 정한다. 〈개정 2000. 2. 16.〉
[2020. 3. 25. 법률 제17127호에 의하여 2018. 1. 25. 헌법재판소에서 헌법불합치 결정된 이 조 제1항 제1호 다목을 개정함.]

제57조의6(공무원 등의 당내경선운동 금지)
① 제60조제1항에 따라 선거운동을 할 수 없는 **사람(제60조제1항제5호의 경우에는 「지방공기업법」 제2조에 규정된 지방공사와 지방공단의 상근직원은 제외한다)**은 당내경선에서 경선운동을 할 수 없다. 다만, 소속 당원만을 대상으로 하는 당내경선에서 당원이 될 수 있는 사람이 경선운동을 하는 경우에는 그러하지 아니하다.
② (현행과 같음)

제60조의2(예비후보자등록)

① 예비후보자가 되려는 사람(비례대표국회의원선거 및 비례대표지방의회의원선거는 제외한다)은 다음 각 호에서 정하는 날(그 날후에 실시사유가 확정된 보궐선거등에 있어서는 그 선거의 실시사유가 확정된 때)부터 관할선거구선거관리위원회에 예비후보자등록을 서면으로 신청하여야 한다. 〈개정 2005. 8. 4., 2010. 1. 25.〉

1. 대통령선거

   선거일 전 240일

2. 지역구국회의원선거 및 시·도지사선거

   선거일 전 120일

3. 지역구시·도의회의원선거, 자치구·시의 지역구의회의원 및 장의 선거

   선거기간개시일 전 90일

4. 군의 지역구의회의원 및 장의 선거

   선거기간개시일 전 60일

② 제1항에 따라 예비후보자등록을 신청하는 사람은 다음 각 호의 서류를 제출하여야 하며, **제56조제1항에 따른** 해당 선거 기탁금의 100분의 20에 해당하는 금액을 중앙선거관리위원회규칙으로 정하는 바에 따라 관할선거구선거관리위원회에 기탁금으로 납부하여야 한다. 〈신설 2010. 1. 25., 2022. 4. 20.〉

1. 중앙선거관리위원회규칙으로 정하는 피선거권에 관한 증명서류
2. 전과기록에 관한 증명서류
3. 제49조제4항제6호에 따른 학력에 관한 증명서(한글번역문을 첨부한다)

③ 제1항의 등록신청을 받은 선거관리위원회는 지체없이 이를 수리하되, 제2항에 따른 기탁금과 전과기록에 관한 증명서류를 갖추지 아니한 등록신청은 수리할 수 없다. 이 경우 피선거권에 관한 증명서류가 첨부되지 아니한 경우에는 이를 수리하되, 피선거권에 관하여 확인이 필요하다고 인정되는 예비후보자에 대하여는 관계기관의 장에게 필요한 사항을 조회할 수 있으며, 그 조회를 받은 관계기관의 장은 지체없이 해당 사항을 조사하여 회보하여야 한다. 〈개정 2010. 1. 25.〉

④ 예비후보자등록후에 다음 각 호의 어느 하나에 해당하는 사유가 있는 때에는 그 예비후보자의 등록은 무효로 한다. 〈개정 2005. 8. 4., 2010. 1. 25.〉

1. 피선거권이 없는 것이 발견된 때

1의2. 제2항제2호에 따른 전과기록에 관한 증명서류를 제출하지 아니한 것이 발견된 때

2. 제53조제1항부터 제3항까지 또는 제5항에 따라 그 직을 가지고 입후보할 수 없는 자에 해당하는 것이 발견된 때

3. 제57조의2제2항 본문 또는 제266조제2항·제3항에 따라 후보자가 될 수 없는 자에 해당하는 것이 발견된 때

최신 개정 주요 내용 총정리

  4. 다른 법률에 따라 공무담임이 제한되는 사람이나 후보자가 될 수 없는 사람에 해당하는 것이 발견된 때
⑤ 제52조제3항의 규정은 예비후보자등록에 준용한다. 이 경우 "후보자"는 "예비후보자"로 본다. 〈개정 2010. 3. 12.〉
⑥ 예비후보자가 사퇴하고자 하는 때에는 직접 당해 선거구선거관리위원회에 서면으로 신고하여야 한다.〈개정 2010. 1. 25.〉
⑦ 제49조에 따라 후보자로 등록한 자는 선거기간개시일 전일까지 예비후보자를 겸하는 것으로 본다. 이 경우 선거운동은 예비후보자의 예에 따른다. 〈신설 2005. 8. 4., 2010. 1. 25., 2011. 7. 28.〉
⑧ 예비후보자의 전과기록조회 및 회보에 관하여는 제49조제10항을 준용한다. 이 경우 "선거기간개시일 전 150일"은 "선거기간개시일 전 150일(대통령선거의 경우 예비후보자등록신청개시일 전 60일을 말한다)"로 본다. 〈신설 2010. 1. 25.〉
⑨ 제1항의 등록신청을 받은 선거관리위원회는 중앙선거관리위원회규칙으로 정하는 바에 따라 해당 예비후보자의 당적보유 여부를 정당에 요청하여 조회할 수 있으며, 그 요청을 받은 정당은 이를 확인하여 지체 없이 해당 선거관리위원회에 회보하여야 한다. 〈신설 2015. 8. 13.〉
⑩ 관할선거구선거관리위원회는 제2항제2호 및 제3호와 제8항에 따라 제출받거나 회보받은 서류를 선거구민이 알 수 있도록 공개하여야 한다. 다만, 후보자등록신청 개시일 이후에는 이를 공개하지 아니한다(제49조제12항에 따라 공개하는 경우는 제외한다). 〈신설 2015. 8. 13.〉
⑪ 예비후보자가 제49조에 따라 후보자로 등록하지 않은 때에는 후보자등록마감일의 등록마감시각 후부터 예비후보자의 지위를 상실한다. 〈신설 2017. 3. 9.〉
⑫ 예비후보자등록신청서의 서식, 피선거권에 관한 증명서류, 제출·회보받은 서류의 공개방법, 그 밖에 필요한 사항은 중앙선거관리위원회규칙으로 정한다. 〈개정 2010. 1. 25., 2015. 8. 13., 2017. 3. 9.〉 [본조신설 2004. 3. 12.]

제60조의3(예비후보자 등의 선거운동)

① 예비후보자는 다음 각호의 어느 하나에 해당하는 방법으로 선거운동을 할 수 있다.
  1. ~ 4. (현행과 같음)
  5. 선거운동을 위하여 어깨띠 또는 예비후보자임을 나타내는 표지물을 **착용하거나 소지하여 내보이는** 행위
  6. ~ 7. (현행과 같음)
② ~ ⑥ (현행과 같음)

제62조(선거사무관계자의 선임)

① 제61조(選擧運動機構의 設置)의 선거사무소와 선거연락소를 설치한 자는 선거운동을 할 수 있는 자중에서 선거사무소에 선거사무장 1인을, 선거연락소에 선거연락소장 1인을 두어야 한다.

② 선거사무장 또는 선거연락소장은 선거에 관한 사무를 처리하기 위하여 선거운동을 할 수 있는 자중에서 다음 각호에 의하여 선거사무원(제135조제1항 본문에 따른 수당과 실비를 지급받는 선거사무원을 말한다. 이하 같다)을 둘 수 있다. 〈개정 1995. 4. 1., 1995. 12. 30., 1997. 1. 13., 1998. 4. 30., 2000. 2. 16., 2005. 8. 4., 2010. 1. 25., 2022. 1. 21.〉

1. 대통령선거

    선거사무소에 시·도수의 6배수 이내와 시·도선거연락소에 당해 시·도안의 구·시·군(하나의 區·市·郡이 2 이상의 國會議員地域區로 된 경우에는 國會議員地域區를 말한다. 이하 이 項에서 같다)수(그 區·市·郡數가 10 미만인 때에는 10人)이내 및 구·시·군선거연락소에 당해 구·시·군안의 읍·면·동(제148조제1항제2호에 해당하는 경우에는 설치·폐지·분할·합병 직전의 읍·면·동을 말한다. 이하 이 조, 제67조제1항, 제118조제5호 및 제121조제1항에서 같다)수 이내

2. 지역구국회의원선거 및 자치구·시·군의 장선거

    선거사무소와 선거연락소를 두는 구·시·군 안의 읍·면·동수의 3배수에 5를 더한 수 이내(선거연락소를 두지 아니하는 경우에는 선거연락소에 둘 수 있는 선거사무원의 수만큼 선거사무소에 더 둘 수 있다)

3. 비례대표국회의원선거

    선거사무소에 시·도수의 2배수 이내

4. 지역구시·도의원선거

    선거사무소에 10인 이내

5. 비례대표시·도의원선거

    선거사무소에 당해 시·도안의 구·시·군의 수(算定한 數가 20 미만인 때에는 20人) 이내

6. 시·도지사선거

    선거사무소에 당해 시·도안의 구·시·군의 수(그 區·市·郡數가 10 미만인 때에는 10人) 이내와 선거연락소에 당해 구·시·군안의 읍·면·동수 이내

7. 지역구자치구·시·군의원선거

    선거사무소에 8명 이내

8. 비례대표자치구·시·군의원선거

    선거사무소에 당해 자치구·시·군 안의 읍·면·동수 이내

③ 예비후보자는 선거운동을 할 수 있는 자중에서 제1항에 따른 선거사무장을 포함하여 다음 각 호에 따른 수의 선거사무원을 둘 수 있다. 〈신설 2004. 3. 12., 2005. 8. 4., 2010. 1. 25.〉

1. 대통령선거

    10인 이내

2. 시·도지사선거

    5인 이내

최신 개정 주요 내용 총정리

　　3. 지역구국회의원선거 및 자치구·시·군의 장선거

　　　　3인 이내

　　4. 지역구지방의회의원선거

　　　　2인 이내

④ 중앙선거관리위원회규칙으로 정하는 장애인 예비후보자·후보자는 그의 활동을 보조하기 위하여 선거운동을 할 수 있는 사람 중에서 1명의 활동보조인(이하 "활동보조인"이라 한다)을 둘 수 있다. 이 경우 활동보조인은 제2항 및 제3항에 따른 선거사무원수에 산입하지 아니한다. 〈신설 2010. 1. 25.〉

⑤ 제135조제1항 단서의 규정에 의하여 수당을 지급받을 수 없는 정당의 유급사무직원, 국회의원과 **그 보좌관·선임비서관·비서관** 또는 지방의회의원은 선거사무원이 된 경우에도 제2항의 선거사무원수에는 산입하지 아니한다. 〈개정 2000. 2. 16., 2010. 1. 25., 2022. 4. 20.〉

⑥ 선거사무장을 두지 아니한 경우에는 후보자(제2항제1호·제3호·제5호 및 제8호의 경우에는 정당의 회계책임자) 또는 예비후보자가 선거사무장을 겸한 것으로 본다. 〈개정 2004. 3. 12., 2005. 8. 4., 2010. 1. 25.〉

⑦ 같은 선거에 있어서는 2 이상의 정당·예비후보자 또는 후보자가 동일인을 함께 선거사무장·선거연락소장 또는 선거사무원으로 선임할 수 없다. 〈개정 1995. 4. 1., 2004. 3. 12., 2010. 1. 25.〉

⑧ 누구든지 이 법에 규정되지 아니한 방법으로 인쇄물·시설물, 그 밖의 광고물을 이용하여 선거운동을 하는 사람을 모집할 수 없다. 〈개정 2010. 1. 25.〉

제68조(어깨띠 등 소품)

① 후보자와 그 배우자(배우자 대신 후보자가 그의 직계존비속 중에서 신고한 1인을 포함한다), 선거사무장, 선거연락소장, 선거사무원, 후보자와 함께 다니는 활동보조인 및 회계책임자는 선거운동기간 중 후보자의 사진·성명·기호 및 소속 정당명, 그 밖의 홍보에 필요한 사항을 게재한 어깨띠나 중앙선거관리위원회규칙으로 정하는 규격 또는 금액 범위의 윗옷(上衣)·표찰(標札)·수기(手旗)·마스코트, 그 밖의 **소품(이하 "소품등"이라 한다)**을 붙이거나 입거나 지니고 선거운동을 할 수 있다.

② **선거운동을 할 수 있는 사람은 선거운동기간 중 중앙선거관리위원회규칙으로 정하는 규격 범위의 소형의 소품등을 본인의 부담으로 제작 또는 구입하여 몸에 붙이거나 지니고 선거운동을 할 수 있다.**

③ **제1항 및 제2항에 따른 소품등의 규격과** 그 밖에 필요한 사항은 중앙선거관리위원회규칙으로 정한다.

제82조의4(정보통신망을 이용한 선거운동)

① ~ ② (현행과 같음)

③ 각급선거관리위원회(읍·면·동선거관리위원회를 제외한다) 또는 후보자는 이 법의 규정에 위반되는 정보가 인터넷 홈페이지 또는 그 게시판·대화방 등에 게시되거나, 정보통신망을 통하여 전송되는 사실을 발견한 때에는 **해당 정보를 게시한 자 또는 해당** 정보가 게시된 인터넷 홈페이지를 관리·운영하는 자에

게 해당 정보의 삭제를 요청하거나, 전송되는 정보를 취급하는 인터넷 홈페이지의 관리·운영자 또는 「정보통신망 이용촉진 및 정보보호 등에 관한 법률」 제2조제1항제3호의 규정에 의한 정보통신서비스제공자(이하 "정보통신서비스제공자"라 한다)에게 그 취급의 거부·정지·제한을 요청할 수 있다. 이 경우 인터넷 홈페이지 관리·운영자 또는 정보통신서비스 제공자가 후보자의 요청에 따르지 아니하는 때에는 해당 후보자는 관할 선거구선거관리위원회에 서면으로 그 사실을 통보할 수 있으며, 관할 선거구선거관리위원회는 후보자가 삭제요청 또는 취급의 거부·정지·제한을 요청한 정보가 이 법의 규정에 위반된다고 인정되는 때에는 해당 인터넷 홈페이지 관리·운영자 또는 정보통신서비스 제공자에게 삭제요청 또는 취급의 거부·정지·제한을 요청할 수 있다.

④ 제3항에 따라 선거관리위원회로부터 요청을 **받은 해당 정보의 게시자**, 인터넷 홈페이지 관리·운영자 또는 정보통신서비스제공자는 지체없이 이에 따라야 한다.

⑤ ~ ⑦ (현행과 같음)

제82조의6(인터넷언론사 게시판·대화방 등의 실명확인)

〈삭제〉

제82조의8(딥페이크영상등을 이용한 선거운동)

① **누구든지 선거일 전 90일부터 선거일까지 선거운동을 위하여 인공지능 기술 등을 이용하여 만든 실제와 구분하기 어려운 가상의 음향, 이미지 또는 영상 등(이하 "딥페이크영상등"이라 한다)을 제작·편집·유포·상영 또는 게시하는 행위를 하여서는 아니 된다.**

② **누구든지 제1항의 기간이 아닌 때에 선거운동을 위하여 딥페이크영상등을 제작·편집·유포·상영 또는 게시하는 경우에는 해당 정보가 인공지능 기술 등을 이용하여 만든 가상의 정보라는 사실을 명확하게 인식할 수 있도록 중앙선거관리위원회규칙으로 정하는 바에 따라 해당 사항을 딥페이크영상등에 표시하여야 한다.**

제86조(공무원 등의 선거에 영향을 미치는 행위금지)

① 공무원(國會議員과 그 **보좌관·선임비서관·비서관** 및 地方議會議員을 제외한다), 선상투표신고를 한 선원이 승선하고 있는 선박의 선장, 제53조제1항제4호에 규정된 기관 등의 상근 임원과 같은 항 제6호에 규정된 기관 등의 상근 임직원, 통·리·반의 장, 주민자치위원회위원과 예비군 중대장급 이상의 간부, 특별법에 의하여 설립된 국민운동단체로서 국가나 지방자치단체의 출연 또는 보조를 받는 단체(바르게살기運動協議會·새마을運動協議會·韓國自由總聯盟을 말한다)의 상근 임·직원 및 이들 단체 등(市·道組織 및 區·市·郡組織을 포함한다)의 대표자는 다음 각 호의 어느 하나에 해당하는 행위를 하여서는 아니된다. 〈개정 1997. 11. 14., 2000. 2. 16., 2002. 3. 7., 2004. 3. 12., 2005. 8. 4., 2010. 1. 25., 2012. 1. 17., 2012. 2. 29., 2014. 1. 17., 2016. 5. 29., 2020. 3. 25., 2022. 4. 20.〉

최신 개정 주요 내용 총정리

1. 소속직원 또는 선거구민에게 교육 기타 명목여하를 불문하고 특정 정당이나 후보자(候補者가 되고자 하는 者를 포함한다. 이하 이 項에서 같다)의 업적을 홍보하는 행위
2. 지위를 이용하여 선거운동의 기획에 참여하거나 그 기획의 실시에 관여하는 행위
3. 정당 또는 후보자에 대한 선거권자의 지지도를 조사하거나 이를 발표하는 행위
4. 삭제 〈2010. 1. 25.〉
5. 선거기간중 국가 또는 지방자치단체의 예산으로 시행하는 사업중 즉시 공사를 진행하지 아니할 사업의 기공식을 거행하는 행위
6. 선거기간중 정상적 업무외의 출장을 하는 행위
7. 선거기간중 휴가기간에 그 업무와 관련된 기관이나 시설을 방문하는 행위

② 지방자치단체의 장(제4호의 경우 소속 공무원을 포함한다)은 선거일전 60일(선거일전 60일후에 실시사유가 확정된 보궐선거등에 있어서는 선거의 실시사유가 확정된 때)부터 선거일까지 다음 각 호의 어느 하나에 해당하는 행위를 하여서는 아니된다. 〈신설 1995. 12. 30., 1997. 11. 14., 1998. 4. 30., 2000. 2. 16., 2002. 3. 7., 2004. 3. 12., 2010. 1. 25., 2011. 7. 28.〉

1. 삭제 〈2004. 3. 12.〉
2. 정당의 정강·정책과 주의·주장을 선거구민을 대상으로 홍보·선전하는 행위. 다만, 당해 지방자치단체의 장의 선거에 예비후보자 또는 후보자가 되는 경우에는 그러하지 아니하다.
3. 창당대회·합당대회·개편대회 및 후보자선출대회를 제외하고는 정당이 개최하는 시국강연회, 정견·정책발표회, 당원연수·단합대회 등 일체의 정치행사에 참석하거나 선거대책기구, 선거사무소, 선거연락소를 방문하는 행위. 다만, 해당 지방자치단체의 장선거에 예비후보자 또는 후보자가 된 경우와 당원으로서 소속 정당이 당원만을 대상으로 개최하는 정당의 공개행사에 의례적으로 방문하는 경우에는 그러하지 아니하다.
4. 다음 각 목의 1을 제외하고는 교양강좌, 사업설명회, 공청회, 직능단체모임, 체육대회, 경로행사, 민원상담 기타 각종 행사를 개최하거나 후원하는 행위
   가. 법령에 의하여 개최하거나 후원하도록 규정된 행사를 개최·후원하는 행위
   나. 특정일·특정시기에 개최하지 아니하면 그 목적을 달성할 수 없는 행사
   다. 천재·지변 기타 재해의 구호·복구를 위한 행위
   라. 직업지원교육 또는 유상(有償)으로 실시하는 교양강좌를 개최·후원하는 행위 또는 주민자치센터가 개최하는 교양강좌를 후원하는 행위. 다만, 종전의 범위를 넘는 새로운 강좌를 개설하거나 수강생을 증원하거나 장소를 이전하여 실시하는 주민자치센터의 교양강좌를 후원하는 행위를 제외한다.
   마. 집단민원 또는 긴급한 민원이 발생하였을 때 이를 해결하기 위한 행위
   바. 가목 내지 마목에 준하는 행위로서 중앙선거관리위원회규칙으로 정하는 행위

5. 통·리·반장의 회의에 참석하는 행위. 다만, 천재·지변 기타 재해가 있거나 집단민원 또는 긴급한 민원이 발생하였을 때에는 그러하지 아니하다.
③ 삭제 〈2010. 1. 25.〉
④ 삭제 〈2010. 1. 25.〉
⑤ 지방자치단체의 장(소속 공무원을 포함한다)은 다음 각 호의 어느 하나에 해당하는 경우를 제외하고는 지방자치단체의 사업계획·추진실적 그 밖에 지방자치단체의 활동상황을 알리기 위한 홍보물(弘報紙·소식지·刊行物·施設物·錄音物·錄畵物 그 밖의 홍보물 및 新聞·放送을 이용하여 행하는 경우를 포함한다)을 분기별로 1종 1회를 초과하여 발행·배부 또는 방송하여서는 아니되며 당해 지방자치단체의 장의 선거의 선거일전 180일(補闕選擧 등에 있어서는 그 選擧의 실시사유가 확정된 때, 이하 제6항에서 같다)부터 선거일까지는 홍보물을 발행·배부 또는 방송할 수 없다. 〈신설 1998. 4. 30., 2000. 2. 16., 2004. 3. 12., 2006. 3. 2., 2010. 1. 25.〉
　　1. 법령에 의하여 발행·배부 또는 방송하도록 규정된 홍보물을 발행·배부 또는 방송하는 행위
　　2. 특정사업을 추진하기 위하여 그 사업과 이해관계가 있는 자나 관계주민의 동의를 얻기 위한 행위
　　3. 집단민원 또는 긴급한 민원이 발생하였을 때 이를 해결하기 위한 행위
　　4. 기타 위 각호의 1에 준하는 행위로서 중앙선거관리위원회규칙이 정하는 행위
⑥ 지방자치단체의 장은 당해 지방자치단체의 장의 선거의 선거일전 180일부터 선거일까지 주민자치센터가 개최하는 교양강좌에 참석할 수 없으며, 근무시간중에 공공기관이 아닌 단체 등이 주최하는 행사(해당 지방자치단체의 청사에서 개최하는 행사를 포함한다)에는 참석할 수 없다. 다만, 제2항제3호에 따라 참석 또는 방문할 수 있는 행사의 경우에는 그러하지 아니하다. 〈신설 1998. 4. 30., 2002. 3. 7., 2010. 1. 25.〉
⑦ 지방자치단체의 장은 소관 사무나 그 밖의 명목 여하를 불문하고 방송·신문·잡지나 그 밖의 광고에 출연할 수 없다. 〈신설 2010. 1. 25.〉 [제목개정 2011. 7. 28.] [2010. 1. 25. 법률 제9974호에 의하여 2008. 5. 29. 헌법재판소에서 한정위헌결정된 이 조 제1항제2호를 개정함.]

제90조(시설물설치 등의 금지)

① 누구든지 선거일 전 **120일**(보궐선거등에서는 그 선거의 실시사유가 확정된 때)부터 선거일까지 선거에 영향을 미치게 하기 위하여 이 법의 규정에 의한 것을 제외하고는 다음 각 호의 어느 하나에 해당하는 행위를 할 수 없다. 이 경우 정당(창당준비위원회를 포함한다)의 명칭이나 후보자(후보자가 되려는 사람을 포함한다. 이하 이 조에서 같다)의 성명·사진 또는 그 명칭·성명을 유추할 수 있는 내용을 명시한 것은 선거에 영향을 미치게 하기 위한 것으로 본다.
　　1. ~ 3. (현행과 같음)
② (현행과 같음)

최신 개정 주요 내용 총정리

제93조(탈법방법에 의한 문서·도화의 배부·게시 등 금지)

① 누구든지 선거일 전 120일(補闕選擧 등에 있어서는 그 選擧의 실시사유가 확정된 때)부터 선거일까지 선거에 영향을 미치게 하기 위하여 이 법의 규정에 의하지 아니하고는 정당(創黨準備委員會와 政黨의 政綱·정책을 포함한다. 이하 이 條에서 같다) 또는 후보자(候補者가 되고자 하는 者를 포함한다. 이하 이 條에서 같다)를 지지·추천하거나 반대하는 내용이 포함되어 있거나 정당의 명칭 또는 후보자의 성명을 나타내는 광고, 인사장, 벽보, 사진, 문서·도화, 인쇄물이나 녹음·녹화테이프 그 밖에 이와 유사한 것을 배부·첩부·살포·상영 또는 게시할 수 없다. 다만, 다음 각 호의 어느 하나에 해당하는 행위는 그러하지 아니하다.

   1. ~ 2. (현행과 같음)

② ~ ③ (현행과 같음)

제103조(각종집회 등의 제한)

① 누구든지 선거기간 중 선거운동을 위하여 이 법에 규정된 것을 제외하고는 명칭 여하를 불문하고 집회나 모임을 개최할 수 없다.

② (현행과 같음)

③ 누구든지 선거기간 중 선거에 영향을 미치게 하기 위하여 향우회·종친회·동창회·단합대회·야유회 또는 참가 인원이 25명을 초과하는 그 밖의 집회나 모임을 개최할 수 없다.

④ ~ ⑤ (현행과 같음)

제121조(선거비용제한액의 산정)

① 선거비용제한액은 선거별로 다음 각호에 의하여 산정되는 금액으로 한다. 이 경우 100만원 미만의 단수는 100만원으로 한다. 〈개정 2005. 8. 4., 2008. 2. 29., 2015. 8. 13., 2018. 4. 6.〉

   1. 대통령선거

      인구수×950원

   2. 지역구국회의원선거

      1억원+(인구수×200원)+(읍·면·동수×200만원). 이 경우 하나의 국회의원지역구가 둘 이상의 자치구·시·군으로 된 경우에는 하나를 초과하는 자치구·시·군마다 1천5백만원을 가산한다.

   3. 비례대표국회의원선거

      인구수× 90원

   4. 지역구시·도의원선거

      4천만원+(인구수×100원)

   5. 비례대표시·도의원선거

      4천만원+(인구수×50원)

6. 시·도지사선거

　가. 특별시장·광역시장·특별자치시장 선거

　　4억원(인구수 200만 미만인 때에는 2억원)+(인구수×300원)

　나. 도지사 선거

　　8억원(인구수 100만 미만인 때에는 3억원)+(인구수×250원)

7. 지역구자치구·시·군의원선거

　3천500만원+(인구수×100원)

8. 비례대표자치구·시·군의원선거

　3천5백만원+(인구수×50원)

9. 자치구·시·군의 장 선거

　9천만원+(인구수×200원)+(읍·면·동수×100만원)

② 제1항의 규정에 의한 선거비용제한액을 산정하는 때에는 당해 선거의 직전 임기만료에 의한 선거의 선거일이 속하는 달의 말일부터 제122조(선거비용제한액의 공고)의 규정에 의한 공고일이 속하는 달의 전전달 말일까지의 전국소비자물가변동률(「통계법」 제3조의 규정에 의하여 통계청장이 매년 고시하는 전국소비자물가변동률을 말한다)을 감안하여 정한 비율(이하 "제한액산정비율"이라 한다)을 적용하여 증감할 수 있다. 이 경우 그 제한액산정비율은 관할선거구선거관리위원회가 해당 선거 때마다 정한다. 〈개정 2005. 8. 4.〉

③ 제135조제2항에 따른 선거사무장등(활동보조인은 제외한다. 이하 이 항에서 같다)에게 지급할 수 있는 수당의 금액이 인상된 경우 총 수당 인상액과 선거사무장등의 「산업재해보상보험법」에 따른 산재보험 가입에 소요되는 총 산재보험료를 다음 각 호에 따라 산정하여 제1항 및 제2항에 따라 산정한 선거비용제한액에 각각 가산하여야 한다. 〈신설 2022. 4. 20.〉

1. 총 수당 인상액

　선거사무장등에게 지급할 수 있는 수당의 인상차액 × 선거사무장등의 수(선거사무원의 경우에는 제62조제2항에 따라 선거별로 선거사무장 또는 선거연락소장이 둘 수 있는 선거사무원의 최대수를 말한다. 이하 이 항에서 같다) × 해당 선거의 선거운동기간

2. 총 산재보험료

　선거사무장등의 수 × 제135조제2항에 따라 선거사무장등에게 지급할 수 있는 수당의 금액 × 해당 선거의 선거운동기간 × 산재보험료율

④ 선거비용제한액 산정을 위한 인구수의 기준일, 제한액산정비율의 결정 기타 필요한 사항은 중앙선거관리위원회규칙으로 정한다. 〈개정 2022. 4. 20.〉 [본조신설 2004. 3. 12.]

최신 개정 주요 내용 총정리

제122조의2(선거비용의 보전 등)

① 선거구선거관리위원회는 다음 각호의 규정에 따라 후보자(대통령선거의 정당추천후보자와 비례대표국회의원선거 및 비례대표지방의회의원선거에 있어서는 후보자를 추천한 정당을 말한다. 이하 이 조에서 같다)가 이 법의 규정에 의한 선거운동을 위하여 지출한 선거비용[「정치자금법」 제40조(회계보고)의 규정에 따라 제출한 회계보고서에 보고된 선거비용으로서 정당하게 지출한 것으로 인정되는 선거비용을 말한다]을 제122조(선거비용제한액의 공고)의 규정에 의하여 공고한 비용의 범위안에서 대통령선거 및 국회의원선거에 있어서는 국가의 부담으로, 지방자치단체의 의회의원 및 장의 선거에 있어서는 당해 지방자치단체의 부담으로 선거일후 보전한다. 〈개정 2004. 3. 12., 2005. 8. 4.〉

1. 대통령선거, 지역구국회의원선거, 지역구지방의회의원선거 및 지방자치단체의 장선거

   가. 후보자가 당선되거나 사망한 경우 또는 후보자의 득표수가 유효투표총수의 100분의 15 이상인 경우

   후보자가 지출한 선거비용의 전액

   나. 후보자의 득표수가 유효투표총수의 100분의 10 이상 100분의 15 미만인 경우

   후보자가 지출한 선거비용의 100분의 50에 해당하는 금액

2. 비례대표국회의원선거 및 비례대표지방의회의원선거

   후보자명부에 올라 있는 후보자중 당선인이 있는 경우에 당해 정당이 지출한 선거비용의 전액

② 제1항에 따른 선거비용의 보전에 있어서 다음 각 호의 어느 하나에 해당하는 비용은 이를 보전하지 아니한다. 〈신설 2005. 8. 4., 2010. 1. 25., 2011. 7. 28.〉

1. 예비후보자의 선거비용
2. 「정치자금법」 제40조(회계보고)의 규정에 따라 제출한 회계보고서에 보고되지 아니하거나 허위로 보고된 비용
3. 이 법에 위반되는 선거운동을 위하여 또는 기부행위제한규정을 위반하여 지출된 비용
4. 제64조 또는 제65조에 따라 선거벽보와 선거공보를 관할 구·시·군선거관리위원회에 제출한 후 그 내용을 정정하거나 삭제하는데 소요되는 비용
5. 이 법에 따라 제공하는 경우 외에 선거운동과 관련하여 지출된 수당·실비 그 밖의 비용
6. 정당한 사유 없이 지출을 증빙하는 적법한 영수증 그 밖의 증빙서류가 첨부되지 아니한 비용
7. 후보자가 자신의 차량·장비·물품 등을 사용하거나 후보자의 가족·소속 정당 또는 제3자의 차량·장비·물품 등을 무상으로 제공 또는 대여받는 등 정당 또는 후보자가 실제로 지출하지 아니한 비용
8. 청구금액이 중앙선거관리위원회규칙으로 정하는 기준에 따라 산정한 통상적인 거래가격 또는 임차가격과 비교하여 정당한 사유 없이 현저하게 비싸다고 인정되는 경우 그 초과하는 가액의 비용
9. 선거운동에 사용하지 아니한 차량·장비·물품 등의 임차·구입·제작비용
10. 휴대전화 통화료와 정보이용요금. 다만, 후보자와 그 배우자, 선거사무장, 선거연락소장 및 회계책임자가 선거운동기간 중 선거운동을 위하여 사용한 휴대전화 통화료 중 후보자가 부담하는 통화료는 보전한다.

11. 그 밖에 위 각 호의 어느 하나에 준하는 비용으로서 중앙선거관리위원회규칙으로 정하는 비용

③ 다음 각 호의 어느 하나에 해당하는 비용은 국가 또는 지방자치단체가 후보자를 위하여 부담한다. 이 경우 제3호의2 및 제5호의 비용은 국가가 부담한다. 〈개정 2004. 3. 12., 2005. 8. 4., 2007. 1. 3., 2008. 2. 29., 2010. 1. 25., 2014. 1. 17., 2015. 8. 13., 2020. 12. 29., 2022. 4. 20.〉

1. 제64조에 따른 선거벽보의 첩부 및 철거의 비용(첩부 및 철거로 인한 원상복구 비용을 포함한다)
2. 제65조에 따른 점자형 선거공보(같은 조 제11항에 따라 후보자가 제출하는 저장매체를 포함한다. 이하 이 항에서 같다)의 작성비용과 책자형 선거공보(점자형 선거공보 및 같은 조 제9항의 후보자정보공개자료를 포함한다) 및 전단형 선거공보의 발송비용과 우편요금
3. 제66조(선거공약서)제8항의 규정에 따른 점자형 선거공약서의 작성비용

3의2. 활동보조인(예비후보자로서 선임하였던 활동보조인을 포함한다)의 **수당, 실비 및 산재보험료**

4. 제82조의2(선거방송토론위원회 주관 대담·토론회)의 규정에 의한 대담·토론회(합동방송연설회를 포함한다)의 개최비용
5. 제82조의3(선거방송토론위원회 주관 정책토론회)의 규정에 의한 정책토론회의 개최비용
6. 제161조(投票參觀)의 규정에 의한 투표참관인 및 제162조에 따른 사전투표참관인의 수당과 식비
7. 제181조(開票參觀)의 규정에 의한 개표참관인의 수당과 식비

④ **제3항제6호에 따른 투표참관인 및 사전투표참관인 수당은 10만원으로 하고, 같은 항 제7호에 따른 개표참관인 수당은 10만원으로 한다. 이 경우 투표참관인 및 사전투표참관인의 수당과 개표참관 도중 개표참관인을 교체하는 경우의 수당은 6시간 이상 출석한 사람에게만 지급한다.** 〈신설 2022. 4. 20.〉

⑤ **제1항 내지 제3항의 규정에 따른 비용의 산정 및 보전청구 그 밖에 필요한 사항은 중앙선거관리위원회규칙으로 정한다.** 〈개정 2005. 8. 4., 2022. 4. 20.〉 [본조신설 2000. 2. 16.] [제목개정 2011. 7. 28.]

제135조(선거사무관계자에 대한 수당과 실비보상)

① 선거사무장·선거연락소장·선거사무원·활동보조인 및 회계책임자(이하 이 조에서 "선거사무장등"이라 한다)에 대하여는 수당과 실비를 지급할 수 있다. 다만, 정당의 유급사무직원, 국회의원과 그 **보좌관·선임비서관·비서관** 또는 지방의회의원이 선거사무장등을 겸한 때에는 실비만을 보상할 수 있으며, 후보자등록신청개시일부터 선거기간개시일 전일까지는 후보자로서 신고한 선거사무장등에게 수당과 실비를 지급할 수 없다. 〈개정 2000. 2. 16., 2010. 1. 25., 2011. 7. 28., 2022. 4. 20.〉

② 제1항에 따라 선거사무장등에게 지급할 수 있는 수당의 금액은 다음 각 호와 같다. 다만, 같은 사람이 회계책임자·선거사무장·선거연락소장 또는 선거사무원·활동보조인을 함께 맡은 때에는 다음 각 호의 금액 중 많은 금액으로 한다. 〈개정 2022. 4. 20.〉

1. **대통령선거 및 비례대표국회의원선거의 선거사무장: 14만원 이내**
2. **비례대표시·도의원선거와 시·도지사선거의 선거사무장, 대통령선거의 시·도선거연락소장: 14만원 이내**

최신 개정 주요 내용 총정리

3. 지역구국회의원선거 및 자치구·시·군의 장선거의 선거사무장, 대통령선거 및 시·도지사선거의 구·시·군선거연락소장: 10만원 이내
4. 지역구시·도의원선거 및 자치구·시·군의원선거의 선거사무장, 지역구국회의원선거 및 자치구·시·군의 장선거의 선거연락소장: 10만원 이내
5. 선거사무원·활동보조인: 6만원 이내
6. 회계책임자: 해당 회계책임자가 소속된 선거사무소 또는 선거연락소의 선거사무장 또는 선거연락소장의 수당과 같은 금액

③ 이 법의 규정에 의하여 수당·실비 기타 이익을 제공하는 경우를 제외하고는 수당·실비 기타 자원봉사에 대한 보상 등 명목여하를 불문하고 누구든지 선거운동과 관련하여 금품 기타 이익의 제공 또는 그 제공의 의사를 표시하거나 그 제공의 약속·지시·권유·알선·요구 또는 수령할 수 없다. 〈개정 1996. 2. 6., 1997. 1. 13., 1997. 11. 14., 2000. 2. 16.〉

④ 제1항에 따른 수당의 지급에 있어서 같은 정당의 추천을 받은 둘 이상의 후보자가 선거사무장등(회계책임자는 제외한다. 이하 이 항에서 같다)을 공동으로 선임한 경우 후보자별로 선거사무장등에게 지급하여야 하는 수당의 금액은 해당 후보자 사이의 약정에 따라 한 후보자의 선거사무장등에 대한 수당만을 지급하여야 한다. 〈신설 2022. 4. 20.〉

⑤ 제1항에 따라 선거사무장등에게 지급할 수 있는 실비의 종류와 금액은 중앙선거관리위원회규칙으로 정한다. 〈신설 2022. 4. 20.〉 [제목개정 2011. 7. 28.]

제155조(투표시간)

① ~ ⑤ (생 략)

⑥ 제1항 본문 및 제2항 전단에도 불구하고 격리자등이 선거권을 행사할 수 있도록 격리자등에 한정하여서는 투표소를 **오후 6시 30분(보궐선거등에 있어서는 오후 8시 30분)에 열고 오후 7시 30분(보궐선거등에 있어서는 오후 9시 30분)**에 닫으며, 사전투표소(제148조제1항제3호에 따라 설치하는 사전투표소를 제외하고 사전투표기간 중 둘째 날의 사전투표소에 한정한다. 이하 이 항에서 같다)는 오후 6시 30분에 열고 오후 8시에 닫는다. 다만, 농산어촌 지역에 거주하는 고령자·장애인·임산부 등 교통약자인 격리자등은 관할 보건소로부터 일시적 외출의 필요성을 인정받은 경우 **투표소 또는 사전투표소에서 오후 6시(보궐선거등에 있어서는 투표소에서 오후 8시) 전에도 투표할 수 있다.**

⑦ 제6항 본문에 따라 투표하는 경우 제5항, 제176조제4항, 제218조의16제2항 및 제218조의24제2항부터 제4항까지의 규정 중 "**선거일 오후 6시**"는 각각 "**선거일 오후 7시 30분**"으로, "**오후 8시**"는 각각 "**오후 9시 30분**"으로 본다.

제176조(사전투표·거소투표 및 선상투표의 접수·개표)

① ~ ② (현행과 같음)

③ 구·시·군선거관리위원회는 제1항에 따른 우편투표함과 제2항에 따른 사전투표함을 「개인정보 보호법」 **제2조제7호에 따른 고정형** 영상정보처리기기가 설치된 장소에 보관하여야 하고, 해당 영상정보는 해당 선거의 선거일 후 6개월까지 보관하여야 한다.

④ ~ ⑤ (현행과 같음)

제218조의14(국외선거운동 방법에 관한 특례)

① ~ ③ (현행과 같음)

④ 중앙선거관리위원회는 대통령선거 및 임기만료에 따른 비례대표국회의원선거에서 정당·후보자에 대한 정보를 재외선거인등에게 알리기 위하여 중앙선거관리위원회규칙으로 정하는 바에 따라 정당·후보자 정보자료를 작성하여 다음 각 호에 따른 방법으로 재외선거인등에게 제공하여야 한다.

  1. (현행과 같음)

  2. 중앙선거관리위원회, 외교부, 재외동포청 및 공관의 인터넷 홈페이지 게시

  3. (현행과 같음)

⑤ (현행과 같음)

⑥ 다음 각 호의 어느 하나에 해당하는 단체의 상근 임직원 및 이들 단체의 대표자는 재외선거권자를 대상으로 선거운동을 할 수 없다.

  1. ~ 2. (현행과 같음)

  3. 〈삭제〉

⑦ (현행과 같음)

제218조의16(재외선거의 투표방법)

① ~ ② (현행과 같음)

③ **제218조의13제1항에 따라 재외선거인명부등에 등재된 사람이 재외투표소에서 투표를 하지 아니하고 귀국한 때에는 선거일 전 8일부터 선거일까지** 주소지 또는 최종 주소지(최종 주소지가 없는 사람은 등록기준지를 말한다)를 관할하는 구·시·군선거관리위원회에 신고한 후 선거일에 해당 선거관리위원회가 지정하는 투표소에서 투표할 수 있다.

④ (현행과 같음)

최신 개정 주요 내용 총정리

제250조(허위사실공표죄)

① ~ ③ (현행과 같음)

④ 제82조의8제2항을 위반하여 중앙선거관리위원회규칙으로 정하는 사항을 딥페이크영상등에 표시하지 아니하고 제1항에 규정된 행위를 한 자는 5년 이하의 징역 또는 5천만원 이하의 벌금에, 제2항에 규정된 행위를 한 자는 7년 이하의 징역 또는 1천만원 이상 5천만원 이하의 벌금에 처한다.

제255조(부정선거운동죄)

① 다음 각 호의 어느 하나에 해당하는 자는 3년 이하의 징역 또는 600만원 이하의 벌금에 처한다.

  1. ~ 4. (현행과 같음)

  5. 제68조제2항 또는 제3항(**소품등**의 규격을 말한다)을 위반하여 **소품등을 사용한** 선거운동을 한 사람

  6. ~ 20. (현행과 같음)

② ~ ④ (현행과 같음)

⑤ **제82조의8제1항**을 위반한 자는 **7년** 이하의 징역 또는 **1천만원 이상** 5천만원 이하의 벌금에 처한다.

⑥ **제85조제1항을 위반한 자는 5년 이하의 징역 또는 2천만원 이하의 벌금에 처한다.**

제256조(각종제한규정위반죄)

① ~ ② (현행과 같음)

③ 다음 각 호의 어느 하나에 해당하는 자는 2년 이하의 징역 또는 400만원 이하의 벌금에 처한다.

  1. 선거운동과 관련하여 다음 각 목의 어느 하나에 해당하는 자

    가. ~ 차. (현행과 같음)

    카. 제103조(**各種集會등의 制限**)**제1항 및 제3항** 내지 제5항의 규정에 위반하여 각종집회등을 개최하거나 하게 한 자

    타. ~ 너. (현행과 같음)

  2. ~ 4. (현행과 같음)

④ ~ ⑤ (현행과 같음)

제260조(양벌규정)

① 정당·회사, 그 밖의 법인·단체(이하 이 조에서 "단체등"이라 한다)의 대표자, 그 대리인·사용인, 그 밖의 종업원과 정당의 간부인 당원이 그 단체등의 업무에 관하여 제230조제1항부터 제4항까지·제6항부터 제8항까지, 제231조, 제232조제1항·제2항, 제235조, 제237조제1항·제5항, 제240조제1항, 제241조제1항, 제244조, 제245조제2항, 제246조제2항, 제247조제1항, 제248조제1항, 제250조부터 제254조까지, **제255조제1항·제2항, 같은 조 제4항부터 제6항까지**, 제256조, 제257조제1항부터 제3항까지, 제258조, 제259조의

어느 하나에 해당하는 위반행위를 하면 그 행위자를 벌하는 외에 그 단체등에도 해당 조문의 벌금형을 과(科)한다. 다만, 단체등이 그 위반행위를 방지하기 위하여 해당 업무에 관하여 상당한 주의와 감독을 게을리하지 아니한 경우에는 그러하지 아니하다.

② (현행과 같음)

제261조(과태료의 부과·징수 등)

① ~ ② (현행과 같음)

③ 다음 각 호의 어느 하나에 해당하는 행위를 한 자에게는 1천만원 이하의 과태료를 부과한다.

   1. ~ 3의3. (현행과 같음)

   4. 제82조의8제2항을 위반하여 중앙선거관리위원회규칙으로 정하는 사항을 딥페이크영상등에 표시하지 아니한 자

   4의2.·5. (현행과 같음)

④ ~ ⑫ (현행과 같음)

⑥ 다음 각 호의 어느 하나에 해당하는 행위를 한 자는 300만원 이하의 과태료를 부과한다.

   1. ~ 2. (현행과 같음)

   3. **〈삭제〉**

   4. (현행과 같음)

⑦ ~ ⑫ (현행과 같음)

제273조(재정신청)

① 제230조부터 제234조까지, 제237조부터 제239조까지, 제248조부터 제250조까지, 제255조제1항제1호·제2호·제10호·제11호 및 **제3항·제5항·제6항**, 제257조 또는 제258조의 죄에 대하여 고발을 한 후보자와 정당(중앙당에 한한다) 및 해당 선거관리위원회는 그 검사 소속의 지방검찰청 소재지를 관할하는 고등법원에 그 당부에 관한 재정을 신청할 수 있다.

② ~ ④ (현행과 같음)

차례 | CONTENTS

공직선거법 실전 모의고사 문제편

제1회 실전 모의고사 ······ 34
제2회 실전 모의고사 ······ 45
제3회 실전 모의고사 ······ 56
제4회 실전 모의고사 ······ 68
제5회 실전 모의고사 ······ 78
제6회 실전 모의고사 ······ 86
제7회 실전 모의고사 ······ 93
제8회 실전 모의고사 ······ 99
제9회 실전 모의고사 ······ 104
제10회 실전 모의고사 ······ 110
제11회 실전 모의고사 ······ 116
제12회 실전 모의고사 ······ 122
제13회 실전 모의고사 ······ 128
제14회 실전 모의고사 ······ 134
제15회 실전 모의고사 ······ 140
제16회 실전 모의고사 ······ 145
제17회 실전 모의고사 ······ 150
제18회 실전 모의고사 ······ 154
제19회 실전 모의고사 ······ 159
제20회 실전 모의고사 ······ 164
제21회 실전 모의고사 ······ 169

공직선거법 실전 모의고사 정답 및 해설편

제1회 실전 모의고사 정답 및 해설 ·········· 176

제2회 실전 모의고사 정답 및 해설 ·········· 183

제3회 실전 모의고사 정답 및 해설 ·········· 190

제4회 실전 모의고사 정답 및 해설 ·········· 198

제5회 실전 모의고사 정답 및 해설 ·········· 205

제6회 실전 모의고사 정답 및 해설 ·········· 210

제7회 실전 모의고사 정답 및 해설 ·········· 215

제8회 실전 모의고사 정답 및 해설 ·········· 220

제9회 실전 모의고사 정답 및 해설 ·········· 224

제10회 실전 모의고사 정답 및 해설 ·········· 229

제11회 실전 모의고사 정답 및 해설 ·········· 232

제12회 실전 모의고사 정답 및 해설 ·········· 237

제13회 실전 모의고사 정답 및 해설 ·········· 240

제14회 실전 모의고사 정답 및 해설 ·········· 244

제15회 실전 모의고사 정답 및 해설 ·········· 248

제16회 실전 모의고사 정답 및 해설 ·········· 252

제17회 실전 모의고사 정답 및 해설 ·········· 254

제18회 실전 모의고사 정답 및 해설 ·········· 257

제19회 실전 모의고사 정답 및 해설 ·········· 262

제20회 실전 모의고사 정답 및 해설 ·········· 265

제21회 실전 모의고사 정답 및 해설 ·········· 269

탁월한 적중률! 합격의 동반자! 채한태 법학박사의 명품공직선거법

실전 모의고사

문제편

제 01 회 실전 모의고사

정답 및 해설 176p

01 대통령 탄핵결정 후 ○○도지사가 대통령후보로 출마하는 경우에는 선거일 전 언제까지 그 직을 그만두어야 하는가?

① 선거일 전 30일
② 선거일 전 60일
③ 선거일 전 90일
④ 제한없음

02 선거방송토론위원회에 관한 기술 중에서 옳은 것(○)과 틀린 것(×)을 바르게 배열한 것은?

㉠ 각급선거방송토론위원회에 위원장 1인을 두되, 위원장은 위원 중에서 호선한다. 다만, 구·시·군선거방송토론위원회 위원장은 해당 구·시·군선거관리위원회 위원장이 겸한다.
㉡ 중앙선거방송토론위원회에 상임위원 1인을 두되, 중앙선거관리위원회가 중앙선거방송토론위원회의 위원 중에서 지명한다.
㉢ 정당의 당원은 선거방송토론위원회의 위원이 될 수 없다.
㉣ 중앙선거방송토론위원회는 대담·토론회 등의 주관·진행 기타 공정성을 보장하기 위하여 필요한 사항을 정하여 공표하여야 한다.
㉤ 각급선거방송토론위원회는 대담·토론회 등의 업무수행을 위하여 필요한 때에는 공영방송사 또는 관련 기관·단체 등에 대하여 협조요구를 할 수 있으며, 그 협조요구를 받은 공영방송사는 우선적으로 이에 응하여야 한다.
㉥ 중앙선거방송토론위원회 또는 시·도선거방송토론위원회에 그 사무를 처리하게 하기 위하여 선거관리위원회 소속 공무원으로 구성하는 사무국을 둔다.

① ○ - ○ - ○ - ○ - ○ - ○
② ○ - ○ - ○ - × - × - ○
③ × - × - ○ - ○ - ○ - ○
④ × - × - ○ - ○ - ○ - ×

03 헌법재판소가 선거와 관련하여 위헌(헌법불합치 포함) 결정한 것은?

⊙ 한국철도공사 상근직원에 대하여 선거운동을 금지하는 것
⊙ 예비후보자의 배우자가 그와 함께 다니는 사람 중에서 지정한 1명의 선거운동을 인정하는 것
⊙ 비례대표국회의원선거에 있어 예비후보자등록제도를 인정하지 않는 것
⊙ 전국 동시 선거운동 과정에서 후보자들에게 확성장치 사용 허가하면서 소음규제기준을 정하지 아니하는 것
⊙ 지방공사 상근직원의 선거운동 시 형사처벌하는 것
⊙ 비례대표국회의원후보자 공개장소에서 연설·대담을 금지하는 것
⊙ 사전투표용지의 일련번호를 떼지 아니하고 선거인에게 교부하는 것

① ㉠, ㉡, ㉢, ㉣
② ㉠, ㉡, ㉢, ㉣
③ ㉢, ㉣, ㉤, ㉥
④ ㉣, ㉤, ㉥, ㉦

04 대통령에 대한 탄핵결정으로 인하여 2017.5.9. 실시된 대통령 보궐선거에 의해서 당선된 제19대 대통령의 임기는 언제부터 개시되는가?

① 당선 결정된 다음날 0시부터 개시
② 당선이 결정된 때부터 개시
③ 당선이 결정된 오전 9시부터 개시
④ 당선이 결정된 오전 10시부터 개시

05 선거일 현재 계속하여 60일 이상 해당 지방자치단체의 관할구역에 주민등록이 되어 있어야 해당 선거에 출마할 수 있는 자는?

㉠ 대통령선거 후보자
㉡ 지역구국회의원선거 후보자
㉢ 서울특별시장선거 후보자
㉣ 수원시장선거 후보자
㉤ 광주광역시장선거 후보자
㉥ 전라남도 도지사선거 후보자
㉦ 부산광역시 해운대 구청장선거 후보자

① ㉠, ㉡, ㉢
② ㉡, ㉢, ㉣, ㉤
③ ㉢, ㉣, ㉤, ㉥
④ ㉢, ㉣, ㉤, ㉥, ㉦

다음 중에서 피선거권이 없는 자는?

㉠ 금고 이상의 형의 선고를 받고 그 형이 실효되지 아니한 자
㉡ 법원의 판결 또는 다른 법률에 의하여 피선거권이 정지되거나 상실된 자
㉢ 국회 회의 방해하여 500만원 이상의 벌금형의 선고를 받고 그 형이 확정된 후 5년이 경과되지 아니한 자
㉣ 국회 회의 방해하여 형의 집행유예의 선고를 받고 그 형이 확정된 후 10년이 경과되지 아니한 자
㉤ 국회 회의 방해하여 징역형의 선고를 받고 그 집행을 받지 아니하기로 확정된 후 또는 그 형의 집행이 종료되거나 면제된 후 10년이 경과되지 아니한 자

① ㉠, ㉡, ㉢
② ㉠, ㉡, ㉢, ㉣
③ ㉡, ㉢, ㉣, ㉤
④ 모든 항목

국회의원 선거구 획정위원회를 기술한 것 중에서 틀린 것은?

① 국회의원지역구의 공정한 획정을 위하여 임기만료에 따른 국회의원선거의 선거일 전 18개월부터 해당 국회의원선거에 적용되는 국회의원지역구의 명칭과 그 구역이 확정되어 효력을 발생하는 날까지 국회의원선거구획정위원회를 설치·운영한다.
② 국회의원선거구획정위원회는 중앙선거관리위원회에 두되, 직무에 관하여 독립의 지위를 가진다.
③ 국회의원선거구획정위원회는 중앙선거관리위원회위원장이 위촉하는 9명의 위원으로 구성하되, 위원장은 위원 중에서 연장자가 한다.
④ 국회의 소관 상임위원회 또는 선거구획정에 관한 사항을 심사하는 특별위원회는 중앙선거관리위원회위원장이 지명하는 1명과 학계·법조계·언론계·시민단체·정당 등으로부터 추천받은 사람 중 8명을 의결로 선정하여 국회의원선거구획정위원회 설치일 전 10일까지 중앙선거관리위원회위원장에게 통보하여야 한다.

08 선거와 관련된 헌법재판소의 판례입장과 상이한 것은?

㉠ 부재자 투표시간을 오전 10시부터 오후 4시까지로 정하는 것은 헌법에 위배된다.
㉡ 비례대표국회의원선거의 기탁금과 지역구국회의원선거의 기탁금을 동일하게 설정하는 것은 공무담임권을 침해하는 것이 아니다.
㉢ 공직후보자 등록 시 실효된 형을 포함하여 공개하는 것은 헌법에 위배되지 아니한다.
㉣ 지방의회의원의 공무원의 지휘를 이용한 선거 운동 금지 대상에서 제외하지 아니하는 것은 헌법에 위배되지 아니한다.
㉤ 지역구국회의원 예비후보자가 정당 공천관리위원회의 심사에서 탈락하여 본선거의 후보자로 등록하지 아니한 경우에 그가 납부한 기탁금 전액을 반환하지 아니하도록 하는 것은 헌법에 위반된다.

① ㉠, ㉡   ② ㉡, ㉢   ③ ㉢, ㉣   ④ ㉣, ㉤

09 최근 헌법재판소가 제시한 시·도의원 지역구 획정과 관련하여 헌법이 허용하는 인구편차의 기준을 인구편차는?

① 상하 10%   ② 상하 20%
③ 상하 30%   ④ 상하 50%

10 기탁금 금액이 5,000만원 이상 고액인 후보자로만 나열한 것은?

㉠ 대통령선거 후보자   ㉡ 국회의원선거 후보자
㉢ 서울특별시장선거 후보자   ㉣ 안양시장선거 후보자
㉤ 경기도 도의원선거 후보자 ㉥ 홍천군 군의원선거 후보자

① ㉠, ㉡, ㉣
② ㉠, ㉢
③ ㉢, ㉣
④ ㉣, ㉥

11 정당이 당내 경선을 위탁하여 실시하는 경우에 그 경선 및 효력에 대한 이의제기는 어디에 하는가?

① 헌법재판소
② 중앙선거관리위원회
③ 당해 선거관리위원회
④ 당해 정당

12 선거운동기구를 정당과 후보자가 설치할 수 있는 선거는?

① 대통령 선거
② 지역구 국회의원 선거
③ 비례대표 국회의원 선거 및 비례대표 지방의원 선거
④ 시·도지사 선거

13 다음 중 공무원 등의 선거에 영향을 미치는 행위금지에 해당하는 것은 몇 항목인가?

> ㉠ 소속직원 또는 선거구민에게 교육 기타 명목여하를 불문하고 특정 정당이나 후보자의 업적을 홍보하는 행위
> ㉡ 지위를 이용하여 선거운동의 기획에 참여하거나 그 기획의 실시에 관여하는 행위
> ㉢ 정당 또는 후보자에 대한 선거권자의 지지도를 조사하거나 이를 발표하는 행위
> ㉣ 선거기간 중 국가 또는 지방자치단체의 예산으로 시행하는 사업 중 즉시 공사를 진행하지 아니할 사업의 기공식을 거행하는 행위
> ㉤ 선거기간 중 정상적 업무외의 출장을 하는 행위
> ㉥ 선거기간 중 휴가기간에 그 업무와 관련된 기관이나 시설을 방문하는 행위

① 2 항목
② 3 항목
③ 4 항목
④ 모든 항목

14 선거 공약서에 관한 기술 중에서 옳은 것(○)과 틀린 것(×)을 바르게 배열한 것은?

㉠ 대통령선거, 지방자치단체의 장선거 및 국회의원선거의 후보자는 선거운동을 위하여 선거공약서 1종을 작성할 수 있다.

㉡ 선거공약서에는 선거공약 및 이에 대한 추진계획으로 각 사업의 목표·우선순위·이행절차·이행기한·재원조달방안을 게재하여야 하며, 다른 정당이나 후보자에 관한 사항을 게재할 수 없다. 이 경우 후보자의 성명·기호와 선거공약 및 그 추진계획에 관한 사항 외의 후보자의 사진·학력·경력, 그 밖에 홍보에 필요한 사항은 제3항에 따른 면수 중 1면 이내에서 게재할 수 있다.

㉢ 선거공약서는 대통령선거에 있어서는 32면 이내로, 시·도지사선거에 있어서는 16면 이내로, 자치구·시·군의 장선거에 있어서는 12면 이내로 작성한다.

㉣ 선거공약서의 수량은 해당 선거구 안에 있는 세대수의 100분의 10에 해당하는 수 이내로 한다.

㉤ 후보자와 그 가족, 선거사무장, 선거연락소장, 선거사무원, 회계책임자 및 후보자와 함께 다니는 활동보조인은 선거공약서를 배부할 수 있다. 다만, 우편발송(점자형 선거공약서는 제외)·호별방문이나 살포(특정 장소에 비치하는 방법 포함)의 방법으로 선거공약서를 배부할 수 없다.

㉥ 후보자가 선거공약서를 배부하고자 하는 때에는 배부일 전일까지 2부를 첨부하여 작성수량·작성비용 및 배부방법 등을 관할선거구선거관리위원회에 서면으로 신고하여야 하며, 배부 전까지 배부할 지역을 관할하는 구·시·군선거관리위원회에 각 2부를 제출하여야 한다.

① ○-○-○-○-○-○
② ×-○-○-○-○-○
③ ×-×-○-○-○-○
④ ×-×-○-○-○-×

15 다음 중 공직선거법상 기부행위로 보지 않는 의례적인 행위에 해당하는 것으로만 묶은 것은?

㉠ 민법 제777조(친족의 범위)의 규정에 의한 친족의 관혼상제의식 기타 경조사에 축의·부의금품을 제공하는 행위
㉡ 정당의 대표자가 중앙당 또는 시·도당에서 근무하는 해당 유급사무직원·그 배우자 또는 그 직계존비속이 결혼하거나 사망한 때에 통상적인 범위에서 축의·부의금품을 제공하거나 해당 유급사무직원에게 연말·설·추석·창당기념일 또는 그의 생일에 정당의 경비로 의례적인 선물을 정당의 명의로 제공하는 행위
㉢ 국가유공자의 위령제, 국경일의 기념식, 정부가 주관하는 기념일의 기념식, 공공기관·시설의 개소·이전식, 합동결혼식, 합동분향식, 산하 기관·단체의 준공식, 정당의 창당대회·합당대회·후보자선출대회, 그 밖에 이에 준하는 행사에 의례적인 화환·화분·기념품을 제공하는 행위
㉣ 공익을 목적으로 설립된 재단 또는 기금이 선거일 전 4년 이전부터 그 설립목적에 따라 정기적으로 지급하여 온 금품을 지급하는 행위. 다만, 선거일 전 120일(선거일 전 120일 후에 실시사유가 확정된 보궐선거 등에 있어서는 그 선거의 실시사유가 확정된 때)부터 선거일까지 그 금품의 금액과 지급 대상·방법 등을 확대·변경하거나 후보자(후보자가 되려는 사람을 포함)가 직접 주거나 후보자 또는 그 소속 정당의 명의를 추정할 수 있는 방법으로 지급하는 행위는 제외한다.
㉤ 친목회·향우회·종친회·동창회 등 각종 사교·친목단체 및 사회단체의 구성원으로서 당해 단체의 정관·규약 또는 운영관례상의 의무에 기하여 종전의 범위안에서 회비를 납부하는 행위
㉥ 종교인이 평소 자신이 다니는 교회·성당·사찰 등에 통상의 예에 따라 헌금하는 행위
㉦ 선거운동을 위하여 후보자와 함께 다니는 자나 국회의원·후보자·예비후보자가 관할구역안의 지역을 방문하는 때에 함께 다니는 자에게 통상적인 범위에서 식사류의 음식물을 제공하는 행위

① ㉠, ㉡, ㉢, ㉣
② ㉠, ㉡, ㉢, ㉣, ㉤, ㉦
③ ㉡, ㉢, ㉣, ㉤, ㉥
④ ㉠, ㉡, ㉢, ㉣, ㉤, ㉥, ㉦

16 공직선거법상 선거비용으로 인정되지 아니하는 비용으로만 묶은 것은?

㉠ 선거권자의 추천을 받는 데 소요된 비용 등 선거운동을 위한 준비행위에 소요되는 비용
㉡ 정당의 후보자선출대회비용 기타 선거와 관련한 정당활동에 소요되는 정당비용
㉢ 선거에 관하여 국가·지방자치단체 또는 선거관리위원회에 납부하거나 지급하는 기탁금과 모든 납부금 및 수수료
㉣ 선거사무소와 선거연락소의 전화료·전기료 및 수도료 기타의 유지비로서 선거기간전부터 정당 또는 후보자가 지출하여 온 경비
㉤ 선거사무소와 선거연락소의 설치 및 유지비용
㉥ 정당, 후보자, 선거사무장, 선거연락소장, 선거사무원, 회계책임자, 연설원 및 대담·토론자가 승용하는 자동차의 운영비용
㉦ 제삼자가 정당·후보자·선거사무장·선거연락소장 또는 회계책임자와 통모함이 없이 특정 후보자의 선거운동을 위하여 지출한 전신료 등의 비용

① ㉠, ㉡, ㉢, ㉣
② ㉡, ㉢, ㉣, ㉤
③ ㉣, ㉤, ㉥, ㉦
④ 모든 항목

17 국회의원 선거에 관한 기술 중에서 틀린 것은?

① 지역구국회의원선거에 있어서는 선거구선거관리위원회가 당해 국회의원지역구에서 유효투표의 다수를 얻은 자를 당선인으로 결정한다. 다만, 최고득표자가 2인 이상인 때에는 국회에서 공개선거를 한다.
② 후보자등록마감시각에 지역구국회의원후보자가 1인이거나 후보자등록마감후 선거일 투표개시시각전까지 지역구국회의원후보자가 사퇴·사망하거나 등록이 무효로 되어 지역구국회의원후보자수가 1인이 된 때에는 지역구국회의원후보자에 대한 투표를 실시하지 아니하고, 선거일에 그 후보자를 당선인으로 결정한다.
③ 선거일의 투표개시시각부터 투표마감시각까지 지역구국회의원후보자가 사퇴·사망하거나 등록이 무효로 되어 지역구국회의원후보자수가 1인이 된 때에는 나머지 투표는 실시하지 아니하고 그 후보자를 당선인으로 결정한다.
④ 비례대표 국회의원선거득표비율은 각 의석할당정당의 득표수를 모든 의석할당정당의 득표수의 합계로 나누어 산출한다.

18 다음 중에서 선거소청을 거쳐야 법원에 소송제기 할 수 있는 자는?

㉠ 강원도지사 선거후보자 ㉡ 목포시장 선거후보자
㉢ 경주시의원 선거후보자 ㉣ 대통령 후보자
㉤ 국회의원 후보자 ㉥ 충남도의원

① ㉠, ㉡, ㉢, ㉥
② ㉠, ㉡, ㉢, ㉣
③ ㉡, ㉢, ㉣, ㉤
④ ㉢, ㉣, ㉤, ㉥

19 선거에 관한 헌법재판소의 결정 중에서 상이한 것은?

① 지방자치단체의 대표인 단체장은 지방의회의원과 마찬가지로 주민의 자발적 지지에 기초를 둔 선거를 통해 선출되어야 한다는 것은 지방자치제도의 본질에서 당연히 도출되는 원리이다.
② 지방자치단체의 장 선거권 역시 다른 선거권과 마찬가지로 헌법 제24조에 의해 보호되는 헌법상의 권리이다.
③ 투표 용지의 후보자 기호가 1,2,3등의 아라비아 숫자로 표시 하도록 한 것은 유권자의 혼동을 방지하고 선거의 원활한 운영을 도모하기 위한 것으로 평등 원칙을 침해하지 아니한다는 것을 최초로 판시 한 바 있다.
④ 지방자치단체의 장 선거에서 후보자등록 마감시간까지 후보자 1인만이 등록한 경우 투표를 실시하지 않고 그 후보자를 당선인으로 결정하도록 하는 공직선거법 조항은 지방자치단체의 장 선거권을 침해하는 것이다.

20 사회단체등의 공명선거추진운동을 할 수 있는 기관은?

㉠ 바르게살기운동협의회
㉡ 새마을운동협의회
㉢ 자유총연맹
㉣ 정의당을 지원하기 위해서 설립된 정책연구소
㉤ 특정 대통령 후보를 지지할 것을 표방한 민주노총
㉥ 선거운동을 표방한 한국노총

① 없음
② 2 항목
③ 4 항목
④ 5 항목

21 최근 개정된 선거권행사의 보장에 관한 기술 중 틀린 것은?

① 공무원·학생 또는 다른 사람에게 고용된 자가 선거인명부를 열람하거나 투표하기 위하여 필요한 시간은 보장되어야 하며, 이를 휴무 또는 휴업으로 보지 아니한다.
② 읍·면·동선거관리위원회는 제외한 선거관리위원회는 선거인의 투표참여를 촉진하기 위하여 교통이 불편한 지역에 거주하는 선거인 또는 노약자·장애인 등 거동이 불편한 선거인에 대한 교통편의 제공에 필요한 대책을 수립·시행할 수 있다.
③ 투표를 마친 선거인에게 국공립 유료시설의 이용요금을 면제·할인하는 등의 필요한 대책을 수립·시행할 수 있다. 이 경우 공정한 실시방법 등을 정당·후보자와 미리 협의하여야 한다.
④ 선거권자는 성실하게 선거에 참여하여 선거권을 행사하여야 한다.

22 최근 개정된 보궐선거 등의 선거에 관한 기술 중에서 틀린 것은?

① 국회의원, 지방의회의원 및 지방자치단체의 장 보궐선거, 재선거, 지방의회의 증원선거는 4월 중 첫 번째 수요일에 실시한다.
② 지방자치단체장의 보궐, 재선거 중 전년도 9월 1일부터 2월 말일까지 실시사유가 확정된 선거는 4월 첫 번째 수요일에 실시한다.
③ 대통령의 권위로 인한 선거 또는 재선거는 그 선거 실시사유가 확정된 때부터 60일 이내에 실시하여야 한다.
④ 대통령 선거는 늦어도 선거일 전 50일까지 대통령 또는 대통령 권한 대행자가 공고하여야 한다.

23 최근 개정된 정당의 후보자 추천에 관한 기술 중에서 옳은 것은 몇 항목인가?

㉠ 정당이 선거에 있어 후보자를 추천하는 때에는 당헌 또는 당규로 정한 민주적인 절차에 따라야 한다.
㉡ 정당이 비례대표 국회의원 선거 및 비례대표 지방의원선거에 후보자를 추천하는 때에는 후보자 중 100분의 50 이상을 여성으로 추천하되 그 후보자 명부의 순위의 매 홀수는 여성을 추천하여야 한다.
㉢ ㉡의 규정을 위배 시는 등록무효사유가 된다.
㉣ 정당이 임기만료에 따른 지역구 국회의원 선거 및 지역구지방의원 선정[후보자를 추천하는 때에는 각각 전국지역구총수의 100분의 30 이상을 여성으로 추천하도록 노력하여야 한다.
㉤ ㉣의 규정 위배 시는 등록 무효사유가 아니다.

① ○ - ○ - ○ - ○ - ○
② ○ - ○ - ○ - × - ×
③ × - ○ - ○ - ○ - ○
④ × - × - ○ - ○ - ○

24

최근 개정된 등록무효에 관한 기술 중에서 틀린 것은 몇 항목인가?

> ⊙ 무소속후보자가 정당의 당원이 된 때
> ⓒ 후보자가 같은 선거의 다른 선거구나 다른 선거의 후보자로 등록된 때에는 그 등록은 모두 무효로 한다.
> ⓒ 다른 법률에 따라 공무담임이 제한되는 사람이나 후보자가 될수 없는 사람에 해당하는 것이 발견된 때
> ⓔ 후보자의 등록이 무효로 된 때에는 관할 선거구 선거관리위원회는 지체 없이 그를 추천한 정당에 등록무효의 사유를 명시하여 이를 통지하여야 한다.

① 1항목 ② 2항목
③ 3항목 ④ 4항목

25

최근 개정된 공무원 등의 입후보에 관한 기술 중에서 틀린 것은?

① 서울시청 7급 공무원이 서울특별시장에 출마하려는 사람은 선거일 전 90일 전에 그 직을 그만두어야 한다.
② 현직 국회의원이 대통령선거에 있어서는 국회의원직을 가지고 입후보할 수 있다.
③ 현직 경상남도 도지사가 대통령보궐선거에 출마하고자 하는 경우에는 선거일 전 90일 전에 그 직을 그만두어야 한다.
④ 「신문 등의 진흥에 관한 법률」 제2조에 따른 신문 및 인터넷신문, 「잡지 등 정기간행물의 진흥에 관한 법률」 제2조에 따른 정기간행물, 「방송법」 제2조에 따른 방송사업을 발행·경영하는 자와 이에 상시 고용되어 후보자가 되려는 편집·제작·취재·집필·보도의 업무에 종사하는 자로서 중앙선거관리위원회규칙으로 정하는 언론인은 선거일 전 90일까지 그 직을 그만두어야 한다.

제 02회 실전 모의고사

정답 및 해설 183p

01 선거와 관련된 헌법재판소 판례 내용으로 옳은 것으로만 묶은 것은?

㉠ 선거운동기간 중의 방송광고, 방송시설주관 후보자연설의 방송, 선거방송토론위원회 주관 대담·토론회의 방송에 있어서 청각장애 선거인을 위한 자막 또는 수화통역의 방영을 의무사항으로 규정하지 아니하고 임의적 규정으로 한 공직선거법 조항들은 청각장애 선거인들의 참정권을 침해하는 것이 아니다.
㉡ 선거범죄로 당선이 무효로 된 자에게 이미 반환받은 기탁금과 보전받은 선거비용을 다시 반환하도록 한 것은 과잉금지원칙을 위반한 재산권침해라고 할 수 없다.
㉢ 국회의원 지역선거구 획정에 있어서 헌법이 허용하는 인구편차의 기준을 인구편차 상하 $33\frac{1}{3}$%, 인구비례 2:1을 넘어서지 않는 것으로 봄이 타당하다.
㉣ 국회의원선거의 모든 선거권자들에게 헌법상의 선거원칙은 모두 구현되고 있으므로, 이에 더하여 국회의원선거에서 사표를 줄이기 위해 소선거구 다수대표제를 배제하고 다른 선거제도를 채택할 것까지 요구할 수는 없다.
㉤ 인터넷언론사에 대해 선거일전 90일부터 선거일까지 후보자명의의 칼럼 등의 게재하는 것을 제한하는 것은 헌법에 위배된다.

① ㉠, ㉡   ② ㉡, ㉢
③ ㉣, ㉤   ④ 모두 옳음

02 공무원 등의 입후보에 대한 기술 중에서 옳은 것으로만 묶은 것은?

㉠ 서울시 7급 공무원이 지역구 국회의원 선거에 입후보하고자 하는 경우에는 선거일 전 90일까지 그 직을 그만두어야 한다.
㉡ 국회의원이 대통령 선거에 출마하고자 하는 경우에는 그 직을 가지고 출마할 수 있다.
㉢ 현 서울시장이 차기 서울시장 선거에 출마하려는 경우에는 선거일 전 90일까지 그 직을 그만두어야 한다.
㉣ 환경당의 비례대표국회의원이 지역구 국회의원 보궐선거에 입후보하는 경우에는 후보자등록신청 전까지 그 직을 그만두어야 한다.
㉤ 서울시의원이 다른 지방자치단체의 의회의원이나 장의 선거에 입후보하는 경우에는 후보자등록신청 전까지 그 직을 그만두어야 한다.

① ㉠, ㉡, ㉣   ② ㉠, ㉢, ㉤
③ ㉢, ㉣, ㉤   ④ 없음

03 임기개시에 관한 기술 중에서 옳지 않은 것은?

① 대통령의 임기는 전임대통령의 임기만료일의 다음날 0시부터 개시된다.
② 전임 대통령의 임기가 만료된 후에 실시하는 선거와 대통령의 궐위로 인한 선거에 의한 대통령의 임기는 당선이 결정된 때부터 개시된다.
③ 국회의원과 지방의회의원의 임기는 총선거에 의한 전임의원의 임기만료일의 다음 날부터 개시된다.
④ 국회의원과 지방의회의원의 임기가 개시된 후에 실시하는 선거와 지방의회의원의 증원선거에 의한 의원의 임기는 당선이 결정된 때부터 개시되며 임기는 새로이 시작된다.

04 공직후보자의 피선거권에 관한 기술 중에서 옳은 것으로만 묶은 것은?

㉠ 대통령 피선거권과 국회의원 피선거권의 연령은 헌법에 규정되어 있다.
㉡ 선거일 현재 5년 이상 국내에 주소가 있는 40세 이상의 국민은 대통령의 피선거권이 있다.
㉢ ㉡의 경우 국내에 거소를 두고 일정기간 외국에 체류한 기간은 국내거주기간으로 본다.
㉣ 주미대사로 3년 동안 파견된 기간은 ㉡의 국내거주기간으로 보지 아니한다.

① ㉠, ㉡ ② ㉡, ㉢
③ ㉠, ㉡, ㉢, ㉣ ④ 없음

 05 선거권과 피선거권이 없는 자에 대한 설명으로 옳은 것으로만 묶은 것은? (선거일 현재 기준임)

㉠ 금치산선고를 받은 자는 선거권이 없다.
㉡ 1년 이상의 징역 또는 금고의 형의 선고를 받고 그 집행이 종료되지 아니하거나 그 집행을 받지 아니하기로 확정되지 아니한 사람은 선거권이 없다.
㉢ 1년 이상의 징역 또는 금고의 형의 집행유예를 선고받고 유예기간 중에 있는 사람은 선거권이 있다.
㉣ 법원의 판결 또는 다른 법률에 의하여 선거권이 정지 또는 상실된 자는 선거권이 없다.
㉤ 국회법상 국회 회의 방해죄를 범한 자로서 500만원 이상의 벌금형의 선고를 받고 그 형이 확정된 후 10년이 경과되지 아니한 자는 피선거권이 없다.

① ㉠, ㉡, ㉢ ② ㉠, ㉡, ㉢, ㉣
③ ㉡, ㉢, ㉤ ④ ㉡, ㉢, ㉣, ㉤

06 국회의원선거구획정위원회에 관한 설명으로 옳은 것은 모두 몇 항목인가?

㉠ 국회의원지역구의 공정한 획정을 위하여 임기만료에 따른 국회의원선거의 선거일 전 18개월부터 해당 국회의원선거에 적용되는 국회의원지역구의 명칭과 그 구역이 확정되어 효력을 발생하는 날까지 국회의원선거구획정위원회를 설치·운영한다.
㉡ 국회의원선거구획정위원회는 중앙선거관리위원회에 두되, 직무에 관하여 독립의 지위를 가진다.
㉢ 국회의원선거구획정위원회는 중앙선거관리위원회위원장이 위촉하는 9명의 위원으로 구성하되, 위원장은 위원 중에서 호선한다.
㉣ 국회의 소관 상임위원회 또는 선거구획정에 관한 사항을 심사하는 특별위원회는 중앙선거관리위원회위원장이 지명하는 1명과 학계·법조계·언론계·시민단체·정당 등으로부터 추천받은 사람 중 8명을 의결로 선정하여 국회의원선거구획정위원회 설치일 전 10일까지 중앙선거관리위원회 위원장에게 통보하여야 한다.
㉤ 국회의원선거구획정위원회 위원장은 국회의원선거구획정위원회 위원의 결원이 발생하는 때에는 국회의 소관 상임위원회 또는 선거구획정에 관한 사항을 심사하는 특별위원회에 위원을 선정하여 통보하여 줄 것을 요청하여야 한다.

① 1항목 ② 3항목
③ 4항목 ④ 모두 옳음

07 통합선거인명부의 작성에 관한 기술 중에서 옳지 않은 것은?

① 중앙선거관리위원회는 사전투표소에서 사용하기 위하여 확정된 선거인명부의 전산자료 복사본을 이용하여 하나의 선거인명부를 작성한다.
② 각급선거관리위원회는 통합선거인명부를 작성하는 경우 같은 사람이 2회 이상 투표할 수 없도록 필요한 기술적 조치를 하여야 한다.
③ 통합선거인명부는 전산조직을 이용하여 작성한다.
④ 읍·면·동선거관리위원회는 선거일에 투표소에서 사용하기 위하여 사전투표기간 종료 후 중앙선거관리위원회가 기술적 조치를 한 선거인명부를 출력한 다음 해당 읍·면·동선거관리위원회위원장이 이를 봉함·봉인하여 보관하여야 하며, 그 보관과정에 정당추천위원이 참여하여 지켜볼 수 있도록 하여야 한다. 이 경우 정당추천위원이 그 시각까지 참여하지 아니한 때에는 참여를 포기한 것으로 본다.

08 정당의 후보자 추천에 관한 기술 중에서 옳은 것으로만 모두 묶은 것은?

㉠ 정당은 선거에 있어 선거구별로 선거할 정수범위 안에서 그 소속당원을 후보자로 추천할 수 있다. 다만, 비례대표자치구·시·군의원의 경우에는 그 정수 범위를 초과하여 추천할 수 있다.
㉡ 정당이 비례대표국회의원선거 및 비례대표지방의회의원선거에 후보자를 추천하는 때에는 그 후보자 중 100분의 50 이상을 여성으로 추천하되, 그 후보자명부의 순위의 매 홀수에는 여성을 추천하여야 하며, 위배시는 그 등록을 무효로 한다.
㉢ 정당이 임기만료에 따른 지역구국회의원선거 및 지역구지방의회의원선거에 후보자를 추천하는 때에는 각각 전국지역구총수의 100분의 30 이상을 여성으로 추천하도록 노력하여야 한다.
㉣ 정당이 임기만료에 따른 지역구지방의회의원선거에 후보자를 추천하는 때에는 지역구시·도의원선거 또는 지역구자치구·시·군의원선거 중 어느 하나의 선거에 국회의원지역구(군지역을 제외하며, 자치구의 일부지역이 다른 자치구 또는 군지역과 합하여 하나의 국회의원지역구로 된 경우에는 그 자치구의 일부지역도 제외한다)마다 1명 이상을 여성으로 추천하여야 한다.
㉤ 녹색당이 비례대표국회의원선거 후보자 공천시 후보자 중 100분의 50 이상을 여성으로 추천하지 아니하거나 그 후보자명부의 순위의 매 홀수에 여성을 추천하지 아니할 경우 등록을 무효로 한다.

① ㉠, ㉢, ㉤
② ㉠, ㉡, ㉢, ㉣
③ ㉡, ㉣, ㉤
④ ㉠, ㉡, ㉢, ㉣, ㉤

 09 다음 사회단체 중에서 공명선거추진활동을 할 수 있는 곳으로만 묶은 것은?

㉠ 한국자유총연맹
㉡ 새마을운동협의회
㉢ 선거운동을 하거나 할 것을 표방한 운수노동조합
㉣ 선거운동을 하거나 할 것을 표방한 금융노동조합
㉤ 선거운동을 하거나 할 것을 표방하지 아니한 금속노동조합

① ㉠, ㉡
② ㉡, ㉢
③ ㉣
④ ㉤

10 다음에서 등록신청 시 납부하는 기탁금의 액수가 높은 것부터 낮은 것 순으로 바르게 나열한 것은?

㉠ 경기도의회의원 후보자등록신청 시
㉡ 포천시의회의원 예비후보자등록신청 시
㉢ 경기도지사 후보자등록신청 시
㉣ 서울시 강남구청장 예비후보자등록신청 시
㉤ 서울특별시장 예비후보자등록신청 시

① ㉠, ㉡, ㉢, ㉣, ㉤
② ㉢, ㉠, ㉡, ㉣, ㉤
③ ㉢, ㉤, ㉠, ㉣, ㉡
④ ㉠, ㉢, ㉤, ㉣, ㉡

11 다음 중 예비후보자공약집을 발간·배부할 수 있는 예비후보자로만 모두 묶은 것은?

㉠ 대통령선거 예비후보자
㉡ 서울특별시장선거 예비후보자
㉢ 수원시장선거 예비후보자
㉣ 부산광역시장선거 예비후보자
㉤ 전남도지사선거 예비후보자
㉥ 광주광역시의회의원선거 예비후보자
㉦ 전라북도의회의원선거 예비후보자

① ㉠, ㉡, ㉢, ㉣
② ㉠, ㉡, ㉢, ㉣, ㉤
③ ㉢, ㉣, ㉤, ㉥, ㉦
④ ㉣, ㉤, ㉥, ㉦

12 선거운동기간 중에 공개장소에서의 연설·대담을 할 수 없는 자로만 묶은 것은?

㉠ 대통령후보자
㉡ 서울특별시장후보자
㉢ 경기도지사후보자
㉣ 동작구청장후보자
㉤ 녹색당 비례대표국회의원후보자
㉥ 청렴당 비례대표지방의회의원후보자

① ㉠, ㉡
② ㉢, ㉣
③ ㉣, ㉤
④ ㉤, ㉥

13 선거운동기간 중 인터넷언론사 홈페이지의 게시판·대화방 등의 실명확인에 관한 설명으로 옳지 않은 것은?

① 인터넷언론사가 선거기간 중 실명확인하는 규정은 표현자유를 침해하는 것이다.
② 정당이나 후보자는 자신의 명의로 개설·운영하는 인터넷홈페이지의 게시판·대화방 등에 정당·후보자에 대한 지지·반대의 정보 등을 게시할 수 있도록 하는 경우에는 위의 규정에 따른 기술적 조치를 할 수 있다.
③ 행정안전부장관 및 개인신용평가회사는 제공한 실명인증자료를 실명인증을 받은 자 및 인터넷홈페이지별로 관리하여야 하며, 중앙선거관리위원회가 그 실명인증자료의 제출을 요구하는 경우에는 지체 없이 이에 따라야 한다.
④ 인터넷언론사는 실명인증을 받은 자가 정보 등을 게시한 경우 당해 인터넷홈페이지의 게시판·대화방 등에 "실명인증" 표시가 나타나도록 하는 기술적 조치를 할 수 있다.

14 2022년 제20대 대통령선거기간 중에 모임이나 집회를 할 수 있는 기관은 모두 몇 항목인가?

> ㉠ 호남향우회
> ㉡ 김해김씨종친회
> ㉢ 방송통신대학교 동창회
> ㉣ 포천시 바르게 살기 운동협의회
> ㉤ 한국자유총연맹
> ㉥ 청년실업대책을 위한 서울시민모임

① 1항목　　② 2항목
③ 3항목　　④ 5항목

15 정책·공약에 관한 비교평가결과의 공표에 관한 기술 중에서 옳지 않은 것은?

① 언론기관 등은 정당·후보자(후보자가 되려는 자를 포함)의 정책이나 공약에 관하여 비교평가하고 그 결과를 공표할 수 있다.
② 언론기관 등이 후보자등의 정책이나 공약에 관한 비교평가를 하거나 그 결과를 공표하는 때에는 특정 후보자등에게 유리 또는 불리하게 평가단을 구성·운영하는 행위나 후보자등별로 점수부여 또는 순위나 등급을 정하는 등의 방법으로 서열화하는 행위를 하여서는 아니 된다.
③ 언론기관 등이 후보자등의 정책이나 공약에 관한 비교평가의 결과를 공표하는 때에는 평가주체, 평가단 구성·운영, 평가지표·기준·방법 등 평가의 신뢰성·객관성을 입증할 수 있는 내용을 공표하여야 하며, 비교평가와 관련있는 자료 일체를 해당 선거의 선거일 후 6개월까지 보관하여야 한다.
④ 언론기관 등이 후보자등의 정책이나 공약에 관한 비교평가의 결과를 공표하는 때에 선거운동을 하거나 할 것을 표방한 단체의 경우에는 지지하는 후보자등을 함께 공표할 필요는 없다.

16 공직선거법상 정당활동과 관련하여 기부행위로 보지 않는 것으로만 묶은 것은?

> ㉠ 정당이 소속 유급사무직원을 대상으로 실시하는 교육·연수에 참석한 유급사무직원에게 정당의 경비로 숙식·교통편의 또는 실비의 여비를 제공하는 행위
> ㉡ 정당의 대표자가 소속 당원만을 대상으로 개최하는 신년회·송년회에 참석한 사람에게 정당의 경비로 통상적인 범위에서 다과류의 음식물을 제공하는 행위
> ㉢ 정당이 그 명의로 재해구호·장애인돕기·농촌일손돕기 등 대민 자원봉사활동을 하거나 그 자원봉사활동에 참석한 당원에게 정당의 경비로 교통편의(여비는 제외한다)와 통상적인 범위에서 식사류의 음식물을 제공하는 행위
> ㉣ 정당의 대표자가 개최하는 정당의 정책개발을 위한 간담회·토론회에 참석한 직능·사회단체의 대표자, 주제발표자, 토론자 등에게 정당의 경비로 식사류의 음식물을 제공하는 행위
> ㉤ 정당의 대표자가 개최하는 정당의 각종 행사에서 모범·우수당원에게 정당의 경비로 상장과 통상적인 부상을 수여하는 행위
> ㉥ 제57조의5 제1항 단서에 따른 의례적인 행위
> ㉦ 정당의 대표자가 주관하는 당무에 관한 회의에서 참석한 각급 당부의 대표자·책임자 또는 유급당직자에게 정당의 경비로 식사류의 음식물을 제공하는 행위
> ㉧ 정당의 중앙당의 대표자가 당무파악 및 지역여론을 수렴하기 위하여 시·도당을 방문하는 때에 정당의 경비로 방문지역의 기관·단체의 장 또는 사회단체의 간부나 언론인 등 제한된 범위의 인사를 초청하여 간담회를 개최하고 식사류의 음식물을 제공하는 행위
> ㉨ 정당의 중앙당이 당헌에 따라 개최하는 전국 단위의 최고 대의기관 회의에 참석하는 당원에게 정당의 경비로 교통편의를 제공하는 행위

① ㉠, ㉡, ㉢, ㉣
② ㉡, ㉢, ㉣, ㉤
③ ㉣, ㉤, ㉥, ㉦
④ 모든 항목

17 다음 중 선거일 후 선거비용으로 보전하는 것으로만 묶은 것은?

㉠ 대통령후보자의 선거비용
㉡ 국회의원예비후보자의 선거비용
㉢ 정당한 사유 없이 지출을 증빙하는 적법한 영수증 그 밖의 증빙서류가 첨부되지 아니한 비용
㉣ 후보자가 자신의 차량·장비·물품 등을 사용하거나 후보자의 가족·소속 정당 또는 제3자의 차량·장비·물품 등을 무상으로 제공 또는 대여받는 등 정당 또는 후보자가 실제로 지출하지 아니한 비용
㉤ 청구금액이 중앙선거관리위원회규칙으로 정하는 기준에 따라 산정한 통상적인 거래가격 또는 임차가격과 비교하여 정당한 사유 없이 현저하게 비싸다고 인정되는 경우 그 초과하는 가액의 비용
㉥ 선거운동에 사용하지 아니한 차량·장비·물품 등의 임차·구입·제작비용

① ㉠
② ㉡, ㉢
③ ㉣, ㉤
④ ㉤, ㉥

18 대통령당선인의 결정·공고와 관련하여 옳지 않은 것은?

① 대통령선거에 있어서는 중앙선거관리위원회가 유효투표의 다수를 얻은 자를 당선인으로 결정하고, 이를 국회의장에게 통지하여야 한다. 다만, 후보자가 1인인 때에는 그 득표수가 선거권자총수의 4분의 1 이상에 달하여야 당선인으로 결정한다.
② 최고득표자가 2인 이상인 때에는 중앙선거관리위원회의 통지에 의하여 국회는 재적의원 과반수가 출석한 공개회의에서 다수표를 얻은 자를 당선인으로 결정한다.
③ 대통령당선인이 결정된 때에는 중앙선거관리위원회위원장이, 국회결선투표에 의하여 당선인이 결정된 때에는 국회의장이 이를 공고하고, 지체 없이 당선인에게 당선증을 교부하여야 한다.
④ 천재·지변 기타 부득이한 사유로 인하여 개표를 모두 마치지 못하였다 하더라도 개표를 마치지 못한 지역의 투표가 선거의 결과에 영향을 미칠 염려가 없다고 인정되는 때에는 중앙선거관리위원회는 우선 당선인을 결정할 수 있다.

19 선거소송과 선거무효소송에 관한 기술 중에서 옳지 않은 것은?

① 대통령선거 및 국회의원선거에 있어서 선거의 효력에 관하여 이의가 있는 선거인·정당(후보자를 추천한 정당에 한한다) 또는 후보자는 선거일부터 30일 이내에 당해 선거구선거관리위원회위원장을 피고로 하여 법원에 소를 제기할 수 있다.
② 소청이나 소장을 접수한 선거관리위원회 또는 대법원이나 고등법원은 선거쟁송에 있어 선거에 관한 규정에 위반된 사실이 있는 때라도 선거의 결과에 영향을 미쳤다고 인정하는 때에 한하여 선거의 전부나 일부의 무효 또는 당선의 무효를 결정하거나 판결한다.
③ 선거에 관한 소청이나 소송은 다른 쟁송에 우선하여 신속히 결정 또는 재판하여야 하며, 소송에 있어서는 수소법원은 소가 제기된 날 부터 180일 이내에 처리하여야 한다.
④ 소청이 제기된 때 또는 소청이 계속되지 아니하게 되거나 결정된 때에는 중앙선거관리위원회 또는 시·도선거관리위원회는 당해 지방자치단체와 지방의회 및 관할선거구선 관리위원회에 통지하여야 한다.

20 선거여론조사심의위원회를 기술한 것 중에서 옳은 것은 모두 몇 항목인가?

㉠ 중앙선거관리위원회와 시·도선거관리위원회는 선거에 관한 여론조사의 객관성·신뢰성을 확보하기 위하여 선거여론조사심의위원회를 각각 설치·운영하여야 한다.
㉡ 중앙선거여론조사심의위원회 및 시·도선거여론조사심의위원회는 국회에 교섭단체를 구성한 정당이 추천하는 각 1명과 학계, 법조계, 여론조사 관련 기관·단체의 전문가 등을 포함하여 중립적이고 공정한 사람 중에서 중앙선거관리위원회 또는 시·도선거관리위원회가 위촉하는 사람으로 총 9명 이내의 위원으로 각각 구성하며, 위원의 임기는 3년으로 한다.
㉢ 선거여론조사심의위원회에 위원장 1명을 두되, 위원장은 위원 중에서 호선한다.
㉣ 중앙선거여론조사심의위원회에 상임위원 1명을 두되, 중앙선거관리위원회가 중앙선거여론조사심의위원회의 위원 중에서 지명한다.
㉤ 정당의 당원은 선거여론조사심의위원회의 위원이 될 수 없다.
㉥ 중앙선거여론조사심의위원회는 공표 또는 보도를 목적으로 하는 선거에 관한 여론조사의 객관성·신뢰성을 확보하기 위하여 필요한 사항을 정하여 공표하여야 한다.

① 2항목 ② 3항목
③ 4항목 ④ 모두 옳음

21 최근 개정된 선거운동 기간 중에서 틀린 것은?

① 선거운동은 선거기간 개시일부터 선거일 전일까지에 한하여 할 수 있다.
② 선거일을 제외하고는 전화를 이용하거나 말로 선거운동하는 경우에는 상시적으로 할 수 있다.
③ 대통령선거의 경우에는 선거일전 240일부터 해당 선거의 예비후보자 등록신청 전까지 제60조의3 제1항 제2호의 방법으로 자신의 명함을 직접 주는 선거운동을 인정한다.
④ 누구든지 선거일 전 90일부터 선거일까지 선거운동을 위하여 딥페이크영상을 제작·편집·유포·상영 또는 게시를 할 수 있다.

22 최근 개정된 예비후보자와 선거 벽보 등의 선거운동에 관한 기술 중에서 틀린 것은?

① 예비후보자의 명함은 병원, 종교시설, 극장의 옥내에서 배부를 금지한다.
② 선거벽보는 다수의 통행인이 보기 쉬운 건물 또는 게시판 등에 첩부하여야 한다.
③ 선거벽보 첩부지는 해당 건물 또는 게시판 등의 소유자 또는 관리자와 미리 합의 하여야 한다.
④ 선거벽보를 첩부하는 경우에 첩부장소가 있는 토지, 건물 그 밖의 시설물의 소유자 또는 관리자는 선거벽보의 첩부가 해당 시설을 심각하게 훼손하거나 자신의 사생활을 침해하는 등 특별한 사유가 없는 한 선거벽보의 첩부에 협조하여야 한다.

23 최근 개정된 선거공보에 관한 기술 중에서 옳은 것은?

㉠ 대통령선거, 지역구 국회의원선거 및 지방자치단체장 선거의 후보자는 점자형 선거공보를 작성 제출하여야 한다.
㉡ 후보자가 시각장애인에게 제공하기 위하여 책자형 선거공보의 내용을 음성, 점자등으로 출력되는 디지털파일로 전환하여 저장한 저장매체를 책자형 선거공보와 같이 제출하는 경우 배부할 지역을 관할하는 구·시·군선거관리위원회는 이를 함께 발송하여야 한다.
㉢ 구·시·군 선거관리위원회는 제8항을 위반하여 책자형 선거공보(점자형 선거공보는 제외한다. 이하 이 항에서 같다)에 후보자 정보 공개 자료를 게재하지 아니하거나, 책자형 선거공보의 둘째 면이 아닌 다른 면(둘째 면이 부족하여 셋째 면에 연이어 게재한 경우는 제외한다)에 후보자 정보 공개 자료를 게재하거나, 그 둘째 면에 후보자 정보 공개 자료와 그 소명자료 외의 다른 내용을 게재하거나, 선거공보의 규격·제출기한을 위반한 때에는 이를 접수하지 아니한다.
㉣ 선거공보의 규격, 작성, 제출, 확인 등의 필요사항을 중앙선거관리위원회 규칙으로 정한다.

① ㉠, ㉡   ② ㉠, ㉡, ㉢
③ ㉡, ㉢, ㉣   ④ 모두 옳음

24 최근 개정된 한국수화언어 등에 관한 기술 중에서 틀린 것은?

① 선거운동을 위한 방송광고에 있어서는 청각장애인을 위한 한국수화언어 또는 자막을 방영하여야 한다.
② 방송시설주관 후보자 연설의 방송에 있어서는 청각장애선거인을 위하여 한국수화언어 또는 자막을 방영할 수 있다.
③ 각급선거방송 토론위원회는 대담토론회를 개최하는 때에는 청각장애선거인을 위하여 한국수화언어 또는 자막을 방영하여야 한다.
④ 중앙선거방송토론위원회를 대통령 및 국회의원 비례대표 국회의원선거에 있어서 선거운동기간 중에 대담토론회를 개최하여야 한다.

25 최근 개정된 서신, 전보 등에 의한 선거운동의 금지에 관한 기술 중에서 틀린 것은?

① 누구든지 선거기간 중 이법에 규정되지 아니한 방법으로 선거권자에게 서신, 전보, 모사전송 그밖의 전기통신의 방법을 이용하여 선거운동을 할 수 없다.
② 누구든지 선거운동을 위하여 후보자 등을 전화 기타의 방법으로 협박할 수 없다.
③ 컴퓨터를 이용한 자동 송신장치를 설치한 전화(ARS)를 통한 송수화자 간의 직접 통화하는 방식의 선거운동을 불인정한다.
④ 제59조 제4호에 따른 선거일이 아닌 때에 전화를 이용한 선거운동은 오후 10시부터 다음날 오전 6시까지는 할 수 없다.

제03회 실전 모의고사

정답 및 해설 190p

01 선거방송심의위원회에 관한 기술 중에서 옳지 않은 것은?

① 선거방송심의위원회는 국회에 교섭단체를 구성한 정당과 중앙선거관리위원회가 추천하는 각 1명, 방송사·방송학계·대한변호사협회·언론인단체 및 시민단체 등이 추천하는 사람을 포함하여 9명 이내의 위원으로 구성한다. 이 경우 선거방송심의위원회를 구성한 후에 국회에 교섭단체를 구성한 정당의 수가 증가하여 위원정수를 초과하게 되는 경우에는 현원을 위원정수로 본다.
② 선거방송심의위원회의 위원은 정당에 가입할 수 없다.
③ 선거방송심의위원회는 선거방송의 정치적 중립성·형평성·객관성 및 제작기술상의 균형유지와 권리구제 기타 선거방송의 공정을 보장하기 위하여 필요한 사항을 정하여 이를 공표하여야 한다.
④ 선거방송심의위원회 또는 선거기사심의위원회가 설치된 때부터 선거일까지 방송 또는 정기간행물등에 공표된 인신공격, 정책의 왜곡선전 등으로 피해를 받은 시·도당은 당해 방송을 한 방송사에 반론보도의 방송을, 당해 기사를 게재한 언론사에 반론보도문의 게재를 각각 청구할 수 있다.

02 선거구획정에 관한 기술 중에서 옳지 않은 것은? (다툼 시 판례에 따름)

① 헌법재판소는 국회의원의 지역대표성, 도시와 농어촌 간의 인구편차, 각 분야에 있어서의 개발불균형 등을 근거로 국회의원지역선거구의 획정에 있어 인구편차의 허용기준을 인구편차 상하 60%로 제시한 바가 있으나, 현재의 시점에서 헌법이 허용하는 인구편차의 기준을 인구편차 상하 50%, 인구비례 3:1을 넘어서지 않는 것으로 변경하는 것이 타당하다.
② 호별방문금지규정은 죄형법정주의의 명확성 원칙에 위배되지 않는다.
③ 비례대표시·도의원은 당해 시·도를 단위로 선거하며, 비례대표자치구·시·군의원은 당해 자치구·시·군을 단위로 선거한다.
④ 지역구국회의원, 지역구지방의회의원은 당해 의원의 선거구를 단위로 하여 선거하고, 지방자치단체의 장은 당해 지방자치단체의 관할구역을 단위로 하여 선거한다.

03 개표참관에 관한 기술 중에서 옳지 않은 것은?

① 구·시·군선거관리위원회는 개표참관인으로 하여금 개표소 안에서 개표상황을 참관하게 하여야 한다.
② 개표참관인은 구·시·군선거관리위원회의 관할구역안에서 실시되는 선거에 후보자를 추천하는 정당은 6인을, 무소속후보자는 3인을 선정하여 선거일 전 2일까지 당해 구·시·군선거관리위원회에 서면으로 신고하여 참관하게 하되, 신고 후 언제든지 교체할 수 있으며 개표일에는 개표소에서 교체신고를 할 수 있다.
③ 개표참관인의 신고가 없거나 한 정당 또는 한 후보자가 선정한 개표참관인밖에 없는 때에는 구·시·군선거관리위원회가 선거권자 중에서 본인의 승낙을 얻어 12인(지역구자치구·시·군의원선거에 있어서는 6인)에 달할 때까지 선정한 자를 개표참관인으로 한다.
④ 개표참관인은 개표소안에서 개표상황을 언제든지 순회·감시 또는 촬영할 수는 있으나, 개표소안 또는 일반관람인석에 전화·컴퓨터 기타의 통신설비를 설치하고, 이를 이용하여 개표상황을 후보자 또는 정당에 통보할 수는 없다.

04 공직선거법상 선거운동에 관한 기술 중에서 옳은 것만으로 묶은 것은?

> ㉠ 선거운동은 선거기간개시일부터 선거일 전일까지에 한하여 할 수 있다.
> ㉡ 문자메시지를 전송하는 방법으로 선거운동을 하는 경우. 이 경우 자동 동보통신의 방법으로 전송할 수 있는 자는 후보자와 예비후보자에 한하되, 그 횟수는 8회(후보자의 경우 예비후보자로서 전송한 횟수를 포함)를 넘을 수 없으며, 중앙선거관리위원회규칙에 따라 신고한 1개의 전화번호만을 사용하여야 한다.
> ㉢ 인터넷 홈페이지 또는 그 게시판·대화방 등에 글이나 동영상 등을 게시하거나 전자우편을 전송하는 방법으로 선거운동을 하는 경우는 선거운동기간에 상관 없이 가능하다. 이 경우 전자우편 전송 대행업체에 위탁하여 전자우편을 전송할 수 있는 사람은 후보자와 예비후보자에 한한다.
> ㉣ 통·리·반의 장 및 읍·면·동주민자치센터에 설치된 주민자치위원회위원은 선거운동을 할 수 있다.

① ㉠, ㉡
② ㉡, ㉢
③ ㉠, ㉡, ㉢
④ ㉠, ㉡, ㉢, ㉣

05 후보자 등의 방송연설에 관한 기술 중에서 옳지 않은 것은?

① 대통령선거에서 후보자와 후보자가 지명하는 연설원은 소속정당의 정강·정책이나 후보자의 정견 기타 홍보에 필요한 사항을 발표하기 위하여 각각 1회 20분 이내에서 텔레비전 및 라디오 방송별 각 11회 이내에 선거운동기간 중 텔레비전 및 라디오 방송시설을 이용한 연설을 할 수 있다.
② 비례대표국회의원선거에서 선거운동기간 중 정당별로 비례대표국회의원후보자 중에서 선임된 대표 2인이 각각 1회 10분 이내에서 텔레비전 및 라디오 방송별 각 1회의 텔레비전 및 라디오 방송시설을 이용한 연설을 할 수 있다.
③ 국회의원선거, 비례대표시·도의원선거, 지방자치단체의 장 선거에 있어서 후보자가 방송시설을 이용한 연설을 하고자 하는 때에는 당해 방송시설을 경영 또는 관리하는 자와 체결한 방송시설이용계약서 사본을 첨부하여 이용할 방송시설명·이용일시·소요시간·이용방법 등을 방송일전 7일까지 당해 선거구선거관리위원회에 서면으로 신고하여야 한다.
④ 방송시설을 경영 또는 관리하는 자는 방송시설을 이용한 연설에 협조하여야 하며, 방송시간대와 방송권역 등을 고려하여 모든 후보자에게 공평하게 하여야 한다.

06 공무원 등의 입후보에 관한 기술 중에서 옳지 않은 것은?

① 춘천시 선거관리위원회 9급 공무원이 후보자가 되고자 하는 경우 선거일 전 90일까지 그 직을 그만두어야 한다.
② 대통령선거와 국회의원선거에 있어서 국회의원이 그 직을 가지고 입후보하는 경우와 지방의회의원선거와 지방자치단체의 장의 선거에 있어서 당해 지방자치단체의 의회의원이나 장이 그 직을 가지고 입후보하는 경우에는 그 직을 유지한다.
③ 비례대표국회의원선거나 비례대표지방의회의원선거에 입후보하는 경우에는 선거일 전 90일까지 그 직을 그만두어야 한다.
④ 지방의회의원이 다른 지방자치단체의 의회의원이나 장의 선거에 입후보하는 경우에는 선거일 전 30일까지 그 직을 그만두어야 한다.

07 선거운동과 후보자에 대한 교통편의 제공에 관한 기술 중에서 옳지 않은 것은?

① 대통령선거에 있어서 한국철도공사사장은 중앙선거관리위원회규칙이 정하는 바에 따라 선거운동기간 중에 선거운동용으로 계속하여 사용할 수 있는 전국용 무료승차권 50매를 각 후보자에게 발급하여야 한다.
② 전국용 무료승차권을 발급받은 후보자가 사퇴·사망하거나 등록이 무효로 된 때에는 그 후 이를 사용할 수 없으며, 한국철도공사사장에게 지체 없이 반환하여야 한다.
③ 17세의 미성년자는 선거운동을 할 수 없다.
④ 읍·면·동선거관리위원회 또는 후보자는 공직선거법의 규정에 위반되는 정보가 인터넷 홈페이지 또는 그 게시판·대화방 등에 게시되거나, 정보통신망을 통하여 전송되는 사실을 발견한 때에는 당해 정보가 게시된 인터넷 홈페이지를 관리·운영하는 자에게 해당 정보의 삭제를 요청하거나, 전송되는 정보를 취급하는 인터넷 홈페이지의 관리·운영자 또는 정보통신서비스제공자에게 그 취급의 거부·정지·제한을 요청할 수 있다.

08 다음 중 공직선거법상의 기부행위로 보지 않는 것은 모두 몇 개인가?

> ㉠ 국가유공자의 위령제, 국경일의 기념식, 정부가 주관하는 기념일의 기념식, 공공기관·시설의 개소·이전식, 합동결혼식, 합동분향식, 산하 기관·단체의 준공식, 정당의 창당대회·합당대회·후보자선출대회, 그 밖에 이에 준하는 행사에 의례적인 화환·화분·기념품을 제공하는 행위
> ㉡ 친목회·향우회·종친회·동창회 등 각종 사교·친목단체 및 사회단체의 구성원으로서 당해 단체의 정관·규약 또는 운영관례상의 의무에 기하여 종전의 범위 안에서 회비를 납부하는 행위
> ㉢ 종교인이 평소 자신이 다니는 교회·성당·사찰 등에 통상의 예에 따라 헌금(물품의 제공을 포함한다)하는 행위
> ㉣ 선거운동을 위하여 후보자와 함께 다니는 자나 국회의원·후보자·예비후보자가 관할구역 안의 지역을 방문하는 때에 함께 다니는 자에게 통상적인 범위에서 식사류의 음식물을 제공하는 행위. 이 경우 함께 다니는 자의 범위에 관하여는 중앙선거관리위원회규칙으로 정한다.
> ㉤ 의정활동보고회, 정책토론회, 출판기념회, 그 밖의 각종 행사에 참석한 사람에게 통상적인 범위에서 차·커피 등 음료(주류는 제외한다)를 제공하는 행위

① 2개 ② 3개
③ 4개 ④ 5개

09 다음 중 중앙선거관리위원회 규칙으로 정하는 것은?

┌───┐
│ ㉠ 거소투표신고서   ㉡ 선상투표신고서의 서식 │
│ ㉢ 거소·선상투표신고인 명부의 서식   ㉣ 거소투표사유의 확인절차 │
│ ㉤ 선상투표사유의 확인절차   │
└───┘

① 1항목   ② 2항목   ③ 3항목   ④ 모든 항목

10 사회단체 등의 공명선거추진활동에 관한 기술 중에서 옳은 것(O)과 틀린 것(×)을 바르게 배열한 것은?

┌───┐
│ ㉠ 사회단체 등이 공명선거추진활동을 함에 있어서는 항상 공정한 자세를 견지하여야 하며, 특정 정당이나 후보자의 선거운동에 이르지 아니하도록 유의하여야 한다. │
│ ㉡ 각급선거관리위원회는 사회단체 등이 불공정한 활동을 하는 때에는 경고·중지 또는 시정명령을 하여야 하며, 그 행위가 선거운동에 이르거나 선거관리위원회의 중지 또는 시정명령을 이행하지 아니하는 때에는 고발 등 필요한 조치를 하여야 한다. │
│ ㉢ 바르게살기운동협의회·새마을운동협의회·한국자유총연맹은 공명선거추진활동을 할 수 없다. │
│ ㉣ 후보자, 후보자의 배우자와 후보자 또는 그 배우자의 직계존·비속과 형제자매나 후보자의 직계비속 및 형제자매의 배우자가 설립하거나 운영하고 있는 단체는 공명선거추진활동을 할 수 없다. │
│ ㉤ 특정 정당 또는 후보자를 지원하기 위하여 설립된 단체는 공명선거추진활동을 할 수 없다. │
│ ㉥ 선거운동을 하거나 할 것을 표방한 노동조합 또는 단체는 공명선거추진활동을 할 수 없다. │
└───┘

① O−O−O−O−O−O   ② O−×−O−O−O−O
③ ×−×−O−O−O−O   ④ ×−×−O−O−×−×

11 공직선거법상 선거소청에 관한 기술 중에서 옳지 않은 것은?

① 지방의회의원 및 지방자치단체의 장의 선거에 있어서 선거의 효력에 관하여 이의가 있는 선거인·정당(후보자를 추천한 정당에 한한다) 또는 후보자는 선거일부터 14일 이내에 당해 선거구선거관리위원회위원장을 피소청인으로 하여 지역구시·도의원선거(지역구세종특별자치시의회의원선거는 제외한다), 자치구·시·군의원선거 및 자치구·시·군의 장 선거에 있어서는 시·도선거관리위원회에, 비례대표시·도의원선거, 지역구세종특별자치시의회의원선거 및 시·도지사선거에 있어서는 중앙선거관리위원회에 소청할 수 있다.
② 행정심판법상 사정재결에 관한 규정은 선거소청에 준용되지 아니한다.
③ 선거소청을 접수한 중앙선거관리위원회 또는 시·도선거관리위원회는 소청을 접수한 날부터 60일 이내에 그 소청에 대한 결정을 하여야 한다.
④ 중앙선거관리위원회에서 심리·결정하는 소청의 경우 당해 선거구선거관리위원회위원장은 의견서를 제출하거나 중앙선거관리위원회에 출석하여 의견을 진술할 수 있다.

12 선거소송에 관한 기술 중에서 옳지 않은 것은?

① 소청이나 소장을 접수한 선거관리위원회 또는 대법원이나 고등법원은 선거쟁송에 있어 선거에 관한 규정에 위반된 사실이 있는 때라도 선거의 결과에 영향을 미쳤다고 인정하는 때에 한하여 선거의 전부나 일부의 무효 또는 당선의 무효를 결정하거나 판결한다.
② 선거에 관한 소청이나 소송은 다른 쟁송에 우선하여 신속히 결정 또는 재판하여야 하며, 소송에 있어서는 수소법원은 소가 제기된 날 부터 180일 이내에 처리하여야 한다.
③ 소청이 제기된 때 또는 소청이 계속되지 아니하게 되거나 결정된 때에는 중앙선거관리위원회 또는 시·도선거관리위원회는 당해 지방자치단체와 지방의회 및 관할선거구선거관리위원회에 통지하여야 한다.
④ 소가 제기된 때 또는 소송이 계속되지 아니하게 되거나 판결이 확정된 때에는 대법원장 또는 고등법원장은 대통령선거 및 국회의원선거에 있어서는 국회와 중앙선거관리위원회 및 관할선거구선거관리위원회에, 지방의회의원 및 지방자치단체의 장의 선거에 있어서는 당해 지방자치단체와 지방의회 및 관할선거구선거관리위원회에 통지할 수 있다.

13 정당의 후보자 추천에 관한 설명 중에서 옳지 않은 것은?

① 정당은 공직선거후보자를 추천하기 위하여 당내경선을 실시할 수 있다.
② 정당이 당내경선을 실시하는 경우 경선후보자로서 당해 정당의 후보자로 선출되지 아니한 자는 당해 선거의 같은 선거구에서는 후보자로 등록될 수 없으나, 다른 선거구에서는 후보자로 등록될 수 있다.
③ 정당이 당내경선을 실시하는 경우 경선후보자로서 당해 정당의 후보자로 선출되지 아니한 자는 당내경선에서 후보자로 선출된 자가 사퇴·사망·피선거권 상실 또는 당적의 이탈·변경 등으로 그 자격을 상실한 때에는 당해 선거구에 후보자로 등록될 수 있다.
④ 최근에 실시된 임기만료에 의한 국회의원선거에 참여하여 국회의원선거의 득표수 비율이 100분의 2 이상이더라도 현재 의석이 없는 정당은 당내경선사무 중 경선운동, 투표 및 개표에 관한 사무의 관리를 당해 선거의 관할선거구선거관리위원회에 위탁할 수 없다.

14

비례대표의석승계에 관한 기술 중에서 옳지 않은 것은 모두 몇 항목인가? (다툼 시 판례에 따름)

> ㉠ 선거범죄로 인하여 당선이 무효로 된 때를 비례대표지방의회의원의 의석 승계 제한사유로 규정한 구 「공직선거법」 제200조 제2항 단서 중 '비례대표지방의회의원 당선인이 제264조(당선인의 선거범죄로 인한 당선무효)의 규정에 의하여 당선이 무효로 된 때'의 부분은 대의제 민주주의 원리에 위배되는 것이 아니다.
> ㉡ 현행 비례대표선거제하에서 선거에 참여한 선거권자들의 정치적 의사표명에 의하여 직접 결정되는 것은, 어떠한 비례대표지방의회의원후보자가 비례대표지방의회의원으로 선출되느냐의 문제라기보다는 비례대표지방의회의원의석을 할당받을 정당에 배분되는 비례대표지방의회의원의 의석수라고 할 수 있다.
> ㉢ 비례대표지방의회의원에 궐원이 생긴 때에, 선거구선거관리위원회는 그 궐원된 의원이 그 선거 당시에 소속한 정당이 해산되거나 임기만료일 전 120일 이내에 궐원이 생긴 때에는 궐원된 지방의회의원의 의석을 승계할 자를 결정하지 아니한다.
> ㉣ 비례대표지방의회의원선거의 당선인이 그 임기개시전에 사퇴·사망한 때에, 선거구선거관리위원회는 그 선거 당시의 소속정당이 추천한 후보자를 비례대표지방의회의원후보자명부에 기재된 순위에 따라 당선인으로 결정한다.
> ㉤ 선거구선거관리위원회(중앙선거관리위원회를 제외한다)가 당선인결정 시정을 하는 때에는 지역구국회의원선거, 비례대표시·도의원선거, 지역구세종특별자치시의회의원선거 및 시·도지사선거에 있어서는 중앙선거관리위원회의, 지역구시·도의원선거(지역구세종특별자치시의회의원선거는 제외한다) 및 자치구·시·군의 의회의원과 장의 선거에 있어서는 시·도선거관리위원회의 심사를 받아야 한다.

① 1항목 ② 2항목
③ 3항목 ④ 5항목

15

재외선거에 관한 기술 중에서 옳지 않은 것은?

① 재외선거관리위원회에 위원장과 부위원장 각 1명을 두되, 위원 중에서 호선한다. 다만, 공관의 장과 그가 추천하는 공관원은 위원장이 될 수 없다.
② 재외선거관리위원회는 재외선거의 관리를 위하여 필요한 때에는 해당 공관의 장에게 협조를 요구할 수 있으며, 그 협조를 요구받은 공관의 장은 우선적으로 이에 따라야 한다.
③ 재외선거관리위원회위원장은 해당 공관의 장과 협의하여 해당 공관의 소속 직원 중에서 간사·서기 및 선거사무종사원을 위촉하여야 한다.
④ 새로이 구성된 재외선거관리위원회의 최초의 회의소집에 관하여는 공관의 장이 해당 재외선거관리위원회위원장의 직무를 대행한다.

16. 다음 중 개표 시 무효투표에 해당하는 것은 모두 몇 항목인가?

> ㉠ 정규의 투표용지를 사용하지 아니한 것
> ㉡ 어느 란에도 표를 하지 아니한 것
> ㉢ 2란에 걸쳐서 표를 하거나 2 이상의 란에 표를 한 것
> ㉣ 어느 란에 표를 한 것인지 식별할 수 없는 것
> ㉤ ㈜표를 하지 아니하고 문자 또는 물형을 기입한 것
> ㉥ ㈜표 외에 다른 사항을 기입한 것
> ㉦ 선거관리위원회의 기표용구가 아닌 용구로 표를 한 것

① 1항목
② 3항목
③ 5항목
④ 7항목

17. 예비후보자에 관한 기술 중에서 옳지 않은 것은?

① 시·도의회의원선거에 예비후보자등록을 신청하는 사람은 60만원을 중앙선거관리위원회규칙으로 정하는 바에 따라 관할선거구선거관리위원회에 기탁금으로 납부하여야 한다.
② 예비후보자등록을 신청하면서 전과기록에 관한 증명서류를 갖추지 아니한 등록신청은 수리할 수 없다.
③ 예비후보자가 사퇴하고자 하는 때에는 직접 당해 선거구선거관리위원회에 서면 또는 구술로 신고하여야 한다.
④ 대통령선거에 예비후보자 등록신청하는 사람은 6,000만원의 기탁금을 납부하여야 한다.

18. 선거공약서에 관한 설명 중에서 옳지 않은 것은?

① 선거공약서의 수량은 해당 선거구 안에 있는 세대수의 100분의 20에 해당하는 수 이내로 한다.
② 후보자와 그 가족, 선거사무장, 선거연락소장, 선거사무원, 회계책임자 및 후보자와 함께 다니는 활동보조인은 선거공약서를 배부할 수 있다. 다만, 우편발송(점자형 선거공약서는 제외한다)·호별방문이나 살포(특정 장소에 비치하는 방법을 포함한다)의 방법으로 선거공약서를 배부할 수 없다.
③ 후보자가 선거공약서를 배부하고자 하는 때에는 배부일 전일까지 2부를 첨부하여 작성수량·작성비용 및 배부방법 등을 관할선거구선거관리위원회에 서면으로 신고하여야 하며, 배부 전까지 배부할 지역을 관할하는 구·시·군선거관리위원회에 각 2부를 제출하여야 한다.
④ 관할선거구선거관리위원회는 선거공약서를 선거관리위원회의 인터넷홈페이지에 게시하는 등 선거구민이 알 수 있도록 이를 공개할 수 있으며, 당선인 결정 후에는 당선인의 선거공약서를 그 임기만료일까지 선거관리위원회의 인터넷홈페이지 또는 중앙선거관리위원회가 지정하는 인터넷홈페이지에 게시할 수 있다. 이 경우 후보자로 하여금 그 전산자료 복사본을 제출하게 하거나 그 내용을 요약하여 제출하게 할 수 있다.

19 정당사무소에 관한 기술 중에서 옳지 않은 것은?

① 정당은 선거에 있어서 당해 선거에 관한 정당의 사무를 처리하기 위하여 정해진 기간동안 선거구 안에 있는 구·시·군마다 1개소의 정당선거사무소를 설치할 수 있다.
② 정당선거사무소에는 당원 중에서 소장 1인을 두어야 하며, 2인 이내의 유급사무직원을 둘 수 있다.
③ 중앙당 또는 시·도당의 대표자는 정당선거사무소를 설치하는 때에는 지체 없이 관할선거관리위원회에 설치연월일, 사무소의 소재지와 명칭, 소장의 성명·주소·주민등록번호, 사무소인(印)을 서면으로 신고하여야 한다.
④ 정당선거사무소의 소장은 공직선거법 또는 다른 법률의 규정에 의한 신고·신청·제출·보고·추천 등에 관하여 당해 정당을 대표하는 것은 아니다.

20 투표용지에 관한 기술 중에서 옳은 것으로만 모두 묶은 것은?

> ㉠ 투표용지에는 후보자의 기호·정당추천후보자의 소속정당명 및 성명을 표시하여야 한다. 다만, 무소속후보자는 후보자의 정당추천후보자의 소속정당명의 난에 "무소속"으로 표시하고, 비례대표국회의원선거 및 비례대표지방의회의원선거에 있어서는 후보자를 추천한 정당의 기호와 정당명을 표시하여야 한다.
> ㉡ 기호는 투표용지에 게재할 정당 또는 후보자의 순위에 의하여 "1, 2, 3" 등으로 표시하여야 하며, 정당명과 후보자의 성명은 한글로 기재한다. 다만, 한글로 표시된 성명이 같은 후보자가 있는 경우에는 괄호 속에 한자를 함께 기재한다.
> ㉢ 후보자의 게재순위를 정함에 있어서는 후보자등록마감일 현재 국회에서 의석을 갖고 있는 정당의 추천을 받은 후보자, 국회에서 의석을 갖고 있지 아니한 정당의 추천을 받은 후보자, 무소속후보자의 순으로 하고, 정당의 게재순위를 정함에 있어서는 후보자등록마감일 현재 국회에서 의석을 가지고 있는 정당, 국회에서 의석을 가지고 있지 아니한 정당의 순으로 한다.
> ㉣ 지역구자치구·시·군의원선거에서 정당이 같은 선거구에 2명 이상의 후보자를 추천한 경우 그 정당이 추천한 후보자 사이의 투표용지 게재순위는 해당 정당이 정한 순위에 따르되, 정당이 정하지 아니한 경우에는 관할선거구선거관리위원회에서 추첨하여 결정한다. 이 경우 그 게재순위는 "1-가, 1-나, 1-다" 등으로 표시한다.
> ㉤ 후보자등록기간이 지난 후에 후보자가 사퇴·사망하거나 등록이 무효로 된 때라도 투표용지에서 그 기호·정당명 및 성명을 말소하지 아니한다.

① ㉠, ㉡
② ㉠, ㉡, ㉢
③ ㉠, ㉡, ㉢, ㉣
④ ㉠, ㉡, ㉢, ㉣, ㉤

21. 선거와 관련된 최근 헌법재판소 판례에 관한 기술 중에서 옳은 것은?

㉠ 육군훈련소에서 군사교육을 받는 훈련병에게 제19대 대통령선거 대담토론회의 시청을 금지하는 행위는 선거권을 침해하는 것은 아니다.
㉡ 점자형 선거공보의 면수를 책자형 선거공보의 면수 이내로 제한하는 것은 선거권을 침해하는 것은 아니다.
㉢ 선거방송토론위원회의 주관 대담토론회의 방송에서 한국수화언어 또는 자막의 방영을 재량사항으로 규정하는 것은 헌법에 위배되지 아니한다.
㉣ 투표소를 투표구 안의 선거인이 투표하기 편리한 곳에 설치한다고 규정하는 것은 기본권침해의 직접성은 인정되지 아니한다.

① ㉠, ㉡
② ㉡, ㉢
③ ㉠, ㉡, ㉢
④ ㉠, ㉡, ㉢, ㉣

22. 선거와 관련된 헌법재판소의 판례를 기술한 것 중에서 옳은 것(O)과 틀린 것 (X)을 바르게 배열한 것은?

㉠ 신체에 장애가 있는 선거인에 대해 투표보조인이 가족이 아닌 경우 반드시 2인을 동반하도록 하는 것은 헌법에 위반되지 않는다.
㉡ 선거에 의하여 취임하는 지방자치단체의 장의 선거운동을 금지하는 것은 입법목적을 달성하기 위한 적합한 수단이다.
㉢ 공무원이 그 지위를 이용하여 선거운동을 금지하고 위배 시 처벌하는 것은 죄형법정주의의 명확성을 위반하는 것이 아니다.
㉣ 투표용지의 후보자 게재순위를 다수의 석순으로 규정하는 것은 평등권에 위배되지 아니한다.
㉤ 투표용지에 게재할 기호는 정당 또는 후보자의 순위에 의하여 1, 2, 3등으로 표시하는 것은 헌법에 위배되지 아니한다.

① O-O-O-O-X
② O-O-O-O-O
③ X-X-O-O-O
④ X-X-X-O-X

23 최근 선거와 관련된 헌법재판소의 판례에 관한 기술 중에서 옳은 것은?

㉠ 인터넷 언론사에 대해 선거일 전 90일 전부터 선거일까지 후보자 명의의 칼럼 등을 게재하는 것을 제한하는 것은 과잉제한금지원칙에 위배된다.
㉡ 사립학교교원의 선거운동을 금지하는 것은 위배되지 아니한다.
㉢ 각급선거관리위원회 위원, 직원의 선거범죄 조사에 있어서 피조사자에게 자료제출의 의무를 부과하는 것은 목적달성을 위한 적당한 수단이다.
㉣ 사전 투표용지의 일련번호를 떼지 아니하고 선거인에게 교부하도록 하는 것은 헌법에 위배되지 아니한다.
㉤ 당내 경선에서 허용되는 경선운동방법을 한정하고 이를 위반하는 경우 처벌하는 것은 정치적 표현자유를 침해하는 것이다.

① ㉠, ㉡, ㉢
② ㉠, ㉡, ㉢, ㉤
③ ㉠, ㉡, ㉢, ㉣
④ ㉡, ㉢, ㉣, ㉤

24 선거구 획정 등에 관한 최근 헌법재판소의 판례 입장에 해당하는 것은 몇 항목인가?

㉠ 지방의원의 인구편차는 상하 50%를 벗어나는 것은 평등권을 침해하는 것이다.
㉡ 각 시·도에 해당하는 선거구 구역표는 전체가 불가분의 일체를 이루므로 일부 선거구의 선거구획정에 위헌성이 있다면 각 시·도에 해당하는 선거구역표 전부에 대하여 위헌 선언하는 것이 타당하다.
㉢ 헌법이 허용하는 지방의원 인구편차는 3:1 인구비례로 하는 것이 타당하다.
㉣ 2022.6. 실시될 시·도의 회원 선거에는 각 시·도의 평균인구수를 기준으로 인구편차 상하 50% 범위 내에서 시·도의원 지역구가 획정될 것으로 예상된다.

① 1항목
② 2항목
③ 3항목
④ 4항목

25. 선거시간에 관한 헌법재판소 판례 태도에 관한 기술 중에서 옳은 것은 몇 항목인가?

⊙ 투표소를 선거일 오후6시에 닫도록 규정하는 것은 선거권을 침해하는 것은 아니다.
ⓒ 선거권을 제한하는 법률의 합헌성은 원칙적으로 헌법 제37조 제2항의 과잉금지원칙에 의하여 심사함이 상당하다.
ⓒ 부재자 투표시간을 오전 10시 부분은 선거권과 평등권을 침해하는 것이다.
② 부재자 투표시간을 오후 4시 부분은 평등권을 침해하는 것이 아니다.
⑩ 국회가 대통령 선거일을 유급휴일로 정하는 법률을 제정하지 아니한 입법부작위와 관련하여 헌법 재판소는 선거일을 유급휴일로 정해야 할 입법의무는 인정하지 아니 하였다.

① 1항목 ② 2항목
③ 3항목 ④ 5항목

제04회 실전 모의고사

정답 및 해설 198p

01 다음 중 투표참여 권유활동을 할 수 없는 경우는?

㉠ 호별로 방문하여 하는 경우
㉡ 사전투표소 또는 투표소로부터 100미터 안에서 하는 경우
㉢ 특정 정당 또는 후보자(후보자가 되려는 사람을 포함)를 지지·추천하거나 반대하는 내용을 포함하여 하는 경우
㉣ 현수막 등 시설물, 인쇄물, 확성장치·녹음기·녹화기(비디오 및 오디오 기기를 포함), 어깨띠, 표찰, 그 밖의 표시물을 사용하여 하는 경우(정당의 명칭이나 후보자의 성명·사진 또는 그 명칭·성명을 유추할 수 있는 내용을 나타내어 하는 경우에 한정한다)

① 1항목
② 2항목
③ 3항목
④ 4항목

02 대통령 당선인 결정·공고 등에 관한 기술 중에서 옳지 않은 것은?

① 대통령선거에 있어서는 중앙선거관리위원회가 유효투표의 다수를 얻은 자를 당선인으로 결정하고, 이를 국회의장에게 통지하여야 한다. 다만, 후보자가 1인인 때에는 그 득표수가 선거권자총수의 3분의 1 이상에 달하여야 당선인으로 결정한다.
② 최고득표자가 2인 이상인 때에는 중앙선거관리위원회의 통지에 의하여 국회는 재적의원 과반수가 출석한 비공개회의에서 다수표를 얻은 자를 당선인으로 결정한다.
③ 선거에서 당선인이 결정된 때에는 중앙선거관리위원회위원장이, 국회의 결선투표에서 당선인이 결정된 때에는 국회의장이 이를 공고하고, 지체 없이 당선인에게 당선증을 교부하여야 한다.
④ 천재·지변 기타 부득이한 사유로 인하여 개표를 모두 마치지 못하였다 하더라도 개표를 마치지 못한 지역의 투표가 선거의 결과에 영향을 미칠 염려가 없다고 인정되는 때에는 중앙선거관리위원회는 우선 당선인을 결정할 수 있다.

03 사전투표소 및 기관·시설 안의 기표소에 관한 기술 중에서 옳지 않은 것은?

① 구·시·군선거관리위원회는 선거일 전 5일부터 2일 동안 관할구역의 읍·면·동마다 1개소씩 사전투표소를 설치·운영하여야 한다. 다만, 읍·면·동 관할구역에 군부대 밀집지역 등이 있는 경우에는 해당 지역에 사전투표소를 추가로 설치·운영할 수 있다.
② 구·시·군선거관리위원회는 사전투표소를 설치할 때에는 선거일 전 9일까지 그 명칭·소재지 및 설치·운영기간을 공고하고, 선거사무장 또는 선거연락소장에게 이를 통지하여야 하며, 관할구역 안의 투표구마다 5개소에 공고문을 첨부하여야 한다. 사전투표소의 설치장소를 변경한 때에도 또한 같다.
③ 구·시·군선거관리위원회는 사전투표소의 투표사무를 보조하게 하기 위하여 사전투표사무원을 두어야 한다.
④ 40명 이상의 거소투표신고인을 수용하고 있는 기관·시설의 장은 일시·장소를 정하여 해당 신고인의 거소투표를 위한 기표소를 설치하여야 한다.

04 선거에 관한 쟁송의 내용으로 옳지 않은 것은?

① 지역구시·도의원선거에서 선거소청결정에 불복이 있는 소청인은 해당 소청에 대한 기각결정 또는 각하결정이 있는 경우 그 결정서를 받은 날부터 10일 이내에 대법원에 소를 제기할 수 있다.
② 대통령선거 및 국회의원선거에 있어서 선거의 효력에 관하여 이의가 있는 선거인·정당(후보자를 추천한 정당에 한한다) 또는 후보자는 선거일부터 30일 이내에 당해 선거구선거관리위원회위원장을 피고로 하여 대법원에 소를 제기할 수 있다.
③ 지방의회의원 및 지방자치단체의 장의 선거에서 선거소송을 하기 위해서는 선거소청을 제기하여야 한다.
④ 자치구·시·군의원선거 및 자치구·시·군의 장 선거에 있어서는 시·도선거관리위원회에 선거소청을 제기한다.

05 재·보궐선거에 관한 기술 중에서 옳지 않은 것은?

① 천재·지변 기타 부득이한 사유로 인하여 선거를 실시할 수 없거나 실시하지 못한 때에는 대통령선거와 국회의원선거에 있어서는 대통령이, 지방의회의원 및 지방자치단체의 장의 선거에 있어서는 관할선거구선거관리위원회위원장이 당해 지방자치단체의 장(직무대행자를 포함한다)과 협의하여 선거를 연기하여야 한다.
② 공직선거법 제263조(선거비용의 초과지출로 인한 당선무효) 내지 제265조(선거사무장 등의 선거범죄로 인한 당선무효)의 규정에 의하여 당선이 무효로 된 때에는 재선거를 실시한다.
③ 대통령권한대행자는 대통령의 사고 시 지체 없이 중앙선거관리위원회에 이를 통보하여야 한다.
④ 비례대표국회의원 및 비례대표지방의회의원에 궐원이 생긴 때에는 선거구선거관리위원회는 궐원통지를 받은 후 10일 이내에 그 궐원된 의원이 그 선거 당시에 소속한 정당의 비례대표국회의원후보자명부 및 비례대표지방의회의원후보자명부에 기재된 순위에 따라 궐원된 국회의원 및 지방의회의원의 의석을 승계할 자를 결정하여야 한다. 다만, 그 정당이 해산되거나 임기만료일 전 120일 이내에 궐원이 생긴 때에는 그러하지 아니하다.

06 선거에 관한 기술 중에서 옳지 않은 것은 모두 몇 항목인가?

㉠ 누구든지 선거에 관하여 기부행위가 제한되는 자로부터 기부를 받거나 기부를 권유 또는 요구할 수 없다.
㉡ 누구든지 선거에 관하여 정치자금을 기부할 수 없는 자에게 기부를 요구하거나 그로부터 기부를 받을 수 없다.
㉢ 국회의원지역구의 획정에 있어서는 인구비례 2:1의 인구범위를 벗어나지 아니하는 범위에서 농산어촌의 지역대표성이 반영될 수 있도록 노력하여야 한다.
㉣ 헌법재판소는 지방의원 인구 편차는 상하 50%를 벗어나지 아니해야 한다고 판시한 바 있다.
㉤ 후보자의 가족은 선거일 후에 당선되지 아니한 데 대하여 일반 선거구민을 모아 낙선에 대한 위로회를 개최할 수 있다.

① 1항목
② 2항목
③ 3항목
④ 4항목

07 선출직 공무원의 임기에 관한 설명 중에서 옳지 않은 것은?

① 대통령의 임기는 전임대통령의 임기만료일의 다음날 0시부터 개시된다. 다만, 전임자의 임기가 만료된 후에 실시하는 선거와 궐위로 인한 선거에 의한 대통령의 임기는 당선이 결정된 때부터 개시된다.
② 국회의원과 지방의회의원의 임기는 총선거에 의한 전임의원의 임기만료일의 다음 날부터 개시된다.
③ 국회의원과 지방의회의원의 임기가 개시된 후에 실시하는 선거와 지방의회의원의 증원선거에 의한 의원의 임기는 당선이 결정된 때부터 개시되며 전임자 또는 같은 종류의 의원의 잔임기간으로 한다.
④ 지방자치단체의 장의 임기는 전임지방자치단체의 장의 임기만료일부터 개시된다.

08. 공직선거법상 기부행위로 보지 않는 직무상의 행위에 해당하는 것은 모두 몇 항목인가?

> ㉠ 국가기관 또는 지방자치단체가 긴급한 현안을 해결하기 위하여 자체사업계획과 예산으로 해당 국가기관 또는 지방자치단체의 명의로 금품이나 그 밖에 재산상의 이익을 제공하는 행위
> ㉡ 선거기간이 아닌 때에 국가기관이 효자·효부·모범시민·유공자등에게 포상을 하거나, 국가기관·지방자치단체가 관할구역 안의 환경미화원·구두미화원·가두신문판매원·우편집배원 등에게 위문품을 제공하는 행위
> ㉢ 국회의원 및 지방의회의원이 자신의 직무 또는 업무를 수행하는 상설사무소 또는 상설사무소를 두지 아니하는 구·시·군의 경우 임시사무소 등 중앙선거관리위원회규칙으로 정하는 장소에서 행하거나, 정당이 해당 당사에서 행하는 무료의 민원상담행위
> ㉣ 변호사·의사 등 법률에서 정하는 일정한 자격을 가진 전문직업인이 업무활동을 촉진하기 위하여 자신이 개설한 인터넷 홈페이지를 통하여 법률·의료 등 자신의 전문분야에 대한 무료상담을 하는 행위
> ㉤ 후보자 또는 그 가족과 관계있는 회사가 영업활동을 위하여 달력·수첩·탁상일기·메모판 등 홍보물(후보자의 성명이나 직명 또는 사진이 표시된 것은 제외한다)을 그 명의로 종업원이나 제한된 범위의 거래처, 영업활동에 필요한 유관기관·단체·시설에 배부하거나 영업활동에 부가하여 해당 기업의 영업범위에서 무료강좌를 실시하는 행위
> ㉥ 물품구매·공사·역무의 제공 등에 대한 대가의 제공 또는 부담금의 납부 등 채무를 이행하는 행위

① 1항목   ② 2항목   ③ 4항목   ④ 6항목

09. 다음 중 선거비용과 당선무효에 관한 기술로 옳지 않은 것은?

① 공고된 선거비용제한액의 300분의 1이상을 초과지출한 이유로 선거사무장, 선거사무소의 회계책임자가 징역형 또는 300만원 이상의 벌금형의 선고를 받은 때에는 그 후보자의 당선은 무효로 한다. 다만, 다른 사람의 유도 또는 도발에 의하여 당해 후보자의 당선을 무효로 되게 하기 위하여 지출한 때에는 그러하지 아니하다.
② 「정치자금법」 제49조(선거비용관련 위반행위에 관한 벌칙) 제1항 또는 제2항 제6호의 죄를 범함으로 인하여 선거사무소의 회계책임자가 징역형 또는 300만원 이상의 벌금형의 선고를 받은 때에는 그 후보자(대통령후보자, 비례대표국회의원후보자 및 비례대표지방의회의원후보자를 제외한다)의 당선은 무효로 한다. 다만, 다른 사람의 유도 또는 도발에 의하여 당해 후보자의 당선을 무효로 되게 하기 위하여 지출한 때에는 그러하지 아니하다.
③ 당선인이 당해 선거에 있어 공직선거법에 규정된 죄 또는 「정치자금법」 제49조의 죄를 범함으로 인하여 징역 또는 100만원이상의 벌금형의 선고를 받은 때에는 그 당선은 무효로 한다.
④ 선거사무장·선거사무소의 회계책임자(선거사무소의 회계책임자로 선임·신고되지 아니한 자로서 후보자와 통모하여 당해 후보자의 선거비용으로 지출한 금액이 선거비용제한액의 3분의 1 이상에 해당되는 자를 포함한다) 또는 후보자의 직계존비속 및 배우자가 해당 선거에 있어서 기부행위를 한 죄 또는 정치자금 부정수수죄를 범함으로 인하여 징역형 또는 300만원 이상의 벌금형의 선고를 받은 때(선거사무장, 선거사무소의 회계책임자에 대하여는 선임·신고되기 전의 행위로 인한 경우를 포함한다)에는 그 선거구 후보자(대통령후보자, 비례대표국회의원후보자 및 비례대표지방의회의원후보자를 제외한다)의 당선은 무효로 한다.

10 비례대표국회의원에 관한 기술 중에서 옳지 않은 것은?

① 중앙선거관리위원회는 비례대표국회의원선거에서 유효투표총수의 100분의 5 이상을 득표하였거나 지역구국회의원총선거에서 5석 이상의 의석을 차지한 각 정당(이하 "의석할당정당"이라 한다)에 대하여 당해 의석할당정당이 비례대표국회의원선거에서 얻은 득표비율에 따라 비례대표국회의원의석을 배분한다.
② 비례대표국회의원과 지역구국회의원후보자의 동일한 기탁금 금액은 헌법에 위배된다.
③ 중앙선거관리위원회는 제출된 정당별 비례대표국회의원후보자명부에 기재된 당선인으로 될 순위에 따라 정당에 배분된 비례대표국회의원의 당선인을 결정한다.
④ 정당에 배분된 비례대표국회의원의석수가 그 정당이 추천한 비례대표국회의원후보자수를 넘는 때에는 그 넘는 의석은 공석으로 한다.

11 동시선거에 관한 기술 중에서 옳지 않은 것은?

① 임기만료일이 같은 지방의회의원 및 지방자치단체의 장의 선거는 그 임기만료에 의한 선거의 선거일의 다음날에 동시실시한다.
② 동시선거에 있어서 같은 정당의 추천을 받은 2인 이상의 후보자(비례대표지방의회의원선거에 있어서는 후보자를 추천한 정당을 포함한다)는 선거사무소와 선거연락소를 공동으로 설치할 수 있다.
③ 동시선거에 있어서 같은 정당의 추천을 받은 2인 이상의 후보자는 하나의 공개장소에서의 연설·대담을 공동으로 할 수 있다.
④ 동시선거에 있어서 선거인명부와 거소·선상투표신고인명부는 각각 하나의 선거인명부와 거소·선상투표신고인명부로 한다.

12 선거범의 재판기간은 총 얼마 이내에 종결해야 하는가? (단, 1심·2심·3심 포함)

① 6개월　　　　　　　　　　② 8개월
③ 12개월　　　　　　　　　 ④ 14개월

13 공직선거법상 선거에서 공무원의 입후보에 관한 내용으로 옳지 않은 것은?

① 대통령선거와 국회의원선거에 있어서 국회의원이 그 직을 가지고 입후보하는 경우와 지방의회의원선거와 지방자치단체의 장의 선거에 있어서 당해 지방자치단체의 의회의원이나 장이 그 직을 가지고 입후보하는 경우에는 그 직을 그만두어야 할 필요가 없다.
② 교육위원회의 교육위원이 「공직선거법」상 후보자가 되려는 경우에는 선거일 전 90일까지 그 직을 그만두어야 한다.
③ 지방의회의원이 다른 지방자치단체의 장의 선거에 입후보하는 경우 선거일 전 30일까지 그 직을 그만두어야 한다.
④ 후보자가 사퇴하고자 하는 때에는 자신이 직접 당해 선거구선거관리위원회에 가서 서면으로 신고하되, 정당추천후보자가 사퇴하고자 하는 때에는 추천정당의 사퇴승인서를 첨부할 수 있다.

14 공직선거법상 선거별 선거기간이 14일로 규정되지 않은 선거는?

① 서울특별시장선거
② 경기도 시흥시장선거
③ 광주광역시 지방의회의원선거
④ 대통령선거

15 공직선거법상 투표용지의 게재순위를 바르게 배열한 것은?

> ㉠ 국회에서 의석을 갖지 아니한 신공화당
> ㉡ 국회에서 의석을 130석 가진 온누리당
> ㉢ 무소속의 홍길동 후보자
> ㉣ 국회에서 의석을 158석 가진 통일당
> ㉤ 국회에서 의석을 갖지 아니한 국민당

① ㉠, ㉡, ㉢, ㉣, ㉤
② ㉠, ㉡, ㉣, ㉢, ㉤
③ ㉣, ㉡, ㉤, ㉠, ㉢
④ ㉣, ㉢, ㉤, ㉡, ㉠

16 선거구획정위원회에 관한 기술 중에서 옳은 것은 모두 몇 항목인가?

⊙ 국회의원선거구획정위원회는 중앙선거관리위원회위원장이 위촉하는 9명의 위원으로 구성하되, 위원장은 위원 중에서 호선한다.
ⓒ 자치구·시·군의원선거구획정위원회는 11명 이내의 위원으로 구성하되, 학계·법조계·언론계·시민단체와 시·도의회 및 시·도선거관리위원회가 추천하는 사람 중에서 시·도지사가 위촉하여야 한다.
ⓒ 국회의원 및 정당의 당원은 위원이 될 수 없다.
ⓔ 국회의원선거구획정위원회는 국회의원지역구를 획정함에 있어서 국회에 의석을 가진 정당에게 선거구획정에 대한 의견진술의 기회를 부여하여야 한다.
ⓜ 자치구·시·군의원선거구획정위원회는 선거구획정안을 마련함에 있어서 국회에 의석을 가진 정당과 해당 자치구·시·군의 의회 및 장에 대하여 의견진술의 기회를 부여하여야 한다.
ⓗ 국회의원선거구획정위원회에 그 사무를 지원하기 위한 조직을 국회의원선거구획정위원회 설치일 전 30일부터 둘 수 있다.
ⓢ 국회의원선거구획정위원회와 자치구·시·군의원선거구획정위원회의 위원은 명예직으로 하되, 위원에게 일비·여비 그 밖의 실비를 지급할 수 있다.

① 2항목　　② 3항목
③ 6항목　　④ 7항목

17 선거사범의 공소시효는? (단, 범인이 도피한 때나 범인이 공범 또는 범죄의 증명에 필요한 참고인을 도피시킨 때가 아닌 경우)

① 6개월　　② 8개월
③ 12개월　　④ 3년

18 다음 중에서 피선거연령이 헌법에 직접 규정된 자는?

⊙ 대통령　　ⓒ 지방의회의원
ⓒ 지방자치단체장　　ⓔ 국회의원

① ⊙　　② ⊙, ⓒ
③ ⓒ, ⓒ　　④ ⓒ, ⓔ

19 후보자 등록에 관한 기술 중에서 옳지 않은 것은?

① 후보자의 등록은 대통령선거에서는 선거일 전 24일, 국회의원선거와 지방자치단체의 의회의원 및 장의 선거에서는 선거일 전 20일부터 2일간 관할선거구선거관리위원회에 서면으로 신청하여야 한다.
② 후보자등록신청서의 접수는 매일 오전 9시부터 오후 6시까지로 하는데, 마감일이 공휴일인 경우에는 다음날까지 연장된다.
③ 정당은 후보자등록후에는 등록된 후보자에 대한 추천을 취소 또는 변경할 수 없으며, 비례대표국회의원후보자명부(비례대표지방의회의원후보자명부 포함)에 후보자를 추가하거나 그 순위를 변경할 수 없다. 다만, 후보자등록기간 중 정당추천후보자가 사퇴·사망하거나, 소속정당의 제명이나 중앙당의 시·도당창당승인취소 외의 사유로 인하여 등록이 무효로 된 때에는 예외로 하되, 비례대표국회의원후보자명부(비례대표지방의회의원후보자명부 포함)에 후보자를 추가할 경우에는 그 순위는 이미 등록된 자의 다음으로 한다.
④ 후보자가 사퇴하고자 하는 때에는 자신이 직접 당해 선거구선거관리위원회에 가서 서면으로 신고하되, 정당추천후보자가 사퇴하고자 하는 때에는 추천정당의 사퇴승인서를 첨부하여야 한다.

20 선거사범 증거조사 및 인지첩부에 관한 설명으로 옳지 않은 것은?

① 정당(후보자를 추천한 정당에 한한다) 또는 후보자는 개표완료후에 선거쟁송을 제기하는 때의 증거를 보전하기 위하여 그 구역을 관할하는 지방법원 또는 그 지원에 투표함·투표지 및 투표록 등의 보전신청을 할 수 있다.
② 법관은 투표함·투표지 및 투표록 등의 보전신청이 있는 때에는 현장에 출장하여 조서를 작성하고 적절한 보관방법을 취하여야 한다. 다만, 소청심사에 필요한 경우 중앙선거관리위원회 또는 시·도선거관리위원회는 증거보전신청자의 신청에 의하여 관여법관의 입회하에 증거보전물품에 대한 검증을 할 수 있다.
③ 선거에 관한 소송에 있어서는 대법원 및 고등법원은 고등법원·지방법원 또는 그 지원에 증거조사를 촉탁할 수 있다.
④ 선거에 관한 소송에 있어서는 「민사소송 등 인지법」의 규정에 불구하고 소송서류에 붙여야 할 인지는 「민사소송 등 인지법」에 규정된 금액의 2배로 한다.

21 공직후보자의 기탁금 관련된 헌법재판소 판례 입장에서 위헌 결정한 것은?

> ㉠ 국회의원 출마시 기탁금 2000만원 규정
> ㉡ 비례국회의원 후보자 기탁금과 지역구 국회의원 기탁금의 동일한 규정
> ㉢ 대통령 후보자 등록요건으로 5억원 규정
> ㉣ 시·도지사 후보자 등록요건으로 5000만원 규정

① ㉠, ㉡
② ㉠, ㉡, ㉢
③ ㉡, ㉢, ㉣
④ ㉠, ㉡, ㉢, ㉣

22 선거와 관련된 헌법재판소의 판례입장이 아닌 것은?

① 비례대표 국회의원 후보자가 공개장소에서 연설, 대담하는 것을 허용하지 않는 것은 선거운동의 자유를 침해하는 것이다.
② 호별방문을 금지하는 것은 선거운동의 자유를 침해하는 것은 아니다.
③ 준연동형 비례대표제는 직업선거원칙과 평등선거원칙에 위배되지 아니한다.
④ 국회의원 비례대표 후보자 명단을 확정하기 위한 당내 경선에서도 직접 선거, 평등선거, 비밀선거원칙은 그대로 적용된다.

23 선거에 관한 헌법재판소의 판례 입장에 해당하는 것은?

> ㉠ 시·도의원 지역구 확정과 관련하여 헌법이 허용하는 인구편차의 기준을 인구편차 상하 50%(인구비례 3:1)로 변경하는 것은 타당하다.
> ㉡ 자치구 시·군의원 지역구 획정과 관련하여 헌법이 허용하는 인구편차의 기준을 인구편차 상하 50%(인구비례3:1)로 변경하는 것은 타당하다.
> ㉢ 국회의원 지역선거구의 인구편차의 기준을 상하 33 3/1% 인구비례 2:1을 넘어서지 않는 것으로 변경하는 것이 타당하다.
> ㉣ 국회의원선거구제도를 소선거구 다수대표제를 채택하는 것은 헌법에 위배되지 아니한다.
> ㉤ 국회의원 선거에 있어서 피선거권 행사연령을 만 25세 이상으로 하는 것은 공무담임권을 침해하지 아니한다.

① ㉠, ㉡, ㉢
② ㉠, ㉡, ㉢, ㉣
③ ㉡, ㉢, ㉣, ㉤
④ 모두 옳음

24 선거와 관련된 헌법재판소의 판례입장에서 옳은 것은?

㉠ 1년 이상의 징역의 형의 선고를 받고 그 집행이 종료되지 아니한 사람에 대하여 선거권을 제한하는 것은 선거권을 침해하지 아니한다.
㉡ 임기만료일 전 180일 이내 비례대표국회의원에 궐원이 생길 때를 비례대표 국회의원 의석승계 제한사유로 규정하는 것은 헌법에 합치되지 아니한다.
㉢ 선거비용보전 제한조항이 예비후보자 선거비용을 보전하지 않도록 규정하는 것은 선거운동의 자유를 침해하지 아니한다.
㉣ 시·도지사 선거운동 과정에서 후보자들이 확성장치를 사용할 수 있도록 허용하면서도 그로 인한 소음의 규제 기준을 정하지 아니하는 것은 헌법에 위배되지 아니한다.

① ㉠, ㉡
② ㉠, ㉡, ㉢
③ ㉡, ㉢, ㉣
④ 모두 옳음

25 선거에 관한 헌법재판소의 판례입장이 아닌 것은?

① 공직선거의 개표사무를 보조하기 위하여 투표지를 구분하거나 계산에 필요한 기계장치 등을 이용할 수 있도록 하는 것은 선거권을 침해하는 것이 아니다.
② 대통령령으로 정하는 언론인의 선거운동을 금지하는 것은 언론인의 선거운동의 자유를 침해하는 것이다.
③ 재외선거인 등록신청시 여권을 제시하도록 하는 것은 선거권과 평등권을 침해하지 않는다.
④ 재외선거인의 임기만료 지역구 국회의원 선거권을 인정하지 않는 것은 보통선거원칙에 위배된다.

제 05 회 실전 모의고사

정답 및 해설 205p

01 최근 개정된 공직선거법에 관한 기술 중에서 옳은 것은 모두 몇 항목인가?

> ㉠ 정당의 중앙당 및 시·도당에 설치하는 선거대책기구의 선거운동을 허용하였다.
> ㉡ 재외국민으로서 주민등록표에 3개월 이상 계속하여 올라 있고 해당 국회의원지역선거구나 지방자치단체의 관할 구역에 주민등록이 되어 있는 사람에게 지역구국회의원선거나 지방자치단체의 의회의원 및 장의 선거권을 부여하였다.
> ㉢ 후보자는 선거운동을 위하여 해당 선거구안의 읍·면·동 수의 2배 이내의 현수막을 게시할 수 있다.
> ㉣ 사전투표소는 사전투표기간 중 매일 오전 6시에 열고 오후 4시에 닫는다.
> ㉤ 누구든지 선거일 전 90일부터 선거일까지 선거운동을 위하여 인공지능 기술 등을 이용하여 만든 실제와 구분하기 어려운 딥페이크 영상을 제작·편집·유포·상영 또는 게시하는 행위를 하여서는 아니된다.

① 1항목   ② 2항목
③ 3항목   ④ 4항목

02 최근 개정된 공직선거법상 고용주는 사전투표기간 및 선거일에 모두 근무를 하는 고용된 사람이 투표하기 위하여 필요한 시간을 청구할 수 있다는 사실을 언제까지 알려야 하는가?

① 선거일 전 7일부터 선거일 전 3일까지
② 선거일 전 9일부터 선거일 전 3일까지
③ 선거일 전 10일부터 선거일 전 3일까지
④ 선거일 전 14일부터 선거일 전 3일까지

03 다음 중 선거여론조사심의위원회를 설치·운영하여야 하는 기관으로만 묶은 것은?

> ㉠ 읍·면·동선거관리위원회   ㉡ 구·시·군선거관리위원회
> ㉢ 시·도선거관리위원회   ㉣ 중앙선거관리위원회

① ㉠, ㉡   ② ㉡, ㉢
③ ㉢, ㉣   ④ 모든 기관

04 최근 개정된 공직선거법에 따르면 정당의 후보자추천과 관련하여 금품 등의 수수로 벌금형의 선고를 받은 자의 피선거권은 몇 년간 제한되는가?

① 3년　　　② 5년　　　③ 7년　　　④ 10년

05 시·도별 지역구 시·도의원의 총 정수는 그 관할구역 안의 자치구·시·군 수의 몇 배로 하는가?

① 2배　　　② 3배　　　③ 4배　　　④ 제한없음

06 다음 중 공무원의 선거관여금지에 관한 기술 중에서 옳지 않은 것은?

① 공무원 등 법령에 따라 정치적 중립을 지켜야 하는 자는 직무와 관련하여 또는 지위를 이용하여 선거에 위법한 영향력을 행사하는 등 선거에 영향을 미치는 행위를 할 수 없다.
② 공무원은 그 지위를 이용하여 선거운동을 할 수 없으며, 공직자윤리법 제17조에 따른 사기업체 등의 임·직원을 대상으로 한 선거운동은 그 지위를 이용하여 하는 선거운동으로 본다.
③ 누구든지 교육적·종교적 또는 직업적인 기관·단체 등의 조직 내에서의 직무상 행위를 이용하여 그 구성원에 대하여 선거운동을 하거나 하게 하거나, 계열화나 하도급 등 거래상 특수한 지위를 이용하여 기업조직·기업체 또는 그 구성원에 대하여 선거운동을 하거나 하게 할 수 없다.
④ 선거에 의하여 취임하는 지방자치단체장의 선거운동을 금지하는 공직 선거법 제 60조 1항 제4호 분 및 이에 위반하는 경우에 형사 처벌 하도록 한 공직 선거법 제 255조 제1항 제2호 부분은 헌법상 평등원칙의 위배되지 아니한다.

07 최근 개정된 공직선거법상 다른 자에게 고용된 사람이 사전투표기간 및 선거일에 모두 근무를 하는 경우에는 투표하기 위하여 필요한 시간을 누구에게 청구할 수 있는가?

① 고용노동부장관　　　② 행정안전부장관
③ 근로감독관　　　　　④ 고용주

08 누구든지 정당이 특정인을 후보자로 추천하는 일과 관련하여 금지되는 것으로 공직선거법에 열거된 것을 모두 고르면?

| ㉠ 금품 제공 | ㉡ 재산상의 이익 제공 |
| ㉢ 공직의 제공 | ㉣ 사(적)인 직 제공 |

① ㉠, ㉡　　　② ㉡, ㉢　　　③ ㉡, ㉢, ㉣　　　④ 모든 항목

09 최근 개정된 공직선거법상 선거인 명부는 선거일 전 며칠에 확정되는가?

① 선거일 전 7일　　　　　　② 선거일 전 10일
③ 선거일 전 12일　　　　　　④ 선거일 전 15일

10 다음 중 거소투표가 가능한 시설은 모두 몇 항목인가?

㉠ 병원, 요양소	㉡ 수용소
㉢ 교도소, 구치소	㉣ 장애인복지법에 규정된 장애인 거주시설

① 1항목　　　② 2항목　　　③ 3항목　　　④ 4항목

11 현행 공직선거법상 대통령선거 시 거소투표선거인에게 거소투표용지와 책자형 선거공보를 선거일 전 며칠까지 발송하여야 하는가?

① 3일　　　② 7일　　　③ 10일　　　④ 14일

12 공직선거법상 사전투표소에서 교부할 투표용지에 인쇄하는 일련번호는 바코드(컴퓨터가 인식할 수 있도록 표시한 막대 모양의 기호)의 형태로 표시하여야 한다. 다음 중 바코드에 담을 수 있는 내용은?

㉠ 선거명	㉡ 선거구명
㉢ 관할 선거관리위원회	㉣ 중앙선거관리위원회
㉤ 부정선거신고기관	

① ㉠, ㉡　　　　　　② ㉠, ㉡, ㉢
③ ㉡, ㉢, ㉣　　　　④ 모든 항목

13 최근 개정된 공직선거법상 다음 중 사전투표소에서 투표할 수 있는 사람은? (단, 거소투표자와 선상투표자는 제외)

① 선거인 누구든지
② 선거인 중에서 사전투표를 신고한 누구든지
③ 관할 선거구선거관리위원회에서 지정한 자
④ 관할 구·시·군의 장이 지정한 자

14 개표사무를 보조하기 위하여 투표지를 유·무효별 또는 후보자별로 구분하거나 계산에 필요한 기계장치 또는 전산조직을 이용할 수 있는 기관은?

① 읍·면·동선거관리위원회
② 구·시·군선거관리위원회
③ 시·도선거관리위원회
④ 중앙선거관리위원회

15 최근 개정된 공직선거법상 구·시·군선거관리위원회는 사전투표함을 인계받은 때에는 해당 선거관리위원회의 누구의 참여하에 투표함의 봉함·봉인상태를 확인하고 보관하여야 하는가?

① 선거참관인
② 선거인
③ 선거감독관
④ 정당추천위원

16 최근 개정된 공직선거법상 사전투표소에서 사용하기 위한 통합선거인명부를 작성하는 기관은?

① 읍·면·동선거관리위원회
② 구·시·군선거관리위원회
③ 시·도선거관리위원회
④ 중앙선거관리위원회

17 정당은 중앙당 및 시·도당의 사무소에 선거대책기구를 각각 몇 개씩 설치할 수 있는가?

① 1개
② 2개
③ 3개
④ 10개 이상

18 거소투표자는 구·시·군선거관리위원회로부터 송부받은 투표용지에 1명의 후보자를 선택하여 투표용지의 해당 칸에 기표하여 어떻게 발송하는가?

① 팩시밀리 ② 등기우편
③ 속달우편 ④ 특급우편

19 선거여론조사심의위원회에 관한 설명으로 옳지 않은 것은?

① 선거여론조사심의위원회에 위원장 1명을 두되, 위원장은 위원 중에서 호선한다.
② 중앙선거여론조사심의위원회에 상임위원 1명을 두되, 중앙선거관리위원회가 중앙선거여론조사심의위원회의 위원 중에서 지명한다.
③ 선거여론조사심의위원회는 선거에 관한 여론조사가 공직선거법 또는 선거여론조사기준을 위반하였다고 인정되는 때에는 그 위반행위를 한 자에게 시정명령·경고·정정보도문의 게재명령 등 필요한 조치를 하되, 그 위반행위가 선거의 공정성을 현저하게 해치는 것으로 인정되거나 시정명령·정정보도문의 게재명령을 불이행한 때에는 고발 등 필요한 조치를 하여야 하고 이를 관할 선거구선거관리위원회에 통보하여야 한다.
④ 중앙선거여론조사심의위원회는 전국의 선거구민을 대상으로 하는 여론조사를, 시·도선거여론조사심의위원회는 해당 시·도 및 2 이상 시·도의 선거구민을 대상으로 하는 여론조사를 심의한다.

20 후보자등록시 후보자 등록경력에 관한 신고서에 기재하여야 하는 것은?

㉠ 선거가 실시된 연도
㉡ 선거명
㉢ 선거구명
㉣ 소속 정당명(정당의 후보자 추천이 허용된 선거에 한정)
㉤ 당선 여부
㉥ 낙선 여부

① ㉠, ㉡, ㉢ ② ㉠, ㉡, ㉢, ㉣
③ ㉡, ㉣, ㉤, ㉥ ④ 모든 항목

21. 선거와 관련된 헌법재판소의 판례 입장에 해당하는 것은 몇 항목인가?

⊙ 종교단체 내에서의 직무상행위를 이용하여 그 구성원에 대하여 선거운동을 하거나 하게 할 수 없는 것은 헌법에 위배되지 아니한다.
⊙ 점자형 선거공보의 작성면수를 제한하고 음성변환 방식에 의한 정보제공으로 점자형 선거공보의 작성을 대체할 수 있도록 하는 것은 평등권 위배가 아니다.
⊙ 선거운동 기간 중 인터넷 언론사 게시판 등에 정당 후보자에 대한 지지, 반대의 정보를 게시하려고 할 경우 실명 확인을 받도록 한 것은 인터넷 언론사의 언론의 자유를 침해하는 것이다.
⊙ 선거벽보 등에 후보자의 6개월 과정 OO대학 고위정책과정을 게재하지 못하도록 하는 것은 헌법에 위배되지 아니한다.
⊙ 선거일 전 180일부터 선거일까지 선거에 영향을 미치게 하기 위하여 일정한 내용의 문서 기타 이와 유사한 것의 배부 등은 금지하는 조항에 따라 일정한 내용의 휴대전화 문자 메시지 제공을 금지하는 것은 헌법에 위배되지 아니한다.

① 2항목 ② 3항목
③ 4항목 ④ 5항목

22. 선거와 관련된 헌법재판소의 입장이 아닌 것은?

① 물품, 음식물, 서적, 관광 기타 교통편의를 제공받는 자는 그 제공받은 금액 또는 음식물, 물품 가액의 50배로 규정하는 것은 과잉금지 원칙에 위배된다.
② 선거일 전 180일부터 선거일까지 선거에 영향을 미치게 하기 위하여 정당 또는 후보자를 지지, 추천하거나 반대하는 내용이 포함되어 있거나 정당의 명칭 또는 후보자의 성명을 나타내는 인터넷 홈페이지 또는 게시판 등에 전자우편 전송을 금지하는 것은 헌법에 위배되지 아니한다.
③ 후보자의 배우자가 그와 함께 다니는 사람 중에서 지정한 1명도 명함교부를 하게 하는 것은 헌법에 위배된다.
④ 선거운동 등 정치적 표현의 자유는 민주주의사회를 구성하고 움직이게 하는 요소로 최대한 보장해야 한다.

23. 선거에 관한 헌법재판소의 판례입장에 해당하는 것은?

㉠ 투표용지에 표시되는 기호게재 순위를 후보자등록마감일 현재 국회에서 다수의석을 가지고 있는 정당을 우선하는 것은 헌법에 위배되지 아니한다.
㉡ 지방공무원이 국회의원 재선거에 출마하는 경우 후보자 등록 신청 전까지 그 직에서 사퇴하도록 규정하는 것은 평등권 침해가 아니다.
㉢ 지방자치단체의 장으로 하여금 당해 지방자치단체의 관할구역이 같거나 겹치는 선거구역에서 실시되는 지역구 국회의원 선거에 입후보하고자 하는 경우 당해선거의 선거일 전 180일 전까지 그 직을 사퇴하도록 규정하는 것은 비례성원칙에 위배된다.
㉣ 지방자치단체의 장으로 하여금 당해 지방자치단체의 관할구역이 같거나 겹치는 선거구역에서 실시되는 지역구 국회의원 선거에 입후보하고자 하는 경우 당해선거의 선거일 전 120일 전까지 그 직을 사퇴하도록 규정하는 것은 비례성원칙에 위배되지 아니한다.

① ㉠, ㉡
② ㉠, ㉢
③ ㉡, ㉢, ㉣
④ ㉠, ㉡, ㉢, ㉣

24. 선거에 관한 헌법재판소의 판례입장 중에서 틀린 것은?

① 선거사무장 선거사무관계자에게 선거운동 관련 하여 소정의 실비와 수당을 제외하는 일체의 금품제공을 금지하는 것은 헌법에 위배되지 아니한다.
② 후보자가 되고자 하는 자의 기부행위를 제한하는 것은 선거운동의 자유를 침해하는 것은 아니다.
③ 지역구 국회의원 예비후보자의 기탁금 반환사유를 예비후보자의 사망, 당내경선 탈락으로 한정하는 것은 헌법에 위배되지 아니한다.
④ 대통령 선거에 예비후보자등록을 선정하는 사람에게 기탁금의 20%인 6000만원을 기탁금 납부하게 하는 것은 헌법에 위배되지 아니한다.

25. 선거와 관련된 헌법재판소의 입장에 해당하는 것은 몇 항목인가?

㉠ 인터넷언론사는 선거운동기간 중 당해 홈페이지 게시판 등에 정당·후보자에 대한 지지·반대 등의 정보를 게시하는 경우 실명을 확인받는 기술적 조치를 해야 하고, 행정안전부장관 및 신용정보업자는 실명인증자료를 관리하고 중앙선거관리위원회가 요구하는 경우 지체 없이 그 자료를 제출해야 하며, 실명확인을 위한 기술적 조치를 하지 아니하거나 실명인증의 표시가 없는 정보를 삭제하지 않는 경우 과태료를 부과하도록 정한 공직선거법 조항은 모두 헌법에 위반된다.
㉡ 사전 투표 관리관이 투표용지에 자신의 도장을 찍는 경우 도장의 날인은 인쇄날인으로 갈음할 수 있도록 정한 공직선거관리규칙 제84조 제3항은 헌법에 위배되지 아니한다.
㉢ 후보자의 회계책임자가 300만원 이상의 벌금을 선고받은 경우 후보자의 당선을 무효로 하고 있는 것은 헌법에 위배되지 아니한다.
㉣ 지방공무원이 국회의원 재선거에 출마하는 경우에는 후보자 등록 신청 전까지 그 직을 사퇴하도록 하는 것은 공무담임권 침해가 아니다
㉤ 선상투표소에 설치된 모사전송 시스템을 활용하여 선거인이 스스로 투표하는 것은 비밀선거원칙에 위배되지 아니한다.

① 2항목
② 3항목
③ 4항목
④ 5항목

제 06 회 실전 모의고사

정답 및 해설 210p

01 선거권행사 보장에 관한 기술 중에서 옳은 것끼리만 묶은 것은?

㉠ 국가는 선거권자가 선거권을 행사할 수 있도록 필요한 조치를 취하여야 한다.
㉡ 국가와 지방자치단체는 격리자 등의 선거권행사가 원활하게 이루어질 수 있도록 교통편의 제공 및 그 밖에 필요한 방안을 마련하여야 한다.
㉢ 공무원·학생 또는 다른 사람에게 고용된 자가 선거인명부를 열람하거나 투표하기 위하여 필요한 시간은 보장되어야 하며, 이를 휴무 또는 휴업으로 간주한다.
㉣ 선거권자는 성실하게 선거에 참여하여 선거권을 행사하여야 한다.

① ㉠, ㉡
② ㉡, ㉢
③ ㉠, ㉡, ㉣
④ ㉠, ㉡, ㉢, ㉣

02 정책선거의 촉진을 위하여 필요한 사항을 적극적으로 홍보해야 하는 선거관리위원회에서 제외되는 것은?

① 서울특별시 선거관리위원회
② 광주광역시 북구 선거관리위원회
③ 경기도 수원시 선거관리위원회
④ 서울특별시 종로구 삼청동 선거관리위원회

03 공무원이 정치적 중립성 의무를 위배한 경우 신속·공정하게 단속·수사할 수 있는 자가 아닌 것은 모두 몇 항목인가?

㉠ 검사
㉡ 군검사
㉢ 검찰수사관
㉣ 군사법경찰관리
㉤ 선거관리위원회 위원

① 1항목
② 2항목
③ 3항목
④ 4항목

공명선거추진운동을 할 수 있는 기관은 모두 몇 항목인가?

> ㉠ 새마을운동협의회
> ㉡ 바르게살기운동협의회
> ㉢ 한국자유총연맹
> ㉣ 새누리당이나 새정치민주연합을 지원하기 위해 설립된 단체
> ㉤ 특정정당을 지지할 것을 표방한 민주노총
> ㉥ 특정정당을 지지할 것을 표방하지 아니한 한국노총

① 1항목 ② 2항목 ③ 3항목 ④ 4항목

05 선거방송심의위원회를 기술한 것 중에서 옳지 않은 것은?

① 선거방송심의위원회의 위원은 정당에 가입할 수 없다.
② 선거방송심의위원회는 선거방송의 정치적 중립성·형평성·객관성 및 제작기술상의 균형유지와 권리구제 기타 선거방송의 공정을 보장하기 위하여 필요한 사항을 정하여 이를 공표하여야 한다.
③ 선거방송심의위원회는 선거방송의 공정여부를 조사하여야 하고, 조사결과 선거방송의 내용이 공정하지 아니하다고 인정되는 경우에는 방송법 제100조 제1항 각 호에 따른 제재조치 등을 정하여 이를 방송통신위원회에 통보하여야 하며, 방송통신위원회는 불공정한 선거방송을 한 방송사에 대하여 통보받은 제재조치 등을 지체 없이 명하여야 한다.
④ 후보자 및 후보자가 되려는 사람은 선거방송심의위원회가 설치된 때부터 선거방송의 내용이 불공정하다고 인정되는 경우에는 중앙선거관리위원회에 그 시정을 요구할 수 있고, 중앙선거관리위원회는 지체 없이 이를 심의·의결하여야 한다.

인터넷선거보도심의위원회 위원장의 선출방식은?

① 중앙선거관리위원회에서 선출
② 시·도선거관리위원회에서 선출
③ 구·시·군선거관리위원회에서 선출
④ 위원 중에서 호선에 의하여 선출

07 각 선거별 선거구 사무관리 연결이 잘못된 것은?

① 대통령선거 : 중앙선거관리위원회
② 비례대표국회의원선거 : 중앙선거관리위원회
③ 지역구국회의원선거 : 시·도선거관리위원회
④ 자치구청장·시장·군수선거 : 구·시·군선거관리위원회

08 선거요일에 관한 기술 중에서 옳지 않은 것으로만 묶은 것은?

㉠ 대통령선거는 그 임기만료일 전 70일 이후 첫 번째 수요일
㉡ 국회의원선거는 그 임기만료일 전 50일 이후 첫 번째 수요일
㉢ 지방의회의원 및 지방자치단체의 장의 선거는 그 임기만료일 전 40일 이후 첫 번째 수요일
㉣ 선거일이 국민생활과 밀접한 관련이 있는 민속절 또는 공휴일인 때와 선거일 전일이나 그 다음날이 공휴일인 때에는 그 다음 주의 수요일

① ㉠
② ㉡
③ ㉢
④ ㉢, ㉣

09 다음 중 선거권에 관하여 옳은 설명으로만 묶은 것은?

㉠ 18세 이상의 국민 : 대통령 선거권 인정
㉡ 18세 이상의 국민 : 국회의원 선거권 인정
㉢ 18세 이상의 사람으로 해당 지방자치단체의 관할구역에 주민등록이 되어 있는 사람 : 해당 지방의회의원 선거권 인정
㉣ 출입국관리법 제10조에 따른 영주의 체류자격 취득일 후 2년이 경과한 외국인으로서 같은 법 제34조에 따라 해당 지방자치단체의 외국인등록대장에 올라 있는 사람 : 해당 지방자치단체장 선거권 인정

① ㉠, ㉡
② ㉡, ㉢
③ ㉠, ㉡, ㉢
④ ㉡, ㉢, ㉣

10 대통령선거의 피선거권의 요건에 관한 기술 중에서 옳지 않은 것으로 묶은 것은?

> ㉠ 선거일 현재 5년 이상 국내에 주소가 있을 것
> ㉡ 40세 이상의 국민
> ㉢ 공무로 외국에 파견된 기간은 국내거주로 본다.
> ㉣ 국내에 주소를 두고 일정기간 외국에 체류한 기간은 국내거주로 본다.

① ㉠
② ㉡
③ ㉡, ㉢
④ ㉢, ㉣

11 자치구·시·군의원선거구획정위원회에 관한 기술 중에서 옳지 않은 것은?

① 자치구·시·군의원지역구의 공정한 획정을 위하여 시·도에 자치구·시·군의원선거구획정위원회를 둘 수 있다.
② 자치구·시·군의원선거구획정위원회는 11명 이내의 위원으로 구성하되, 학계·법조계·언론계·시민단체와 시·도의회 및 시·도선거관리위원회가 추천하는 사람 중에서 시·도지사가 위촉하여야 한다.
③ 지방의회의원 및 정당의 당원은 자치구·시·군의원선거구획정위원회의 위원이 될 수 없다.
④ 자치구·시·군의원선거구획정위원회는 선거구획정안을 마련하고, 그 이유나 그 밖의 필요한 사항을 기재한 보고서를 첨부하여 임기만료에 따른 자치구·시·군의원선거의 선거일 전 6개월까지 시·도지사에게 제출하여야 한다.

12 선거인 명부를 작성한 때에 구·시·군의 장이 즉시 그 전산자료 복사본을 송부해야 하는 기관은?

① 중앙선거관리위원회
② 시·도선거관리위원회
③ 구·시·군선거관리위원회
④ 읍·면·동선거관리위원회

13 정당의 후보자 추천에 관한 기술 중에서 옳은 것은 모두 몇 항목인가?

㉠ 정당의 후보자추천방식과 관련하여서는, 정당법의 규정에 따라 민주적인 절차에 의하도록 하는 원칙적 규정만 두고 있을 뿐이므로 그 추천의 구체적인 절차나 방법에 대하여는 정당에 포괄적으로 위임되어 있다고 할 것이다.
㉡ 정당이 비례대표국회의원선거 및 비례대표지방의회의원선거에 후보자를 추천하는 때에는 그 후보자 중 100분의 50 이상을 여성으로 추천하되, 그 후보자 명부 순위의 매 홀수에는 여성을 추천하여야 한다.
㉢ 정당이 임기만료에 따른 지역구국회의원선거 및 지역구지방의회의원선거에 후보자를 추천하는 때에는 각각 전국지역구총수의 100분의 30 이상을 여성으로 추천하도록 노력하여야 한다.
㉣ 정당이 임기만료에 따른 지역구지방의회의원선거에 후보자를 추천하는 때에는 지역구 시·도의원선거 또는 지역구 자치구·시·군의원선거 중 어느 하나의 선거에 국회의원지역구(군지역 제외)마다 1명 이상을 여성으로 추천하여야 한다.

① 1항목
② 2항목
③ 3항목
④ 4항목

14 당내경선사무의 위탁과 관련하여 관할 선거관리위원회에 위탁할 수 없는 것은?

① 경선운동
② 투표사무관리
③ 개표사무관리
④ 당원명부관리

15 대통령선거 출마 시 무소속후보자는 어느 정도 선거권자의 추천을 받아야 하는가?

① 1,000명 이상 5,000명 이하
② 1,000명 이상 6,000명 이하
③ 3,500명 이상 6,000명 이하
④ 3,500명 이상 7,000명 이하

16 무소속 후보자가 표방할 수 없는 것으로만 묶은 것은?

㉠ 특정 정당으로부터의 지지
㉡ 특정 정당으로부터의 추천받음을 표방
㉢ 정당의 당원경력을 표시하는 행위
㉣ 해당 선거구에 후보자를 추천하지 아니한 정당이 무소속후보자를 지지하거나 지원하는 경우 그 사실을 표방하는 행위

① ㉠, ㉡
② ㉡, ㉢
③ ㉢, ㉣
④ ㉡, ㉢, ㉣

17 호별방문제한규정에도 불구하고 선거운동을 할 수 있는 자가 정당 또는 후보자에 대한 지지나 호소를 할 수 있는 곳은 모두 몇 항목인가?

㉠ 관혼상제가 거행되는 장소
㉡ 도로나 시장
㉢ 점포나 다방
㉣ 대합실
㉤ 기타 다수인이 왕래하는 공개된 장소

① 1항목
② 2항목
③ 4항목
④ 5항목

18 다음 중 기부행위로 보지 않는 것은 몇 항목인가?

㉠ 통상적인 정당활동과 관련한 행위
㉡ 의례적인 행위
㉢ 구호적·자선적 행위
㉣ 직무상의 행위
㉤ 법령의 규정에 근거하여 금품 등을 찬조·출연 또는 제공하는 행위

① 1항목
② 2항목
③ 4항목
④ 5항목

19 다음 중 선거비용으로 인정되지 않는 것은 모두 몇 항목인가?

> ㉠ 선거권자의 추천을 받는 데 소요된 비용 등 선거운동을 위한 준비행위에 소요되는 비용
> ㉡ 정당의 후보자선출대회비용 기타 선거와 관련한 정당활동에 소요되는 정당비용
> ㉢ 선거에 관하여 국가·지방자치단체 또는 선거관리위원회에 납부하거나 지급하는 기탁금과 모든 납부금 및 수수료
> ㉣ 선거사무소와 선거연락소의 전화료·전기료 및 수도료 기타의 유지비로서 선거기간 전부터 정당 또는 후보자가 지출하여 온 경비
> ㉤ 선거사무소와 선거연락소의 설치 및 유지비용
> ㉥ 정당, 후보자, 선거사무장, 선거연락소장, 선거사무원, 회계책임자, 연설원 및 대담·토론자가 승용하는 자동차의 운영비용

① 2항목
② 3항목
③ 4항목
④ 6항목

20 다음 중 선거소청의 대상이 되는 선거는?

① 국회의원선거
② 대통령선거
③ 비례대표국회의원선거
④ 지방자치단체장선거

제 07 회 실전 모의고사

정답 및 해설 215p

01 대통령선거 시 인터넷광고를 하는 경우에 광고근거의 표시방법, 그 밖의 필요한 사항은 무엇으로 정하는가?

① 중앙선거관리위원회규칙
② 시·도선거관리위원회규칙
③ 시·군·구선거관리위원회규칙
④ 읍·면·동선거관리위원회규칙

02 구·시·군선거관리위원회는 투표구마다 투표관리관 몇 명을 두어야 하는가?

① 1인
② 2인
③ 3인
④ 4인

03 투표소 설치에 관한 기술 중에서 옳지 않은 것은 모두 몇 항목인가?

㉠ 읍·면·동선거관리위원회는 선거일 전 3일까지 관할 구역 안의 투표구마다 투표소를 설치하여야 한다.
㉡ 투표소는 투표구 안의 학교, 읍·면·동사무소 등 관공서, 공공기관·단체의 사무소, 주민회관 기타 선거인이 투표하기 편리한 곳에 설치한다. 다만, 당해 투표구 안에 투표소를 설치할 적당한 장소가 없는 경우에는 인접한 다른 투표구 안에 설치할 수 있다.
㉢ 학교·관공서 및 공공기관·단체의 장은 선거관리위원회로부터 투표소 설치를 위한 장소사용 협조요구를 받은 때에는 우선적으로 이에 응하여야 한다.
㉣ 병영 안과 종교시설 안에는 투표소를 설치하지 못하지만, 종교시설의 경우 투표소를 설치할 적합한 장소가 없는 부득이한 경우에는 설치할 수 있다.
㉤ 투표소에는 기표소·투표함·참관인의 좌석 그 밖의 투표관리에 필요한 시설을 설비하여야 한다.
㉥ 기표소는 그 안을 다른 사람이 엿볼 수 없도록 설비하여야 하며 어떠한 표지도 하여서는 아니 된다.
㉦ 정당·후보자·선거사무장 또는 선거연락소장은 투표소의 설비에 대하여 그 시정을 요구할 수 있다.

① 1항목
② 2항목
③ 3항목
④ 6항목

04 최근 개정된 공직선거법상 몇 명 이상의 거소투표신고인을 수용하고 있는 장애인 거주시설의 장은 일시·장소를 정하여 해당 신고인의 거소투표를 위한 기표소를 설치하여야 하는가?

① 5명 ② 10명 ③ 40명 ④ 50명

05 최근 개정된 공직선거법상 투표시간에 관한 기술 중에서 옳은 것(○)과 옳지 않은 것(×)을 바르게 배열한 것은?

> ㉠ 투표소는 선거일 오전 6시에 열고 오후 6시(보궐선거 등에 있어서는 오후 8시)에 닫는다. 다만, 마감할 때에 투표소에서 투표하기 위하여 대기하고 있는 선거인에게는 번호표를 부여하여 투표하게 한 후에 닫아야 한다.
> ㉡ 사전투표소는 사전투표기간 중 매일 오전 10시에 열고 오후 4시에 닫는다.
> ㉢ 투표를 개시하는 때에는 투표관리관은 투표함 및 기표소 내외의 이상 유무에 관하여 검사하여야 하며, 이에는 투표참관인이 참관하여야 한다. 다만, 투표개시시각까지 투표참관인이 참석하지 아니한 때에는 최초로 투표하러 온 선거인으로 하여금 참관하게 하여야 한다.
> ㉣ 사전투표소에서 투표를 개시하는 때에는 사전투표관리관은 사전투표함 및 기표소 내외의 이상유무에 관하여 검사하여야 하며, 이에는 사전투표참관인이 참관하여야 한다. 다만, 사전투표개시시각까지 사전투표참관인이 참석하지 아니한 때에는 최초로 투표하러 온 선거인으로 하여금 참관하게 하여야 한다.

① ○-○-○-○ ② ○-×-○-○
③ ×-×-○-○ ④ ×-○-○-×

06 공직선거법상 다음 중 사전투표에 관한 기술 중에서 옳은 것(○)과 옳지 않은 것(×)을 바르게 나열한 것은?

> ㉠ 거소투표자와 선상투표자를 제외한 선거인은 누구든지 사전투표기간 중에 사전투표소에 가서 투표할 수 있다.
> ㉡ 사전투표를 하려는 선거인은 사전투표소에서 신분증명서를 제시하여 본인임을 확인받은 다음 전자적 방식으로 손도장을 찍거나 서명한 후 투표용지를 받아야 한다. 이 경우 중앙선거관리위원회는 해당 선거인에게 투표용지가 교부된 사실을 확인할 수 있도록 신분증명서의 일부를 전자적 이미지 형태로 저장하여 선거일의 투표마감시각까지 보관하여야 한다.
> ㉢ 사전투표관리관은 투표용지 발급기로 선거권이 있는 해당 선거의 투표용지를 인쇄하여 "사전투표관리관" 칸에 자신의 도장을 찍은 후 일련번호를 떼지 아니하고 회송용 봉투와 함께 선거인에게 교부할 수 있다.
> ㉣ 전기통신 장애 등이 발생하는 경우 사전투표절차, 그 밖의 필요한 사항은 중앙선거관리위원회규칙으로 정한다.

① ○-○-○-○ ② ○-○-×-○ ③ ×-×-○-○ ④ ×-×-○-×

07 다음 중 투표소에 출입할 수 없는 자로만 묶은 것은?

㉠ 선거인 ㉡ 투표참관인
㉢ 투표관리관 ㉣ 읍·면·동선거관리위원회 위원과 그 직원
㉤ 관할 경찰서 담당경찰관 ㉥ 감사원의 감사 담당공무원

① ㉠, ㉡ ② ㉢, ㉣ ③ ㉤, ㉥ ④ ㉣, ㉥

08 방송국이나 신문사가 선거의 결과를 예상하기 위하여 선거일에 출구조사를 하는 경우 투표소로부터 거리제한은 얼마인가?

① 50m ② 100m ③ 200m ④ 300m

09 개표에 관한 기술 중에서 옳지 않은 것은?

① 구·시·군선거관리위원회는 선거일 전 5일까지 그 구·시·군의 사무소 소재지 또는 당해 관할구역 안에 설치할 개표소를 공고하여야 한다. 다만, 천재·지변 기타 부득이한 사유가 있는 때에는 이를 변경할 수 있으며, 이 경우에는 즉시 공고하여야 한다.
② 구·시·군선거관리위원회는 2개 이상의 개표소를 설치할 수 있다.
③ 2개 이상의 개표소를 설치하는 때의 개표의 절차 및 방법 기타 필요한 사항은 중앙선거관리위원회규칙으로 정한다.
④ 구·시·군선거관리위원회는 개표사무를 보조하게 하기 위하여 개표사무원을 두되, 선거일 전 7일까지 그 성명을 공고하여야 한다.

10 투표용지수령 및 기표절차에 관한 기술 중에서 옳지 않은 것은?

① 선거인은 자신이 투표소에 가서 투표참관인의 참관하에 신분증명서를 제시하고 본인임을 확인받은 후 선거인명부에 서명이나 날인 또는 무인하고 투표용지를 받아야 한다.
② 투표관리관은 선거일에 선거인에게 투표용지를 교부하는 때에는 사인날인란에 사인을 날인한 후 선거인이 보는 앞에서 일련번호지를 떼어서 교부하되, 필요하다고 인정되는 때에는 100매 이내의 범위 안에서 그 사인을 미리 날인해 놓은 후 이를 교부할 수 있다. 다만, 당해 정당추천위원이 없거나 참여하지 아니하는 경우에는 입회를 포기한 것으로 본다.
③ 투표관리관은 신분증명서를 제시하지 아니한 선거인에게 투표용지를 교부하여서는 아니 된다.
④ 투표용지를 교부받은 후 그 선거인에게 책임이 있는 사유로 훼손 또는 오손되었더라도 다시 이를 교부하여야 한다.

11 다음 중에서 공직선거법상 무효표에 해당하는 것은 모두 몇 항목인가?

㉠ 정규의 투표용지를 사용하지 아니한 것
㉡ 어느 란에도 표를 하지 아니한 것
㉢ 2란에 걸쳐서 표를 하거나 2 이상의 란에 표를 한 것
㉣ 어느 란에 표를 한 것인지 식별할 수 없는 것
㉤ ⓘ표를 하지 아니하고 문자 또는 물형을 기입한 것
㉥ ⓘ표 외에 다른 사항을 기입한 것
㉦ 선거관리위원회의 기표용구가 아닌 용구로 표를 한 것

① 2항목
② 3항목
③ 5항목
④ 7항목

12 구·시·군선거관리위원회는 개표참관인이 개표내용을 식별할 수 있도록 얼마의 거리에 개표참관인석을 마련해야 하는가?

① 1m 이상 2m 이내
② 1m 이상 3m 이내
③ 2m 이상 4m 이내
④ 2m 이상 5m 이내

13 개표록과 집계록 등에 관한 기술 중에서 옳지 않은 것은?

① 구·시·군선거관리위원회는 개표결과를 즉시 공표하고 개표록을 작성하여 관할선거구선거관리위원회(대통령선거 및 비례대표국회의원선거에 있어서는 시·도선거관리위원회)에 송부하여야 한다.
② 개표록을 송부받은 관할선거구선거관리위원회는 지체 없이 후보자(비례대표지방의회의원선거에 있어서는 정당)별 득표수를 계산·공표하고 선거록을 작성하여야 한다.
③ 시·도선거관리위원회가 개표록을 송부받은 때에는 대통령선거에 있어서는 후보자별 득표수를, 비례대표국회의원선거에 있어서는 정당별 득표수를 계산·공표하고 집계록을 작성하여 행정안전부에 송부하여야 한다.
④ 중앙선거관리위원회가 집계록을 송부받은 때에는 대통령선거에 있어서는 후보자별 득표수를, 비례대표국회의원선거에 있어서는 정당별 득표수를 계산·공표하고, 선거록을 작성하여야 한다.

14 개표가 끝난 때에 유효투표용지를 봉인해야 하는 기관은?

① 구·시·군선거관리위원회 위원장
② 투표구선거관리위원회 위원장
③ 시·도선거관리위원회 위원장
④ 중앙선거관리위원회 위원장

15 후보자가 1인일 때에 무투표 당선되지 아니하는 자는 모두 몇 항목인가?

| ㉠ 국회의원 | ㉡ 지방의회의원 |
| ㉢ 지방자치단체의 장 | ㉣ 대통령 |

① 1항목
② 2항목
③ 3항목
④ 4항목

16 비례대표국회의원의 의석배분의 기준은?

① 유효투표총수의 100분의 2 이상을 득표하였거나 지역구국회의원총선거에서 3석 이상을 얻은 정당
② 유효투표총수의 100분의 3 이상을 득표하였거나 지역구국회의원총선거에서 5석 이상을 얻은 정당
③ 유효투표총수의 100분의 3 이상을 득표하였거나 지역구국회의원총선거에서 6석 이상을 얻은 정당
④ 유효투표총수의 100분의 2 이상을 득표하였거나 지역구국회의원총선거에서 5석 이상을 얻은 정당

17 다음 중에서 재선거 사유가 아닌 것은 모두 몇 항목인가?

㉠ 당해 선거구의 후보자가 없는 때
㉡ 당선인이 없거나 지역구자치구·시·군의원선거에 있어 당선인이 당해 선거구에서 선거할 지방의회의원정수에 달하지 아니한 때
㉢ 선거의 전부무효의 판결 또는 결정이 있는 때
㉣ 당선인이 임기개시 전에 사퇴하거나 사망한 때
㉤ 당선인이 임기개시 전에 피선거권상실 등으로 인하여 당선이 무효로 된 때
㉥ 선거비용의 초과지출, 선거사무장 등의 선거범죄 등으로 인하여 당선이 무효로 된 때
㉦ 임기 중 사망·사퇴 등을 사유로 궐원 또는 궐위가 발생한 때

① 1항목
② 2항목
③ 3항목
④ 4항목

18 선거운동기구의 설치 및 선거사무관계자의 선임에 관한 특례규정의 기술 중에서 옳지 않은 것은?

① 동시선거에 있어서 같은 정당의 추천을 받은 2인 이상의 후보자(비례대표지방의회의원선거에 있어서는 후보자를 추천한 정당을 포함)는 선거사무소와 선거연락소를 공동으로 설치할 수 있다.
② 동시선거에 있어서 같은 정당의 추천을 받은 2인 이상의 후보자는 선거사무장·선거연락소장 또는 선거사무원을 공동으로 선임할 수 있다.
③ 후보자는 다른 선거의 후보자의 선거사무장·선거연락소장·선거사무원 또는 회계책임자가 될 수 있다.
④ 선거사무소·선거연락소의 공동설치와 선거사무관계자의 공동선임에 따른 설치·선임신고 및 신분증명서의 서식 기타 필요한 사항은 중앙선거관리위원회규칙으로 정한다.

19 다음 중에서 선거소청이 적용되는 선거는 모두 몇 항목인가?

㉠ 세종특별자치시장 선거	㉡ 제주특별자치도지사 선거
㉢ 서울특별시 강남구 국회의원선거	㉣ 경기도 수원시 국회의원선거
㉤ 부산광역시장 선거	㉥ 춘천시 지방의회의원 선거
㉦ 광주광역시 지방의회의원 선거	

① 2항목   ② 3항목
③ 5항목   ④ 6항목

20 선거소송에서 관할법원이 대법원 전속관할인 것은 모두 몇 항목인가?

㉠ 국회의원 선거소송	㉡ 지방의회의원 선거소송
㉢ 서울특별시장 선거소송	㉣ 경기도지사 선거소송
㉤ 경기도 파주시장 선거소송	㉥ 대통령 선거소송
㉦ 비례대표시·도의회의원 선거소송	

① 2항목   ② 3항목
③ 4항목   ④ 5항목

제08회 실전 모의고사

정답 및 해설 220p

01 선거인명부작성에 관한 기술 중에서 옳지 않은 것은?

① 선거인명부의 작성에 관하여는 관할구·시·군선거관리위원회 및 중앙선거관리위원회가 이를 감독한다.
② 선거인명부작성에 종사하는 공무원이 임면된 때에는 당해 구·시·군의 장은 지체 없이 관할구·시·군선거관리위원회에 그 사실을 통보하여야 한다.
③ 선거인명부작성기간중에 선거인명부작성에 종사하는 공무원을 해임하고자 하는 때에는 그 임면권자는 관할구·시·군선거관리위원회 또는 직근 상급선거관리위원회와 협의하여야 한다.
④ 선거인명부작성에 종사하는 공무원이 정당한 사유 없이 선거인명부작성에 관하여 관할구·시·군선거관리위원회 또는 읍·면·동선거관리위원회의 지시·명령 또는 시정요구에 불응하거나 그 직무를 태만히 한 때 또는 위법·부당한 행위를 한 때에는 관할구·시·군선거관리위원회 또는 직근 상급선거관리위원회는 임면권자에게 그 교체를 요구할 수 있다.

02 전국단위로 선거를 실시하는 선거로만 묶은 것은?

㉠ 대통령선거 ㉡ 비례대표국회의원선거
㉢ 비례대표시·도의회의원선거 ㉣ 비례대표자치구·시·군의회의원선거
㉤ 지방자치단체장선거 ㉥ 지방의회의원선거

① ㉠, ㉡
② ㉢, ㉣
③ ㉤, ㉥
④ ㉠, ㉡, ㉢

03 다음 중 선거기간이 14일이 아닌 선거는?

㉠ 국회의원선거 ㉡ 지방자치단체의 의회의원선거
㉢ 지방자치단체의 장 선거 ㉣ 대통령선거

① ㉠
② ㉡
③ ㉢
④ ㉣

04 다음 중 선거운동으로 보지 않는 것으로만 묶은 것은?

> ㉠ 선거에 관한 단순한 의견개진 및 의사표시
> ㉡ 입후보와 선거운동을 위한 준비행위
> ㉢ 정당의 후보자 추천에 관한 단순한 지지·반대의 의견개진 및 의사표시
> ㉣ 통상적인 정당활동

① ㉠, ㉡
② ㉠, ㉡, ㉢
③ ㉢, ㉣
④ ㉠, ㉡, ㉢, ㉣

05 서울특별시장과 제주특별자치도지사 선거의 예비후보자등록을 신청하는 사람은 얼마의 기탁금을 납부해야 하는가?

① 1,000만원
② 2,000만원
③ 3,000만원
④ 5,000만원

06 후보자나 정당은 선거운동을 위하여 읍·면·동마다 몇 매의 현수막을 게시할 수 있는가?

① 1매
③ 2매
③ 2배 이내
④ 제한 없음

07 대통령선거에서 선거운동을 위한 신문광고는 몇 회 이내로 할 수 있는가?

① 총 20회 이내
② 총 40회 이내
③ 총 60회 이내
④ 총 70회 이내

08 한국방송공사가 선거운동기간 중 TV와 라디오를 이용하여 경력방송을 하는 선거로만 묶은 것은?

> ㉠ 대통령선거
> ㉡ 국회의원선거
> ㉢ 지방자치단체의 장 선거
> ㉣ 지방의회의원선거

① ㉠, ㉡
② ㉠, ㉡, ㉢
③ ㉢, ㉣
④ ㉡, ㉢, ㉣

09. 후보자 등 대담·토론회를 개최할 수 있는 단체는 모두 몇 항목인가?

㉠ 국가·지방자치단체
㉡ 정부가 100분의 50 이상의 지분을 가지고 있는 기관
㉢ 농협·축협·수협·임협·엽연초생산협동조합
㉣ 지방공사와 지방공단
㉤ 향우회·종친회·동창회, 산악회 등 동호인회, 계모임 등 개인 간의 사적모임
㉥ 바르게살기운동협의회·새마을운동협의회·한국자유총연맹
㉦ 후보자 또는 후보자의 가족이 임원으로 있거나, 후보자 등의 재산을 출연하여 설립하거나, 후보자 등이 운영경비를 부담하거나 관계법규나 규약에 의하여 의사결정에 실질적으로 영향력을 행사하는 기관·단체
㉧ 선거운동을 하거나 할 것을 표방하지 아니한 노동조합 또는 단체

① 1항목
② 3항목
③ 5항목
④ 7항목

10. 대통령 선거에 있어서 선거방송토론위원회 주관 대담·토론회 초청 대상후보자로만 묶은 것은?

㉠ 국회에 5인 이상의 소속의원을 가진 정당이 추천한 후보자
㉡ 직전 대통령선거, 비례대표국회의원선거, 비례대표시·도의원선거 또는 비례대표자치구·시·군의원선거에서 전국 유효투표총수의 100분의 3 이상을 득표한 정당이 추천한 후보자
㉢ 중앙선거관리위원회규칙이 정하는 바에 따라 언론기관이 선거기간개시일 전 30일부터 선거기간개시일 전일까지의 사이에 실시하여 공표한 여론조사결과를 평균한 지지율이 100분의 5 이상인 후보자
㉣ 정당의 대표자가 지정한 후보자
㉤ 중앙선거관리위원회 위원장이 지정한 후보자

① ㉠, ㉡
② ㉠, ㉡, ㉢
③ ㉡, ㉢, ㉤
④ ㉢, ㉣, ㉤

11. 선거운동정보를 문자메시지나 전자우편으로 전송할 경우에 명시해야 하는 사항이 아닌 것은?

① 선거운동정보에 해당하는 사실
② 문자메시지로 전송하는 경우 그의 전화번호
③ 수신거부의 의사표시를 쉽게 할 수 있는 조치 및 방법에 관한 사항
④ 전송자의 명칭 및 연락처

12 선거운동과 관련하여 공개장소에서의 연설이나 대담을 할 수 있는 곳은 모두 몇 항목인가?

┌───┐
│ ㉠ 병원·진료소   ㉡ 도서관   │
│ ㉢ 연구소 또는 시험소   ㉣ 열차·전동차·항공기내 │
│ ㉤ 공원·문화원·시장·운동장   │
└───┘

① 1항목　　　　　　　　　　② 2항목
③ 3항목　　　　　　　　　　④ 5항목

13 선거일 전 60일부터 선거일까지 지방자치단체의 장에게 금지되는 행위는?

① 특정일·특정시기에 개최하지 아니하면 그 목적을 달성할 수 없는 행사
② 집단민원이 발생하였을 때 이를 해결하기 위한 행위
③ 긴급민원이 발생하였을 때 이를 해결하기 위한 행위
④ 교양강좌나 경로행사를 개최하거나 후원하는 행위

14 휴대용 확성장치만을 사용하는 경우가 아닐 때, 공개장소에서의 연설·대담이 제한되는 시간은?

① 오후 11시부터 다음날 오전 7시까지
② 오후 10시부터 다음날 오전 8시까지
③ 오후 11시부터 다음날 오전 8시까지
④ 오후 11시부터 다음날 오전 8시까지

15 선거기간 중 선거에 영향을 미치게 하기 위한 목적으로는 개최할 수 없는 모임은?

┌───┐
│ ㉠ 향우회   ㉡ 종친회   │
│ ㉢ 동창회   ㉣ 단합대회   │
│ ㉤ 야유회   │
└───┘

① 1항목　　② 2항목　　③ 3항목　　④ 5항목

16 선거여론조사의 결과공표가 금지되는 시기는?

① 선거일 전 6일부터 선거일의 투표마감시각까지
② 선거일 전 7일부터 선거일의 투표마감시각까지
③ 선거일 전 8일부터 선거일의 투표마감시각까지
④ 선거일 전 9일부터 선거일의 투표마감시각까지

17 선거일 전 180일부터 선거일의 투표마감시각까지 선거에 관하여 정당에 대한 지지도나 당선인을 예상하게 하는 여론조사를 실시하려면 중앙선거관리위원회규칙으로 정하는 사항을 여론조사 개시일 전 2일까지 어디에 서면으로 신고하여야 하는가?

① 투표구선거관리위원회
② 선거 여론조사 심위원회
③ 시·도선거관리위원회
④ 중앙선거관리위원회

18 대통령선거비용 제한액은?

① 인구수 × 850원
② 인구수 × 950원
③ 인구수 × 980원
④ 인구수 × 1,000원

19 일정한 요건에 달한 경우 국가에서 선거비용을 부담하는 선거로만 묶은 것은?

| ㉠ 대통령선거 | ㉡ 국회의원선거 |
| ㉢ 지방의회의원선거 | ㉣ 지방자치단체의 장 선거 |

① ㉠, ㉡
② ㉠, ㉢
③ ㉡, ㉢
④ ㉢, ㉣

20 최근 개정된 공직선거법상 투표참관인선정 및 지정 등에 관한 특례규정에 관한 설명 중에서 옳지 않은 것은?

① 동시선거에 있어 투표참관인은 선정·신고인원수에 불구하고 후보자를 추천한 정당과 무소속후보자마다 2인을 선정·신고하여야 한다.
② 동시선거에 있어서 사전투표참관인은 당해 선거에 참여한 정당마다 2인을 선정·신고하여야 한다.
③ 동시선거에 있어서 사전투표참관인은 당해 선거에 참여한 무소속후보자는 1인을 선정·신고하여야 한다.
④ 동시선거에 있어서 사전투표참관인은 9명 이내로 한다.

제09회 실전 모의고사

정답 및 해설 224p

01 시·도지사 선거에서 당선소송의 제소법원은 어디인가?

① 지방법원 ② 행정법원
③ 고등법원 ④ 대법원

02 재외선거관리위원회 위원이 될 수 없는 사람으로만 묶은 것은?

- ㉠ 국회의원 선거권이 없는 사람
- ㉡ 정당의 당원인 사람
- ㉢ 재외투표관리관
- ㉣ 공직선거법 위반으로 벌금 20만원을 선고받은 후 10년이 경과한 만 40세의 대한민국 국민

① ㉠, ㉡ ② ㉡, ㉢
③ ㉠, ㉡, ㉢ ④ ㉡, ㉢, ㉣

03 최근 개정된 공직선거법상 선거보도에 관한 인터넷언론사의 정정보도에 대해 기술한 것 중에서 옳지 않은 것은?

① 인터넷선거보도심의위원회는 인터넷언론사의 인터넷홈페이지에 게재된 선거보도의 공정 여부를 조사하여야 하며, 조사결과 선거보도의 내용이 공정하지 아니하다고 인정되는 때에는 당해 인터넷언론사에 대하여 해당 선거보도의 내용에 관한 정정보도문의 게재 등 필요한 조치를 명하여야 한다.

② 정당 또는 후보자(후보자가 되고자 하는 자 포함)는 인터넷언론사의 선거보도가 불공정하다고 인정되는 때에는 그 보도가 있음을 안 날부터 10일 이내에 인터넷선거보도심의위원회에 구술로 이의신청을 할 수 있다.

③ 인터넷선거보도심의위원회는 이의신청을 받은 때에는 지체 없이 이의신청 대상이 된 선거보도의 공정여부를 심의하여야 하며, 심의결과 선거보도가 공정하지 아니하다고 인정되는 때에는 당해 인터넷언론사에 대하여 해당 선거보도의 내용에 관한 정정보도문의 게재 등 필요한 조치를 명하여야 한다.

④ 인터넷언론사의 왜곡된 선거보도로 인하여 피해를 받은 정당 또는 후보자는 그 보도의 공표가 있음을 안 날부터 10일 이내에 서면으로 당해 인터넷언론사에 반론보도의 방송 또는 반론보도문의 게재를 청구할 수 있다. 이 경우 그 보도의 공표가 있은 날부터 30일이 경과한 때에는 반론보도를 청구할 수 없다.

04 최근 개정된 공직선거법상 공정선거지원단에 관한 기술 중에서 옳은 것은 모두 몇 항목인가?

> ㉠ 공정선거지원단은 선거운동을 할 수 있는 자로서 정당의 당원이 아닌 중립적이고 공정한 자 중에서 중앙선거관리위원회규칙으로 정하는 바에 따라 10명 이내로 구성한다.
> ㉡ 선거일 전 60일부터 선거일 후 10일까지는 중앙선거관리위원회 및 시·도선거관리위원회는 10인 이내의, 구·시·군선거관리위원회는 20인 이내의 인원을 추가하여 구성할 수 있다.
> ㉢ 공정선거지원단은 관할 선거관리위원회의 지휘를 받아 공직선거법에 위반되는 행위에 대하여 증거자료를 수집하거나 조사활동을 할 수 있다.
> ㉣ 공정선거지원단의 소속원에 대하여는 예산의 범위 안에서 수당 또는 실비를 지급할 수 있다.
> ㉤ 공정선거지원단의 구성·활동방법 및 수당·실비의 지급 기타 필요한 사항은 중앙선거관리위원회규칙으로 정한다.

① 1항목 ② 2항목 ③ 3항목 ④ 5항목

05 인터넷선거보도심의위원회의 위원을 추천할 수 있는 단체가 아닌 것은 모두 몇 항목인가?

> ㉠ 국회에 교섭단체를 구성한 정당   ㉡ 언론중재위원회
> ㉢ 한국헌법학회   ㉣ 법조계
> ㉤ 인터넷 언론단체   ㉥ 참여연대
> ㉦ 국가인권위원회

① 1항목 ② 2항목 ③ 3항목 ④ 5항목

06 대통령 재보궐선거는 그 선거실시사유가 확정된 때부터 며칠 이내에 실시해야 하는가?

① 50일 ② 60일 ③ 90일 ④ 120일

07 정당의 당내경선의 선거인이 될 수 없는 자로 묶은 것은?

> ㉠ 사립중학교 교사   ㉡ 사립고등학교 교사
> ㉢ 국립중학교 교사   ㉣ 국립고등학교 교사
> ㉤ 국립대학교 교수   ㉥ 사립대학교 교수

① ㉠, ㉡
② ㉠, ㉡, ㉢
③ ㉠, ㉡, ㉢, ㉣
④ ㉢, ㉣, ㉤, ㉥

08 국회의원지역선거구 획정시 시·도의 관할구역 안에 고려해야 하는 요소가 아닌 것은?

㉠ 인구   ㉡ 행정구역
㉢ 생활문화권   ㉣ 성별
㉤ 교통   ㉥ 소득

① ㉠, ㉡   ② ㉢, ㉣   ③ ㉣, ㉥   ④ ㉤, ㉥

09 최근 개정된 공직선거법상 다음 중 거소투표를 할 수 있는 자는 모두 몇 항목인가?

㉠ 법령에 따라 영내 또는 함정에 장기기거하는 군인이나 경찰공무원 중 사전투표소 및 투표소에 가서 투표할 수 없을 정도로 멀리 떨어진 영내(營內) 또는 함정에 근무하는 자
㉡ 병원·요양소·수용소·교도소 또는 구치소에 기거하는 사람
㉢ 사전투표소 및 투표소에 가기 어려운 멀리 떨어진 외딴 섬 중 중앙선거관리위원회규칙으로 정하는 섬에 거주하는 자
㉣ 사전투표소 및 투표소를 설치할 수 없는 지역에 장기기거하는 자로서 중앙선거관리위원회규칙으로 정하는 자

① 1항목   ② 2항목   ③ 3항목   ④ 4항목

10 최근 개정된 공직선거법상 후보자등록을 신청하는 자가 제출해야 하는 서류와 관련하여 옳지 않은 것은 모두 몇 항목인가?

㉠ 중앙선거관리위원회규칙이 정하는 피선거권에 관한 증명서류
㉡ 등록대상재산에 관한 신고서
㉢ 병역사항에 관한 신고서
㉣ 최근 5년간의 후보자, 그의 배우자와 직계존비속(혼인한 딸과 외조부모 및 외손자녀 제외)의 소득세(원천징수하는 소득세는 제출하려는 경우에 한정)·재산세·종합부동산세의 납부 및 체납(10만원 이하 또는 3월 이내의 체납은 제외)에 관한 신고서. 이 경우 후보자의 직계존속은 자신의 세금 납부 및 체납에 관한 신고를 거부할 수 있다.
㉤ 금고 이상의 형(제18조 제1항 제3호에 규정된 죄의 경우에는 100만원 이상 벌금형을 포함한다)의 범죄경력(실효된 형은 제외)에 관한 증명서류
㉥ 「초·중등교육법」 및 「고등교육법」에서 인정하는 정규학력에 관한 최종학력 증명서와 국내 정규학력에 준하는 외국의 교육기관에서 이수한 학력에 관한 각 증명서

① 1항목   ② 2항목   ③ 4항목   ④ 5항목

11 관할선거관리위원회는 선거일 후 며칠 이내에 기탁금을 반환해야 하는가?

① 10일 이내
② 20일 이내
③ 30일 이내
④ 40일 이내

12 선거운동은 원칙적으로 언제까지 가능한가?

① 선거기간 개시일부터 선거일 전일까지
② 선거기간 개시일부터 선거일 전 3일까지
③ 선거운동 개시일부터 선거일 전일까지
④ 선거운동 개시일부터 선거일 전 2일까지

13 방송광고에 관한 기술 중에서 옳지 않은 것은?

① 선거운동을 위한 방송광고는 후보자가 선거운동기간중 소속정당의 정강·정책이나 후보자의 정견 그 밖의 홍보에 필요한 사항을 텔레비전 및 라디오 방송시설을 이용하여 실시하는 것을 말한다.
② 텔레비전 및 라디오 방송시설이란 「방송법」에 의한 방송사업자가 관리·운영하는 무선국 및 종합유선방송국(보도전문편성의 방송채널사용사업자의 채널을 포함)을 말한다.
③ 광고시간은 1회 1분을 초과할 수 없다. 이 경우 광고횟수의 계산에 있어서는 재방송을 포함하되, 하나의 텔레비전 또는 라디오 방송시설을 선정하여 당해 방송망을 동시에 이용하는 것은 1회로 본다.
④ 후보자는 방송광고에 있어서 청각장애선거인을 위한 수화 또는 자막을 방영해야 한다.

14 선거운동을 할 수 없는 사람으로만 묶은 것은?

㉠ 만17세의 고등학생
㉡ 만20세의 서울특별시 소속 공무원
㉢ 만20세의 중앙선거관리위원회 소속 공무원
㉣ 2년간 서울에 체류 중인 만20세의 미국시민권자
㉤ 포천시 예비군 소대장

① ㉠, ㉡
② ㉠, ㉢, ㉤
③ ㉠, ㉡, ㉢, ㉣
④ ㉡, ㉢, ㉣, ㉤

15 대통령선거에 있어서 한국철도공사사장은 전국용 무료승차권을 각 후보자에게 얼마나 발급하여야 하는가?

① 10매　　　　　　　　　　② 20매
③ 30매　　　　　　　　　　④ 50매

16 대통령선거 시 후보자가 인터넷언론사의 인터넷홈페이지에 선거운동을 위한 광고를 할 경우 그 횟수의 제한은?

① 50회　　　　　　　　　　② 70회
③ 100회　　　　　　　　　 ④ 제한 없음

17 공직선거법상 의정활동보고회나 정책토론회에 참석한 사람들에게 제공이 금지되는 것은 모두 몇 항목인가?

㉠ 차	㉡ 커피
㉢ 음료	㉣ 주류
㉤ 식사	

① ㉠, ㉡　　　　　　　　　② ㉡, ㉢
③ ㉢, ㉣　　　　　　　　　④ ㉣, ㉤

18 정당의 기관지를 발행하는 경우에 중앙선거관리위원회에 언제까지 몇 부를 제출해야 하는가?

① 발행 즉시, 1부　　　　　② 발행 즉시, 2부
③ 발행 후 7일 이내, 3부　　④ 발행 후 7일 이내, 4부

19 최근 개정된 공직선거법상 투표용지와 투표함의 작성에 관한 기술 중에서 옳은 것은 모두 몇 항목인가?

> ㉠ 투표용지와 투표함은 구·시·군선거관리위원회가 작성하여 선거일 전일까지 읍·면·동선거관리위원회에 송부하며, 이를 송부받은 읍·면·동선거관리위원회위원장은 투표용지를 봉함하여 보관하였다가 투표함과 함께 투표관리관에게 인계하여야 한다.
> ㉡ 하나의 선거에 관한 투표에 있어서 투표구마다 선거구별로 동시에 2개의 투표함을 사용할 수 없다.
> ㉢ 사전투표소의 투표함과 우편으로 접수한 투표를 보관하는 투표함은 따로 작성하되, 그 수는 예상 사전투표자수 및 거소투표신고인수·선상투표신고인수를 감안하여 당해 구·시·군선거관리위원회가 정한다.
> ㉣ 투표용지에는 중앙선거관리위원회규칙이 정하는 바에 따라 관할구·시·군선거관리위원회의 청인을 날인하여야 한다. 이 경우 그 청인의 날인은 인쇄날인으로 갈음할 수 있다.
> ㉤ 구·시·군선거관리위원회는 투표용지의 인쇄·납품 및 읍·면·동선거관리위원회에 송부하는 과정에, 읍·면·동선거관리위원회는 투표용지의 수령·보관 및 투표관리관에게 인계하는 과정에 당해 선거관리위원회의 정당추천위원이 각각 참여하여 입회할 수 있도록 하여야 한다.

① 1항목 ② 2항목
③ 4항목 ④ 5항목

20 투표안내문의 발송을 위한 우편요금을 부담하는 주체는?

① 국가 또는 후보자
② 국가 또는 후보자를 추천한 정당
③ 당해 지방자치단체와 후보자
④ 당해 지방자치단체 또는 국가

제 10 회 실전 모의고사

01 다음 중 투표용지에 표시해야 하는 것은?

㉠ 후보자의 기호
㉡ 정당추천후보자의 성명
㉢ 정당추천후보자의 소속정당명
㉣ 무소속후보자는 후보자의 정당추천후보자의 소속정당명의 난에 "무소속" 표시
㉤ 후보자의 학력

① ㉠, ㉡, ㉢
② ㉠, ㉡, ㉢, ㉣
③ ㉡, ㉢, ㉣, ㉤
④ ㉠, ㉡, ㉢, ㉤

02 거소투표신고인을 수용하고 있는 기관·시설의 장이 그 명칭과 소재지 및 거소투표신고인수 등을 선거인명부작성기간만료일 후 3일까지 신고하여야 하는 관할 선거관리위원회는?

① 읍·면·동선거관리위원회
② 구·시·군선거관리위원회
③ 시·도선거관리위원회
④ 중앙선거관리위원회

03 재·보궐선거가 아닌 사전투표·거소투표 및 선상투표는 선거일 몇 시까지 관할 구·시·군선거관리위원회에 도착해야 하는가?

① 오후 5시
② 오후 6시
③ 오후 7시
④ 오후 8시

04 최근 개정된 공직선거법상 사전투표관리관은 사전투표함을 개함하고 사전투표자 수를 계산한 후 관할 우체국장에게 인계하여 무엇으로 발송하여야 하는가?

① 일반우편
② 등기우편
③ 속달우편
④ 내용증명우편

05 다음 중 선상투표에 관한 기술 중에서 옳은 것(○)과 틀린 것(×)을 바르게 배열한 것은?

㉠ 선장은 선거일 전 8일부터 선거일 전 5일까지의 기간 중 해당 선박의 선상투표자의 수와 운항사정 등을 고려하여 선상투표를 할 수 있는 일시를 정하고, 해당 선박에 선상투표소를 설치하여야 한다. 이 경우 선장은 지체 없이 선상투표자에게 선상투표를 할 수 있는 일시와 선상투표소가 설치된 장소를 알려야 한다.
㉡ 선장은 선상투표소를 설치할 때 선상투표자가 투표의 비밀이 보장된 상태에서 투표한 후 팩시밀리로 선상투표용지를 전송할 수 있도록 설비하여야 한다.
㉢ 선장은 선상투표가 진행되는 동안에는 해당 선박에 승선하고 있는 선원 중 대한민국 국민으로서 공정하고 중립적인 사람 1명 이상을 입회시켜야 한다. 다만, 해당 선박에 승선하고 있는 대한민국 국민이 1명뿐인 경우에는 그러하지 아니하다.
㉣ 시·도선거관리위원회는 선상투표지를 수신할 팩시밀리에 투표의 비밀이 보장될 수 있도록 기술적 장치를 할 수 있다.

① ○-○-○-○
② ○-○-○-×
③ ×-○-○-×
④ ×-×-○-○

06 공직선거법상 투표 효력과 관련하여 무효로 하지 아니하는 것은?

㉠ ⓦ표가 일부분 표시되거나 ⓦ표 안이 메워진 것으로서 선거관리위원회의 기표용구를 사용하여 기표를 한 것이 명확한 것
㉡ 한 후보자란에만 2 이상 기표된 것
㉢ 후보자란 외에 추가 기표되었으나 추가 기표된 것이 어느 후보자에게도 기표한 것으로 볼 수 없는 것
㉣ 회송용 봉투에 성명 또는 거소가 기재되거나 사인이 날인된 것
㉤ 기표한 것이 전사된 것으로서 어느 후보자에게 기표한 것인지가 명확한 것
㉥ 인육으로 오손되거나 훼손되었으나 정규의 투표용지임이 명백하고 어느 후보자에게 기표한 것인지가 명확한 것

① ㉠, ㉡, ㉢
② ㉠, ㉡, ㉣, ㉥
③ ㉡, ㉢, ㉣, ㉤
④ ㉠, ㉡, ㉢, ㉣, ㉤, ㉥

07 국회의원에 궐원이 생긴 때에 국회의장이 통보해야 하는 기관은?

㉠ 대통령
㉡ 중앙선거관리위원회
㉢ 중앙선거관리위원회 위원장
㉣ 행정안전부장관
㉤ 시·도선거관리위원회
㉥ 시·도선거관리위원회 위원장

① ㉠, ㉡
② ㉡, ㉢
③ ㉢, ㉤
④ ㉤, ㉥

08 다음 중 재외선거에 관한 재외선거관리위원회의 사무가 아닌 것은 모두 몇 항목인가?

㉠ 재외투표소 설치장소와 운영기간 등의 결정·공고
㉡ 재외투표소의 투표관리
㉢ 재외투표소 투표사무원 위촉 및 투표참관인 선정
㉣ 재외투표관리관이 행하는 선거관리사무 감독
㉤ 선거범죄 예방 및 단속과 수사에 관한 사무

① 1항목
② 2항목
③ 3항목
④ 5항목

09 선거에 관한 소송에 있어서 대법원 및 고등법원이 증거조사를 촉탁할 수 있는 법원은 몇 항목인가?

㉠ 대법원
㉡ 고등법원
㉢ 지방법원
㉣ 지방지원
㉤ 행정법원

① 2항목
② 3항목
③ 4항목
④ 5항목

10 공직선거법의 적용을 받는 선거는 모두 몇 항목인가?

> ㉠ 서울특별시장 선거 　　　　㉡ 서울특별시 지방의회의원 선거
> ㉢ 경기도지사 선거 　　　　　㉣ 경기도 지방의회의원 선거
> ㉤ 광주광역시장 선거 　　　　㉥ 경기도 교육감 선거
> ㉦ 부산광역시 교육의원 선거

① 2항목　　② 3항목　　③ 4항목　　④ 5항목

11 공직선거법상 유권자 주간은 몇 주로 하는가?

① 1주간　　② 2주간　　③ 3주간　　④ 4주간

12 중앙선거방송토론위원회 위원은 몇 명 이내로 구성하는가?

① 7인 이내　　② 8인 이내
③ 10인 이내　　④ 11인 이내

13 중앙선거관리위원회 위원의 임기는?

① 5년, 연임가능　　② 6년, 연임가능
③ 6년, 중임금지　　④ 7년, 연임가능

14 지방의회의원 및 지방자치단체의 장 선거에 관한 하급선거관리위원회의 위법·부당한 처분에 대하여 취소나 변경할 수 있는 기관은?

① 중앙선거관리위원회　　② 서울특별시선거관리위원회
③ 수원시선거관리위원회　　④ 인천광역시 부평구선거관리위원회

15 중앙선거관리위원회는 인터넷을 이용한 선거부정을 감시하기 위하여 몇 명 이상의 사이버공정선거지원단을 설치·운영해야 하는가?

① 4인 이상 10인 이하
② 5인 이상 10인 이하
③ 6인 이상 11인 이하
④ 7인 이상 12인 이하

16 대통령 선거기간은?

① 후보자 등록마감일의 다음날부터 선거일까지
② 후보자 등록마감일의 다음날부터 선거일 전 2일까지
③ 후보자 등록마감일의 다음날부터 선거일 전 3일까지
④ 후보자 등록마감일의 다음날부터 선거일 전 4일까지

17 투표구는 어디에 두는가?

㉠ 읍·면·동
㉡ 시·군·자치구
㉢ 시·도
㉣ 특별자치도
㉤ 특별자치시

① ㉠
② ㉠, ㉡
③ ㉡, ㉢, ㉣
④ ㉢, ㉣, ㉤

18 비례대표자치구·시·군의원 정수는 자치구·시·군 의원 정수의 얼마로 하는가?

㉠ 100분의 5
㉡ 100분의 10
㉢ 100분의 15
㉣ 100분의 20

① ㉠
② ㉡
③ ㉢
④ ㉣

19 선거인 명부열람에 관한 기술 중에서 옳지 않은 것은?

① 구·시·군의 장은 선거인명부작성기간 만료일의 다음 날부터 7일간 장소를 정하여 선거인명부를 열람할 수 있도록 하여야 한다.
② 구·시·군의 장은 해당 구·시·군이 개설·운영하는 인터넷 홈페이지에서 선거권자가 선거인명부를 열람할 수 있도록 기술적 조치를 하여야 한다.
③ 선거권자는 누구든지 선거인명부를 자유로이 열람할 수 있다. 다만, 인터넷홈페이지에서의 열람은 선거권자 자신의 정보에 한한다.
④ 구·시·군의 장은 열람개시일 전 3일까지 선거인 명부 열람의 장소, 기간, 인터넷홈페이지 주소 및 열람방법을 공고하여야 한다.

20 관할 선거구선거관리위원회가 당내경선의 투표 및 개표에 관한 사무를 수탁관리하는 경우에 그 비용부담을 하는 기관은?

| ㉠ 국가 | ㉡ 지방자치단체 |
| ㉢ 중앙선거관리위원회 | ㉣ 시·도선거관리위원회 |

① ㉠   ② ㉠, ㉡   ③ ㉡, ㉢   ④ ㉡, ㉢, ㉣

제 11 회 실전 모의고사

정답 및 해설 232p

01 후보자 등록을 신청하는 자가 제출해야 하는 서류가 아닌 것은 모두 몇 항목인가?

> ㉠ 중앙선거관리위원회 규칙이 정하는 피선거권에 관한 증명서류
> ㉡ 공직자윤리법에 의한 등록대상재산에 관한 신고서
> ㉢ 병역사항에 관한 신고서
> ㉣ 자원봉사 실적서

① 1항목 ② 2항목 ③ 3항목 ④ 4항목

02 후보자등록이 무효로 된 때에 관할 선거구선거관리위원회는 그 후보자와 그를 추천한 정당에 등록무효사유를 명시하여 언제까지 통지해야 하는가?

① 지체 없이 ② 3일 이내
③ 7일 이내 ④ 14일 이내

03 다음 중 현직을 사퇴하지 아니하고 후보자 등록을 할 수 있는 사람은?

> ㉠ 대통령선거에 출마하고자 하는 국회의원
> ㉡ 국회의원선거에 출마하고자 하는 국회의원
> ㉢ 사립중학교 교사
> ㉣ 국립고등학교 교사
> ㉤ 공립중학교 교사
> ㉥ 국립대학교 교수

① ㉠, ㉡, ㉢ ② ㉠, ㉡, ㉥ ③ ㉡, ㉢, ㉣ ④ ㉣, ㉤, ㉥

04 다음 중에서 기탁금의 반환사유가 아닌 것은?

① 후보자의 당선
② 후보자의 사망
③ 비례대표국회의원의 경우 후보자 중 당선인이 있는 경우
④ 후보자의 사퇴

05 다음 중 선거운동을 할 수 있는 자는?

㉠ 서울특별시 종로구 삼청동 주민센터 동장
㉡ 선상투표 신고를 한 선원이 승선하고 있는 남태평양에서 조업 중인 동원참치 선박의 선장
㉢ 서울특별시 동작구 노량진1동 14통장
㉣ 강원도 철원군 마현리 이장
㉤ 국립부산대학교 재학 중인 만 18세의 신입생
㉥ 서울시립대에 재직 중인 교수

① ㉠, ㉡
② ㉠, ㉢
③ ㉢, ㉣
④ ㉤, ㉥

06 서울특별시 강남구에 출마하고자 하는 국회의원 후보자와 서울특별시장 선거에 출마하고자 하는 후보자의 예비후보자 등록일은 언제부터인가?

① 선거일 전 240일
② 선거일 전 120일
③ 선거기간개시일 전 120일
④ 선거기간개시일 전 60일

07 다음 중 중앙당 또는 시·도당 대표자가 정당사무소 설치시 관할선거관리위원회에 서면으로 신고해야 하는 것이 아닌 것은 모두 몇 항목인가?

㉠ 설치연월일
㉡ 사무소의 소재지
㉢ 사무소의 명칭
㉣ 소장의 성명
㉤ 소장의 주소
㉥ 소장의 주민등록번호
㉦ 사무소인(印)
㉧ 사무소 임대계약서

① 1항목
② 2항목
③ 5항목
④ 7항목

08 대통령선거의 예비후보자는 선거사무원을 몇 명 이내로 둘 수 있는가?

① 5인 이내
② 7인 이내
③ 9인 이내
④ 10인 이내

09 선거운동을 위한 신문광고 시 광고에 표시해야 하는 것은?

㉠ 광고근거 ㉡ 광고주명
㉢ 광고자금총액 ㉣ 광고자금출처
㉤ 광고신문명칭

① ㉠, ㉡   ② ㉢, ㉣
③ ㉢, ㉤   ④ ㉣, ㉤

10 대통령 선거 시 텔레비전 및 라디오 방송별로 경력방송을 몇 회 실시하는가?

① 각 8회 이상   ② 각 10회 이상
③ 각 12회 이상   ④ 제한 없음

11 후보자의 방송연설에 관한 기술 중에서 옳은 것(○)과 틀린 것(×)을 바르게 나열한 것은?

㉠ 텔레비전 방송시설을 이용한 방송연설을 하는 경우에는 후보자 또는 연설원이 연설하는 모습, 후보자의 성명·기호·소속 정당명·경력, 연설요지 및 통계자료 외의 다른 내용이 방영되게 하여서는 아니되며, 후보자 또는 연설원이 방송연설을 녹화하여 방송하고자 하는 때에는 당해 방송시설을 이용하여야 한다.
㉡ 방송시설을 경영 또는 관리하는 자는 후보자 또는 연설원의 연설을 위한 방송시설명·이용일시·시간대 등을 선거일전 30일까지 관할선거구선거관리위원회에 통보하여야 한다.
㉢ 선거구선거관리위원회는 후보자등록신청개시일전 3일까지 연설에 이용할 수 있는 방송시설과 일정을 선거구단위로 미리 지정·공고하고 후보자등록신청 시 후보자에게 통지하여야 한다.
㉣ 대통령선거에 있어서 후보자가 방송시설을 이용한 연설을 하고자 하는 때에는 이용할 방송시설명·이용일시·연설을 할 사람의 성명·소요시간·이용방법 등을 기재한 신청서를 후보자등록마감일 후 3일까지 중앙선거관리위원회에 서면으로 제출하여야 한다.
㉤ 후보자가 신청한 방송시설의 이용일시가 서로 중첩되는 경우에는 중앙선거관리위원회가 그 일시를 정하되, 그 일시는 모든 후보자에게 공평하여야 한다. 이 경우 후보자가 그 지정된 일시의 24시간 전까지 방송시설이용계약을 하지 아니한 때에는 당해 방송시설을 경영·관리하는 자는 그 시간대에 다른 방송을 할 수 있다.

① ○-○-○-○-○   ② ○-○-○-○-×
③ ×-×-○-○-○   ④ ×-○-○-○-○

12 선거와 관련된 헌법재판소의 판례에서 위헌결정한 것은?

> ㉠ 언론인의 선거운동을 금지하는 것
> ㉡ 누구든지 선거일 전 180일부터 선거일까지 후보자 성명을 나타내는 문서, 도화, 인쇄물을 배부할 수 없게 하는 것
> ㉢ 후보자가 되고자 하는 자는 선거기간 전 당해 선거에 관하여 자신을 위하여 일체 기부를 금지하는 것
> ㉣ 제21대 국회의원선거에 관해 재외투표기간개시일 이후에 귀국한 사람에 대해 투표할 수 없게 하는 것

① ㉠, ㉡
② ㉠, ㉣
③ ㉡, ㉢
④ ㉢, ㉣

13 대통령선거와 비례대표국회의원선거에 있어서 선거운동 기간 중에 대담·토론회를 개최해야 하는 기관은?

> ㉠ 투표구선거방송토론위원회
> ㉡ 시·군·자치구선거방송토론위원회
> ㉢ 시·도선거방송토론위원회
> ㉣ 중앙선거방송토론위원회

① ㉠
② ㉡
③ ㉢
④ ㉣

14 공무원 등의 선거에 영향을 미치는 행위를 금지하는 규정의 적용에서 제외되는 사람은?

> ㉠ 국회의원
> ㉡ 국회의원의 보좌관
> ㉢ 국회의원의 비서관
> ㉣ 국회의원의 비서
> ㉤ 지방의회의원
> ㉥ 지방자치단체장

① ㉠, ㉡
② ㉠, ㉡, ㉢, ㉣
③ ㉠, ㉡, ㉢, ㉣, ㉤
④ ㉠, ㉡, ㉢, ㉣, ㉤, ㉥

15 후보자는 선거일 전 며칠부터 방송·신문·잡지 기타의 광고에 출연할 수 없는가?

① 선거일 전 90일부터
② 선거일 전 120일부터
③ 선거일 전 180일부터
④ 선거일 전 200일부터

16 선거기간 중 회의 그 밖의 모임을 개최할 수 없는 기관은?

| ㉠ 주민자치위원회 | ㉡ 국민행복위원회 |
| ㉢ 환경운동위원회 | ㉣ 소비자보호운동협의회 |

① ㉠
② ㉠, ㉡
③ ㉡, ㉢
④ ㉢, ㉣

17 후보자와 함께 있지 않는 경우에, 누구든지 선거운동을 위하여 몇 명을 초과하여 무리지어 거리를 행진하는 행위가 제한되는가?

① 2인
② 3인
③ 5인
④ 10인

18 누구든지 선거운동을 위하여 누구에 대하여 서명이나 날인을 받을 수 없는가?

㉠ 선거구민	㉡ 유권자
㉢ 투표권자	㉣ 지역주민
㉤ 해당구민	

① ㉠
② ㉠, ㉡
③ ㉡, ㉢
④ ㉣, ㉤

19 다음 중 선거에 관한 여론조사 시 금지되는 것은?

⊙ 특정 정당 또는 후보자에게 편향되도록 하는 어휘나 문장을 사용하여 질문하는 행위
ⓒ 피조사자에게 응답을 강요하거나 조사자의 의도에 따라 응답을 유도하는 방법으로 질문하는 행위
ⓒ 피조사자의 의사를 왜곡하는 행위
② 오락 기타 사행성을 조장할 수 있는 방법으로 조사하는 행위
⑩ 피조사자의 성명이나 성명을 유추할 수 있는 내용을 공개하는 행위

① ㉠, ㉡
② ㉠, ㉡, ㉢
③ ㉡, ㉢, ㉤
④ ㉠, ㉡, ㉢, ㉣, ㉤

20 다음 중 선거비용으로 보전하지 않는 것은 모두 몇 항목인가?

⊙ 예비후보자의 선거비용
ⓒ 「정치자금법」 제40조(회계보고)의 규정에 따라 제출한 회계보고서에 보고되지 아니하거나 허위로 보고된 비용
ⓒ 공직선거법에 위반되는 선거운동을 위하여 또는 기부행위제한규정을 위반하여 지출된 비용
② 선거벽보와 선거공보를 관할 구·시·군선거관리위원회에 제출한 후 그 내용을 정정하거나 삭제하는 데 소요되는 비용
⑩ 공직선거법에 따라 제공하는 경우 외에 선거운동과 관련하여 지출된 수당·실비 그 밖의 비용
⑭ 정당한 사유 없이 지출을 증빙하는 적법한 영수증 그 밖의 증빙서류가 첨부되지 아니한 비용

① 2항목
② 3항목
③ 4항목
④ 6항목

제 12 회 실전 모의고사

01 정당이 선거기간 중에 후보자를 추천한 선거구의 소속당원에게 배부할 수 있는 정강·정책홍보물은 정당의 중앙당이 제작한 책자형 정강·정책홍보물 몇 종으로 발행할 수 있는가?

① 1종
② 2종
③ 3종
④ 제한 없음

02 정당은 선거기간 중 언제까지 당원을 모집하거나 입당원서를 배부를 금지하는 시기는?

① 선거일 전 3일까지 가능
② 선거일 전 2일까지 가능
③ 선거일 전 3일까지 가능
④ 선거기간 중 불인정

03 정당이 선거기간 중 구호, 그 밖에 정당의 홍보에 필요한 사항과 당해 당부명 및 그 대표자 성명, 해당 정당이 추천한 후보자의 기호·성명·사진·경력 등에 관한 사항을 중앙선거관리위원회규칙으로 정하는 바에 따라 당해 당사의 외벽면 또는 옥상에 설치·게시할 수 있는 것은?

㉠ 간판	㉡ 현판
㉢ 현수막	㉣ 애드벌룬
㉤ 깃발	

① ㉠, ㉡
② ㉠, ㉡, ㉢
③ ㉡, ㉢, ㉣
④ ㉢, ㉣, ㉤

04. 다음 중 후보자가 부담하는 비용은 모두 몇 항목인가?

㉠ 선전벽보의 첩부
㉡ 후보자가 자신의 물품을 사용한 비용
㉢ 전단형 선거공보의 발송비용과 우편요금
㉣ 개표참관인의 수당
㉤ 선전벽보의 철거비용
㉥ 개표참관인의 식비

① 1항목
② 2항목
③ 3항목
④ 4항목

05. 다음 중 투표관리관으로 위촉할 수 없는 사람은 모두 몇 항목인가?

㉠ 법무부 소속의 7급 공무원
㉡ 과학기술정보통신부 소속의 7급 공무원
㉢ 서울특별시 소속의 서울대공원에 근무 중인 7급 공무원
㉣ 경기도 소속의 9급 공무원
㉤ 강원도 춘천시 소속의 9급 공무원
㉥ 안양여고의 사회교사
㉦ 우리은행 소속의 대리

① 1항목
② 2항목
③ 3항목
④ 4항목

06. 기표소 안에는 특별한 경우를 제외하고는 몇 명 이상 동시에 들어갈 수 없는가?

① 2인 이상
② 3인 이상
③ 4인 이상
④ 7인 이상

07 최근 개정된 공직선거법상 거소투표자에 대한 투표용지 발송에 관한 기술 중에서 옳지 않은 것은 모두 몇 항목인가?

> ㉠ 허위로 신고한 자 및 자신의 의사에 의하여 신고된 것으로 인정되지 아니한 거소투표자에게는 당해 구·시·군선거관리위원회의 의결로 거소투표용지를 발송하지 아니할 수 있다. 이 경우 거소투표발송록에 그 사실을 기재하여야 한다.
> ㉡ 구·시·군선거관리위원회는 거소투표용지를 발송하지 아니한 거소투표자와 선거일 전 2일까지 거소투표용지가 반송된 거소투표자의 명단을 작성하여 선거일 전일까지 읍·면·동선거관리위원회에 통지하여야 하며, 읍·면·동선거관리위원회는 지체 없이 이를 투표관리관에게 통지하여야 한다.
> ㉢ 거소투표용지의 발송과 회송은 등기우편으로 하되, 그 우편요금은 국가 또는 당해 지방자치단체가 부담한다.
> ㉣ 구·시·군선거관리위원회는 투표방법 기타 선거에 관한 안내문을 거소투표용지와 동봉하여 발송하여야 한다.
> ㉤ 거소투표용지의 발송용 봉투 및 회송용 봉투의 규격·게재사항 그 밖에 필요한 사항은 시·도선거관리위원회규칙으로 정한다.

① 1항목 ② 2항목 ③ 3항목 ④ 4항목

08 최근 개정된 공직선거법상 선상투표용지를 교부받아 전송을 마친 선상투표자는 선상투표용지를 직접 봉투에 넣어 봉함한 후에 누구에게 제출해야 하는가?

① 투표관리관 ② 투표참관인
③ 선장 ④ 당해 선거관리위원회 사무관

09 구·시·군선거관리위원회는 관할구역 안에 2 이상의 선거구가 있는 경우에는 무슨 단위로 개표하는가?

① 선거구 단위로 ② 지역구 단위로
③ 시·도선거구 단위로 ④ 도착순위 단위로

10 개표 시 투표수를 계산할 때에 구분하는 기준은?

① 선거구 단위
② 투표구별
③ 인구비중별
④ 투표지별

11 개표상황을 관람하기 위한 관람증을 발행하는 기관은 모두 몇 항목인가?

┌───┐
│ ㉠ 투표구 선거관리위원회   ㉡ 경기도 용인시 선거관리위원회   │
│ ㉢ 경기도 선거관리위원회   ㉣ 서울특별시 종로구 선거관리위원회 │
│ ㉤ 강원도 홍천군 선거관리위원회 ㉥ 인천광역시 선거관리위원회   │
└───┘

① 1항목
② 2항목
③ 3항목
④ 4항목

12 임기만료일이 같은 지방의회의원 및 지방자치단체장의 선거는 그 임기만료에 의한 선거를 언제 동시실시하는가?

① 임기만료에 의한 선거의 선거일 전 7일
② 임기만료에 의한 선거의 선거일 전 6일
③ 임기만료에 의한 선거의 선거일 전 5일
④ 임기만료에 의한 선거의 선거일

13 다음 중 선거소송의 관할이 고등법원인 선거는 모두 몇 항목인가?

┌───┐
│ ㉠ 서울특별시장 선거소송   ㉡ 제주특별자치도지사 선거소송 │
│ ㉢ 경남도지사 선거소송   ㉣ 대구광역시장 선거소송   │
│ ㉤ 광주광역시장 선거소송   ㉥ 강원도 정선군수 선거소송   │
└───┘

① 1항목
② 2항목
③ 3항목
④ 4항목

14 다음 중 중앙선거관리위원회 규칙으로 정할 수 없는 것은?

㉠ 선거관리
㉡ 국민투표관리
㉢ 정당사무
㉣ 각급선거관리위원회의 조직
㉤ 각급선거관리위원회의 직무범위

① ㉠, ㉡   ② ㉡, ㉢   ③ ㉢, ㉣   ④ ㉣, ㉤

15 대통령선거에서 정당추천후보자가 후보자등록기간 중 또는 후보자등록기간이 지난 후에 사망한 때에는 후보자등록마감일 후 며칠까지 후보자등록을 추가로 신청할 수 있는가?

① 후보자등록마감일 후 3일까지
② 후보자등록마감일 후 4일까지
③ 후보자등록마감일 후 5일까지
④ 후보자등록마감일 후 7일까지

16 다음 중 공직선거법의 목적 규정에 명시된 관련법을 모두 고르면?

㉠ 헌법
㉡ 국적법
㉢ 지방자치법
㉣ 헌법재판소법
㉤ 법원조직법

① ㉠, ㉡   ② ㉠, ㉢   ③ ㉢, ㉣   ④ ㉣, ㉤

17 다음 중 당내경선운동을 할 수 없는 사람은 모두 몇 항목인가?

㉠ 18세 미만의 자
㉡ 전북 익산시 9급 공무원
㉢ 예비군 중대장 이상의 간부
㉣ 통장
㉤ 이장

① 1항목   ② 2항목   ③ 3항목   ④ 5항목

18 다음 중 선거비용에 해당하지 않는 것은?

㉠ 선거운동을 위하여 소요되는 금전
㉡ 선거운동을 위하여 소요되는 물품
㉢ 선거운동을 위하여 소요되는 채무
㉣ 선거운동을 위하여 소요되는 모든 재산적 가치가 있는 것

① ㉠, ㉡　　② ㉡, ㉢　　③ ㉢, ㉣　　④ 없음

19 선거비용의 기준이 되는 것은?
① 선거권자수　② 유권자수　③ 인구수　④ 성년자수

20 국가 또는 지방자치단체가 후보자를 위하여 부담하는 것은 모두 몇 항목인가?

㉠ 점자형 선거공약서의 작성비용　㉡ 활동보조인의 수당과 실비
㉢ 선거방송토론회 주관 정책토론회의 개최비용　㉣ 개표참관인의 수당과 식비
㉤ 휴대전화 통화료

① 1항목　　② 2항목　　③ 3항목　　④ 4항목

제 13 회 실전 모의고사

정답 및 해설 240p

01 선거비용보전에 관한 기술 중에서 옳은 것(○)과 틀린 것(×)을 바르게 배열한 것은?

㉠ 선거구선거관리위원회는 정당, 후보자(예비후보자 포함) 및 그 가족, 선거사무장, 선거연락소장, 선거사무원, 회계책임자 또는 연설원으로부터 기부를 받은 자가 과태료를 부과받은 경우 공직선거법에 따라 보전할 비용 중 그 기부행위에 사용된 비용의 5배에 해당하는 금액을 보전하지 아니한다.

㉡ 후보자·예비후보자·선거사무장 또는 선거사무소의 회계책임자가 당해 선거와 관련하여 기소되거나 선거관리위원회에 의하여 고발된 때에는 판결이 확정될 때까지 그 위법행위에 소요된 비용의 50배에 해당하는 금액의 보전을 유예한다.

㉢ 선거구선거관리위원회는 정당 또는 후보자에게 선거비용을 보전한 후에 보전하지 아니할 사유가 발견된 때에는 당해 정당 또는 후보자에게 그 사실을 통지하고, 보전비용액 중 해당하는 금액의 반환을 명하여야 한다. 이 경우 정당 또는 후보자는 그 반환명령을 받은 날부터 30일 이내에 당해 선거구선거관리위원회에 이를 반환하여야 한다.

㉣ 선거구선거관리위원회는 정당 또는 후보자가 기한 안에 해당금액을 반환하지 아니한 때에는 대통령선거와 국회의원선거에 있어서는 관할세무서장에게 징수를 위탁하고 관할세무서장이 국세체납처분의 예에 따라 이를 징수하여 국가에 납입하여야 한다.

㉤ 선거구선거관리위원회는 정당 또는 후보자가 기한 안에 해당금액을 반환하지 아니한 때에는 지방자치단체의 의회의원 및 장의 선거에 있어서는 당해 지방자치단체의 장에게 징수를 위탁하고 지방자치단체의 장이 지방세체납처분의 예에 따라 이를 징수하여 지방자치단체에 납입하여야 한다.

① ○-×-○-○-○ ② ○-×-×-○-○
③ ×-×-○-○-○ ④ ×-×-○-○-×

02 정강·정책홍보물의 발행주체는?

① 중앙선거관리위원회 ② 시·도선거관리위원회
③ 정당의 시·도당 ④ 정당의 중앙당

03 정당은 선거일 전 언제부터 선거일까지 소속당원의 단합·수련 등을 개최할 수 없는가?

① 선거일 전 20일 ② 선거일 전 25일
③ 선거일 전 30일 ④ 선거일 전 60일

04 다음 중 중앙선거관리위원회 규칙으로 정하는 것이 아닌 것은?

㉠ 선거구
㉡ 투표관리관의 위촉
㉢ 투표관리관의 해촉
㉣ 투표관리관의 수당
㉤ 선거운동을 위하여 선거구 안에 게시하는 현수막의 게시방법
㉥ 선거운동을 위하여 선거구 안에 게시하는 현수막의 규격

① 1항목
② 2항목
③ 3항목
④ 5항목

05 다음 중 투표소를 설치할 수 없는 곳은?

㉠ 병영
㉡ 교회·성당·사찰
㉢ 읍·면·동사무소
㉣ 주민회관
㉤ 공공기관
㉥ 학교

① ㉠
② ㉠, ㉡
③ ㉢, ㉣, ㉤
④ ㉣, ㉤, ㉥

06 전국적으로 통일된 기호를 우선적으로 부여받는 경우는?

㉠ 국회에 3명 이상의 소속 지역구국회의원을 가진 정당
㉡ 국회에 4명 이상의 소속 지역구국회의원을 가진 정당
㉢ 국회에 5명 이상의 소속 지역구국회의원을 가진 정당
㉣ 직전 대통령선거, 비례대표국회의원선거 또는 비례대표지방의회의원선거에서 전국 유효투표총수의 100분의 3 이상을 득표한 정당

① ㉠, ㉡
② ㉠, ㉢
③ ㉢, ㉣
④ 없음

07 최근 개정된 공직선거법상 사전투표제에 의한 사전투표기간은?

① 선거일 전 3일부터 2일간
② 선거일 전 4일부터 2일간
③ 선거일 전 5일부터 2일간
④ 선거일 전 7일부터 3일간

08 투표가 끝난 후 투표관리관이 투표함을 지체 없이 송부해야 하는 기관은?

① 투표구선거관리위원회
② 시·군·구선거관리위원회
③ 시·도선거관리위원회
④ 중앙선거관리위원회

09 지역구국회의원선거에 있어서 당선인을 결정하는 기준은?

① 선거권자 총수의 다수표
② 선거권자 총수의 과반수 득표
③ 유효투표의 다수표
④ 유효투표의 과반수 득표

10 보궐선거에 관한 기술 중에서 옳은 것은 모두 몇 항목인가?

> ㉠ 지역구국회의원, 지역구지방의회의원과 및 지방자치단체의 장에 궐원 또는 궐위가 생긴 때에는 보궐선거를 실시한다.
> ㉡ 대통령이 궐위된 때에는 대통령권한대행자는 지체 없이 중앙선거관리위원회에 이를 통보하여야 한다.
> ㉢ 국회의원에 궐원이 생긴 때에는 국회의장은 대통령 및 중앙선거관리위원회에 이를 통보하여야 한다.
> ㉣ 지방의회의원에 궐원이 생긴 때에는 지방의회의장은 당해 지방자치단체장과 관할선거구선거관리위원회에 이를 통보하여야 하며, 지방자치단체의 장이 궐위된 때에는 궐위된 지방자치단체의 장의 직무를 대행하는 자가 당해 지방의회의장과 관할선거구선거관리위원회에 이를 통보하여야 한다.
> ㉤ 국회의원 또는 지방의회의원이 공직선거에 입후보하여 그 직을 그만두었으나 후보자등록신청 시까지 궐원통보가 없는 경우에는 후보자로 등록된 때에 그 통보를 받은 것으로 본다.

① 1항목
② 2항목
③ 3항목
④ 5항목

11 정당에 배분된 비례대표국회의원의석수가 그 정당이 추천한 비례대표국회의원후보자수를 넘는 때에는 그 넘는 의석은 어떻게 하는가?

① 당해 정당은 넘는 의석만큼 비례대표국회의원후보자명단을 추가한다.
② 다른 의석할당정당 사이의 추첨에 의한다.
③ 다른 의석할당정당의 득표비율에 따라 배분한다.
④ 공석으로 한다.

12 대통령 궐위로 인한 선거 또는 재선거의 공고권자는?

㉠ 대통령
㉡ 대통령권한대행자
㉢ 중앙선거관리위원회 위원장
㉣ 시·도선거관리위원회 위원장
㉤ 국회의장
㉥ 대법원장

① ㉠, ㉡
② ㉡, ㉢
③ ㉢, ㉣
④ ㉤, ㉥

13 무소속 후보자가 되고자 하는 자가 선거인 추천을 받기 위한 추천장 검인·교부신청은 공휴일을 포함하여 가능한 시간이 언제인가?

① 오전 9시 ~ 오후 4시
② 오전 9시 ~ 오후 5시
③ 오전 9시 ~ 오후 6시
④ 오전 9시 ~ 오후 8시

14 정당이 경선홍보물을 발송하거나 합동연설회 또는 합동토론회를 개최하는 때에 당해 선거의 관할 선거구선거관리위원회에 해야 하는 행정상의 방법은?

① 허가받아야 한다.
② 신고하여야 한다.
③ 인가받아야 한다.
④ 승인받아야 한다.

15 선거운동기간 중에 소속정당의 정강이나 정책을 홍보하기 위하여 공개장소에서 연설·대담할 수 없는 사람은?

㉠ 비례대표국회의원 후보자
㉡ 비례대표지방의회의원 후보자
㉢ 지역구국회의원 후보자
㉣ 지방의회의원 후보자
㉤ 시·도지사 후보자
㉥ 시장·군수·구청장 후보자

① ㉠, ㉡
② ㉡, ㉢
③ ㉢, ㉣
④ ㉤, ㉥

16 중앙선거방송토론위원회는 대통령선거에 있어서 선거운동기간 중 대담·토론회를 몇 회 이상 개최하여야 하는가?

① 1회 이상   ② 2회 이상
③ 3회 이상   ④ 무제한

17 대통령의 임기개시일은?

① 전임대통령의 임기만료일의 다음날 0시부터
② 전임대통령의 임기만료일의 0시부터
③ 전임대통령의 임기만료일의 다음날 오전 9시부터
④ 전임대통령의 임기만료일의 2일 후 0시부터

18 국회의원지역구 확정에 관한 기술 중에서 옳은 것은 모두 몇 항목인가?

> ㉠ 국회는 국회의원지역구를 선거일 전 1년까지 확정하여야 한다.
> ㉡ 국회의장은 제출된 선거구획정안을 위원회에 회부하여야 하며, 선거구획정안을 회부받은 위원회는 이를 지체 없이 심사하여 국회의원지역구의 명칭과 그 구역에 관한 규정을 개정하는 법률안을 제안하여야 한다. 이 경우 위원회는 국회의원선거구획정위원회가 제출한 선거구획정안을 그대로 반영하되, 선거구획정안이 국회의원지역구획정 기준에 명백하게 위반된다고 판단하는 경우에는 그 이유를 붙여 재적위원 3분의 2 이상의 찬성으로 국회의원선거구획정위원회에 선거구획정안을 다시 제출하여 줄 것을 한 차례만 요구할 수 있다.
> ㉢ 준연동형 비례 대표제는 2020년 공직선거법을 개정하여 채택하고 있다.
> ㉣ 선거구법률안 중 국회의원지역구의 명칭과 그 구역에 한해서는 「국회법」 제86조에 따른 법제사법위원회의 체계와 자구에 대한 심사 대상에서 제외한다.
> ㉤ 국회의장은 선거구법률안 또는 선거구법률안이 포함된 법률안이 제안된 후 처음 개의하는 본회의에 이를 부의하여야 한다. 이 경우 본회의는 선거구법률안 또는 선거구법률안이 포함된 법률안을 수정 없이 바로 표결한다.

① 1항목   ② 2항목
③ 3항목   ④ 5항목

19 대통령선거의 후보자등록은 선거일 전 며칠까지 해야 하는가?

① 20일
② 21일
③ 24일
④ 30일

20 최근 개정된 공직선거법상 투표참관인에 관한 기술 중에서 옳은 것(○)과 틀린 것(×)을 바르게 나열한 것은?

> ㉠ 투표관리관은 투표참관인으로 하여금 투표용지의 교부상황과 투표상황을 참관하게 하여야 한다.
> ㉡ 투표참관인은 정당·후보자·선거사무장 또는 선거연락소장이 후보자마다 투표소별로 2인을 선정하여 선거일 전 2일까지 읍·면·동선거관리위원회에 서면으로 신고하여야 한다.
> ㉢ 투표참관인은 투표소마다 9명으로 하되, 선정·신고한 인원수가 9명을 넘는 때에는 읍·면·동선거관리위원회가 추첨에 의하여 지정한 자를 투표참관인으로 한다. 다만, 투표참관인의 선정이 없거나 선정·신고한 인원수가 4명에 미달하는 때에는 읍·면·동선거관리위원회가 그 투표구를 관할하는 구·시·군의 구역 안에 거주하는 선거권자중에서 본인의 승낙을 얻어 4명에 달할 때까지 선정한 자를 투표참관인으로 한다.
> ㉣ 읍·면·동선거관리위원회가 투표참관인을 지정하는 경우에 후보자수가 8명을 넘는 때에는 후보자별로 1명씩 우선 선정한 후 추첨에 의하여 8명을 지정하고, 후보자수가 8명에 미달하되 후보자가 선정·신고한 인원수가 8명을 넘는 때에는 후보자별로 1명씩 선정한 자를 우선 지정한 후 나머지 인원은 추첨에 의하여 지정한다.
> ㉤ 정당·후보자·선거사무장 또는 선거연락소장은 그가 선정한 투표참관인에 대하여는 필요한 경우에는 언제든지 읍·면·동선거관리위원회에 신고하고 교체할 수 있으며, 선거일에는 투표소에서 교체신고할 수 있다

① ○-×-○-○-○
② ○-○-×-○-○
③ ×-×-○-○-○
④ ×-○-○-○-○

제 14 회 실전 모의고사

정답 및 해설 244p

01 인터넷선거보도심의위원회의 사무를 처리하기 위하여 구성하는 사무국 공무원의 소속은?

① 행정안전부 소속
② 인터넷사업자의 임직원
③ 통신사업자의 임직원
④ 선거관리위원회 소속

02 선거권자와 피선거권자의 연령 산정기준은?

① 선거일 현재
② 선거일 공고일
③ 후보자등록 현재
④ 선거운동개시일

03 다음 중 선거권이 있는 사람은?

㉠ 금치산자(2013.7.1.부터 피성년후견인)
㉡ 한정치산자(2013.7.1.부터 피한정후견인)
㉢ 만 17세의 미성년자
㉣ 법원의 판결에 의하여 선거권이 정지된 자
㉤ 다른 법률에 의하여 선거권이 정지된 자

① ㉠
② ㉡
③ ㉠, ㉡
④ ㉢, ㉣, ㉤

04 구·시·군선거관리위원회는 하나의 읍·면·동에 몇 개 이상의 투표구를 둘 수 있는가?

① 1 이상
② 2 이상
③ 4 이상
④ 5 이상

05 국회의원선거구획정위원회와 자치구·시·군의원선거구획정위원회의 위원의 신분은 무엇인가?

① 국가직으로 한다.   ② 지방직으로 한다.
③ 별정직으로 한다.   ④ 명예직으로 한다.

06 다음 중 선거인명부에 필수적으로 기재하여야 하는 사항은?

㉠ 선거권자의 성명	㉡ 선거권자의 주소
㉢ 선거권자의 성별	㉣ 선거권자의 생년월일
㉤ 선거권자의 직업	㉥ 선거권자의 학력

① ㉠, ㉡, ㉢   ② ㉠, ㉡, ㉢, ㉣
③ ㉡, ㉢, ㉣, ㉤   ④ ㉢, ㉣, ㉤, ㉥

07 선거인명부에 누락 또는 오기가 있거나 자격이 없는 선거인이 올라 있다고 인정되는 때에 선거권자는 열람기간 내에 구술 또는 서면으로 누구에게 이의를 신청할 수 있는가?

① 구·시·군의 장   ② 시·도지사
③ 관할 선거구선거관리위원회   ④ 중앙선거관리위원회

08 정당이 임기만료에 따른 지역구지방의회의원선거에 후보자를 추천하는 때에는 지역구시·도의원선거 또는 지역구자치구·시·군의원선거 중 어느 하나의 선거에 군지역을 제외한 국회의원지역구마다 몇 명 이상을 여성으로 추천하여야 하는가?

① 1명 이상   ② 2명 이상
③ 3명 이상   ④ 5명 이상

09 후보자등록 신청 시 기탁금을 연결한 것 중에서 옳지 않은 것은?

┌───┐
│ ㉠ 국회의원 – 1천 500만원   ㉡ 서울특별시의원 – 300만원 │
│ ㉢ 부산광역시의원 – 200만원   ㉣ 전주시의원 – 300만원   │
│ ㉤ 전주시장 – 1천만원   ㉥ 광주광역시장 – 5천만원 │
│ ㉦ 경상북도의원 – 300만원   │
└───┘

① ㉠, ㉡
② ㉡, ㉢
③ ㉢, ㉣
④ ㉤, ㉥, ㉦

10 정당의 당내경선 시 경선후보자가 작성한 홍보물의 발송방법은?

① 1종의 홍보물을 1회에 한하여 발송
② 1종의 홍보물을 2회에 한하여 발송
③ 2종의 홍보물을 1회에 한하여 발송
④ 3종의 홍보물을 1회에 한하여 발송

11 다음 중 경기도지사 예비후보자의 선거사무소에 설치·게시할 수 있는 것은?

┌─────────────────────────────────────┐
│ ㉠ 간판   ㉡ 현판   │
│ ㉢ 현수막   ㉣ 깃발   │
│ ㉤ 애드벌룬   ㉥ 인형조형물   │
└─────────────────────────────────────┘

① ㉠, ㉡
② ㉠, ㉡, ㉢
③ ㉡, ㉢, ㉣
④ ㉣, ㉤, ㉥

12 관할 선거구선거관리위원회는 후보자가 작성하여 보관 또는 제출할 선거벽보의 수량을 선거기간개시일 전 며칠까지 공고해야 하는가?

① 선거기간개시일 전 3일
② 선거기간개시일 전 7일
③ 선거기간개시일 전 10일
④ 선거기간개시일 전 20일

13 대통령선거, 지역구국회의원선거, 지역구지방의회의원선거 및 지방자치단체의 장 선거에서 책자형 선거공보를 제출하는 경우에 게재하는 후보자정보공개 자료 중 학력으로 게시할 수 없는 것은?

> ㉠ 서울대학교 평생교육과정 졸업
> ㉡ 강원대학교 국문학과 졸업
> ㉢ 전남대학교 영어영문학과 대학원 졸업
> ㉣ 경기고등학교 졸업
> ㉤ 청주중학교 졸업
> ㉥ 미국 캘리포니아 주립대학 졸업

① ㉠
② ㉡
③ ㉢, ㉣
④ ㉥

14 후보자의 공개장소에서의 연설·대담에 관한 기술 중에서 옳은 것(○)과 틀린 것(×)을 바르게 나열한 것은?

> ㉠ 후보자는 선거운동기간 중에 소속 정당의 정강·정책이나 후보자의 정견, 그 밖에 필요한 사항을 홍보하기 위하여 공개장소에서의 연설·대담을 할 수 있다.
> ㉡ 공개장소에서 연설·대담을 할 수 있는 후보자에 비례대표국회의원후보자 및 비례대표지방의회의원후보자는 제외된다.
> ㉢ "공개장소에서의 연설·대담"이라 함은 후보자·선거사무장·선거연락소장·선거사무원과 후보자 등이 선거운동을 할 수 있는 사람 중에서 지정한 사람이 도로변·광장·공터·주민회관·시장 또는 점포, 그 밖에 중앙선거관리위원회규칙으로 정하는 다수인이 왕래하는 공개장소를 방문하여 정당이나 후보자에 대한 지지를 호소하는 연설을 하거나 청중의 질문에 대답하는 방식으로 대담하는 것을 말한다.
> ㉣ 후보자 등이 공개장소에서의 연설·대담을 하는 때에는 후보자와 선거연락소(대통령선거, 지역구국회의원선거, 시·도지사선거의 선거연락소에 한정한다)마다 각 1대의 녹음기 또는 녹화기를 사용하여 선거운동을 위한 음악 또는 선거운동에 관한 내용을 방송할 수 있다. 이 경우 녹음기 및 녹화기에는 중앙선거관리위원회규칙으로 정하는 바에 따라 표지를 부착하여야 한다.

① ○-○-○-○
② ○-○-×-×
③ ×-×-○-○
④ ×-×-×-○

15 다음 중 공직후보자가 되려고 하는 경우에 선거일 전 90일까지 그 직을 그만두어야 하는 사람은?

> ㉠ 인천광역시의원이 인천광역시의원에 출마하는 경우
> ㉡ 인천광역시장이 인천광역시장에 출마하는 경우
> ㉢ 인천광역시 7급공무원이 인천광역시의원에 출마하는 경우
> ㉣ 인천광역시 9급공무원이 인천광역시장에 출마하는 경우
> ㉤ 자유한국당 소속 국회의원이 대통령에 출마하는 경우
> ㉥ 더불어민주당 소속 국회의원이 국회의원에 출마하는 경우

① ㉠, ㉡
② ㉡, ㉢
③ ㉢, ㉣
④ ㉤, ㉥

16 다음 중 선거운동 시 사용할 수 없는 것은?

> ㉠ 자동차
> ㉡ 표찰이나 그 밖의 표시물 착용 이외의 행위
> ㉢ 표찰이나 그 밖의 표시물 배부 이외의 행위
> ㉣ 지지·호소행위
> ㉤ 명함배부행위

① ㉠
② ㉡
③ ㉢, ㉣
④ ㉣, ㉤

17 선거기간 중 특별한 사유가 있는 경우에는 개최할 수 있는 것은?

① 단합대회
② 야유회
③ 동창회
④ 반상회

18 언론기관 등이 후보자 등의 정책이나 공약에 관한 비교평가를 하거나 그 결과를 공표하는 때에 하여서는 안 되는 행위는?

> ㉠ 특정 후보자 등에게 유리 또는 불리하게 평가단을 구성하는 행위
> ㉡ 특정 후보자에게 불리하게 평가단을 운영하는 행위
> ㉢ 후보자 등별로 점수를 부여하여 서열화하는 행위
> ㉣ 후보자의 순위나 등급을 정하여 서열화하는 행위

① ㉠, ㉡
② ㉡, ㉢
③ ㉢, ㉣
④ 모든 항목

19 기부행위제한과 관련하여 의례적 행위에 해당하지 않는 것은?

> ㉠ 종교인이 평소에 자신이 다니는 교회에 통상의 예에 따라 헌금하는 행위
> ㉡ 각급학교의 졸업식에서 의례적인 상장을 수여하는 행위
> ㉢ 종전의 범위 안에서 친목회에 회비를 납부하는 행위
> ㉣ 각급학교의 졸업식에서 의례적인 부상을 수여하는 행위
> ㉤ 출판기념회에서 참석자에게 통상적인 범위에서 주류를 제공하는 행위

① ㉠, ㉡
② ㉡, ㉢
③ ㉢, ㉣
④ ㉣, ㉤

20 정당의 기관지에 정당추천후보자의 홍보에 관한 사항 중 게재할 수 없는 것은?

> ㉠ 정당추천후보자의 성명
> ㉡ 정당추천후보자의 기호
> ㉢ 정당추천후보자의 사진
> ㉣ 정당추천후보자의 학력
> ㉤ 정당추천후보자의 경력
> ㉥ 정당추천후보자의 전과기록
> ㉦ 정당추천후보자의 재산상황

① ㉠, ㉡
② ㉢, ㉣
③ ㉤, ㉥
④ ㉥, ㉦

제 15 회 실전 모의고사

정답 및 해설 248p

01 공직선거법 제1조에 목적내용으로 규정되지 않은 것은?

㉠ 독재예방
㉡ 쿠데타예방
㉢ 선거부정방지
㉣ 민주정치발전기여
㉤ 국민의 자유로운 의사와 민주적 절차에 의하여 공정한 선거확보

① ㉠, ㉡
② ㉡, ㉢
③ ㉢, ㉣
④ ㉣, ㉤

02 다음 중 선거인의 투표참여를 촉진하기 위하여 교통이 불편한 지역에 거주하는 선거인 또는 노약자·장애인 등에게 교통편의를 제공하거나 필요한 대책을 수립·시행하여야 하는 선거관리위원회는?

㉠ 서울시 마포구 선거관리위원회
㉡ 경기도 포천시 선거관리위원회
㉢ 대구광역시 선거관리위원회
㉣ 전라남도 선거관리위원회
㉤ 서울특별시 종로구 삼청동선거관리위원회

① ㉠, ㉡
② ㉠, ㉡, ㉢
③ ㉠, ㉡, ㉢, ㉣
④ ㉡, ㉢, ㉣, ㉤

03 선거기사심의위원회의 위원을 추천할 수 있는 기관이 아닌 것은?

㉠ 국민권익위원회
㉡ 국가인권위원회
㉢ 대한변호사협회
㉣ 언론인단체
㉤ 참여연대
㉥ 언론학계

① ㉠, ㉡
② ㉢, ㉣
③ ㉣, ㉤
④ ㉤, ㉥

04 공직선거법에 위반되는 행위에 대하여 공정선거지원단이 증거자료수집이나 조사활동을 할 경우 공정선거지원단을 지휘하는 기관은?

① 행정안전부
② 법무부
③ 국회 소관상임위원회
④ 관할선거관리위원회

05 2022년 6월 1일은 서울특별시장과 경기도지사 등을 선거하는 날이다. 선거요일을 결정하는 기관은 어디인가?

① 국회
② 정부
③ 법원
④ 중앙선거관리위원회

06 최근 개정된 공직선거법상 인터넷선거보도심의위원회에 관한 기술 중에서 옳은 것(○)과 틀린 것(×)을 바르게 나열한 것은?

> ⊙ 중앙선거관리위원회는 인터넷언론사의 인터넷홈페이지에 게재된 선거보도의 공정성을 유지하기 위하여 인터넷선거보도심의위원회를 설치·운영하여야 한다.
> ⓒ 인터넷선거보도심의위원회에 위원장 1인을 두되, 위원장은 위원 중에서 호선한다.
> ⓒ 인터넷선거보도심의위원회에 상임위원 1인을 두되, 상임위원은 위원 중에서 호선한다.
> ② 인터넷선거보도심의위원회의 구성·운영, 위원 및 상임위원의 대우, 사무국의 조직·직무범위 기타 필요한 사항은 중앙선거관리위원회규칙으로 정한다.

① ○-○-×-○
② ○-○-○-○
③ ×-×-○-○
④ ×-×-×-○

07 지방자치단체가 다른 지방자치단체에 편입됨으로 인하여 폐지된 때에는 그 폐지된 지방자치단체장의 직은 어떻게 되는가?

① 임기는 보장된다.
② 그 직을 상실한다.
③ 그 직을 유지하되, 명예직으로 한다.
④ 그 직을 유지하되, 임금의 50%를 지급한다.

08 서울특별시장이 2021년 7월 2일에 사퇴하면 서울특별시장의 선거일은 언제인가?

① 2021년 10월 첫번째 수요일
② 2021년 11월 첫번째 수요일
③ 2022년 4월 첫번째 수요일
④ 2022년 10월 첫번째 수요일

09 선거인명부 또는 거소·선상투표신고인명부의 사본이나 전산자료복사본의 교부신청은 선거기간 개시일까지 누구에게 신고하여야 하는가?

① 읍·면·동장
② 이장·반장
③ 시장·군수·구청장
④ 시·도지사

10 세종특별자치시 지역구 국회의원에 무소속후보로 출마하려는 경우에 받아야 하는 선거권자의 추천은?

① 100인 이상 200인 이하
② 200인 이상 400인 이하
③ 300인 이상 400인 이하
④ 300인 이상 500인 이하

11 후보자등록신청서의 접수는 오전 9시부터 오후 6시까지이며, 접수요일은?

① 토요일 제외
② 일요일 제외
③ 공휴일 제외
④ 공휴일에 불구하고 접수

12 선거기간 중에 회보받은 후보자의 전과기록을 열람할 수 있는 사람은?

① 유권자
② 선거권자
③ 투표권자
④ 누구든지

13 후보자등록신청 시 3개월 이내 재산세나 종합부동산세의 납부 및 체납신고서 제출에서 제외되는 체납의 기준은?

① 10만원 이하
② 100만원 이하
③ 200만원 이하
④ 500만원 이하

14 다음 중 등록무효사유에 해당하는 것은?

㉠ 소속정당의 해산
㉡ 소속정당의 등록취소
㉢ 중앙당의 시·도당 창당승인취소가 있는 때
㉣ 무소속후보자가 정당의 당원이 된 때
㉤ 후보자의 피선거권이 없는 것이 발견된 때

① ㉠, ㉡, ㉢
② ㉠, ㉡, ㉢, ㉣
③ ㉡, ㉢, ㉣, ㉤
④ ㉠, ㉡, ㉢, ㉣, ㉤

15 후보자의 사퇴신고는 당해선거관리위원회에 서면으로 신고하되, 누가 해야 하는가?

① 선거사무장
② 선거총책임자
③ 정당의 사무총장
④ 자신이 직접

16 경기도 소속 7급공무원이 수원시 팔달구에서 국회의원에 출마하려는 경우에 선거일 전 며칠까지 그 직을 그만두어야 하며, 기탁금은 얼마인가?

㉠ 소속정당의 해산
㉡ 소속정당의 등록취소
㉢ 중앙당의 시·도당 창당승인취소가 있는 때
㉣ 무소속후보자가 정당의 당원이 된 때
㉤ 후보자의 피선거권이 없는 것이 발견된 때

① ㉠
② ㉡
③ ㉢
④ ㉣

17 예비후보자의 선거운동을 위하여 예비후보자의 명함을 직접 주거나 예비후보자의 지지를 호소할 수 있는 사람은?

㉠ 예비후보자의 배우자
㉡ 예비후보자의 직계존비속
㉢ 예비후보자의 선거사무장
㉣ 예비후보자의 선거사무원
㉤ 예비후보자의 회계책임자

① ㉠, ㉡
② ㉡, ㉢
③ ㉢, ㉣
④ ㉣, ㉤

18 예비후보자의 등록신청 시 제출해야 하는 서류는?

㉠ 중앙선거관리위원회 규칙으로 정하는 피선거권에 관한 증명서류
㉡ 전과기록에 관한 증명서류
㉢ 학력에 관한 증명서
㉣ 재산등록서류
㉤ 납세증명서

① ㉠, ㉡
② ㉠, ㉡, ㉢
③ ㉡, ㉢, ㉣
④ ㉢, ㉣, ㉤

19 의정보고회를 개최한 국회의원이 의정보고회가 끝난 후 고지벽보와 표지를 철거해야 하는 시기는?

① 3일 이내에 철거해야 한다.
② 7일 이내에 철거해야 한다.
③ 10일 이내에 철거해야 한다.
④ 지체 없이 철거해야 한다.

20 투표소 안에서 또는 투표소로부터 몇 미터 이내에서 소란한 언동을 하거나 특정 정당이나 후보자를 지지 또는 반대하는 언동이 금지되는가?

① 50미터 이내
② 70미터 이내
③ 100미터 이내
④ 200미터 이내

제 16 회 실전 모의고사

정답 및 해설 252p

01 다음 중 비례대표국회의원 의석을 배분받을 수 있는 정당은?

㉠ 지역구 국회의원 총선거에서 7석을 얻은 녹색당
㉡ 지역구 국회의원 총선거에서 6석을 얻은 통일당
㉢ 비례대표국회의원선거에서 유효투표 총수의 100분의 2를 득표한 한국당
㉣ 비례대표국회의원선거에서 유효투표 총수의 100분의 1을 득표한 희망당

① ㉠, ㉡ ② ㉡, ㉢ ③ ㉢, ㉣ ④ 모든 정당

02 선거소청과 관련하여 소청장 부본을 당사자에게 송달하는 기관은?

㉠ 읍·면·동선거관리위원회
㉡ 시·군·구선거관리위원회
㉢ 시·도선거관리위원회
㉣ 중앙선거관리위원회

① ㉠, ㉡ ② ㉡, ㉢ ③ ㉢, ㉣ ④ 모든 항목

03 투표가치에서 1인 1표 가치와 관련되는 선거원칙과 여자에게 선거권을 미부여할 경우 관련되는 선거원칙은?

① 보통선거 - 평등선거
② 평등선거 - 보통선거
③ 직접선거 - 보통선거
④ 비밀선거 - 평등선거

04 다음 중 선거기간이 동일하지 아니한 후보자는?

㉠ 대통령선거 후보자
㉡ 충청남도 공주시 지역구국회의원선거 후보자
㉢ 충청남도 천안시 지역구국회의원선거 후보자
㉣ 경기도 부천시장선거 후보자
㉤ 전라남도지사선거 후보자
㉥ 광주광역시 북구 구청장선거 후보자
㉦ 강원도 홍천군수선거 후보자

① 1항목 ② 2항목 ③ 4항목 ④ 5항목

05 선거일현재 계속하여 60일 이상 당해 지방자치단체의 관할구역 안에 주민등록이 있어야 하는 후보자는?

> ㉠ 서울특별시장 후보자
> ㉡ 서울특별시 강남구청장 후보자
> ㉢ 서울특별시 강남구 지역구국회의원 후보자
> ㉣ 강원도 춘천시 지역구국회의원 후보자
> ㉤ 인천광역시 부평구 지역구국회의원 후보자

① ㉠, ㉡
② ㉡, ㉢
③ ㉢, ㉣
④ ㉣, ㉤

06 자치구·시·군의회의원의 최소정수는?

① 3인
② 4인
③ 5인
④ 7인

07 하나의 투표구의 선거권자의 수가 얼마를 넘는 때에는 그 선거인명부를 선거인수가 서로 엇비슷하게 분철할 수 있는가?

① 100인
② 500인
③ 700인
④ 1,000인

08 선거인 명부는 선거일 전 며칠에 확정해야 하는가?

① 선거일 전 3일
② 선거일 전 7일
③ 선거일 전 12일
④ 선거일 전 14일

09 관할선거구선거관리위원회는 해당 공직자윤리위원회의 요청이 있는 경우 당선인결정 후 며칠 이내에 해당 당선인이 후보자등록 신청 시 제출한 등록대상재산에 관한 신고서의 사본을 송부하여야 하는가?

① 3일
② 7일
③ 15일
④ 20일

10 다음 중 후보자의 기탁금이 국고에 귀속되는 경우는?

┌───┐
│ ㉠ 후보자의 사퇴   │
│ ㉡ 후보자의 등록무효   │
│ ㉢ 비례대표의원의 경우 후보자 중 당선인이 없는 때 │
│ ㉣ 후보자의 당선   │
│ ㉤ 후보자의 사망   │
└───┘

① ㉠, ㉡, ㉢
② ㉡, ㉢, ㉣
③ ㉢, ㉣, ㉤
④ ㉡, ㉢, ㉣, ㉤

11 선거운동을 할 수 있는 기간은?

① 선거기간개시일부터 선거일 전일까지
② 선거기간개시 3일 전부터 선거일 전일까지
③ 선거기간개시 5일 전부터 선거일 전일까지
④ 선거기간개시 7일 전부터 선거일 전일까지

12 정당선거사무소에는 당원 중에서 소장 1인을 두어야 하며, 몇 명 이내의 유급사무직원을 둘 수 있는가?

① 1인 이내
② 2인 이내
③ 3인 이내
④ 7인 이내

13 선거사무소와 선거연락소를 둘 수 없는 곳은?

┌─────────────────────────────────────┐
│ ㉠ 식품접객영업소   ㉡ 공중위생영업소 │
│ ㉢ 게임장시설영업소   ㉣ 도서시설영업소 │
│ ㉤ 직업안내시설영업소   │
└─────────────────────────────────────┘

① ㉠, ㉡
② ㉡, ㉢
③ ㉢, ㉣
④ ㉣, ㉤

14 대통령선거, 지역구국회의원선거, 지역구지방의회의원선거 및 지방자치단체의 장선거에서 책자형 선거공보에 게재할 전과기록과 관련하여 게재하는 내용은?

┌─────────────────────────────────────┐
│ ㉠ 죄명   ㉡ 그 형   │
│ ㉢ 확정일자   ㉣ 구속이유   │
│ ㉤ 구속기간   │
└─────────────────────────────────────┘

① ㉠, ㉡　　　　　　② ㉠, ㉡, ㉢
③ ㉡, ㉢, ㉣　　　　④ ㉢, ㉣, ㉤

15 경상북도 도지사선거 후보자와 광주광역시장선거 후보자는 지역방송시설을 이용한 TV와 라디오 방송이 각각 몇 회 이내에서 가능한가?

① 2회　　　　② 3회
③ 4회　　　　④ 5회

16 선거운동할 수 있는 자가 공개된 장소에서 정당 또는 후보자에 대한 지지를 호소할 수 있는 곳은?

┌─────────────────────────────────────┐
│ ㉠ 남대문시장   ㉡ 서울역 대합실 │
│ ㉢ 다방   ㉣ CGV 극장내   │
│ ㉤ 지하철 전동차 구내   │
└─────────────────────────────────────┘

① ㉠, ㉡　　　　　　② ㉠, ㉡, ㉢
③ ㉡, ㉢, ㉣　　　　④ ㉢, ㉣, ㉤

17 전화를 이용하여 선거에 관한 여론조사를 실시할 수 없는 시간은?

① 오후 8시부터 다음날 오전 6시까지
② 오후 8시부터 다음날 오전 7시까지
③ 오후 9시부터 다음날 오전 7시까지
④ 오후 10시부터 다음날 오전 7시까지

18 다음 중 선거비용제한액을 공고하는 기관은?

① 읍·면·동선거관리위원회
② 시·군·구선거관리위원회
③ 선거구선거관리위원회
④ 시·도선거관리위원회

19 다음 중 선거비용을 보전하지 않는 후보자는?

㉠ 전북도지사 후보자
㉡ 강원도지사 예비후보자
㉢ 경기도 수원시장 예비후보자
㉣ 경남 창원시장 후보자
㉤ 제주특별자치도지사 후보자
㉥ 대전광역시 유성구청장 후보자

① ㉠, ㉡
② ㉡, ㉢
③ ㉢, ㉣
④ ㉤, ㉥

20 정당·후보자·선거사무장 또는 선거연락소장이 그가 선정한 투표참관인을 교체하고자 할 경우 신고하는 기관은?

① 읍·면·동선거관리위원회
② 시·군·구선거관리위원회
③ 시·도선거관리위원회
④ 중앙선거관리위원회

제 17 회 실전 모의고사

정답 및 해설 254p

01 투표가 끝난 후 투표함을 송부하는 때에 후보자별로 투표참관인을 몇 명까지 동반할 수 있는가?

① 1인   ② 2인
③ 3인   ④ 5인

02 천재·지변 기타 부득이한 사유로 인하여 개표를 모두 마치지 못하였다 하더라도 개표를 마치지 못한 지역의 투표가 선거의 결과에 영향을 미칠 염려가 없다고 인정되는 때에 우선 당선인을 결정할 수 있는 기관은?

① 읍·면·동선거관리위원회   ② 시·군·구선거관리위원회
③ 시·도선거관리위원회   ④ 중앙선거관리위원회

03 다음 중 후보자등록신청 시 납부하는 기탁금이 동일하지 아니한 사람은?

① 청주시장후보자   ② 연천군수후보자
③ 강남구청장후보자   ④ 인천광역시장후보자

04 선거요일이 임기만료 전 30일 이후 첫 번째 수요일인 선거는?

㉠ 대구광역시장선거   ㉡ 전북도지사선거
㉢ 충남도의원선거   ㉣ 경기도 수원시의원선거
㉤ 강원도 원주시 지역구국회의원선거

① ㉠, ㉡   ② ㉠, ㉡, ㉢
③ ㉠, ㉡, ㉢, ㉣   ④ ㉠, ㉡, ㉢, ㉣, ㉤

05 후보자등록신청 시 제출된 전과기록은 언제부터 공개를 금지하는가?

① 후보자등록 시   ② 선거운동 개시
③ 선거일 전   ④ 선거일 후

06 다음 중 당내경선의 선거인이 될 수 없는 사람은?

㉠ 초·중·고교사 ㉡ 서울특별시 7급공무원
㉢ 국립충북대학교 교수 ㉣ 사립경남대학교 교수
㉤ 국회의원의 보좌관

① ㉠, ㉡ ② ㉡, ㉢ ③ ㉢, ㉣ ④ ㉣, ㉤

07 비례대표국회의원선거에서 TV나 라디오 방송국별로 각각 몇 회 이내의 선거운동을 위한 방송광고를 할 수 있는가?

① 3회 ② 5회 ③ 15회 ④ 20회

08 공개장소에서의 연설·대담을 할 수 없는 곳은?

㉠ 국가가 소유하는 건물 ㉡ 부산광역시가 관리하는 건물
㉢ 사육신공원 ㉣ 상암월드컵운동장
㉤ 서울시청광장

① ㉠, ㉡ ② ㉡, ㉢
③ ㉢, ㉣ ④ ㉣, ㉤

09 언론기관의 후보자 초청 대담·토론회는 언론기관의 방송시간·신문의 지면 등을 고려하여 어떻게 개최하는가?

① 중앙선거관리위원회규칙으로 정한다. ② 자율적으로 결정한다.
③ 시·군·구선거관리위원회가 정한다. ④ 시·도선거관리위원회가 정한다.

10 공영방송사는 그의 부담으로 선거방송토론위원회 주관 대담·토론회를 텔레비전방송을 통하여 중계방송하여야 하는데, 대통령선거에 있어서 중앙선거방송토론위원회가 주관하는 대담·토론회의 중계방송시간은?

① 오후 7시부터 당일 오후 10시까지 ② 오후 8시부터 당일 오후 11시까지
③ 오후 9시부터 당일 오후 11시까지 ④ 오후 10시부터 당일 오후 11시까지

11 공직선거법을 기술한 것 중에서 옳지 않은 것은?

① 누구든지 선거일 전 6일부터 선거일의 투표마감시각까지 선거에 관하여 정당에 대한 지지도나 당선인을 예상하게 하는 여론조사의 경위와 그 결과를 공표하거나 인용하여 보도할 수 없다.
② 병영 안과 종교시설 안에는 투표소를 설치하지 못한다. 다만, 종교시설이나 병영 안의 경우 투표소를 설치할 적합한 장소가 없는 부득이한 경우에는 그러하지 아니한다.
③ 국회의원 정수는 지역구 국회의원과 비례대표 국회의원을 합하여 300인으로 한다.
④ 안성시시설관리공단의 상근직원이 당원이 아닌 자에게도 투표권을 부여하는 당내경선에서 경선운동을 할 수 없도록 하고 위반시 처벌하는 것은 헌법에 위배된다.

12 후보자와 관련이 있는 저서의 출판기념회를 금지하는 시기는?

① 선거일 전 30일부터 선거일까지
② 선거일 전 60일부터 선거일까지
③ 선거일 전 90일부터 선거일까지
④ 선거일 전 120일부터 선거일까지

13 비례대표국회의원의 선거비용제한액은?

① 인구수 × 50원
② 인구수 × 60원
③ 인구수 × 80원
④ 인구수 × 90원

14 다음 중 선거비용을 보전하지 아니하는 경우는?

① 후보자 당선 시
② 후보자 사망 시
③ 후보자가 유효투표총수의 일정한 수 이상 득표한 경우
④ 기부행위제한규정을 위반하여 지출한 비용

15 선거벽보의 첩부 및 철거비용의 부담은 누가 지는가?

㉠ 국가
㉡ 지방자치단체
㉢ 후보자
㉣ 당해정당
㉤ 당해선거관리위원회

① ㉠, ㉡
② ㉡, ㉢
③ ㉢, ㉣
④ ㉣, ㉤

16 선거가 임박한 시기에 있어서 정당이 행하는 일간신문에 정책·정강의 신문광고 시 광고의 1회 규격은?

① 가로 10cm 세로 17cm 이내
② 가로 27cm 세로 17cm 이내
③ 가로 37cm 세로 17cm 이내
④ 가로 47cm 세로 17cm 이내

17 선거와 관련하여 사진촬영이 금지되는 구역은?

① 투표장 앞   ② 투표장 내   ③ 기표소 안   ④ 기표소 앞

18 최근 개정된 공직선거법상 다음 중 사전투표소에서 투표를 개시하는 때 사전투표함 및 기표소 내외의 이상유무를 검사해야 하는 사람은?

> ㉠ 국가
> ㉡ 지방자치단체
> ㉢ 후보자
> ㉣ 당해정당
> ㉤ 당해선거관리위원회

① 1명   ② 2명   ③ 3명   ④ 4명

19 다음 중 재외국민의 재외선거인신청의 방법에 해당하는 것은?

> ㉠ 공관에 직접 방문하여 서면으로 신청
> ㉡ 공관에 직접 방문하여 구술로 신청
> ㉢ 관할구역을 순회하는 공관근무직원에게 서면으로 신청
> ㉣ 관할구역을 순회하는 공관근무직원에게 구술로 신청
> ㉤ 전자우편을 이용하여 신청

① ㉠, ㉡   ② ㉠, ㉢, ㉤   ③ ㉡, ㉢, ㉣   ④ ㉢, ㉣, ㉤

20 국외에서 선거법을 위반하였다고 인정할 만한 상당한 이유가 있는 외국인에 대하여 입국을 금지할 수 있는 권한을 가진 자는?

① 외교부장관
② 법무부장관
③ 행정안전부장관
④ 중앙선거관리위원회위원장

제 18 회 실전 모의고사

정답 및 해설 257p

01 다음 중 공직선거법상 선거운동이 가능한 사람은?

㉠ 예비군 소대장
㉡ 만 18세의 대학생
㉢ 서울특별시 동작구 노량진1동 11통 통장
㉣ 강원도 철원군 마현리 이장
㉤ 강원도 홍천군에 근무 중인 9급공무원

① ㉠, ㉡
② ㉡, ㉢
③ ㉢, ㉣
④ ㉣, ㉤

02 다음 중 선거기간이 후보자등록마감일의 다음날부터 선거일까지인 선거는?

㉠ 대통령선거
㉡ 서울특별시장선거
㉢ 경기도지사선거
㉣ 경기도 부천시장선거
㉤ 강원도 홍천군수선거
㉥ 국회의원선거

① ㉠
② ㉡, ㉢
③ ㉢, ㉣, ㉤
④ ㉣, ㉤, ㉥

03 다음 중 공직선거법에 규정된 선거인의 정의는 무엇인가?

㉠ 선거인명부에 올라있는 사람
㉡ 재외선거인명부에 올라있는 사람
㉢ 만18세 이상의 선거권을 가진 사람
㉣ 법률상 선거권을 제한받지 아니한 선거인

① ㉠, ㉡
② ㉡, ㉢
③ ㉢, ㉣
④ ㉠, ㉣

04 거소투표신고는 누구에게 하는가?

① 관할선거구선거관리위원회
② 시·군·구선거구선거관리위원회
③ 시장·군수·구청장
④ 특별시장·광역시장·도지사

05 다음 중 영주의 체류자격 취득일 후 3년이 경과한 외국인으로서 지방자치단체의 외국인등록대장에 올라있는 사람에게 인정되지 않는 것은?

㉠ 국회의원선거의 선거권
㉡ 대통령선거의 선거권
㉢ 서울특별시장선거의 선거권
㉣ 서울특별시장선거의 선거운동
㉤ 경기도지방의회의원선거의 선거권
㉥ 전북 익산시장선거의 선거운동

① ㉠, ㉡
② ㉢, ㉣
③ ㉢, ㉤
④ ㉣, ㉥

06 다음 중 중선거구를 채택하는 것은?

㉠ 서울특별시 도봉구 지방의회의원선거
㉡ 충북 청주시 지방의회의원선거
㉢ 전남 장성군 지방의회의원선거
㉣ 전북도지사선거
㉤ 부산광역시장선거
㉥ 광주광역시장선거

① ㉠, ㉡
② ㉠, ㉡, ㉢
③ ㉢, ㉣, ㉤
④ ㉣, ㉤, ㉥

07 국회의원선거구획정위원회는 국회의원지역구를 획정함에 있어서 누구에게 선거구획정에 대한 의견진술의 기회를 부여하는가?

① 교섭단체
② 국회의석을 5석 이상 가진 정당
③ 국회의석을 10석 이상 가진 정당
④ 국회에 의석을 가진 정당

08 정당이 선거에 있어서 후보자를 추천할 경우 그 선거할 정수범위를 초과하여 추천할 수 있는 자는?

㉠ 비례대표시·도의원
㉡ 비례대표자치구·시·군의원
㉢ 비례대표국회의원
㉣ 지역구국회의원
㉤ 시·도지방의회의원

① ㉠
② ㉡
③ ㉢, ㉣
④ ㉣, ㉤

09 정당은 후보자등록 후에는 등록된 후보자에 대한 추천을 취소 또는 변경을 할 수 없으나, 예외적으로 인정하는 경우는?

> ㉠ 후보자등록기간 중 정당추천후보자가 사퇴 시
> ㉡ 후보자등록기간 중 정당추천후보자가 사망 시
> ㉢ 소속정당의 제명 시
> ㉣ 중앙당의 시·도당창당승인취소 외의 사유로 인하여 등록이 무효로 된 때

① ㉠, ㉡
② ㉡, ㉢
③ ㉢, ㉣, ㉤
④ ㉠, ㉡, ㉣

10 다음 중 후보자가 되고자 할 경우 선거일 전 90일까지 그 직을 그만두어야 하는 사람은?

> ㉠ 농업협동조합의 상근임원
> ㉡ 수산업협동조합의 상근임원
> ㉢ 수산업협동조합의 중앙회장
> ㉣ 우리밀보급농산물협회의 상근임원
> ㉤ 산림조합의 상근임원

① ㉠, ㉡
② ㉡, ㉢, ㉣
③ ㉠, ㉡, ㉢, ㉤
④ ㉡, ㉢, ㉣, ㉤

11 다음 중 체납처분이나 강제집행의 대상이 되지 않는 것은?

> ㉠ 대통령선거기탁금   ㉡ 국회의원선거기탁금
> ㉢ 국세미납 시   ㉣ 지방세미납 시
> ㉤ 도로교통법 위반 범칙금 미납 시

① ㉠, ㉡
② ㉡, ㉢
③ ㉢, ㉣
④ ㉣, ㉤

12 다음 중 공정선거지원단을 두지 않는 기관은?

① 서울특별시 선거관리위원회
② 서울특별시 용산구선거관리위원회
③ 경기도 포천시선거관리위원회
④ 경기도 포천시 이동면선거관리위원회

13 다음 중 예비후보자등록에서 제외되는 선거는?

㉠ 대통령선거 ㉡ 국회의원선거
㉢ 시·도지사선거 ㉣ 비례대표국회의원선거
㉤ 비례대표지방의회의원선거

① ㉠, ㉡
② ㉡, ㉢
③ ㉢, ㉣
④ ㉣, ㉤

14 예비후보자가 제작하는 명함의 크기는?

① 길이 9cm 너비 5cm 이내
② 길이 10cm 너비 5cm 이내
③ 길이 11cm 너비 6cm 이내
④ 길이 12cm 너비 7cm 이내

15 선거운동에 사용하는 선거벽보에 부착할 수 있는 사진은?

㉠ 후보자 ㉡ 정당대표자
㉢ 정당의 원내대표 ㉣ 후보자의 배우자
㉤ 후보자가 지명하는 자

① ㉠
② ㉠, ㉡
③ ㉡, ㉢, ㉣
④ ㉢, ㉣, ㉤

16 비례대표국회의원선거에서 후보자를 추천한 정당은 총 몇 회 이내의 선거운동을 위한 신문광고를 할 수 있는가?

① 10회 이내
② 20회 이내
③ 30회 이내
④ 40회 이내

17 후보자와 후보자가 지명하는 연설원이 TV나 라디오를 이용하여 연설할 수 있는 내용은?

> ㉠ 소속정당의 정강 ㉡ 소속정당의 정책
> ㉢ 후보자의 정견 ㉣ 기타 홍보에 필요한 사항

① ㉠, ㉡ ② ㉡, ㉢
③ ㉢, ㉣, ㉤ ④ 모든 항목

18 다음 중 선거운동을 하도록 권유·약속하기 위하여 선거구민에 대하여 발급·배부 또는 징구하거나 하게 할 수 없는 것은?

> ㉠ 재학증명서 ㉡ 재직증명서
> ㉢ 신분증명서 ㉣ 학력졸업증명서
> ㉤ 훈장수여증명서

① ㉠ ② ㉡
③ ㉢ ④ ㉣, ㉤

19 선거비용제한액의 산정 시 감안하는 기준이 되는 것은?

① 전국소비자물가변동률
② 전국생산자물가변동률
③ 전국생산자협회물가변동률
④ 기획재정부장관인 부총리가 고시하는 물가변동률

20 비례대표국회의원의 당선인을 결정하는 기관은?

① 투표구선거관리위원회
② 시·군·자치구선거관리위원회
③ 시·도선거관리위원회
④ 중앙선거관리위원회

제19회 실전 모의고사

정답 및 해설 262p

01 비례대표국회의원이 당적을 이탈할 경우 의원직이 상실된다. 의원직 상실사유의 예외에 해당하는 것은?

> ㉠ 새누리당과 선진당의 합당 시   ㉡ 국민통일당의 해산 시
> ㉢ 새정치민주연합 내에서의 제명 시   ㉣ 국회의장 취임 시

① ㉠, ㉡
② ㉡, ㉢
③ ㉡, ㉢, ㉣
④ 모든 항목

02 천재지변 기타 부득이한 사유로 인하여 선거를 실시할 수 없는 경우에 대통령선거와 국회의원선거에 있어서는 누가 선거를 연기해야 하는가?

① 대통령
② 국회의장
③ 중앙선거관리위원회위원장
④ 선거구선거관리위원회위원장

03 동시선거에 있어서 투표용지에서 달리할 수 있는 것은?

> ㉠ 새누리당과 선진당의 합당 시   ㉡ 국민통일당의 해산 시
> ㉢ 새정치민주연합 내에서의 제명 시   ㉣ 국회의장 취임 시

① ㉠, ㉡
② ㉡, ㉢
③ ㉢, ㉣
④ 모든 항목

04 임기만료에 의한 지방자치단체의 장 및 의회의원 선거를 동시에 실시하는 경우 개표진행 및 결과 공표는 어떠한 단위로 할 수 있는가?

① 읍·면·동
② 시·군·구
③ 시·도
④ 선거구단위

05 대통령선거나 국회의원선거에 있어서 당선의 효력에 이의가 있는 경우에 당선소송을 제기할 수 있는 것은?

> ㉠ 후보자를 추천한 정당　　㉡ 후보자를 추천하지 아니한 정당
> ㉢ 후보자　　㉣ 만 18세 이상의 유권자

① ㉠, ㉡
② ㉠, ㉢
③ ㉡, ㉢
④ ㉢, ㉣

06 선거와 관련하여 현행헌법에 미규정된 선거원칙은?

> ㉠ 보통선거원칙　　㉡ 평등선거원칙
> ㉢ 비밀선거원칙　　㉣ 직접선거원칙
> ㉤ 자유선거원칙

① ㉠, ㉡
② ㉢, ㉣
③ ㉣
④ ㉤

07 사회단체 등이 불공정한 활동을 하는 때에 경고·중지 또는 시정명령을 하여야 하는 기관이 아닌 것은?

① 읍·면·동선거관리위원회
② 시·군·구선거관리위원회
③ 시·도선거관리위원회
④ 중앙선거관리위원회

08 선거기사심의위원회의 구성과 운영에 관하여 필요한 사항을 정하는 기관은?

① 언론중재위원회
② 선거기사심의위원회
③ 방송통신위원회
④ 중앙선거관리위원회

09 인터넷선거보도심의위원회는 몇 명 이내의 위원으로 구성되는가?

① 9인
② 10인
③ 11인
④ 14인

10 헌법상 중앙선거관리위원회 규칙으로 제정할 수 있는 사항은?

㉠ 선거관리
㉡ 국민투표관리
㉢ 정당사무
㉣ 정치자금
㉤ 정당등록

① ㉠, ㉡
② ㉠, ㉡, ㉢
③ ㉡, ㉢, ㉣
④ ㉢, ㉣, ㉤

11 다음 중 국회의원 피선거권이 없는 자는?

㉠ 공직선거법을 위반하여 금고이상의 형의 선고를 받고 그 형이 실효되지 아니한 자
㉡ 법원의 판결에 의하여 피선거권이 정지되거나 상실된 자
㉢ 정치자금법에 의하여 피선거권이 정지되거나 상실된 자
㉣ 국가보안법 위반으로 벌금 90만원을 선고받고 확정된 자

① ㉠, ㉡
② ㉠, ㉡, ㉢
③ ㉡, ㉢, ㉣
④ 모든 항목

12 국회의원선거구획정위원회와 자치구·시·군의원선거구획정위원회로부터 선거구획정업무에 필요한 자료의 요청을 받은 국가기관 및 지방자치단체는 언제까지 이에 따라야 하는가?

① 지체 없이
② 3일 이내
③ 5일 이내
④ 7일 이내

13 다음 중 임기만료 전 30일 이후 첫 번째 수요일에 선거하는 것은 모두 몇 항목인가?

㉠ 강원도지사선거
㉡ 전북전주시장선거
㉢ 전남해남군수선거
㉣ 경북경주시장선거
㉤ 제주특별자치시의원선거
㉥ 서울특별시 강남구 지역구국회의원선거

① 2항목
② 3항목
③ 4항목
④ 5항목

14 최근 개정된 공직선거법상 우편에 의한 거소투표신고 시 우편요금을 부담하는 기관은?

㉠ 국가
㉡ 해당지방자치단체
㉢ 해당군부대(군인인 경우)
㉣ 해당경찰청(전의경인 경우)
㉤ 관할 선거구선거관리위원회

① ㉠, ㉡
② ㉡, ㉢
③ ㉢, ㉣
④ ㉣, ㉤

15 다음 중 선거인명부가 사고 등으로 인하여 멸실·훼손된 경우 선거실시를 위하여 필요한 때에 다시 선거인명부를 작성하여야 할 권한을 가진 자는?

① 서울특별시장
② 경기도지사
③ 제주특별자치도지사
④ 전북 군산시장

16 공직후보자 출마 시 기탁금이 동일하지 아니한 자는 모두 몇 항목인가?

㉠ 부산광역시 해운대구 지방의회의원 후보자
㉡ 경북 구미시 지방의회의원 후보자
㉢ 전북 남원시 지방의회의원 후보자
㉣ 서울특별시 강남구 지방의회의원 후보자
㉤ 경기도 지방의회의원 후보자

① 1항목
② 2항목
③ 3항목
④ 4항목

17 책자형 선거공보에 게재하는 후보자의 정보공개 자료 중 병역사항에 필수적으로 공개하는 것이 아닌 것은?

㉠ 군별
㉡ 계급
㉢ 복무기간
㉣ 복무분야
㉤ 질병명
㉥ 심신장애내용

① ㉠, ㉡
② ㉡, ㉢
③ ㉢, ㉣
④ ㉤, ㉥

18 서울특별시장선거 후보자는 경력방송을 TV와 라디오별로 몇 회 이상 하는가?

① 각 2회 이상 ② 각 3회 이상
③ 각 4회 이상 ④ 각 5회 이상

19 선거비용제한액 산정을 위한 인구수의 기준일은 무엇으로 정하는가?

① 읍·면·동선거관리위원회규칙으로 정한다.
② 구·시·군선거관리위원회규칙으로 정한다.
③ 중앙선거관리위원회규칙으로 정한다.
④ 공직선거법으로 정한다.

20 선거와 관련하여 수당과 실비를 받을 수 있는 자는?

㉠ 선거사무장   ㉡ 선거연락소장
㉢ 선거사무원   ㉣ 회계책임자
㉤ 자원봉사대원

① ㉠, ㉡
② ㉠, ㉡, ㉢
③ ㉠, ㉡, ㉢, ㉣
④ ㉡, ㉢, ㉣, ㉤

제20회 실전 모의고사

정답 및 해설 265p

01 다음 중 사이버공정선거지원단의 구성원이 될 수 있는 자는?

　㉠ 자유한국당 당원인 21세 대학생　　㉡ 더불어민주당 당원인 29세 회사원
　㉢ 민주평화당 당원인 32세 택시기사　㉣ 정의당 당원인 35세 은행 직원
　㉤ 32세 대기업직원

① 1항목　　② 2항목
③ 3항목　　④ 5항목

02 중앙선거관리위원회의 위원 구성에 관여하는 기관이 아닌 것은?

　㉠ 헌법재판소　　㉡ 행정안전부
　㉢ 대법원장　　　㉣ 대통령
　㉤ 국회

① ㉠, ㉡　　② ㉡, ㉢
③ ㉢, ㉣　　④ ㉣, ㉤

03 재외투표관리관의 위법·부당한 처분에 대하여 이를 취소하거나 변경할 수 있는 권한을 가진 기관은?

① 읍·면·동선거관리위원회　　② 구·시·군선거관리위원회
③ 시·도선거관리위원회　　　　④ 중앙선거관리위원회

04 지방자치단체의 설치·폐지·분할 또는 합병에 의한 지방자치단체의 장 선거는 그 선거의 실시사유가 확정된 때부터 며칠 이내의 기간 중에 관할선거구선거관리위원회 위원장이 해당 지방자치단체의 장(직무대행자를 포함)과 협의하여 정하는가?

① 30일 이내　　② 40일 이내
③ 60일 이내　　④ 90일 이내

05 만 18세 이상의 외국인이 영주의 체류자격취득일 후 3년이 경과하고 지방자치단체의 외국인등록 대장에 올라있는 경우 가지는 선거권이 아닌 것은?

> ㉠ 대통령선거 ㉡ 국회의원선거
> ㉢ 경기도지사선거 ㉣ 논산시장선거
> ㉤ 수원시지방의회의원선거

① ㉠, ㉡ ② ㉡, ㉢
③ ㉢, ㉣ ④ ㉣, ㉤

06 다음 중 전국을 단위로 하여 선거하는 것은?

> ㉠ 비례대표시·도의회의원선거 ㉡ 비례대표시·군·구의회의원선거
> ㉢ 국회의원선거 ㉣ 특별시장·광역시장·도지사선거
> ㉤ 대통령선거 ㉥ 비례대표국회의원선거

① ㉠, ㉡ ② ㉡, ㉢
③ ㉢, ㉣ ④ ㉤, ㉥

07 하나의 국회의원지역선거구에서 선출할 국회의원의 정수는 몇 명으로 하는가?

① 1인 ② 2인
③ 3인 ④ 5인

08 다음 중 대통령선거의 재선거사유에 해당하는 것은?

> ㉠ 임기 중에 사망 시 ㉡ 임기 중에 사퇴 시
> ㉢ 임기개시 전에 사망 시 ㉣ 후보자가 없는 경우
> ㉤ 당선자가 없는 경우

① ㉠, ㉡ ② ㉡, ㉢
③ ㉢, ㉣, ㉤ ④ ㉡, ㉢, ㉣, ㉤

09 구·시·군의 장은 거소·선상투표신고인명부를 작성한 때에 그 등본 1통을 어디로 송부하여야 하는가?

① 관할 읍·면·동선거관리위원회
② 관할 구·시·군선거관리위원회
③ 시·도선거관리위원회
④ 중앙선거관리위원회

10 무소속후보자를 추천할 수 있는 자는?

① 관할선거구 안에 주민등록이 된 선거권자
② 관할선거구 안에 거소등록이 된 선거권자
③ 관할선거구 안에 실제 거주하는 선거권자
④ 관할선거구 안에 주민등록이 6개월 이상 된 자

11 다음 중 대통령선거후보자가 후보자로서의 신분보장을 받지 못하는 범죄의 종류는?

① 사형·무기 또는 장기 5년 이상의 징역이나 금고에 해당하는 죄
② 사형·무기 또는 장기 7년 이상의 징역이나 금고에 해당하는 죄
③ 사형·무기 또는 장기 10년 이상의 징역이나 금고에 해당하는 죄
④ 사형·무기 또는 장기 15년 이상의 징역이나 금고에 해당하는 죄

12 국외선거사범의 공소시효는 해당 선거일 후 몇 년이 경과함으로써 완성하는가?

① 6개월   ② 1년   ③ 3년   ④ 5년

13 재외선거사무를 지원하고 위법행위예방 및 자료수집을 위하여 필요한 경우에는 공관에 소속직원을 파견할 수 있는 기관으로서 공직선거법에 직접 규정된 기관은?

㉠ 중앙선거관리위원회	㉡ 법무부
㉢ 경찰청	㉣ 고용노동부
㉤ 행정안전부	㉥ 과학기술정보통신부
㉦ 국민권익위원회	

① ㉠, ㉡, ㉢
② ㉡, ㉢, ㉣
③ ㉢, ㉣, ㉤
④ ㉤, ㉥, ㉦

14 다음 중 예비후보자의 등록무효사유에 해당하는 것은?

> ㉠ 피선거권이 없는 것이 발견된 때
> ㉡ 전과기록에 관한 증명서류를 제출하지 아니한 것이 발견된 때
> ㉢ 후보자가 될 수 없는 자에 해당하는 것이 발견된 때
> ㉣ 다른 법률에 따라 공무담임권이 제한되는 사람이나 후보자가 될 수 없는 사람에 해당하는 것이 발견된 때

① ㉠, ㉡
② ㉡, ㉢
③ ㉡, ㉢, ㉣
④ ㉠, ㉡, ㉢, ㉣

15 대통령선거 예비후보자는 선거운동 기타 선거에 관한 사무를 처리하기 위하여 선거사무소를 몇 개소 설치할 수 있는가?

① 1개소
② 2개소
③ 3개소
④ 제한 없음

16 비례대표국회의원선거 및 비례대표지방의회의원선거에서 선거운동을 위한 책자형 선거공보에 필수적으로 게재하여야 하는 사항은?

> ㉠ 후보자 모두의 성명
> ㉡ 후보자 모두의 사진
> ㉢ 후보자 모두의 학력
> ㉣ 후보자 모두의 경력
> ㉤ 후보자 모두의 재산등록신청서
> ㉥ 후보자 모두의 전과기록

① ㉠, ㉡, ㉢
② ㉠, ㉡, ㉢, ㉣
③ ㉡, ㉢, ㉣
④ ㉢, ㉣, ㉤, ㉥

17 대통령선거시 후보자는 공개장소에서의 연설·대담을 위하여 자동차와 이에 부착된 확성장치 및 휴대용 확성장치를 각각 얼마나 사용할 수 있는가?

① 후보자와 시·도 및 구·시·군선거연락소마다 각 1대·각 1조
② 후보자와 시·도 및 구·시·군선거연락소마다 각 2대·각 1조
③ 후보자와 시·도 및 구·시·군선거연락소마다 각 3대·각 1조
④ 후보자와 시·도 및 구·시·군선거연락소마다 각 4대·각 1조

18. 선거와 관련된 헌법재판소 판례와 공직선거법을 기술한 것 중 옳은 것(O)과 옳지 않은 것(×)을 바르게 조합한 것은?

> ㉠ 예비후보자의 선거운동에서 예비후보자 외에 독자적으로 명함을 교부하거나 지지를 호소할 수 있는 주체를 예비후보자의 배우자와 직계존·비속으로 제한한 것은, 선거의 조기과열을 예방하고 예비후보자 간의 정치·경제력 차이에 따른 기회불균등을 차단함과 동시에 명함교부에 의한 선거운동에 있어 명함의 본래의 기능에 충실한 방법으로 선거운동의 자유를 보장하려는 것으로서, 선거운동을 도와줄 만한 배우자나 직계존·비속이 없는 예비후보자의 평등권을 침해하지 아니한다.
> ㉡ 공직선거법에서 인터넷언론사로 하여금 선거운동기간 중 당해 인터넷 홈페이지의 대화방 등에 실명인증의 표시가 없이 게시된 후보자에 대한 지지·반대의 글을 삭제할 의무를 부과하는 것은 헌법에 위배된다.
> ㉢ 선거일 현재 금고 이상의 형의 선고를 받고 그 집행이 종료되지 아니한 자는 선거권이 없다는 선거법 관련 규정은 수형자의 참정권을 침해하지 않는다.
> ㉣ 외국인이라도 선거인 명부 작성 기준일 현재 영주의 체류자격 취득일 후 3년이 경과하고 18세 이상으로서 외국인등록대장에 등재된 경우에는 지방자치단체의 장이나 지방의회의원의 선거에 있어서 투표권을 가진다.
> ㉤ 재외선거 투표절차를 공관방문투표방법으로 정한 것은 선거권을 침해하지 않는다.

① O - O - O - O - O
② O - O - × - O - O
③ × - × - O - O - ×
④ × - × - × - O - ×

19. 다음 중 선거운동을 할 수 있는 기관은?

> ㉠ 서울특별시 강서구　　㉡ 전남 순천시
> ㉢ 김해김씨 종친회　　㉣ 설악산등산회
> ㉤ 한국노총　　㉥ 민주노총

① ㉠, ㉡
② ㉡, ㉢
③ ㉢, ㉣
④ ㉤, ㉥

20. 언론기관 등은 정책이나 공약에 관한 비교평가와 관련 있는 자료 일체를 해당 선거일 후 몇 개월까지 보관하여야 하는가?

① 3개월
② 6개월
③ 8개월
④ 12개월

제21회 실전 모의고사

정답 및 해설 269p

01 국외에서 공직선거법을 위반한 자로서 형사소송법에 따라 관할을 특정할 수 없는 자의 제1심 재판 관할법원은 어디인가?

㉠ 모든 지방법원 ㉡ 서울중앙지방법원
㉢ 서울고등법원 ㉣ 대법원
㉤ 행정법원

① ㉠
② ㉡
③ ㉢
④ ㉣, ㉤

02 기부행위로 보지 않는 통상적인 정당활동과 관련한 행위가 아닌 것은?

㉠ 정당이 그 명의로 재해구호하는 행위
㉡ 정당이 그 명의로 장애인 돕기
㉢ 정당이 그 명의로 농촌일손돕기 등 대민자원봉사활동행위
㉣ 정당이 그 명의로 농촌일손돕기봉사활동에 참여한 당원에게 정당의 경비로 당원에게 여비를 제공하는 행위

① ㉠
② ㉡
③ ㉢
④ ㉣

03 대통령선거 후보자가 지출한 선거비용을 전액보전 받을 수 있는 경우는?

㉠ 후보자가 당선된 경우
㉡ 후보자가 사망한 경우
㉢ 후보자의 득표수가 유효투표총수의 100분의 15 이상인 경우
㉣ 후보자의 득표수가 유효투표총수의 100분의 10 이상인 경우
㉤ 후보자가 단일화하여 사퇴한 경우

① ㉠, ㉡
② ㉠, ㉡, ㉢
③ ㉡, ㉢, ㉣
④ ㉢, ㉣, ㉤

04 선거비용으로 보전하지 아니하는 비용은?

㉠ 경기도지사선거의 예비후보자의 선거비용
㉡ 휴대전화 통화료
㉢ 정보이용요금
㉣ 공직선거법에 따라 제공하는 경우 외에 선거운동과 관련하여 지출된 수당

① ㉠, ㉡
② ㉡, ㉢
③ ㉡, ㉢, ㉣
④ 모든 항목

05 최근 개정된 공직선거법상 투표관리관 및 사전투표관리관의 위촉 및 해촉, 수당 등에 관한 사항은 어떻게 정하는가?

① 국가공무원법으로 정한다.
② 지방공무원법으로 정한다.
③ 선거관리위원회법으로 정한다.
④ 중앙선거관리위원회규칙으로 정한다.

06 투표사무를 보조하게 하기 위하여 투표사무원을 위촉하는 기관은?

① 읍·면·동선거관리위원회
② 구·시·군선거관리위원회
③ 시·도선거관리위원회
④ 중앙선거관리위원회

07 투표안내문은 선거인명부확정일 후 며칠까지 관할 구역 안의 매세대에 발송하여야 하는가?

① 선거인명부확정일 후 2일까지
② 선거인명부확정일 후 3일까지
③ 선거인명부확정일 후 7일까지
④ 선거인명부확정일 후 14일까지

08 다음 중 투표안내문에 기재될 내용에 해당하지 않는 것은 모두 몇 항목인가?

㉠ 선거인의 성명
㉡ 선거인의 선거인명부등재번호
㉢ 투표소의 위치
㉣ 투표할 수 있는 시간
㉤ 투표할 때 가지고 가야 할 지참물
㉥ 투표참여를 강요하는 내용기재

① 1항목
② 2항목
③ 3항목
④ 4항목

09 선거인은 투표소에 가서 주민등록증을 제시하고 본인임을 확인받은 후에 선거인명부에 표시하고 투표용지를 받아야 한다. 선거인명부에 표시하는 방법에 해당하지 않는 것은?

① 서명
② 날인
③ 무인
④ 간인

10 다음 중 투표참관인이 될 수 있는 자는?

> ㉠ 일본국적을 가진 외국인
> ㉡ 만 18세의 대학생
> ㉢ 금치산자(2013.7.부터 성년후견인)
> ㉣ 만 18세의 회사원
> ㉤ 외국계 회사에 근무하는 만 25세의 대한민국 국민

① ㉠, ㉡
② ㉡, ㉢
③ ㉢, ㉣
④ ㉣, ㉤

11 투표소의 질서를 유지하기 위하여 정복을 한 경찰공무원 또는 경찰관서장에게 원조를 요구할 수 있는 사람은?

> ㉠ 투표관리관
> ㉡ 투표사무원
> ㉢ 투표참관인
> ㉣ 투표감독관
> ㉤ 일반시민

① ㉠, ㉡
② ㉡, ㉢
③ ㉢, ㉣
④ ㉣, ㉤

12 최근 개정된 공직선거법상 사전투표소를 설치하는 때에는 선거일 전 며칠까지 그 소재지 및 설치·운영기간을 공고해야 하는가?

① 3일
② 5일
③ 7일
④ 9일

13 공직선거법의 규정에 위반한 행위가 있다고 인정되는 때에는 신속·공정하게 단속·수사를 하여야 하는 사람은?

㉠ 군사법경찰관	㉡ 군사법경찰리
㉢ 검찰수사관	㉣ 검사
㉤ 경찰공무원	

① ㉠, ㉡
② ㉠, ㉡, ㉢
③ ㉢, ㉣, ㉤
④ 모든 항목

14 선상투표지 관리록에 선상투표지 수신상황과 발송상황을 적어야 하는 기관은?

① 구·시·군선거관리위원회
② 시·도선거관리위원회
③ 중앙선거관리위원회
④ 선박투표소가 설치된 선박의 선장

15 선장이 선상투표용지를 받고 해당 선상투표자에게 인계하여야 하는 시기는?

① 즉시
② 3일 이내
③ 7일 이내
④ 14일 이내

16 누구든지 선거인에게 투표한 후보자의 성명이나 그 정당명을 질문하거나 그 진술을 요구할 수 없는 것은 언제까지인가?

① 선거일의 투표마감시각까지
② 선거일의 개표시각까지
③ 선거일의 개표마감시각까지
④ 선거일 다음날의 당선자 공고일까지

17 투표관리관이 투표가 끝난 후 선거인명부 기타 선거에 관한 모든 서류를 인계해야 하는 기관은?

① 시장·군수·구청장
② 시·도지사
③ 시·군·구선거관리위원회 위원장
④ 중앙선거관리위원회 위원장

18 구·시·군선거관리위원회가 개표참관인으로 하여금 개표상황을 참관하게 하는 장소는?

① 투표소 안
② 선거개표사무실
③ 선거사무소 일체공간
④ 개표소 안

19 후보자가 1인인 경우 무투표 당선되는 자는?

㉠ 안양시장선거 후보자
㉡ 안양시 지방의회의원선거 후보자
㉢ 전남도지사선거 후보자
㉣ 전남도의원선거 후보자
㉤ 울산광역시장선거 후보자
㉥ 서울특별시 관악구청장선거 후보자
㉦ 서울특별시 관악구의원선거 후보자

① ㉠, ㉡
② ㉠, ㉡, ㉢
③ ㉢, ㉣, ㉤, ㉥
④ 모든 항목

20 그 선거일부터 임기만료일까지의 기간이 1년 미만인 경우라도 선거를 실시하는 것은?

① 대통령 선거
② 국회의원 선거
③ 시·도지사 선거
④ 시장·군수·구청장 선거

탁월한 **적중률!** 합격의 **동반자!** 채한태 법학박사의 **명품공직선거법**

실전 모의고사
정답 및 해설편

정답 및 해설

정답

01	①	02	①	03	①	04	②	05	④
06	④	07	③	08	①	09	④	10	②
11	④	12	①	13	④	14	②	15	④
16	④	17	①	18	①	19	④	20	①
21	②	22	①	23	③	24	④	25	③

01 ①

보궐선거 등에 입후보하는 경우에는 선거일 전 30일까지 그 직을 그만두어야 한다(공직선거법 제53조 제2항 제1호).

02 ①

- ㉠ ○ 각급선거방송토론위원회에 위원장 1인을 두되, 위원장은 위원 중에서 호선한다. 다만, 구·시·군선거방송토론위원회 위원장은 해당 구·시·군선거관리위원회 위원장이 겸한다(공직선거법 제8조의7 제3항).
- ㉡ ○ 중앙선거방송토론위원회에 상임위원 1인을 두되, 중앙선거관리위원회가 중앙선거방송토론위원회의 위원 중에서 지명한다(공직선거법 제8조의7 제4항).
- ㉢ ○ 정당의 당원은 선거방송토론위원회의 위원이 될 수 없다(공직선거법 제8조의7 제5항).
- ㉣ ○ 중앙선거방송토론위원회는 대담·토론회 등의 주관·진행 기타 공정성을 보장하기 위하여 필요한 사항을 정하여 공표하여야 한다(공직선거법 제8조의7 제6항).
- ㉤ ○ 각급선거방송토론위원회는 대담·토론회 등의 업무수행을 위하여 필요한 때에는 공영방송사 또는 관련 기관·단체등에 대하여 협조요구를 할 수 있으며, 그 협조요구를 받은 공영방송사는 우선적으로 이에 응하여야 한다(공직선거법 제8조의7 제7항).
- ㉥ ○ 중앙선거방송토론위원회 또는 시·도선거방송토론위원회에 그 사무를 처리하게 하기 위하여 선거관리위원회 소속 공무원으로 구성하는 사무국을 둔다(공직선거법 제8조의7 제8항).

03 ①

- ㉠ 한국철도공사 상근직원에 대하여 선거운동을 금지하고 이를 처벌하는 것은 선거운동의 자유를 지나치게 제한하여 헌법에 위반된다(헌재 2018. 2. 22. 2015헌바124).
- ㉡ 예비후보자의 배우자가 그와 함께 다니는 사람 중에서 지정한 1명이 선거운동 인정하는 것은 헌법에 위배된다(헌재 2013. 11. 28. 2011헌마267).
- ㉢ 비례대표국회의원후보자에게는 예비후보자등록 미규정 : 합헌(헌재 2006. 7. 27. 2004헌마217)
- ㉣ 확성기의 소음규제기준을 미규정 : 헌법불합치(헌재 2019. 12. 27. 2018헌마730)
- ㉤ 지방공사 상근 직원 선거운동 금지 : 위헌(헌재 2024. 1. 25. 2021헌가14)
- ㉥ 비례대표국회의원후보자 공개장소에서 연설·대담을 금지하는 것 : 합헌(헌재 2016. 12. 29. 2015헌마1160)
- ㉦ 사전투표관이 사전투표용지의 일련번호를 떼지 않고 선거인에게 교부하도록 하는 것 : 합헌(헌재 2023. 10. 26. 2022헌마232)

04 ②

대통령의 임기는 전임대통령의 임기만료일의 다음날 0시부터 개시된다. 다만, 전임자의 임기가 만료된 후에 실시하는 선거와 궐위로 인한 선거에 의한 대통령의 임기는 당선이 결정된 때부터 개시된다(공직선거법 제14조 제1항).

05 ④

선거일 현재 계속하여 60일 이상(공무로 외국에 파견되어 선거일전 60일 후에 귀국한 자는 선거인명부작성기준일부터 계속하여 선거일까지) 해당 지방자치단체의 관할구역에 주민등록이 되어 있는 주민으로서 18세 이상의 국민은 그 지방의회의원 및 지방자치단체의 장의 피선거권이 있다. 이 경우 60일의 기간은 그 지방자치단체의 설치·폐지·분할·합병 또는 구역변경(제28조 각 호의 어느 하나에 따른 구역변경을 포함한다)에 의하여 중단되지 아니한다(공직선거법 제16조 제3항).

06 ④

> 📘 **공직선거법 제19조(피선거권이 없는 자)**
> 선거일 현재 다음 각 호의 어느 하나에 해당하는 자는 피선거권이 없다.
> 1. 제18조(선거권이 없는 자) 제1항 제1호·제3호 또는 제4호에 해당하는 자
> 2. 금고 이상의 형의 선고를 받고 그 형이 실효되지 아니한 자
> 3. 법원의 판결 또는 다른 법률에 의하여 피선거권이 정지되거나 상실된 자
> 4. 「국회법」 제166조(국회 회의 방해죄)의 죄를 범한 자로서 다음 각 목의 어느 하나에 해당하는 자(형이 실효된 자를 포함한다)
>   가. 500만원 이상의 벌금형의 선고를 받고 그 형이 확정된 후 5년이 경과되지 아니한 자
>   나. 형의 집행유예의 선고를 받고 그 형이 확정된 후 10년이 경과되지 아니한 자
>   다. 징역형의 선고를 받고 그 집행을 받지 아니하기로 확정된 후 또는 그 형의 집행이 종료되거나 면제된 후 10년이 경과되지 아니한 자
> 5. 제230조 제6항의 죄를 범한 자로서 벌금형의 선고를 받고 그 형이 확정된 후 10년을 경과하지 아니한 자(형이 실효된 자도 포함한다)

07 ③

③ 국회의원선거구획정위원회는 중앙선거관리위원회위원장이 위촉하는 9명의 위원으로 구성하되, 위원장은 위원 중에서 호선한다(공직선거법 제24조 제3항).

① 국회의원지역구의 공정한 획정을 위하여 임기만료에 따른 국회의원선거의 선거일 전 18개월부터 해당 국회의원선거에 적용되는 국회의원지역구의 명칭과 그 구역이 확정되어 효력을 발생하는 날까지 국회의원선거구획정위원회를 설치·운영한다(공직선거법 제24조 제1항).

② 국회의원선거구획정위원회는 중앙선거관리위원회에 두되, 직무에 관하여 독립의 지위를 가진다(공직선거법 제24조 제2항).

④ 국회의 소관 상임위원회 또는 선거구획정에 관한 사항을 심사하는 특별위원회는 중앙선거관리위원회위원장이 지명하는 1명과 학계·법조계·언론계·시민단체·정당 등으로부터 추천받은 사람 중 8명을 의결로 선정하여 국회의원선거구획정위원회 설치일 전 10일까지 중앙선거관리위원회위원장에게 통보하여야 한다(공직선거법 제24조 제4항).

08 ①

㉠ ✕ 부재자 투표시간 중 개시시간인 오전 10시 부분은 헌법불합치, 투표종료시간인 오후 4시 부분은 합헌 결정하였다(헌재 2012. 2. 23. 2010헌마601).
   개정 부재자투표를 사전투표로 개칭하였고, 사전투표시간은 오전 6시부터 오후 6시까지이다.

㉡ ✕ 비례대표국회의원선거의 기탁금과 지역구국회의원선거의 기탁금을 동일하게 설정하는 것은 공무담임권을 침해하는 것이다(헌재 2016. 12. 29. 2015 헌마1160).

㉢ ○ 공직후보자 등록 시 실효된 형을 포함하여 공개하는 것은 헌법에 위배되지 아니한다(헌재 2013. 12. 26. 2013헌마385).

㉣ ○ 지방의회의원의 공무원의 지휘를 이용한 선거운동 금지 대상에서 제외하지 아니하는 것은 헌법에 위배되지 아니한다(헌재 2020. 03. 26. 2018헌바3).

㉤ ○ 지역구국회의원 예비후보자의 기탁금 반환 사유를 예비후보자의 사망, 당내경선 탈락으로 한정하고 있는 공직선거법 조항이 정한 기탁금 반환 대상이 불완전·불충분하여 예비후보자가 정당 공천관리위원회의 심사에서 탈락하여 본선거의 후보자로 등록하지 아니한 경우에 그가 납부한 기탁금 전액을 반환하지 아니하도록 하는 것은 헌법에 위반된다(헌재 2018. 1. 25. 2016헌마541).

09 ④

시·도의원지역구 획정과 관련하여 헌법이 허용하는 인구편차의 기준을 인구편차 상하 50%(인구비례 3:1)로 변경하는 것이 타당하다(헌재 2018. 6. 28. 2014헌마189).

10 ②

> 📘 **공직선거법 제56조(기탁금)** **개정**
> ① 후보자등록을 신청하는 자는 등록신청 시에 후보자 1명마다 다음 각 호의 기탁금(후보자등록을 신청하는 사람이 「장애인복지법」 제32조에 따라 등록한 장애인이거나 선거일 현재 29세 이하인 경우에는 다음 각 호에 따른 기탁금의 100분의 50에 해당하는 금액을 말하고, 30세 이상 39세 이하인 경우에는 다음 각 호에 따른 기탁금의 100분의 70에 해당하는 금액을 말한다)을 중앙선거관리위원회규칙으로 정하는 바에 따라 관할선거구선거관리위원회에 납부하여야 한다. 이 경우 예비후보자가 해당 선거의 같은 선거구에 후보자등록을 신청하는 때에는 제60조의2제2항에 따라 납부한

기탁금을 제외한 나머지 금액을 납부하여야 한다.
1. 대통령선거는 3억원
2. 지역구국회의원선거는 1천500만원
2의2. 비례대표국회의원선거는 500만원
3. 시·도의회의원선거는 300만원
4. 시·도지사선거는 5천만원
5. 자치구·시·군의 장 선거는 1천만원
6. 자치구·시·군의원선거는 200만원

11 ④

정당이 제57조의4에 따라 당내경선을 위탁하여 실시하는 경우에는 그 경선 및 선출의 효력에 대한 이의제기는 당해 정당에 하여야 한다(공직선거법 제57조의7 제1항).

12 ①

공직선거법 제61조(선거운동기구의 설치)
① 선거운동 및 그 밖의 선거에 관한 사무를 처리하기 위하여 정당 또는 후보자는 다음 각호에 따라 선거사무소와 선거연락소를, 예비후보자는 선거사무소를, 정당은 중앙당 및 시·도당의 사무소에 선거대책기구 각 1개씩을 설치할 수 있다.
1. 대통령선거
   정당 또는 후보자가 설치하되, 선거사무소 1개소와 시·도 및 구·시·군(하나의 구·시·군이 2 이상의 국회의원지역구로 된 경우에는 국회의원지역구를 말한다. 이하 이 조에서 같다)마다 선거연락소 1개소
2. 지역구국회의원선거
   후보자가 설치하되, 당해 국회의원지역구 안에 선거사무소 1개소. 다만, 하나의 국회의원지역구가 2 이상의 구·시·군으로 된 경우에는 선거사무소를 두지 아니하는 구·시·군마다 선거연락소 1개소
3. 비례대표국회의원선거 및 비례대표지방의회의원선거
   정당이 설치하되, 선거사무소 1개소(비례대표시·도의원선거의 경우에는 비례대표시·도의원후보자명부를 제출한 시·도마다, 비례대표자치구·시·군의원선거의 경우에는 비례대표자치구·시·군의원후보자명부를 제출한 자치구·시·군마다 선거사무소 1개소)
4. 지역구지방의회의원선거
   후보자가 설치하되, 당해 선거구 안에 선거사무소 1개소
5. 시·도지사선거
   후보자가 설치하되, 당해 시·도 안에 선거사무소 1개소와 당해 시·도 안의 구·시·군마다 선거연락소 1개소
6. 자치구·시·군의 장 선거
   후보자가 설치하되, 당해 자치구·시·군 안에 선거사무소 1개소. 다만, 자치구가 아닌 구가 설치된 시에 있어서는 선거사무소를 두지 아니하는 구마다 선거연락소 1개소를 둘 수 있으며, 하나의 구·시·군이 2 이상의 국회의원지역구로 된 경우에는 선거사무소를 두지 아니하는 국회의원지역구마다 선거연락소 1개소를 둘 수 있다.

13 ④

공직선거법 제86조(공무원 등의 선거에 영향을 미치는 행위금지) 개정
① 공무원(국회의원과 그 보좌관·선임비서관·비서관 및 지방의회의원을 제외한다), 선상투표신고를 한 선원이 승선하고 있는 선박의 선장, 제53조 제1항 제4호에 규정된 기관 등의 상근 임원과 같은 항 제6호에 규정된 기관 등의 상근 임직원, 통·리·반의 장, 주민자치위원회위원과 예비군 중대장급 이상의 간부, 특별법에 의하여 설립된 국민운동단체로서 국가나 지방자치단체의 출연 또는 보조를 받는 단체(바르게살기운동협의회·새마을운동협의회·한국자유총연맹을 말한다)의 상근 임·직원 및 이들 단체 등(시·도조직 및 구·시·군조직을 포함한다)의 대표자는 다음 각 호의 어느 하나에 해당하는 행위를 하여서는 아니 된다.
1. 소속직원 또는 선거구민에게 교육 기타 명목여하를 불문하고 특정 정당이나 후보자(후보자가 되고자 하는 자를 포함한다. 이하 이 항에서 같다)의 업적을 홍보하는 행위
2. 지위를 이용하여 선거운동의 기획에 참여하거나 그 기획의 실시에 관여하는 행위
3. 정당 또는 후보자에 대한 선거권자의 지지도를 조사하거나 이를 발표하는 행위
4. 삭제 [2010.1.25]
5. 선거기간 중 국가 또는 지방자치단체의 예산으로 시행하는 사업 중 즉시 공사를 진행하지 아니할 사업의 기공식을 거행하는 행위
6. 선거기간 중 정상적 업무외의 출장을 하는 행위
7. 선거기간 중 휴가기간에 그 업무와 관련된 기관이나 시설을 방문하는 행위

14 ②

㉠ ✕ 대통령선거 및 지방자치단체의 장선거의 후보자(대통령선거에 있어서 정당추천후보자의 경우에는 그 추천정당을 말한다. 이하 제2항 및 제5항을 제외하고 이 조에서 같다)는 선거운동을 위하여 선거공약 및 그 추진계획을 게재한 인쇄물(이하 "선거공약서"라 한다) 1종을 작성할 수 있다(공직선거법 제66조 제1항).

㉡ ○ 선거공약서에는 선거공약 및 이에 대한 추진계획으로 각 사업의 목표·우선순위·이행절차·이행기한·재원조달방안을 게재하여야 하며, 다른 정당이나 후보자에 관한 사항을 게재할 수 없다. 이 경우 후보자의 성명·기호와 선거공약 및 그 추진계획에 관한 사항 외의 후보자의 사진·학력·경력, 그 밖에 홍보에 필요한 사항은 제3항에 따른 면수 중 1면 이내에서 게재할 수 있다(공직선거법 제66조 제2항).

㉢ ○ 선거공약서는 대통령선거에 있어서는 32면 이내로, 시·도지사선거에 있어서는 16면 이내로, 자치구·시·군의 장선거에 있어서는 12면 이내로 작성한다(공직선거법 제66조 제3항).

㉣ ○ 선거공약서의 수량은 해당 선거구 안에 있는 세대수의 100분의 10에 해당하는 수 이내로 한다(공직선거법 제66조 제4항).

㉤ ○ 후보자와 그 가족, 선거사무장, 선거연락소장, 선거사무원, 회계책임자 및 후보자와 함께 다니는 활동보조인은 선거공약서를 배부할 수 있다. 다만, 우편발송(점자형 선거공약서는 제외한다)·호별방문이나 살포(특정 장소에 비치하는 방법을 포함한다)의 방법으로 선거공약서를 배부할 수 없다(공직선거법 제66조 제5항).

㉥ ○ 후보자가 선거공약서를 배부하고자 하는 때에는 배부일 전일까지 2부를 첨부하여 작성수량·작성비용 및 배부방법 등을 관할선거구선거관리위원회에 서면으로 신고하여야 하며, 배부 전까지 배부할 지역을 관할하는 구·시·군선거관리위원회에 각 2부를 제출하여야 한다(공직선거법 제66조 제6항).

15 ④

공직선거법 제112조(기부행위의 정의 등)
② 제1항의 규정에 불구하고 다음 각 호의 어느 하나에 해당하는 행위는 기부행위로 보지 아니한다.
　2. 의례적 행위
　　가. 민법 제777조(친족의 범위)의 규정에 의한 친족의 관혼상제의식 기타 경조사에 축의·부의금품을 제공하는 행위
　　나. 정당의 대표자가 중앙당 또는 시·도당에서 근무하는 해당 유급사무직원(중앙당 대표자의 경우 시·도당의 대표자와 상근 간부를 포함한다)·그 배우자 또는 그 직계존비속이 결혼하거나 사망한 때에 통상적인 범위에서 축의·부의금품(화환 또는 화분을 포함한다)을 제공하거나 해당 유급사무직원(중앙당 대표자의 경우 시·도당 대표자를 포함한다)에게 연말·설·추석·창당기념일 또는 그의 생일에 정당의 경비로 의례적인 선물을 정당의 명의로 제공하는 행위
　　다. 국가유공자의 위령제, 국경일의 기념식, 「각종 기념일 등에 관한 규정」 제2조에 규정된 정부가 주관하는 기념일의 기념식, 공공기관·시설의 개소·이전식, 합동결혼식, 합동분향식, 산하 기관·단체의 준공식, 정당의 창당대회·합당대회·후보자선출대회, 그 밖에 이에 준하는 행사에 의례적인 화환·화분·기념품을 제공하는 행위
　　라. 공익을 목적으로 설립된 재단 또는 기금이 선거일 전 4년 이전부터 그 설립목적에 따라 정기적으로 지급하여 온 금품을 지급하는 행위. 다만, 선거일 전 120일(선거일 전 120일 후에 실시사유가 확정된 보궐선거 등에 있어서는 그 선거의 실시사유가 확정된 때)부터 선거일까지 그 금품의 금액과 지급 대상·방법 등을 확대·변경하거나 후보자(후보자가 되려는 사람을 포함한다. 이하 이 조에서 같다)가 직접 주거나 후보자 또는 그 소속 정당의 명의를 추정할 수 있는 방법으로 지급하는 행위는 제외한다.
　　마. 친목회·향우회·종친회·동창회 등 각종 사교·친목단체 및 사회단체의 구성원으로서 당해 단체의 정관·규약 또는 운영관례상의 의무에 기하여 종전의 범위 안에서 회비를 납부하는 행위
　　바. 종교인이 평소 자신이 다니는 교회·성당·사찰 등에 통상의 예에 따라 헌금(물품의 제공을 포함한다)하는 행위
　　사. 선거운동을 위하여 후보자와 함께 다니는 자나 국회의원·후보자·예비후보자가 관할구역안의 지역을 방문하는 때에 함께 다니는 자에게 통상적인 범위에서 식사류의 음식물을 제공하는 행위. 이 경우 함께 다니는 자의 범위에 관하여는 중앙선거관리위원회규칙으로 정한다.
　　아. 기관·단체·시설의 대표자가 소속 상근직원

(「지방자치법」 제6장 제3절과 제4절에서 규정하고 있는 소속 행정기관 및 하부행정기관과 그 밖에 명칭여하를 불문하고 이에 준하는 기관·단체·시설의 직원은 제외한다. 이하 이 목에서 같다)이나 소속 또는 차하급기관·단체·시설의 대표자·그 배우자 또는 그 직계존비속이 결혼하거나 사망한 때에 통상적인 범위에서 축의·부의금품(화환 또는 화분을 포함한다)을 제공하는 행위와 소속 상근직원이나 소속 또는 차하급기관·단체·시설의 대표자에게 연말·설·추석·창립기념일 또는 그의 생일에 자체사업계획과 예산에 따라 의례적인 선물을 해당 기관·단체·시설의 명의로 제공하는 행위
자. 읍·면·동 이상의 행정구역단위의 정기적인 문화·예술·체육행사, 각급학교 의 졸업식 또는 공공의 이익을 위한 행사에 의례적인 범위에서 상장(부상은 제외한다. 이하 이 목에서 같다)을 수여하는 행위와 구·시·군단위 이상의 조직 또는 단체(향우회·종친회·동창회, 동호인회, 계모임 등 개인 간의 사적모임은 제외한다)의 정기총회에 의례적인 범위에서 연 1회에 한하여 상장을 수여하는 행위. 다만, 제60조의2(예비후보자등록) 제1항의 규정에 따른 예비후보자등록신청개시일부터 선거일까지 후보자(후보자가 되고자 하는 자를 포함한다)가 직접 수여하는 행위를 제외한다.
차. 의정활동보고회, 정책토론회, 출판기념회, 그 밖의 각종 행사에 참석한 사람에게 통상적인 범위에서 차·커피 등 음료(주류는 제외한다)를 제공하는 행위
카. 선거사무소·선거연락소 또는 정당선거사무소의 개소식·간판게시식 또는 현판식에 참석한 정당의 간부·당원들이나 선거사무관계자들에게 해당 사무소 안에서 통상적인 범위의 다과류의 음식물(주류를 제외한다)을 제공하는 행위
타. 제114조 제2항에 따른 후보자 또는 그 가족과 관계있는 회사 등이 개최하는 정기적인 창립기념식·사원체육대회 또는 사옥준공식 등에 참석한 소속 임직원이나 그 가족, 거래선, 한정된 범위의 내빈 등에게 회사 등의 경비로 통상적인 범위에서 유공자를 표창(지방자치단체의 경우 소속 직원이 아닌 자에 대한 부상의 수여는 제외한다)하거나 식사류의 음식물 또는 싼 값의 기념품을 제공하는 행위
파. 제113조 및 제114조에 따른 기부행위를 할 수 없는 자의 관혼상제에 참석한 하객이나 조객 등에게 통상적인 범위에서 음식물 또는 답례품을 제공하는 행위

16 ④

📖 **공직선거법 제120조(선거비용으로 인정되지 아니하는 비용)**

다음 각 호의 어느 하나에 해당하는 비용은 이 법에 따른 선거비용으로 보지 아니한다.
1. 선거권자의 추천을 받는 데 소요된 비용 등 선거운동을 위한 준비행위에 소요되는 비용
2. 정당의 후보자선출대회비용 기타 선거와 관련한 정당활동에 소요되는 정당비용
3. 선거에 관하여 국가·지방자치단체 또는 선거관리위원회에 납부하거나 지급하는 기탁금과 모든 납부금 및 수수료
4. 선거사무소와 선거연락소의 전화료·전기료 및 수도료 기타의 유지비로서 선거기간전부터 정당 또는 후보자가 지출하여 온 경비
5. 선거사무소와 선거연락소의 설치 및 유지비용
6. 정당, 후보자, 선거사무장, 선거연락소장, 선거사무원, 회계책임자, 연설원 및 대담·토론자가 승용하는 자동차[제91조(확성장치와 자동차 등의 사용제한) 제4항의 규정에 의한 자동차와 선박을 포함한다]의 운영비용
7. 제삼자가 정당·후보자·선거사무장·선거연락소장 또는 회계책임자와 통모함이 없이 특정 후보자의 선거운동을 위하여 지출한 전신료 등의 비용
8. 제112조 제2항에 따라 기부행위로 보지 아니하는 행위에 소요되는 비용. 다만, 같은 항 제1호 마목(정당의 사무소를 방문하는 사람에게 제공하는 경우는 제외한다) 및 제2호 사목(후보자·예비후보자가 아닌 국회의원이 제공하는 경우는 제외한다)의 행위에 소요되는 비용은 선거비용으로 본다.
9. 선거일후에 지출원인이 발생한 잔무정리비용
10. 후보자(후보자가 되려는 사람을 포함한다)가 선거에 관한 여론조사의 실시를 위하여 지출한 비용. 다만, 제60조의2 제1항에 따른 예비후보자등록신청개시일부터 선거일까지의 기간 동안 4회를 초과하여 실시하는 선거에 관한 여론조사 비용은 선거비용으로 본다.

17 ①

① 지역구국회의원선거에 있어서는 선거구선거관리위원회가 당해 국회의원지역구에서 유효투표의 다수를 얻은 자를 당선인으로 결정한다. 다만, 최고득표자가 2인 이상인 때에는 연장자를 당선인으로 결정한다(공직선거법 제188조 제1항).
② 후보자등록마감시각에 지역구국회의원후보자가 1인이거나 후보자등록마감후 선거일 투표개시시각전까지 지역구국회의원후보자가 사퇴·사망하거나 등록이 무효로 되어 지역구국회의원후보자수가 1인이 된 때에는 지역구국회의원후보자에 대한 투표를 실시하지 아니하고, 선거일에 그 후보자를 당선인으로 결정한다(공직선거법 제188조 제2항).
③ 선거일의 투표개시시각부터 투표마감시각까지 지역구국회의원후보자가 사퇴·사망하거나 등록이 무효로 되어 지역구국회의원후보자수가 1인이 된 때에는 나머지 투표는 실시하지 아니하고 그 후보자를 당선인으로 결정한다(공직선거법 제188조 제3항).
④ 비례대표 국회의원 선거 득표비율은 각 의석 할당 정당의 득표수를 모든 의석 할당 정당의 득표수의 합계로 나누어 산출한다(공직선거법 제189조 제3항 2020년 1월 14일 개정).

18 ①

지방의회의원 및 지방자치단체의 장의 선거에 있어서 선거의 효력에 관하여 이의가 있는 선거인·정당(후보자를 추천한 정당에 한한다. 이하 이 조에서 같다) 또는 후보자는 선거일부터 14일 이내에 당해 선거구선거관리위원회위원장을 피소청인으로 하여 지역구시·도의원선거(지역구세종특별자치시의회의원선거는 제외한다), 자치구·시·군의원선거 및 자치구·시·군의 장 선거에 있어서는 시·도선거관리위원회에, 비례대표시·도의원선거, 지역구세종특별자치시의회의원선거 및 시·도지사선거에 있어서는 중앙선거관리위원회에 소청할 수 있다(공직선거법 제219조 제1항).

19 ④

지방자치단체의 장 선거에서 후보자등록 마감시간까지 후보자 1인만이 등록한 경우 투표를 실시하지 않고 그 후보자를 당선인으로 결정하도록 하는 공직선거법 조항은 지방자치단체의 장 선거권을 침해하지 않는다(헌재 2016.10.27. 2014헌마797).
③ 투표 용지의 후보자 기호가 1, 2, 3 등의 아라비아 숫자로 표시 하도록 한 것은 유권자의 혼동을 방지하고 선거의 원활한 운영을 도모하기 위한 것으로 평등 원칙을 침해하지 아니한다는 것을 최초로 판시한 바 있다(헌재 2020.02.27. 2018 헌마4541).

20 ①

🔖 **공직선거법 제10조(사회단체 등의 공명선거추진활동)**
① 사회단체 등은 선거부정을 감시하는 등 공명선거추진활동을 할 수 있다. 다만, 다음 각 호의 어느 하나에 해당하는 단체는 그 명의 또는 그 대표의 명의로 공명선거추진활동을 할 수 없다.
  1. 특별법에 의하여 설립된 국민운동단체로서 국가 또는 지방자치단체의 출연 또는 보조를 받는 단체(바르게살기운동협의회·새마을운동협의회·한국자유총연맹을 말한다)
  2. 법령에 의하여 정치활동이나 공직선거에의 관여가 금지된 단체
  3. 후보자(후보자가 되고자 하는 자를 포함한다. 이하 이 조에서 같다), 후보자의 배우자와 후보자 또는 그 배우자의 직계존·비속과 형제자매나 후보자의 직계비속 및 형제자매의 배우자(이하 "후보자의 가족"이라 한다)가 설립하거나 운영하고 있는 단체
  4. 특정 정당(창당준비위원회를 포함한다. 이하 이 조에서 같다) 또는 후보자를 지원하기 위하여 설립된 단체
  5. 삭제⟨2005.8.4.⟩
  6. 선거운동을 하거나 할 것을 표방한 노동조합 또는 단체

21 ②

② 각급 선거관리위원회(읍·면·동선거관리위원회는 제외한다)는 선거인의 투표참여를 촉진하기 위하여 교통이 불편한 지역에 거주하는 선거인 또는 노약자·장애인 등 거동이 불편한 선거인에 대한 교통편의 제공에 필요한 대책을 수립·시행하여야 하고, 투표를 마친 선거인에게 국공립 유료시설의 이용요금을 면제·할인하는 등의 필요한 대책을 수립·시행할 수 있다. 이 경우 공정한 실시방법 등을 정당·후보자와 미리 협의하여야 한다. ⟨신설 2008. 2. 29., 2020. 12. 29.⟩
① 공직선거법 제6조 제3항
③ 공직선거법 제6조제2항
④ 공직선거법 제6조제4항

22 ①

지방자치단체의 장의 보궐선거·재선거 중 전년도 9월 1일부터 2월 말일까지 실시사유가 확정된 선거는 4월 첫 번째 수요일에 실시한다.
지방자치단체의 장의 보궐선거·재선거 중 3월 1일부터 8월 31일까지 실시사유가 확정된 선거는 10월 첫 번째 수요일에 실시한다. 지방자치단체장의 보궐.재선거는 매년 2회 실시한다(공직선거법 제35조 제2항 제1호).
② 공직선거법 제2항 제1호
③ 공직선거법 제35조 제1항
④ 공직선거법 제35조 제1항

23 ③

㉠ ✗ 정당이 선거에 있어 후보자를 추천하는 때에는 민주적인 절차에 따라야 한다(공직선거법 제47조 제2항).
㉡ ○ 공직선거법 제47조 제3항
㉢ ○ 공직선거법 제52조 제1항 제2호
㉣ ○ 공직선거법 제47조 제4항
㉤ ○ 공직선거법 제52조 제1항

24 ④

㉠ ○ 공직선거법 제52조 제1항 제7호
㉡ ○ 공직선거법 제52조 제3항
㉢ ○ 공직선거법 제52조 제1항 제10호
㉣ ○ 공직선거법 제52조 제4항(2020.12.29. 신설)

25 ③

③ 시·도지사는 대통령보궐선거 등에 입후보하는 경우에는 선거일전 30일 전에 그 직을 그만두어야 한다(공직선거법 제53조 제2항 제2호).
① 공직선거법 제53조 제1항
② 공직선거법 제53조 제1항
④ 공직선거법 제53조 제1항 제8호(개정 2020.12.29.)

제02회 정답 및 해설

정답

01	④	02	①	03	④	04	④	05	②
06	③	07	②	08	④	09	④	10	③
11	②	12	④	13	④	14	①	15	④
16	④	17	①	18	①	19	①	20	④
21	④	22	③	23	④	24	②	25	④

01 ④

모두 옳은 설명이다.
㉠ 헌재 2009.5.28. 2006헌마285
㉡ 헌재 2011.4.28. 2010헌바232
㉢ 헌재 2014.10.30. 2012헌마192
㉣ 헌재 2016.5.26. 2012헌마374
㉤ 헌재 2019.11.28. 2016헌마90

02 ①

옳은 것은 ㉠, ㉡, ㉣이다.
㉠ ○ 「지방공무원법」 제2조(공무원의 구분)에 규정된 지방공무원으로서 후보자가 되려는 사람은 선거일 전 90일까지 그 직을 그만두어야 한다(공직선거법 제53조 제1항 제1호).
㉡ ○ 다음 각 호의 어느 하나에 해당하는 사람으로서 후보자가 되려는 사람은 선거일 전 90일까지 그 직을 그만두어야 한다. 다만, 대통령선거와 국회의원선거에 있어서 국회의원이 그 직을 가지고 입후보하는 경우와 지방의회의원선거와 지방자치단체의 장의 선거에 있어서 당해 지방자치단체의 의회의원이나 장이 그 직을 가지고 입후보하는 경우에는 그러하지 아니하다(공직선거법 제53조 제1항).
㉢ ✕ 다음 각 호의 어느 하나에 해당하는 사람으로서 후보자가 되려는 사람은 선거일 전 90일까지 그 직을 그만두어야 한다. 다만, 대통령선거와 국회의원선거에 있어서 국회의원이 그 직을 가지고 입후보하는 경우와 지방의회의원선거와 지방자치단체의 장의 선거에 있어서 당해 지방자치단체의 의회의원이나 장이 그 직을 가지고 입후보하는 경우에는 그러하지 아니하다(공직선거법 제53조 제1항).
㉣ ○ 비례대표국회의원이 지역구국회의원 보궐선거 등에 입후보하는 경우 및 비례대표지방의회의원이 해당 지방자치단체의 지역구지방의회의원 보궐선거 등에 입후보하는 경우에는 후보자등록신청 전까지 그 직을 그만두어야 한다(공직선거법 제53조 제3항).
㉤ ✕ 지방의회의원이 다른 지방자치단체의 의회의원이나 장의 선거에 입후보하는 경우에는 선거일 전 30일까지 그 직을 그만두어야 한다(공직선거법 제53조 제2항 제4호).

03 ④

④ 국회의원과 지방의회의원의 임기가 개시된 후에 실시하는 선거와 지방의회의원의 증원선거에 의한 의원의 임기는 당선이 결정된 때부터 개시되며 전임자 또는 같은 종류의 의원의 잔임기간으로 한다(공직선거법 제14조 제2항).

04 ④

모두 옳지 않은 설명이다.
㉠ ✕ 대통령의 피선거권 연령은 헌법 제67조 제4항에 40세 이상으로 규정되어 있고, 국회의원의 피선거권 연령은 공직선거법 제16조 제2항에 18세 이상으로 규정되어 있다.
㉡, ㉢, ㉣ ✕ 선거일 현재 5년 이상 국내에 거주하고 있는 40세 이상의 국민은 대통령의 피선거권이 있다. 이 경우 공무로 외국에 파견된 기간과 국내에 주소를 두고 일정기간 외국에 체류한 기간은 국내거주기간으로 본다(공직선거법 제16조 제1항).

05 ②

옳은 것은 ㉠, ㉡, ㉢, ㉣이다.
㉠ ○ 공직선거법 제18조 제1항 제1호
㉡, ㉢ ○ 선거일 현재 1년 이상의 징역 또는 금고의 형의 선고를 받고 그 집행이 종료되지 아니하거나 그 집행을 받지 아니하기로 확정되지 아니한 사람은 선거권이 없다. 다만, 그 형의 집행유예를 선고받고 유예기간 중에 있는 사람은 제외한다(공직선거법 제18조 제1항 제2호).

ㄹ ○ 공직선거법 제18조 제1항 제4호
ㅁ ✕ 「국회법」 제166조(국회 회의 방해죄)의 죄를 범한 자로서 500만원 이상의 벌금형의 선고를 받고 그 형이 확정된 후 5년이 경과되지 아니한 자는 피선거권이 없다(공직선거법 제19조 제4호 가목).

06 ③

ㄱ ○ 공직선거법 제24조 제1항
ㄴ ○ 공직선거법 제24조 제2항
ㄷ ○ 공직선거법 제24조 제3항
ㄹ ○ 공직선거법 제24조 제4항
ㅁ ✕ 중앙선거관리위원회위원장은 국회의원선거구획정위원회 위원의 결원이 발생하는 때에는 국회의 소관 상임위원회 또는 선거구획정에 관한 사항을 심사하는 특별위원회에 위원을 선정하여 통보하여 줄 것을 요청하여야 한다(공직선거법 제24조 제5항).

07 ②

중앙선거관리위원회는 통합선거인명부를 작성하는 경우 같은 사람이 2회 이상 투표할 수 없도록 필요한 기술적 조치를 하여야 한다(공직선거법 제44조의2 제2항).

08 ④

옳은 것은 ㄱ, ㄴ, ㄷ, ㄹ, ㅁ이다.
ㄱ ○ 공직선거법 제47조 제1항
ㄴ ○ 비례대표국회의원 여성후보자 추천 비율과 순위를 위반한 후보자 등록신청은 수리할 수 없도록 하고, 이를 위반한 후보자의 등록은 무효로 하도록 한다(제49조 제8항 및 제52조 제1항 제2호). 〈2018. 4. 6. 개정〉
ㄷ ○ 공직선거법 제47조 제4항
ㄹ ○ 공직선거법 제47조 제5항
ㅁ ○ 제47조 제3항의 규정에 의한 여성후보자 추천의 비율과 순위를 위반한 경우 그 후보자 등록을 무효로 한다(공직선거법 제52조 제1항 제2호).

09 ④

ㅁ은 공명선거추진활동을 할 수 있다.

> **공직선거법 제10조(사회단체 등의 공명선거추진활동)**
> ① 사회단체 등은 선거부정을 감시하는 등 공명선거추진활동을 할 수 있다. 다만, 다음 각 호의 어느 하나에 해당하는 단체는 그 명의 또는 그 대표의 명의로 공명선거추진활동을 할 수 없다.
>   1. 특별법에 의하여 설립된 국민운동단체로서 국가 또는 지방자치단체의 출연 또는 보조를 받는 단체(바르게살기운동협의회·새마을운동협의회·한국자유총연맹을 말한다)
>   2. 법령에 의하여 정치활동이나 공직선거에의 관여가 금지된 단체
>   3. 후보자(후보자가 되고자 하는 자를 포함한다. 이하 이 조에서 같다), 후보자의 배우자와 후보자 또는 그 배우자의 직계존·비속과 형제자매나 후보자의 직계비속 및 형제자매의 배우자(이하 "후보자의 가족"이라 한다)가 설립하거나 운영하고 있는 단체
>   4. 특정 정당(창당준비위원회를 포함한다. 이하 이 조에서 같다) 또는 후보자를 지원하기 위하여 설립된 단체
>   5. 삭제〈2005.8.4.〉
>   6. 선거운동을 하거나 할 것을 표방한 노동조합 또는 단체
> ② 사회단체 등이 공명선거추진활동을 함에 있어서는 항상 공정한 자세를 견지하여야 하며, 특정 정당이나 후보자의 선거운동에 이르지 아니하도록 유의하여야 한다.
> ③ 각급선거관리위원회(읍·면·동선거관리위원회를 제외한다)는 사회단체 등이 불공정한 활동을 하는 때에는 경고·중지 또는 시정명령을 하여야 하며, 그 행위가 선거운동에 이르거나 선거관리위원회의 중지 또는 시정명령을 이행하지 아니하는 때에는 고발 등 필요한 조치를 하여야 한다.

10 ③

ㄷ 시·도지사선거 : 5천만원
ㅁ 시·도지사선거 예비후보자등록 : 1천만원(5천만원의 20%)
ㄱ 시·도의회의원선거 기탁금 : 300만원
ㄹ 자치구·시·군의 장선거 예비후보자등록 : 200만원(1천만원의 20%)
ㄴ 자치구·시·군의원선거 예비후보자등록 : 40만원(200만원의 20%)

📖 **공직선거법 제56조(기탁금)** 〔개정〕
① 후보자등록을 신청하는 자는 등록신청 시에 후보자 1명마다 다음 각 호의 기탁금(후보자등록을 신청하는 사람이 「장애인복지법」 제32조에 따라 등록한 장애인이거나 선거일 현재 29세 이하인 경우에는 다음 각 호에 따른 기탁금의 100분의 50에 해당하는 금액을 말하고, 30세 이상 39세 이하인 경우에는 다음 각 호에 따른 기탁금의 100분의 70에 해당하는 금액을 말한다)을 중앙선거관리위원회규칙으로 정하는 바에 따라 관할선거구선거관리위원회에 납부하여야 한다. 이 경우 예비후보자가 해당 선거의 같은 선거구에 후보자등록을 신청하는 때에는 제60조의2제2항에 따라 납부한 기탁금을 제외한 나머지 금액을 납부하여야 한다.
  1. 대통령선거는 3억원
  2. 지역구국회의원선거는 1천500만원
  2의2. 비례대표국회의원선거는 500만원
  3. 시·도의회의원선거는 300만원
  4. 시·도지사선거는 5천만원
  5. 자치구·시·군의 장 선거는 1천만원
  6. 자치구·시·군의원선거는 200만원

📖 **공직선거법 제60조의2(예비후보자등록)** 〔개정〕
① 예비후보자가 되려는 사람(비례대표국회의원선거 및 비례대표지방의회의원선거는 제외한다)은 다음 각 호에서 정하는 날(그 날후에 실시사유가 확정된 보궐선거등에 있어서는 그 선거의 실시사유가 확정된 때)부터 관할선거구선거관리위원회에 예비후보자등록을 서면으로 신청하여야 한다.
  1. 대통령선거
     선거일 전 240일
  2. 지역구국회의원선거 및 시·도지사선거
     선거일 전 120일
  3. 지역구시·도의회의원선거, 자치구·시의 지역구의회의원 및 장의 선거
     선거기간개시일 전 90일
  4. 군의 지역구의회의원 및 장의 선거
     선거기간개시일 전 60일
② 제1항에 따라 예비후보자등록을 신청하는 사람은 다음 각 호의 서류를 제출하여야 하며, 제56조제1항에 따른 해당 선거 기탁금의 100분의 20에 해당하는 금액을 중앙선거관리위원회규칙으로 정하는 바에 따라 관할선거구선거관리위원회에 기탁금으로 납부하여야 한다.
  1. 중앙선거관리위원회규칙으로 정하는 피선거권에 관한 증명서류
  2. 전과기록에 관한 증명서류
  3. 제49조 제4항 제6호에 따른 학력에 관한 증명서(한글번역문을 첨부한다)

11 ②

대통령선거 및 지방자치단체의 장선거의 예비후보자는 선거공약 및 이에 대한 추진계획으로 각 사업의 목표·우선순위·이행절차·이행기한·재원조달방안을 게재한 공약집(도서의 형태로 발간된 것을 말하며, 이하 "예비후보자공약집"이라 한다) 1종을 발간·배부할 수 있으며, 이를 배부하려는 때에는 통상적인 방법으로 판매하여야 한다. 다만, 방문판매의 방법으로 판매할 수 없다(공직선거법 제60조의4 제1항).

12 ④

비례대표국회의원후보자 및 비례대표지방의회의원후보자는 공개장소에서의 연설·대담을 할 수 없다.

📖 **공직선거법 제79조(공개장소에서의 연설·대담)**
① 후보자(비례대표국회의원후보자 및 비례대표지방의회의원후보자는 제외한다. 이하 이 조에서 같다)는 선거운동기간 중에 소속 정당의 정강·정책이나 후보자의 정견, 그 밖에 필요한 사항을 홍보하기 위하여 공개장소에서의 연설·대담을 할 수 있다.

13 ④

④ 인터넷언론사는 실명인증을 받은 자가 정보 등을 게시한 경우 당해 인터넷홈페이지의 게시판·대화방 등에 "실명인증" 표시가 나타나도록 하는 기술적 조치를 하여야 한다(공직선거법 제82조의6 제4항).
① 헌재 2021.1.28, 2018헌마456
②, ③ 공직선거법 제82조의6

14 ①

ⓗ 청년실업대책을 위한 서울시민모임은 선거기간 중에도 집회나 모임을 개최할 수 있다.

📖 **공직선거법 제103조(각종집회 등의 제한)**
① 삭제 〈2010.1.25.〉
② 특별법에 따라 설립된 국민운동단체로서 국가나 지방자치단체의 출연 또는 보조를 받는 단체(바르게살기운동협의회·새마을운동협의회·한국자유총연맹을 말한다) 및 주민자치위원회는 선거기간 중 회의 그 밖에 어떠한 명칭의 모임도 개최할 수 없다.
③ 누구든지 선거기간 중 선거에 영향을 미치게 하기 위하여 향우회·종친회·동창회·단합대회 또는 야유회,

그 밖의 집회나 모임을 개최할 수 없다.
④ 선거기간 중에는 특별한 사유가 없는 한 반상회를 개최할 수 없다.
⑤ 누구든지 선거일전 90일(선거일전 90일후에 실시사유가 확정된 보궐선거 등에 있어서는 그 선거의 실시사유가 확정된 때)부터 선거일까지 후보자(후보자가 되고자 하는 자를 포함한다)와 관련있는 저서의 출판기념회를 개최할 수 없다

15 ④

④ 언론기관 등이 후보자 등의 정책이나 공약에 관한 비교평가의 결과를 공표하는 때에는 평가주체, 평가단 구성·운영, 평가지표·기준·방법 등 평가의 신뢰성·객관성을 입증할 수 있는 내용을 공표하여야 하며, 비교평가와 관련있는 자료 일체를 해당 선거의 선거일 후 6개월까지 보관하여야 한다. 이 경우 선거운동을 하거나 할 것을 표방한 단체는 지지하는 후보자등을 함께 공표하여야 한다(공직선거법 제108조의3 제3항).
① 공직선거법 제108조의3 제1항
② 공직선거법 제108조의3 제2항
③ 공직선거법 제108조의3 제3항

16 ④

모두 기부행위로 보지 않는다.

> **공직선거법 제112조(기부행위의 정의 등)**
> ② 제1항의 규정에 불구하고 다음 각 호의 어느 하나에 해당하는 행위는 기부행위로 보지 아니한다.
> 1. 통상적인 정당활동과 관련한 행위
>   가. 정당이 각급당부에 당해 당부의 운영경비를 지원하거나 유급사무직원에게 보수를 지급하는 행위
>   나. 정당의 당헌·당규 기타 정당의 내부규약에 의하여 정당의 당원이 당비 기타 부담금을 납부하는 행위
>   다. 정당이 소속 국회의원, 이 법에 따른 공직선거의 후보자·예비후보자에게 정치자금을 지원하는 행위
>   라. 제140조 제1항에 따른 창당대회 등과 제141조 제2항에 따른 당원집회 및 당원교육, 그 밖에 소속 당원만을 대상으로 하는 당원집회에서 참석당원 등에게 정당의 경비로 교재, 그 밖에 정당의 홍보인쇄물, 싼 값의 정당의 배지 또는 상징마스코트나 통상적인 범위에서 차·커피 등 음료(주류는 제외한다)를 제공하는 행위
>   마. 통상적인 범위 안에서 선거사무소·선거연락소 또는 정당의 사무소를 방문하는 자에게 다과·떡·김밥·음료(주류는 제외한다) 등 다과류의 음식물을 제공하는 행위
>   바. 중앙당의 대표자가 참석하는 당직자회의(구·시·군단위 이상의 지역책임자급 간부와 시·도당의 10배수에 상당하는 상위직의 간부가 참석하는 회의를 말한다) 또는 시·도당의 대표자가 참석하는 당직자회의(읍·면·동단위 이상의 지역책임자급 간부와 관할 구·시·군의 수에 상당하는 상위직의 간부가 참석하는 회의를 말한다)에 참석한 당직자에게 통상적인 범위에서 식사류의 음식물을 제공하는 행위
>   사. 정당이 소속 유급사무직원을 대상으로 실시하는 교육·연수에 참석한 유급사무직원에게 정당의 경비로 숙식·교통편의 또는 실비의 여비를 제공하는 행위
>   아. 정당의 대표자가 소속 당원만을 대상으로 개최하는 신년회·송년회에 참석한 사람에게 정당의 경비로 통상적인 범위에서 다과류의 음식물을 제공하는 행위
>   자. 정당이 그 명의로 재해구호·장애인돕기·농촌일손돕기 등 대민 자원봉사활동을 하거나 그 자원봉사활동에 참석한 당원에게 정당의 경비로 교통편의(여비는 제외한다)와 통상적인 범위에서 식사류의 음식물을 제공하는 행위
>   차. 정당의 대표자가 개최하는 정당의 정책개발을 위한 간담회·토론회에 참석한 직능·사회단체의 대표자, 주제발표자, 토론자 등에게 정당의 경비로 식사류의 음식물을 제공하는 행위
>   카. 정당의 대표자가 개최하는 정당의 각종 행사에서 모범·우수당원에게 정당의 경비로 상장과 통상적인 부상을 수여하는 행위
>   타. 제57조의5 제1항 단서에 따른 의례적인 행위
>   파. 정당의 대표자가 주관하는 당무에 관한 회의에서 참석한 각급 당부의 대표자·책임자 또는 유급당직자에게 정당의 경비로 식사류의 음식물을 제공하는 행위
>   하. 정당의 중앙당의 대표자가 당무파악 및 지역여론을 수렴하기 위하여 시·도당을 방문하는 때에 정당의 경비로 방문지역의 기관·단

체의 장 또는 사회단체의 간부나 언론인 등 제한된 범위의 인사를 초청하여 간담회를 개최하고 식사류의 음식물을 제공하는 행위
거. 정당의 중앙당이 당헌에 따라 개최하는 전국단위의 최고 대의기관 회의에 참석하는 당원에게 정당의 경비로 교통편의를 제공하는 행위

17 ①

㉠ 대통령후보자의 선거비용은 선거비용으로 보전한다.

> **공직선거법 제122조의2(선거비용의 보전 등)** 〔개정〕
> ② 제1항에 따른 선거비용의 보전에 있어서 다음 각 호의 어느 하나에 해당하는 비용은 이를 보전하지 아니한다.
> 1. 예비후보자의 선거비용
> 2. 「정치자금법」 제40조(회계보고)의 규정에 따라 제출한 회계보고서에 보고되지 아니하거나 허위로 보고된 비용
> 3. 이 법에 위반되는 선거운동을 위하여 또는 기부행위제한규정을 위반하여 지출된 비용
> 4. 제64조 또는 제65조에 따라 선거벽보와 선거공보를 관할 구·시·군선거관리위원회에 제출한 후 그 내용을 정정하거나 삭제하는 데 소요되는 비용
> 5. 이 법에 따라 제공하는 경우 외에 선거운동과 관련하여 지출된 수당·실비 그 밖의 비용
> 6. 정당한 사유 없이 지출을 증빙하는 적법한 영수증 그 밖의 증빙서류가 첨부되지 아니한 비용
> 7. 후보자가 자신의 차량·장비·물품 등을 사용하거나 후보자의 가족·소속 정당 또는 제3자의 차량·장비·물품 등을 무상으로 제공 또는 대여받는 등 정당 또는 후보자가 실제로 지출하지 아니한 비용
> 8. 청구금액이 중앙선거관리위원회규칙으로 정하는 기준에 따라 산정한 통상적인 거래가격 또는 임차가격과 비교하여 정당한 사유 없이 현저하게 비싸다고 인정되는 경우 그 초과하는 가액의 비용
> 9. 선거운동에 사용하지 아니한 차량·장비·물품 등의 임차·구입·제작비용
> 10. 휴대전화 통화료와 정보이용요금. 다만, 후보자와 그 배우자, 선거사무장, 선거연락소장 및 회계책임자가 선거운동기간 중 선거운동을 위하여 사용한 휴대전화 통화료 중 후보자가 부담하는 통화료는 보전한다.
> 11. 그 밖에 위 각 호의 어느 하나에 준하는 비용으로서 중앙선거관리위원회규칙으로 정하는 비용

18 ①

대통령선거에 있어서는 중앙선거관리위원회가 유효투표의 다수를 얻은 자를 당선인으로 결정하고, 이를 국회의장에게 통지하여야 한다. 다만, 후보자가 1인인 때에는 그 득표수가 선거권자총수의 3분의 1 이상에 달하여야 당선인으로 결정한다(공직선거법 제187조 제1항).

19 ①

① 대통령선거 및 국회의원선거에 있어서 선거의 효력에 관하여 이의가 있는 선거인·정당(후보자를 추천한 정당에 한한다) 또는 후보자는 선거일부터 30일 이내에 당해 선거구선거관리위원회위원장을 피고로 하여 대법원에 소를 제기할 수 있다(공직선거법 제222조 제1항).
② 공직선거법 제224조
③ 공직선거법 제225조
④ 공직선거법 제226조

20 ④

모두 옳은 설명이다.

> **공직선거법 제8조의8(선거여론조사심의위원회)**
> ① 중앙선거관리위원회와 시·도선거관리위원회는 선거에 관한 여론조사의 객관성·신뢰성을 확보하기 위하여 선거여론조사심의위원회를 각각 설치·운영하여야 한다.
> ② 중앙선거관리위원회에 설치하는 선거여론조사심의위원회(이하 "중앙선거여론조사심의위원회"라 한다) 및 시·도선거관리위원회에 설치하는 선거여론조사심의위원회(이하 "시·도선거여론조사심의위원회"라 한다)는 국회에 교섭단체를 구성한 정당이 추천하는 각 1명과 학계, 법조계, 여론조사 관련 기관·단체의 전문가 등을 포함하여 중립적이고 공정한 사람 중에서 중앙선거관리위원회 또는 시·도선거관리위원회가 위촉하는 사람으로 총 9명 이내의 위원으로 각각 구성하며, 위원의 임기는 3년으로 한다. 이 경우 위원정수에 관하여는 제8조의2 제2항 후단을 준용한다.
> ③ 선거여론조사심의위원회에 위원장 1명을 두되, 위원장은 위원 중에서 호선한다.
> ④ 중앙선거여론조사심의위원회에 상임위원 1명을 두되, 중앙선거관리위원회가 중앙선거여론조사심의위원회의 위원 중에서 지명한다.
> ⑤ 정당의 당원은 선거여론조사심의위원회의 위원이 될

⑥ 중앙선거여론조사심의위원회는 공표 또는 보도를 목적으로 하는 선거에 관한 여론조사의 객관성·신뢰성을 확보하기 위하여 필요한 사항(이하 "선거여론조사기준"이라 한다)을 정하여 공표하여야 한다.

21 ④

④ 누구든지 선거일 전 90일부터 선거일까지 선거운동을 위하여 인공지능 기술 등을 이용하여 만든 실제와 구분하기 어려운 가상의 음향, 이미지 또는 영상 등을 제작·편집·유포·상영 또는 게시하는 행위를 하여서는 아니 된다(공직선거법 제82조의8)〈신설 2023. 12. 28.〉

① 선거운동은 선거기간 개시일부터 선거일 전일까지에 한하여 할 수 있다(공직선거법 제59조).

② 선거일이 아닌 때에 전화(송·수화자 간 직접 통화하는 방식에 한정하며, 컴퓨터를 이용한 자동 송신장치를 설치한 전화는 제외한다)를 이용하거나 말(확성장치를 사용하거나 옥외집회에서 다중을 대상으로 하는 경우를 제외한다)로 선거운동을 하는 경우에는 상시적으로 선거운동을 할 수 있다(공직선거법 제59조 제4호(2020. 12. 29. 개정)).

③ 후보자가 되려는 사람이 선거일 전 180일(대통령선거의 경우 선거일 전 240일을 말한다)부터 해당 선거의 예비후보자등록신청 전까지 제60조의3 제1항 제2호의 방법(같은 호 단서를 포함한다)으로 자신의 명함을 직접 주는 경우는 인정한다(공직선거법 제59조 제5호).

22 ③

선거벽보 첨부시는 해당건물 또는 게시판 등의 소유자 또는 관리자와 미리 협의하여야 한다(공직선거법 제64조 제10항 2020. 12. 29.). 합의가 아닌 협의 사항이다.

① 자신의 성명·사진·전화번호·학력(정규학력과 이에 준하는 외국의 교육과정을 이수한 학력을 말한다. 이하 제4호에서 같다)·경력, 그밖에 홍보에 필요한 사항을 게재한 길이 9센티미터 너비 5센티미터 이내의 명함을 직접 주거나 지지를 호소하는 행위. 다만, 선박·정기여객자동차·열차·전동차·항공기의 안과 그 터미널·역·공항의 개찰구 안, 병원·종교시설·극장의 옥내(대관 등으로 해당 시설이 본래의 용도 외의 용도로 이용되는 경우는 제외한다)에서 주거나 지지를 호소하는 행위는 그러하지 아니하다(공직선거법 제60조의3 제1항 제2호, 2020. 12. 29.).

② 선거벽보는 다수의 통행인이 보기 쉬운 건물 또는 게시판 등에 첨부하여야 한다. 이 경우 해당 건물 또는 게시판 등의 소유자 또는 관리자와 미리 협의하여야 한다(공직선거법 제64조 제10항, 2020. 12. 29.).

④ 선거벽보를 첨부하는 경우에 첨부장소가 있는 토지·건물 그 밖의 시설물의 소유자 또는 관리자는 선거벽보의 첨부가 해당 시설물을 심각하게 훼손하거나 자신의 사생활을 침해하는 등 특별한 사유가 없는 한 선거벽보의 첨부에 협조하여야 한다(공직선거법 제64조 제11항, 2020. 12. 29.).

23 ④

㉠ ○ 후보자는 제1항의 규정에 따른 선거공보 외에 시각장애선거인(선거인으로서 「장애인복지법」 제32조에 따라 등록된 시각장애인을 말한다. 이하 이 조에서 같다)을 위한 선거공보(이하 "점자형 선거공보"라 한다) 1종을 제2항에 따른 책자형 선거공보의 면수의 두 배 이내에서 작성할 수 있다. 다만, 대통령선거·지역구국회의원선거 및 지방자치단체의 장선거의 후보자는 점자형 선거공보를 작성·제출하여야 하되, 책자형 선거공보에 그 내용이 음성·점자 등으로 출력되는 인쇄물 접근성 바코드를 표시하는 것으로 대신할 수 있다(공직선거법 제65조 제4항, 2020. 12. 29. 신설).

㉡ ○ 후보자가 시각장애선거인에게 제공하기 위하여 책자형 선거공보의 내용을 음성·점자 등으로 출력되는 디지털 파일로 전환하여 저장한 저장매체를 책자형 선거공보(점자형 선거공보를 포함한다)와 같이 제출하는 경우 배부할 지역을 관할하는 구·시·군선거관리위원회는 이를 함께 발송하여야 한다(공직선거법 제65조 제11항, 2020. 12. 29. 신설).

㉢ ○ 구·시·군선거관리위원회는 제8항을 위반하여 책자형 선거공보(점자형 선거공보는 제외한다. 이하 이 항에서 같다)에 후보자정보공개자료를 게재하지 아니하거나, 책자형 선거공보의 둘째 면이 아닌 다른 면(둘째 면이 부족하여 셋째 면에 연이어 게재한 경우는 제외한다)에 후보자정보공개자료를 게재하거나, 그 둘째 면에 후보자정보공개자료와 그 소명자료 외의 다른 내용을 게재하거나, 선거공보의 규격·제출기한을 위반한 때에는 이를 접수하지 아니한다(공직선거법 제65조 제12항).

㉣ ○ 선거공보의 규격·작성·제출·확인·발송 및 공고, 책자형 선거공보의 발송신청 양식, 후보자정보공개자료의 게재방법과 선거공보의 원고 및 인쇄비용의 산정·납부 그 밖에 필요한 사항은 중앙선거관리위원회규칙으로 정한다(공직선거법 제65조제14항).

24 ①

① 선거운동을 위한 방송광고에 있어서는 청각장애인을 위한 한국수화언어 또는 자막을 방영할 수 있다(공직선거법 제70조 제6항, 2020.12.29.).
② 후보자 연설의 방송에 있어서는 청각장애선거인을 위하여 한국수어 또는 자막을 방영할 수 있다(공직선거법 제72조 제2항).
③ 각급 선거방송토론위원회는 대담·토론회를 개최하는 때에는 청각장애선거인을 위하여 자막방송 또는 한국수어통역을 하여야 한다(공직선거법 제82조의2 제12항, 2020.12.29.).
④ 중앙선거방송토론위원회는 대통령선거 및 비례대표국회의원선거에 있어서 선거운동기간 중 다음 각 호에서 정하는 바에 따라 대담·토론회를 개최하여야 한다(공직선거법 제82조의2 제1항).

25 ④

제59조 제4호에 따른 선거일이 아닌 때에 전화를 이용한 선거운동은 오후11시부터 다음날 오전 6시까지는 할 수 없다(공직선거법 제109조 제2항).
① 누구든지 선거기간 중 이 법에 규정되지 아니한 방법으로 선거권자에게 서신·전보·모사전송 그밖에 전기통신의 방법을 이용하여 선거운동을 할 수 없다(공직선거법 제109조 제1항).
② 누구든지 선거운동을 위하여 후보자, 선거사무장, 선거연락소장, 선거사무원, 회계책임자, 연설원, 대담·토론자 또는 선거권자 등을 전화 기타의 방법으로 협박할 수 없다(공직선거법 제109조 제3항).
③ 선거일이 아닌 때에 전화(송·수화자 간 직접 통화하는 방식에 한정하며, 컴퓨터를 이용한 자동 송신장치를 설치한 전화는 제외한다)를 이용하거나 말(확성장치를 사용하거나 옥외집회에서 다중을 대상으로 하는 경우를 제외한다)로 선거운동을 하는 경우(공직선거법 제59조 제4호)

제03회 정답 및 해설

정답

01	④	02	①	03	④	04	③	05	③
06	③	07	④	08	④	09	④	10	②
11	④	12	④	13	④	14	①	15	③
16	④	17	③	18	④	19	④	20	④
21	④	22	②	23	③	24	④	25	④

01 ④

④ 선거방송심의위원회 또는 선거기사심의위원회가 설치된 때부터 선거일까지 방송 또는 정기간행물등에 공표된 인신공격, 정책의 왜곡선전 등으로 피해를 받은 정당(중앙당에 한한다) 또는 후보자(후보자가 되고자 하는 자를 포함한다)는 그 방송 또는 기사게재가 있음을 안 날부터 10일 이내에 서면으로 당해 방송을 한 방송사에 반론보도의 방송을, 당해 기사를 게재한 언론사에 반론보도문의 게재를 각각 청구할 수 있다. 다만, 그 방송 또는 기사게재가 있은 날부터 30일이 경과한 때에는 그러하지 아니하다(공직선거법 제8조의4 제1항).

① 선거방송심의위원회는 국회에 교섭단체를 구성한 정당과 중앙선거관리위원회가 추천하는 각 1명, 방송사(제70조 제1항에 따른 방송시설을 경영 또는 관리하는 자를 말한다. 이하 이 조 및 제8조의4에서 같다)·방송학계·대한변호사협회·언론인단체 및 시민단체 등이 추천하는 사람을 포함하여 9명 이내의 위원으로 구성한다. 이 경우 선거방송심의위원회를 구성한 후에 국회에 교섭단체를 구성한 정당의 수가 증가하여 위원정수를 초과하게 되는 경우에는 현원을 위원정수로 본다(공직선거법 제8조의2 제2항).

② 선거방송심의위원회의 위원은 정당에 가입할 수 없다(공직선거법 제8조의2 제3항).

③ 선거방송심의위원회는 선거방송의 정치적 중립성·형평성·객관성 및 제작기술상의 균형유지와 권리구제 기타 선거방송의 공정을 보장하기 위하여 필요한 사항을 정하여 이를 공표하여야 한다(공직선거법 제8조의2 제4항).

02 ①

① 인구편차 상하 50%를 기준으로 국회의원지역선거구를 정하고 있는 공직선거법상 국회의원지역선거구구역표는 그 전체가 헌법에 합치되지 않으며, 국회의원지역선거구의 인구편차의 기준을 인구편차 상하 33⅓%, 인구비례 2:1을 넘어서지 않는 것으로 변경하는 것이 타당하다(헌재 2014.10.30. 2012헌마192).

② 호별방문을 금지하는 규정은 명확성원칙에 위배되지 아니한다(헌재 2022.3.31. 2019헌바509).

③ 비례대표시·도의원은 당해 시·도를 단위로 선거하며, 비례대표자치구·시·군의원은 당해 자치구·시·군을 단위로 선거한다(공직선거법 제20조 제2항).

④ 지역구국회의원, 지역구지방의회의원(지역구시·도의원 및 지역구자치구·시·군의원을 말한다)은 당해 의원의 선거구를 단위로 하여 선거하고, 지방자치단체의 장은 당해 지방자치단체의 관할구역을 단위로 하여 선거한다(공직선거법 제20조 제3·4항).

03 ④

④ 개표참관인은 개표소 안에서 개표상황을 언제든지 순회·감시 또는 촬영할 수 있으며, 당해 구·시·군선거관리위원회위원장이 개표소 안 또는 일반관람인석에 지정한 장소에 전화·컴퓨터 기타의 통신설비를 설치하고, 이를 이용하여 개표상황을 후보자 또는 정당에 통보할 수 있다(공직선거법 제181조 제9항).

① 구·시·군선거관리위원회는 개표참관인으로 하여금 개표소 안에서 개표상황을 참관하게 하여야 한다(공직선거법 제181조 제1항).

② 개표참관인은 구·시·군선거관리위원회의 관할구역 안에서 실시되는 선거에 후보자를 추천하는 정당은 6인을, 무소속후보자는 3인을 선정하여 선거일 전 2일까지 당해 구·시·군선거관리위원회에 서면으로 신고하여 참관하게 하되, 신고후 언제든지 교체할 수 있으며 개표일에는 개표소에서 교체신고를 할 수 있다(공직선거법 제181조 제2항).

③ 제2항의 규정에 의한 개표참관인의 신고가 없거나 한 정당 또는 한 후보자가 선정한 개표참관인밖에 없는 때에는 구·시·군선거관리위원회가 선거권자 중에서 본인의 승낙을 얻어 12인[지역구 자치구·시·군의원선거에 있어서는 6인(한 정당이 선정한 개표참관인밖에 없는 때에는 9인)]에 달할 때까지 선정한 자를 개표참관인으로 한다(공직선거법 제181조 제3항).

04 ③

㉠, ㉡, ㉢ ⭕ 공직선거법 제59조

> **공직선거법 제59조(선거운동기간)**
> 선거운동은 선거기간개시일부터 선거일 전일까지에 한하여 할 수 있다. 다만, 다음 각 호의 어느 하나에 해당하는 경우에는 그러하지 아니하다.
> 1. 제60조의3(예비후보자 등의 선거운동) 제1항 및 제2항의 규정에 따라 예비후보자 등이 선거운동을 하는 경우
> 2. 문자메시지를 전송하는 방법으로 선거운동을 하는 경우. 이 경우 자동 동보통신의 방법(동시 수신대상자가 20명을 초과하거나 그 대상자가 20명 이하인 경우에도 프로그램을 이용하여 수신자를 자동으로 선택하여 전송하는 방식을 말한다. 이하 같다)으로 전송할 수 있는 자는 후보자와 예비후보자에 한하되, 그 횟수는 8회(후보자의 경우 예비후보자로서 전송한 횟수를 포함한다)를 넘을 수 없으며, 중앙선거관리위원회규칙에 따라 신고한 1개의 전화번호만을 사용하여야 한다.
> 3. 인터넷 홈페이지 또는 그 게시판·대화방 등에 글이나 동영상 등을 게시하거나 전자우편(컴퓨터 이용자끼리 네트워크를 통하여 문자·음성·화상 또는 동영상 등의 정보를 주고받는 통신시스템을 말한다. 이하 같다)을 전송하는 방법으로 선거운동을 하는 경우. 이 경우 전자우편 전송대행업체에 위탁하여 전자우편을 전송할 수 있는 사람은 후보자와 예비후보자에 한한다.

㉣ ❌ 통·리·반의 장 및 읍·면·동주민자치센터에 설치된 주민자치위원회위원은 선거운동을 할 수 없으나, 예비후보자·후보자의 배우자이거나 후보자의 직계존비속인 경우에는 할 수 있다(공직선거법 제60조 제1항 제7호).

05 ③

③ 국회의원선거, 비례대표시·도의원선거, 지방자치단체의 장 선거에 있어서 후보자가 방송시설을 이용한 연설을 하고자 하는 때에는 당해 방송시설을 경영 또는 관리하는 자와 체결한 방송시설이용계약서 사본을 첨부하여 이용할 방송시설명·이용일시·소요시간·이용방법 등을 방송일전 3일까지 당해 선거구선거관리위원회에 서면으로 신고하여야 한다(공직선거법 제71조 제10항).

①, ② 공직선거법 제71조 제1항

> **공직선거법 제71조(후보자 등의 방송연설)**
> ① 후보자와 후보자가 지명하는 연설원은 소속정당의 정강·정책이나 후보자의 정견 기타 홍보에 필요한 사항을 발표하기 위하여 다음 각 호에 의하여 선거운동기간 중 텔레비전 및 라디오 방송시설[제70조(방송광고) 제1항의 규정에 의한 방송시설을 말한다. 이하 이 조에서 같다]을 이용한 연설을 할 수 있다.
> 1. 대통령선거
>   후보자와 후보자가 지명한 연설원이 각각 1회 20분 이내에서 텔레비전 및 라디오 방송별 각 11회 이내
> 2. 비례대표국회의원선거
>   정당별로 비례대표국회의원후보자 중에서 선임된 대표 2인이 각각 1회 10분 이내에서 텔레비전 및 라디오 방송별 각 1회
> 3. 지역구국회의원선거 및 자치구·시·군의 장 선거
>   후보자가 1회 10분 이내에서 지역방송시설을 이용하여 텔레비전 및 라디오 방송별 각 2회 이내
> 4. 비례대표시·도의원선거
>   정당별로 비례대표시·도의원선거구마다 당해 선거의 후보자 중에서 선임된 대표 1인이 1회 10분 이내에서 지역방송시설을 이용하여 텔레비전 및 라디오 방송별 각 1회
> 5. 시·도지사선거
>   후보자가 1회 10분 이내에서 지역방송시설을 이용하여 텔레비전 및 라디오 방송별 각 5회 이내

④ 방송시설을 경영 또는 관리하는 자는 제1항의 방송시설을 이용한 연설에 협조하여야 하며, 방송시간대와 방송권역 등을 고려하여 모든 후보자에게 공평하게 하여야 한다(공직선거법 제71조 제11항).

06 ③

비례대표국회의원선거나 비례대표지방의회의원선거에 입후보하는 경우에는 선거일 전 30일까지 그 직을 그만두어야 한다(공직선거법 제53조 제2항 제1호).

07 ④

④ 각급선거관리위원회(읍·면·동선거관리위원회를 제외한다) 또는 후보자는 이 법의 규정에 위반되는 정보가 인터넷 홈페이지 또는 그 게시판·대화방 등에 게시되거나, 정보통신망을 통하여 전송되는 사실을 발견한 때에는 당해 정보가 게시된 인터넷 홈페이지를 관리·운영하는 자에게 해당 정보의 삭제를 요청하거

나, 전송되는 정보를 취급하는 인터넷 홈페이지의 관리·운영자 또는 「정보통신망 이용촉진 및 정보보호 등에 관한 법률」 제2조 제1항 제3호의 규정에 의한 정보통신서비스제공자(이하 "정보통신서비스제공자"라 한다)에게 그 취급의 거부·정지·제한을 요청할 수 있다. 이 경우 인터넷 홈페이지 관리·운영자 또는 정보통신서비스 제공자가 후보자의 요청에 따르지 아니하는 때에는 해당 후보자는 관할 선거구선거관리위원회에 서면으로 그 사실을 통보할 수 있으며, 관할 선거구선거관리위원회는 후보자가 삭제요청 또는 취급의 거부·정지·제한을 요청한 정보가 이 법의 규정에 위반된다고 인정되는 때에는 해당 인터넷 홈페이지 관리·운영자 또는 정보통신서비스 제공자에게 삭제요청 또는 취급의 거부·정지·제한을 요청할 수 있다(공직선거법 제82조의4 제3항).

① 대통령선거에 있어서 한국철도공사사장은 중앙선거관리위원회규칙이 정하는 바에 따라 선거운동기간 중에 선거운동용으로 계속하여 사용할 수 있는 전국용 무료승차권 50매를 각 후보자에게 발급하여야 한다(공직선거법 제83조 제1항).

② 전국용 무료승차권을 발급받은 후보자가 사퇴·사망하거나 등록이 무효로 된 때에는 그 후 이를 사용할 수 없으며, 한국철도공사사장에게 지체 없이 반환하여야 한다(공직선거법 제83조 제2항).

③ 만 17세의 미성년자는 선거운동을 할 수 없다(공직선거법 제60조 제1항 제2호).

08 ④

📖 **공직선거법 제112조(기부행위의 정의 등)**

2. 의례적 행위

가. 민법 제777조(친족의 범위)의 규정에 의한 친족의 관혼상제의식 기타 경조사에 축의·부의금품을 제공하는 행위

나. 정당의 대표자가 중앙당 또는 시·도당에서 근무하는 해당 유급사무직원(중앙당 대표자의 경우 시·도당의 대표자와 상근 간부를 포함한다)·그 배우자 또는 그 직계존비속이 결혼하거나 사망한 때에 통상적인 범위에서 축의·부의금품(화환 또는 화분을 포함한다)을 제공하거나 해당 유급사무직원(중앙당 대표자의 경우 시·도당 대표자를 포함한다)에게 연말·설·추석·창당기념일 또는 그의 생일에 정당의 경비로 의례적인 선물을 정당의 명의로 제공하는 행위

다. 국가유공자의 위령제, 국경일의 기념식, 「각종 기념일 등에 관한 규정」 제2조에 규정된 정부가 주관하는 기념일의 기념식, 공공기관·시설의 개소·이전식, 합동결혼식, 합동분향식, 산하 기관·단체의 준공식, 정당의 창당대회·합당대회·후보자선출대회, 그 밖에 이에 준하는 행사에 의례적인 화환·화분·기념품을 제공하는 행위

라. 공익을 목적으로 설립된 재단 또는 기금이 선거일 전 4년 이전부터 그 설립목적에 따라 정기적으로 지급하여 온 금품을 지급하는 행위. 다만, 선거일 전 120일(선거일 전 120일 후에 실시사유가 확정된 보궐선거등에 있어서는 그 선거의 실시사유가 확정된 때)부터 선거일까지 그 금품의 금액과 지급대상·방법 등을 확대·변경하거나 후보자(후보자가 되려는 사람을 포함한다. 이하 이 조에서 같다)가 직접 주거나 후보자 또는 그 소속 정당의 명의를 추정할 수 있는 방법으로 지급하는 행위는 제외한다.

마. 친목회·향우회·종친회·동창회 등 각종 사교·친목단체 및 사회단체의 구성원으로서 당해 단체의 정관·규약 또는 운영관례상의 의무에 기하여 종전의 범위안에서 회비를 납부하는 행위

바. 종교인이 평소 자신이 다니는 교회·성당·사찰 등에 통상의 예에 따라 헌금(물품의 제공을 포함한다)하는 행위

사. 선거운동을 위하여 후보자와 함께 다니는 자나 국회의원·후보자·예비후보자가 관할구역안의 지역을 방문하는 때에 함께 다니는 자에게 통상적인 범위에서 식사류의 음식물을 제공하는 행위. 이 경우 함께 다니는 자의 범위에 관하여는 중앙선거관리위원회규칙으로 정한다.

아. 기관·단체·시설의 대표자가 소속 상근직원(「지방자치법」 제6장 제3절과 제4절에서 규정하고 있는 소속 행정기관 및 하부행정기관과 그 밖에 명칭 여하를 불문하고 이에 준하는 기관·단체·시설의 직원은 제외한다. 이하 이 목에서 같다)이나 소속 또는 차하급기관·단체·시설의 대표자·그 배우자 또는 그 직계존비속이 결혼하거나 사망한 때에 통상적인 범위에서 축의·부의금품(화환 또는 화분을 포함한다)을 제공하는 행위와 소속 상근직원이나 소속 또는 차하급기관·단체·시설의 대표자에게 연말·설·추석·창립기념일 또는 그의 생일에 자체사업계획과 예산에 따라 의례적인 선물을 해당 기관·단체·시설의 명의로 제공하는 행위

자. 읍·면·동 이상의 행정구역단위의 정기적인 문화·예술·체육행사, 각급학교의 졸업식 또는 공공의 이익을 위한 행사에 의례적인 범위에서 상장(부상은 제외한다. 이하 이 목에서 같다)을 수여하

는 행위와 구·시·군단위 이상의 조직 또는 단체(향우회·종친회·동창회, 동호인회, 계모임 등 개인 간의 사적모임은 제외한다)의 정기총회에 의례적인 범위에서 연 1회에 한하여 상장을 수여하는 행위. 다만, 제60조의2(예비후보자등록)제1항의 규정에 따른 예비후보자등록신청개시일부터 선거일까지 후보자(후보자가 되고자 하는 자를 포함한다)가 직접 수여하는 행위를 제외한다.
차. 의정활동보고회, 정책토론회, 출판기념회, 그 밖의 각종 행사에 참석한 사람에게 통상적인 범위에서 차·커피 등 음료(주류는 제외한다)를 제공하는 행위
카. 선거사무소·선거연락소 또는 정당선거사무소의 개소식·간판게시식 또는 현판식에 참석한 정당의 간부·당원들이나 선거사무관계자들에게 해당 사무소 안에서 통상적인 범위의 다과류의 음식물(주류를 제외한다)을 제공하는 행위
타. 제114조제2항에 따른 후보자 또는 그 가족과 관계있는 회사등이 개최하는 정기적인 창립기념식·사원체육대회 또는 사옥준공식 등에 참석한 소속 임직원이나 그 가족, 거래선, 한정된 범위의 내빈 등에게 회사등의 경비로 통상적인 범위에서 유공자를 표창(지방자치단체의 경우 소속 직원이 아닌 자에 대한 부상의 수여는 제외한다)하거나 식사류의 음식물 또는 싼 값의 기념품을 제공하는 행위
파. 제113조 및 제114조에 따른 기부행위를 할 수 없는 자의 관혼상제에 참석한 하객이나 조객 등에게 통상적인 범위에서 음식물 또는 답례품을 제공하는 행위

09 ④

거소투표신고서·선상투표신고서의 서식, 거소·선상투표신고인명부의 서식, 거소투표·선상투표 사유의 확인절차, 그 밖에 필요한 사항은 중앙선거관리위원회규칙으로 정한다(공직선거법 제38조 제8항).

10 ②

㉠ ○ 사회단체 등이 공명선거추진활동을 함에 있어서는 항상 공정한 자세를 견지하여야 하며, 특정 정당이나 후보자의 선거운동에 이르지 아니하도록 유의하여야 한다(공직선거법 제10조 제2항).
㉡ ✕ 읍·면·동선거관리위원회를 제외한 각급선거관리위원회는 사회단체 등이 불공정한 활동을 하는 때에는 경고·중지 또는 시정명령을 하여야 하며, 그 행위가 선거운동에 이르거나 선거관리위원회의 중지 또는 시정명령을 이행하지 아니하는 때에는 고발 등 필요한 조치를 하여야 한다(공직선거법 제10조 제3항).
㉢ ○ 바르게살기운동협의회·새마을운동협의회·한국자유총연맹은 공명선거추진활동을 할 수 없다(공직선거법 제10조 제1항 제1호).
㉣ ○ 후보자, 후보자의 배우자와 후보자 또는 그 배우자의 직계존·비속 및 형제자매나 후보자의 직계비속 및 형제자매의 배우자가 설립하거나 운영하고 있는 단체는 공명선거추진활동을 할 수 없다(공직선거법 제10조 제1항 제3호).
㉤ ○ 특정 정당 또는 후보자를 지원하기 위하여 설립된 단체는 공명선거추진활동을 할 수 없다(공직선거법 제10조 제1항 제4호).
㉥ ○ 선거운동을 하거나 할 것을 표방한 노동조합 또는 단체는 공명선거추진활동을 할 수 없다(공직선거법 제10조 제1항 제6호).

11 ④

④ 행정심판법 제35조 제4항(중앙행정심판위원회에서 심리·재결하는 심판청구의 경우 소관 중앙행정기관의 장은 의견서를 제출하거나 위원회에 출석하여 의견을 진술할 수 있다)은 준용되지 않는다(공직선거법 제221조 제1항).
① 지방의회의원 및 지방자치단체의 장의 선거에 있어서 선거의 효력에 관하여 이의가 있는 선거인·정당(후보자를 추천한 정당에 한한다. 이하 이 조에서 같다) 또는 후보자는 선거일부터 14일 이내에 당해 선거구선거관리위원회위원장을 피소청인으로 하여 지역구시·도의원선거(지역구세종특별자치시의회의원선거는 제외한다), 자치구·시·군의원선거 및 자치구·시·군의 장 선거에 있어서는 시·도선거관리위원회에, 비례대표시·도의원선거, 지역구세종특별자치시의회의원선거 및 시·도지사선거에 있어서는 중앙선거관리위원회에 소청할 수 있다(공직선거법 제219조 제1항).
② 행정심판법상 사정재결에 관한 규정은 선거소청에 준용되지 아니한다(공직선거법 제221조 제1항).
③ 제219조(선거소청) 제1항 또는 같은 조 제2항의 소청을 접수한 중앙선거관리위원회 또는 시·도선거관리위원회는 소청을 접수한 날부터 60일 이내에 그 소청에 대한 결정을 하여야 한다(공직선거법 제220조 제1항).

12 ④

④ 소가 제기된 때 또는 소송이 계속되지 아니하게 되거나 판결이 확정된 때에는 대법원장 또는 고등법원장은 대통령선거 및 국회의원선거에 있어서는 국회와 중앙선거관리위원회 및 관할선거구선거관리위원회에, 지방의회의원 및 지방자치단체의 장의 선거에 있어서는 당해 지방자치단체와 지방의회 및 관할선거구선거관리위원회에 통지하여야 한다(공직선거법 제226조 제2항).

① 소청이나 소장을 접수한 선거관리위원회 또는 대법원이나 고등법원은 선거쟁송에 있어 선거에 관한 규정에 위반된 사실이 있는 때라도 선거의 결과에 영향을 미쳤다고 인정하는 때에 한하여 선거의 전부나 일부의 무효 또는 당선의 무효를 결정하거나 판결한다(공직선거법 제224조).

② 선거에 관한 소청이나 소송은 다른 쟁송에 우선하여 신속히 결정 또는 재판하여야 하며, 소송에 있어서는 수소법원은 소가 제기된 날 부터 180일 이내에 처리하여야 한다(공직선거법 제225조).

③ 소청이 제기된 때 또는 소청이 계속되지 아니하게 되거나 결정된 때에는 중앙선거관리위원회 또는 시·도선거관리위원회는 당해 지방자치단체와 지방의회 및 관할선거구선거관리위원회에 통지하여야 한다(공직선거법 제226조 제1항).

13 ④

④ 최근에 실시된 임기만료에 의한 국회의원선거에 참여하여 국회의원선거의 득표수 비율이 100분의 2 이상이더라도 현재 의석이 없는 정당은 당내경선사무 중 경선운동, 투표 및 개표에 관한 사무의 관리를 당해 선거의 관할선거구선거관리위원회에 위탁할 수 있다(공직선거법 제57조의4 제1항).

① 정당은 공직선거후보자를 추천하기 위하여 당내경선을 실시할 수 있다(공직선거법 제57조의2 제1항).

②, ③ 정당이 당내경선[당내경선(여성이나 장애인 등에 대하여 당헌·당규에 따라 가산점 등을 부여하여 실시하는 경우를 포함한다)의 후보자로 등재된 자(이하 "경선후보자"라 한다)를 대상으로 정당의 당헌·당규 또는 경선후보자간의 서면합의에 따라 실시한 당내경선을 대체하는 여론조사를 포함한다]을 실시하는 경우 경선후보자로서 당해 정당의 후보자로 선출되지 아니한 자는 당해 선거의 같은 선거구에서는 후보자로 등록될 수 없다. 다만, 후보자로 선출된 자가 사퇴·사망·피선거권 상실 또는 당적의 이탈·변경 등으로 그 자격을 상실한 때에는 그러하지 아니하다(공직선거법 제57조의2 제2항).

14 ①

㉠ ✕ 선거범죄로 인하여 당선이 무효로 된 때를 비례대표 지방의회 의원의 의석 승계 제한 사유로 규정한 공직선거법 제200조 제2항 단서 중 '비례대표 지방의회 의원 당선인이 제264조(당선인의 선거범죄로 인한 당선무효)의 규정에 의하여 당선이 무효로 된 때' 부분은 대의제 민주주의 원리에 위배된다(헌재 2009.6.25. 2007헌마40).

㉡ ◎ 헌재 2009.6.25. 2007헌마40
㉢ ◎ 공직선거법 제200조 제3항
㉣ ◎ 공직선거법 제194조 제3항
㉤ ◎ 공직선거법 제193조 제2항

15 ③

③ 재외선거관리위원회위원장은 해당 공관의 장과 협의하여 해당 공관의 소속 직원 중에서 간사·서기 및 선거사무종사원을 위촉할 수 있다(공직선거법 제218조 제6항).

① 재외선거관리위원회에 위원장과 부위원장 각 1명을 두되, 위원 중에서 호선한다. 다만, 공관의 장과 그가 추천하는 공관원은 위원장이 될 수 없다(공직선거법 제218조 제4항).

② 재외선거관리위원회는 재외선거의 관리를 위하여 필요한 때에는 해당 공관의 장에게 협조를 요구할 수 있으며, 그 협조를 요구받은 공관의 장은 우선적으로 이에 따라야 한다(공직선거법 제218조 제5항).

④ 새로이 구성된 재외선거관리위원회의 최초의 회의소집에 관하여는 공관의 장이 해당 재외선거관리위원회위원장의 직무를 대행한다(공직선거법 제218조 제7항).

16 ④

모두 무효투표에 해당한다.

> **공직선거법 제179조(무효투표)**
> ① 다음 각 호의 어느 하나에 해당하는 투표는 무효로 한다.
> 1. 정규의 투표용지를 사용하지 아니한 것
> 2. 어느 란에도 표를 하지 아니한 것
> 3. 2란에 걸쳐서 표를 하거나 2 이상의 란에 표를 한 것
> 4. 어느 란에 표를 한 것인지 식별할 수 없는 것
> 5. ⓛ표를 하지 아니하고 문자 또는 물형을 기입한 것
> 6. ⓛ표 외에 다른 사항을 기입한 것
> 7. 선거관리위원회의 기표용구가 아닌 용구로 표를 한 것

17 ③

③ 예비후보자가 사퇴하고자 하는 때에는 직접 당해 선거구선거관리위원회에 서면으로 신고하여야 한다(공직선거법 제60조의2 제6항).
① 시·도의회의원선거에 예비후보등록을 신청하는 사람은 시·도의회의원선거 기탁금인 300만원의 20/100인 60만원을 중앙선거관리위원회규칙으로 정하는 바에 따라 관할선거구선거관리위원회에 기탁금으로 납부하여야 한다(공직선거법 제60조의2 제2항).
② 예비후보자등록을 신청하면서 전과기록에 관한 증명서류를 갖추지 아니한 등록신청은 수리할 수 없다(공직선거법 제60조의2 제3항).
④ 대통령선거에 예비후보 등록신청하는 사람은 대통령선거 기탁금인 3억원의 20/100인 6,000만원의 기탁금을 납부하여야 한다(공직선거법 제60조의2 제2항).

18 ①

① 선거공약서의 수량은 해당 선거구 안에 있는 세대수의 100분의 10에 해당하는 수 이내로 한다(공직선거법 제66조 제4항).
② 후보자와 그 가족, 선거사무장, 선거연락소장, 선거사무원, 회계책임자 및 후보자와 함께 다니는 활동보조인은 선거공약서를 배부할 수 있다. 다만, 우편발송(점자형 선거공약서는 제외한다)·호별방문이나 살포(특정 장소에 비치하는 방법을 포함한다)의 방법으로 선거공약서를 배부할 수 없다(공직선거법 제66조 제5항).
③ 후보자가 선거공약서를 배부하고자 하는 때에는 배부일 전일까지 2부를 첨부하여 작성수량·작성비용 및 배부방법 등을 관할선거구선거관리위원회에 서면으로 신고하여야 하며, 배부 전까지 배부할 지역을 관할하는 구·시·군선거관리위원회에 각 2부를 제출하여야 한다(공직선거법 제66조 제6항).
④ 관할선거구선거관리위원회는 선거공약서를 선거관리위원회의 인터넷홈페이지에 게시하는 등 선거구민이 알 수 있도록 이를 공개할 수 있으며, 당선인 결정 후에는 당선인의 선거공약서를 그 임기만료일까지 선거관리위원회의 인터넷홈페이지 또는 중앙선거관리위원회가 지정하는 인터넷홈페이지에 게시할 수 있다. 이 경우 후보자로 하여금 그 전산자료 복사본을 제출하게 하거나 그 내용을 요약하여 제출하게 할 수 있다(공직선거법 제66조 제7항).

19 ④

④ 정당선거사무소의 소장은 공직선거법 또는 다른 법률의 규정에 의한 신고·신청·제출·보고·추천 등에 관하여 당해 정당을 대표한다(공직선거법 제61조의2 제5항).
① 공직선거법 제61조의2 제1항

> **공직선거법 제61조의2(정당선거사무소의 설치)**
> ① 정당은 선거에 있어서 당해 선거에 관한 정당의 사무를 처리하기 위하여 다음 각 호에서 정하는 날(그 날 후에 실시사유가 확정된 보궐선거 등에 있어서는 그 선거의 실시사유가 확정된 때)부터 선거일 후 30일까지 선거구 안에 있는 구·시·군(하나의 구·시·군이 2 이상의 국회의원 지역구로 된 경우에는 국회의원지역구)마다 1개소의 정당선거사무소를 설치할 수 있다.
> 1. 대통령선거
>   선거일 전 240일
> 2. 국회의원선거 및 시·도지사선거
>   선거일 전 120일
> 3. 지방의회의원선거 및 자치구·시·군의 장 선거
>   선거기간개시일 전 60일

② 정당선거사무소에는 당원 중에서 소장 1인을 두어야 하며, 2인 이내의 유급사무직원을 둘 수 있다(공직선거법 제61조의2 제2항).
③ 중앙당 또는 시·도당의 대표자는 정당선거사무소를 설치하는 때에는 지체 없이 관할선거관리위원회에 설치연월일, 사무소의 소재지와 명칭, 소장의 성명·주소·주민등록번호, 사무소인(印)을 서면으로 신고하여야 한다(공직선거법 제61조의2 제3항).

20 ④

㉠ ○ 투표용지에는 후보자의 기호·정당추천후보자의 소속정당명 및 성명을 표시하여야 한다. 다만, 무소속후보자는 후보자의 정당추천후보자의 소속정당명의 난에 "무소속"으로 표시하고, 비례대표국회의원선거 및 비례대표지방의회의원선거에 있어서는 후보자를 추천한 정당의 기호와 정당명을 표시하여야 한다(공직선거법 제150조 제1항).

㉡ ○ 기호는 투표용지에 게재할 정당 또는 후보자의 순위에 의하여 "1, 2, 3" 등으로 표시하여야 하며, 정당명과 후보자의 성명은 한글로 기재한다. 다만, 한글로 표시된 성명이 같은 후보자가 있는 경우에는 괄호 속에 한자를 함께 기재한다(공직선거법 제150조 제2항).

㉢ ○ 후보자의 게재순위를 정함에 있어서는 후보자등록마감일 현재 국회에서 의석을 갖고 있는 정당의 추천을 받은 후보자, 국회에서 의석을 갖고 있지 아니한 정당의 추천을 받은 후보자, 무소속후보자의 순으로 하고, 정당의 게재순위를 정함에 있어서는 후보자등록마감일 현재 국회에서 의석을 가지고 있는 정당, 국회에서 의석을 가지고 있지 아니한 정당의 순으로 한다(공직선거법 제150조 제3항).

㉣ ○ 지역구자치구·시·군의원선거에서 정당이 같은 선거구에 2명 이상의 후보자를 추천한 경우 그 정당이 추천한 후보자 사이의 투표용지 게재순위는 해당 정당이 정한 순위에 따르되, 정당이 정하지 아니한 경우에는 관할선거구선거관리위원회에서 추첨하여 결정한다. 이 경우 그 게재순위는 "1-가, 1-나, 1-다" 등으로 표시한다(공직선거법 제150조 제7항).

㉤ ○ 후보자등록기간이 지난 후에 후보자가 사퇴·사망하거나 등록이 무효로 된 때라도 투표용지에서 그 기호·정당명 및 성명을 말소하지 아니한다(공직선거법 제150조 제8항).

21 ④

㉠ ○ 육군훈련소에서 군사교육을 받는 훈련병에게 제19대 대통령선거 대담·토론회의 시청을 금지하는 행위는 선거권을 침해하는 것은 아니다(헌재 2020.8.28., 2017헌바813).

㉡ ○ 점자형 선거공보의 면수를 책자형 선거공보의 면수 이내로 제한하는 것은 선거권을 침해하는 것은 아니다(헌재 2014.5.14., 2012헌마913).

㉢ ○ 선거방송토론위원회의 주관 대담·토론회의 방송에서 한국수화언어 또는 자막의 방영을 재량사항으로 규정하는 것은 헌법에 위배되지 아니한다(헌재 2009.5.28., 2006헌마285).

㉣ ○ 투표소를 투표구안의 선거인이 투표하기 편리한 곳에 설치한다고 규정하는 것은 기본권침해의 직접성은 인정되지 아니한다.

22 ②

㉠ ○ 신체에 장애가 있는 선거인에 대해 투표보조인이 가족이 아닌 경우 반드시 2인을 동반하도록 하는 것은 헌법에 위반되지 않는다(헌재 2020.5.27., 2017헌마867).

㉡ ○ 선거에 의하여 취임하는 지방자치단체의 장의 선거운동을 금지하는 것은 입법목적을 달성하기 위한 적합한 수단이다(헌재 2020.3.26., 2018헌바90).

㉢ ○ 공무원이 그 지위를 이용하여 선거운동을 금지하고 위배시 처벌하는 것은 죄형법정주의의 명확성을 위반하는 것이 아니다(헌재 2020.3.26., 2018헌바3).

㉣ ○ 투표용지의 후보자 게재순위를 다수의 석순으로 규정하는 것은 평등권에 위배되지 아니한다(헌재 2020.2.27., 2018헌마454).

㉤ ○ 투표용지에 게재할 기호는 정당 또는 후보자의 순위에 의하여 1,2,3등으로 표시하는 것은 헌법에 위배되지 아니한다(헌재 2020.2.27., 2018헌마454).

23 ③

㉠ ○ 인터넷 언론사에 대해 선거일 전 90일 전부터 선거일까지 후보자 명의의 칼럼 등을 게재하는 것을 제한하는 것은 과잉제한금지원칙에 위배된다(헌재 2019.11.28., 2016헌마90).

㉡ ○ 사립학교교원의 선거운동을 금지하는 것은 위배되지 아니한다(헌재 2019.11.28., 2018헌마222).

㉢ ○ 각급 선거관리위원회 위원, 직원의 선거범죄 조사에 있어서 피조사자에게 자료제출의 의무를 부과하는 것은 목적달성을 위한 적당한 수단이다(헌재 2019.9.26., 2016헌마318).

㉣ ○ 사전투표 용지의 일련번호를 떼지 아니하고 선거인에게 교부하도록 하는 것은 헌법에 위배되지 아니한다(헌재 2023.10.26. 2022헌마232).

㉤ × 당내 경선에서 허용되는 경선운동방법을 한정하고 이를 위반하는 경우 처벌하는 것은 정치적 표현자유를 침해하는 것은 아니다(헌재 2019.4.11., 2016헌바458).

24 ④

㉠ ○ 지방의원의 인구편차는 상하 50%를 벗어나는 것은 평등권을 침해하는 것이다(헌재 2019.2.28., 2018헌마415).

㉡ ○ 각 시·도에 해당하는 선거구 구역표는 전체가 불가분의 일체를 이루므로 일부 선거구의 선거구 획정에 위헌성이 있다면 각 시·도에 해당하는 선거구역표 전부에 대하여 위헌 선언하는 것이 타당하다(헌재 2019.2.28., 2018헌마415).

㉢ ○ 헌법이 허용하는 지방의원 인구편차는 3:1 인구비례로 하는 것이 타당하다(헌재 2019.2.28., 2018헌마415).

㉣ ○ 2022.6. 실시될 시·도의회원 선거에는 각 시·도의 평균인구수를 기준으로 인구편차 상하 50% 범위 내에서 시·도의원 지역구가 획정될 것으로 예상된다(헌재 2019.2.28., 2018헌마415).

25 ④

㉠ ○ 투표소를 선거일 오후 6시에 닫도록 규정하는 것은 선거권을 침해하는 것은 아니다(헌재 2013.7.25., 2012헌마515).

㉡ ○ 선거권을 제한하는 법률의 합헌성은 원칙적으로 헌법 제37조 제2항의 과잉금지원칙에 의하여 심사함이 상당하다(헌재 2013.7.25., 2012헌마515).

㉢ ○ 부재자 투표시간을 오전 10시 부분은 선거권과 평등권을 침해하는 것이다(헌재 2012.2.23., 2012헌마601).

㉣ ○ 부재자 투표시간을 오후 4시까지 하는 것은 평등권을 침해하는 것이 아니다(헌재 2012.2.23., 2012헌마601).

㉤ ○ 국회가 대통령 선거일을 유급휴일로 정하는 법률을 제정하지 아니한 입법부작위와 관련하여 헌법재판소는 선거일을 유급휴일로 정해야 할 입법의무는 인정하지 아니하였다(헌재 2013.7.25., 2012헌마515).

제04회 정답 및 해설

문제편 68p

✓ 정답

01	④	02	②	03	④	04	①	05	③
06	①	07	④	08	④	09	①	10	①
11	①	12	③	13	④	14	④	15	③
16	④	17	①	18	①	19	②	20	④
21	②	22	①	23	④	24	②	25	④

01 ④

📖 **공직선거법 제58조의2(투표참여 권유활동)**
누구든지 투표참여를 권유하는 행위를 할 수 있다. 다만, 다음 각 호의 어느 하나에 해당하는 행위의 경우에는 그러하지 아니하다.
1. 호별로 방문하여 하는 경우
2. 사전투표소 또는 투표소로부터 100미터 안에서 하는 경우
3. 특정 정당 또는 후보자(후보자가 되려는 사람을 포함한다. 이하 이 조에서 같다)를 지지·추천하거나 반대하는 내용을 포함하여 하는 경우
4. 현수막 등 시설물, 인쇄물, 확성장치·녹음기·녹화기(비디오 및 오디오 기기를 포함한다), 어깨띠, 표찰, 그 밖의 표시물을 사용하여 하는 경우(정당의 명칭이나 후보자의 성명·사진 또는 그 명칭·성명을 유추할 수 있는 내용을 나타내어 하는 경우에 한정한다)

02 ②

② 최고득표자가 2인 이상인 때에는 중앙선거관리위원회의 통지에 의하여 국회는 재적의원 과반수가 출석한 공개회의에서 다수표를 얻은 자를 당선인으로 결정한다(공직선거법 제187조 제2항).
① 대통령선거에 있어서는 중앙선거관리위원회가 유효투표의 다수를 얻은 자를 당선인으로 결정하고, 이를 국회의장에게 통지하여야 한다. 다만, 후보자가 1인인 때에는 그 득표수가 선거권자총수의 3분의 1 이상에 달하여야 당선인으로 결정한다(공직선거법 제187조 제1항).

③ 제1항의 규정에 의하여 당선인이 결정된 때에는 중앙선거관리위원회위원장이, 제2항의 규정에 의하여 당선인이 결정된 때에는 국회의장이 이를 공고하고, 지체없이 당선인에게 당선증을 교부하여야 한다(공직선거법 제187조 제3항).
④ 천재·지변 기타 부득이한 사유로 인하여 개표를 모두 마치지 못하였다 하더라도 개표를 마치지 못한 지역의 투표가 선거의 결과에 영향을 미칠 염려가 없다고 인정되는 때에는 중앙선거관리위원회는 우선 당선인을 결정할 수 있다(공직선거법 제187조 제4항).

03 ④

④ 10명 이상의 거소투표신고인을 수용하고 있는 기관·시설의 장은 일시·장소를 정하여 해당 신고인의 거소투표를 위한 기표소를 설치하여야 한다(공직선거법 제149조 제3항).
① 구·시·군선거관리위원회는 선거일 전 5일부터 2일 동안(이하 "사전투표기간"이라 한다) 관할구역(선거구가 해당 구·시·군의 관할구역보다 작은 경우에는 해당 선거구를 말한다)의 읍·면·동마다 1개소씩 사전투표소를 설치·운영하여야 한다. 다만, 읍·면·동 관할구역에 군부대 밀집지역 등이 있는 경우에는 해당 지역에 사전투표소를 추가로 설치·운영할 수 있다(공직선거법 제148조 제1항).
② 구·시·군선거관리위원회는 사전투표소를 설치할 때에는 선거일 전 9일까지 그 명칭·소재지 및 설치·운영기간을 공고하고, 선거사무장 또는 선거연락소장에게 이를 통지하여야 하며, 관할구역 안의 투표구마다 5개소에 공고문을 첨부하여야 한다. 사전투표소의 설치장소를 변경한 때에도 또한 같다(공직선거법 제148조 제2항).
③ 구·시·군선거관리위원회는 사전투표소의 투표사무를 보조하게 하기 위하여 제147조 제9항 각 호의 어느 하나에 해당하는 사람 중에서 사전투표사무원을 두어야 한다(공직선거법 제148조 제3항).

04 ①

① 지역구시·도의원선거에서 선거소청결정에 불복이 있는 소청인은 해당 소청에 대한 기각결정 또는 각하결정이 있는 경우 그 결정서를 받은 날부터 10일 이내에 지역구 시·도의원선거구를 관할하는 고등법원에 소를 제기할 수 있다(공직선거법 제222조 제2항).
② 대통령선거 및 국회의원선거에 있어서 선거의 효력에 관하여 이의가 있는 선거인·정당(후보자를 추천한 정당에 한한다) 또는 후보자는 선거일부터 30일 이내에 당해 선거구선거관리위원회위원장을 피고로 하여 대법원에 소를 제기할 수 있다(공직선거법 제222조 제1항).
③ 지방의회의원 및 지방자치단체의 장의 선거에서는 선거소청을 먼저 제기하여야 한다(공직선거법 제219조 제1항).
④ 자치구·시·군의원선거 및 자치구·시·군의 장 선거에 있어서는 시·도선거관리위원회에 선거소청을 제기한다(공직선거법 제219조 제1항).

05 ③

③ 대통령권한대행자는 대통령이 궐위된 때에는 지체 없이 중앙선거관리위원회에 이를 통보하여야 한다(공직선거법 제200조 제3항).
① 천재·지변 기타 부득이한 사유로 인하여 선거를 실시할 수 없거나 실시하지 못한 때에는 대통령선거와 국회의원선거에 있어서는 대통령이, 지방의회의원 및 지방자치단체의 장의 선거에 있어서는 관할선거구선거관리위원회위원장이 당해 지방자치단체의 장(직무대행자를 포함한다)과 협의하여 선거를 연기하여야 한다(공직선거법 제196조 제1항).
② 제263조(선거비용의 초과지출로 인한 당선무효) 내지 제265조(선거사무장 등의 선거범죄로 인한 당선무효)의 규정에 의하여 당선이 무효로 된 때에는 재선거를 실시한다(공직선거법 제제195조 제1항 제6호).
④ 비례대표국회의원 및 비례대표지방의회의원에 궐원이 생긴 때에는 선거구선거관리위원회는 궐원통지를 받은 후 10일 이내에 그 궐원된 의원이 그 선거 당시에 소속한 정당의 비례대표국회의원후보자명부 및 비례대표지방의회의원후보자명부에 기재된 순위에 따라 궐원된 국회의원 및 지방의회의원의 의석을 승계할 자를 결정하여야 한다. 다만, 그 정당이 해산되거나 임기만료일 전 120일 이내에 궐원이 생긴 때에는 그러하지 아니하다(공직선거법 제200조 제2항).

06 ①

옳지 않은 것은 ⓜ이다.
㉠ ○ 누구든지 선거에 관하여 제113조부터 제115조까지에 규정된 기부행위가 제한되는 자로부터 기부를 받거나 기부를 권유 또는 요구할 수 없다(공직선거법 제116조).
㉡ ○ 누구든지 선거에 관하여 「정치자금법」 제31조(기부의 제한)의 규정에 따라 정치자금을 기부할 수 없는 자에게 기부를 요구하거나 그로부터 기부를 받을 수 없다(공직선거법 제117조).
㉢ ○ 국회의원지역구의 획정에 있어서는 인구비례 2:1의 인구범위를 벗어나지 아니하는 범위에서 농산어촌의 지역대표성이 반영될 수 있도록 노력하여야 한다(공직선거법 제25조 제2항).
㉣ ○ 지방의원의 인구편차는 상하50%를 벗어나지 아니해야 한다(헌법 2019. 2. 28. 2018헌마415).
㉤ × 후보자와 후보자의 가족 또는 정당의 당직자는 선거일 후에 당선되거나 되지 아니한 데 대하여 일반선거구민을 모이게 하여 당선축하회 또는 낙선에 대한 위로회를 개최하는 행위를 할 수 없다(공직선거법 제118조 제4호).

07 ④

④ 지방자치단체의 장의 임기는 전임지방자치단체의 장의 임기만료일의 다음 날부터 개시된다(공직선거법 제14조 제3항).
① 대통령의 임기는 전임대통령의 임기만료일의 다음날 0시부터 개시된다. 다만, 전임자의 임기가 만료된 후에 실시하는 선거와 궐위로 인한 선거에 의한 대통령의 임기는 당선이 결정된 때부터 개시된다(공직선거법 제14조 제1항).
②, ③ 국회의원과 지방의회의원(이하 이 항에서 "의원"이라 한다)의 임기는 총선거에 의한 전임의원의 임기만료일의 다음 날부터 개시된다. 다만, 의원의 임기가 개시된 후에 실시하는 선거와 지방의회의원의 증원선거에 의한 의원의 임기는 당선이 결정된 때부터 개시되며 전임자 또는 같은 종류의 의원의 잔임기간으로 한다(공직선거법 제14조 제2항).

08 ④

모두 공직선거법상 기부행위로 보지 않는 직무상의 행위에 해당한다.

> **공직선거법 제112조(기부행위의 정의 등)**
> ① 이 법에서 "기부행위"라 함은 당해 선거구 안에 있는 자나 기관·단체·시설 및 선거구민의 모임이나 행사 또는 당해 선거구의 밖에 있더라도 그 선거구민과 연고가 있는 자나 기관·단체·시설에 대하여 금전·물품 기타 재산상 이익의 제공, 이익제공의 의사표시 또는 그 제공을 약속하는 행위를 말한다.
> ② 제1항의 규정에 불구하고 다음 각 호의 어느 하나에 해당하는 행위는 기부행위로 보지 아니한다.
> 　4. 직무상의 행위
> 　　가. 국가기관 또는 지방자치단체가 자체사업계획과 예산으로 행하는 법령에 의한 금품제공행위(지방자치단체가 표창·포상을 하는 경우 부상의 수여를 제외한다. 이하 나목에서 같다)
> 　　나. 지방자치단체가 자체사업계획과 예산으로 대상·방법·범위 등을 구체적으로 정한 당해 지방자치단체의 조례에 의한 금품제공행위
> 　　다. 구호사업 또는 자선사업을 행하는 국가기관 또는 지방자치단체가 자체사업계획과 예산으로 당해 국가기관 또는 지방자치단체의 명의를 나타내어 행하는 구호행위·자선행위
> 　　라. 선거일 전 60일까지 국가·지방자치단체 또는 공공기관(「공공기관의 운영에 관한 법률」 제4조에 따라 지정된 기관이나 그 밖에 중앙선거관리위원회규칙으로 정하는 기관을 말한다)의 장이 업무파악을 위한 초도순시 또는 연두순시차 하급기관을 방문하여 업무보고를 받거나 주민여론 등을 청취하면서 자체사업계획과 예산에 따라 참석한 소속공무원이나 임·직원, 유관기관·단체의 장과 의례적인 범위 안의 주민대표에게 통상적인 범위 안에서 식사류(지방자치단체의 장의 경우에는 다과류를 말한다)의 음식물을 제공하는 행위
> 　　마. 국가기관 또는 지방자치단체가 긴급한 현안을 해결하기 위하여 자체사업계획과 예산으로 해당 국가기관 또는 지방자치단체의 명의로 금품이나 그 밖에 재산상의 이익을 제공하는 행위
> 　　바. 선거기간이 아닌 때에 국가기관이 효자·효부·모범시민·유공자 등에게 포상을 하거나, 국가기관·지방자치단체가 관할구역 안의 환경미화원·구두미화원·가두신문판매원·우편집배원 등에게 위문품을 제공하는 행위
> 　　사. 국회의원 및 지방의회의원이 자신의 직무 또는 업무를 수행하는 상설사무소 또는 상설사무소를 두지 아니하는 구·시·군의 경우 임시사무소 등 중앙선거관리위원회규칙으로 정하는 장소에서 행하거나, 정당이 해당 당사에서 행하는 무료의 민원상담행위
> 　　아. 변호사·의사 등 법률에서 정하는 일정한 자격을 가진 전문직업인이 업무활동을 촉진하기 위하여 자신이 개설한 인터넷 홈페이지를 통하여 법률·의료 등 자신의 전문분야에 대한 무료상담을 하는 행위
> 　　자. 제114조 제2항에 따른 후보자 또는 그 가족과 관계있는 회사가 영업활동을 위하여 달력·수첩·탁상일기·메모판 등 홍보물(후보자의 성명이나 직명 또는 사진이 표시된 것은 제외한다)을 그 명의로 종업원이나 제한된 범위의 거래처, 영업활동에 필요한 유관기관·단체·시설에 배부하거나 영업활동에 부가하여 해당 기업의 영업범위에서 무료강좌를 실시하는 행위
> 　　차. 물품구매·공사·역무의 제공 등에 대한 대가의 제공 또는 부담금의 납부 등 채무를 이행하는 행위

09 ①

① 제122조(선거비용제한액의 공고)의 규정에 의하여 공고된 선거비용제한액의 200분의 1이상을 초과지출한 이유로 선거사무장, 선거사무소의 회계책임자가 징역형 또는 300만원 이상의 벌금형의 선고를 받은 때에는 그 후보자의 당선은 무효로 한다. 다만, 다른 사람의 유도 또는 도발에 의하여 당해 후보자의 당선을 무효로 되게 하기 위하여 지출한 때에는 그러하지 아니하다(공직선거법 제263조 제1항).
② 「정치자금법」제49조(선거비용관련 위반행위에 관한 벌칙) 제1항 또는 제2항 제6호의 죄를 범함으로 인하여 선거사무소의 회계책임자가 징역형 또는 300만원 이상의 벌금형의 선고를 받은 때에는 그 후보자(대통령후보자, 비례대표국회의원후보자 및 비례대표지방의회의원후보자를 제외한다)의 당선은 무효로 한다. 다만, 다른 사람의 유도 또는 도발에 의하여 당해 후보자의 당선을 무효로 되게 하기 위하여 지출한 때에는 그러하지 아니하다(공직선거법 제263조 제2항).
③ 당선인이 당해 선거에 있어 공직선거법에 규정된 죄 또는 「정치자금법」제49조의 죄를 범함으로 인하여 징역 또는 100만원이상의 벌금형의 선고를 받은 때에

는 그 당선은 무효로 한다(공직선거법 제264조).
④ 선거사무장·선거사무소의 회계책임자(선거사무소의 회계책임자로 선임·신고되지 아니한 자로서 후보자와 통모하여 당해 후보자의 선거비용으로 지출한 금액이 선거비용제한액의 3분의 1 이상에 해당되는 자를 포함한다) 또는 후보자의 직계존비속 및 배우자가 해당 선거에 있어서 제230조부터 제234조까지, 제257조 제1항 중 기부행위를 한 죄 또는 「정치자금법」 제45조 제1항의 정치자금 부정수수죄를 범함으로 인하여 징역형 또는 300만원 이상의 벌금형의 선고를 받은 때(선거사무장, 선거사무소의 회계책임자에 대하여는 선임·신고되기 전의 행위로 인한 경우를 포함한다)에는 그 선거구 후보자(대통령후보자, 비례대표국회의원후보자 및 비례대표지방의회의원후보자를 제외한다)의 당선은 무효로 한다. 다만, 다른 사람의 유도 또는 도발에 의하여 당해 후보자의 당선을 무효로 되게 하기 위하여 죄를 범한 때에는 그러하지 아니하다(공직선거법 제265조).

10 ①

① 중앙선거관리위원회는 다음 각 호의 어느 하나에 해당하는 정당(이하 이 조에서 "의석할당정당"이라 한다)에 대하여 비례대표국회의원의석을 배분한다. [개정 2020.1.14.]
  1. 임기만료에 따른 비례대표국회의원선거에서 전국 유효투표총수의 100분의 3 이상을 득표한 정당
  2. 임기만료에 따른 지역구국회의원선거에서 5 이상의 의석을 차지한 정당(공직선거법 제189조 제1항).
② 헌재 2016.12.29. 2015헌마1160
③ 중앙선거관리위원회는 제출된 정당별 비례대표국회의원후보자명부에 기재된 당선인으로 될 순위에 따라 정당에 배분된 비례대표국회의원의 당선인을 결정한다(공직선거법 제189조 제4항).
④ 정당에 배분된 비례대표국회의원의석수가 그 정당이 추천한 비례대표국회의원후보자수를 넘는 때에는 그 넘는 의석은 공석으로 한다(공직선거법 제189조 제5항).

11 ①

① 임기만료일이 같은 지방의회의원 및 지방자치단체의 장의 선거는 그 임기만료에 의한 선거의 선거일에 동시실시한다(공직선거법 제203조 제1항).
② 동시선거에 있어서 같은 정당의 추천을 받은 2인 이상의 후보자(비례대표지방의회의원선거에 있어서는 후보자를 추천한 정당을 포함한다)는 선거사무소와 선거연락소를 공동으로 설치할 수 있다(공직선거법 제205조 제1항).
③ 동시선거에 있어서 같은 정당의 추천을 받은 2인 이상의 후보자는 하나의 공개장소에서의 연설·대담을 공동으로 할 수 있다(공직선거법 제209조).
④ 동시선거에 있어서 선거인명부와 거소·선상투표신고인명부는 각각 하나의 선거인명부와 거소·선상투표신고인명부로 한다(공직선거법 제204조 제1항).

12 ③

선거범과 그 공범에 관한 재판은 다른 재판에 우선하여 신속히 하여야 하며, 그 판결의 선고는 제1심에서는 공소가 제기된 날부터 6월 이내에, 제2심 및 제3심에서는 전심의 판결의 선고가 있은 날부터 각각 3월 이내에 반드시 하여야 한다(공직선거법 제270조).

13 ④

④ 후보자가 사퇴하고자 하는 때에는 자신이 직접 당해 선거구선거관리위원회에 가서 서면으로 신고하되, 정당추천후보자가 사퇴하고자 하는 때에는 추천정당의 사퇴승인서를 첨부하여야 한다(공직선거법 제54조).
① 대통령선거와 국회의원선거에 있어서 국회의원이 그 직을 가지고 입후보하는 경우와 지방의회의원선거와 지방자치단체의 장의 선거에 있어서 당해 지방자치단체의 의회의원이나 장이 그 직을 가지고 입후보하는 경우에는 그 직을 그만두어야 할 필요가 없다(공직선거법 제53조 제1항).
② 교육위원회의 교육위원이 「공직선거법」상 후보자가 되려는 경우에는 선거일 전 90일까지 그 직을 그만두어야 한다(공직선거법 제53조 제1항 제2호).
③ 지방의회의원이 다른 지방자치단체의 장의 선거에 입후보하는 경우 선거일 전 30일까지 그 직을 그만두어야 한다(공직선거법 제53조 제2항 제4호).

14 ④

대통령선거의 선거기간은 23일이다.

> **공직선거법 제33조(선거기간)**
> ① 선거별 선거기간은 다음 각 호와 같다.
>   1. 대통령선거는 23일
>   2. 국회의원선거와 지방자치단체의 의회의원 및 장의 선거는 14일
> ② 삭제 〈2004.3.12.〉
> ③ "선거기간"이란 다음 각 호의 기간을 말한다.
>   1. 대통령선거 : 후보자등록마감일의 다음 날부터 선거일까지
>   2. 국회의원선거와 지방자치단체의 의회의원 및 장의 선거 : 후보자등록마감일 후 6일부터 선거일까지

15 ③

> **공직선거법 제150조(투표용지의 정당·후보자의 게재순위 등)**
> ① 투표용지에는 후보자의 기호·정당추천후보자의 소속정당명 및 성명을 표시하여야 한다. 다만, 무소속후보자는 후보자의 정당추천후보자의 소속정당명의 난에 "무소속"으로 표시하고, 비례대표국회의원선거 및 비례대표지방의회의원선거에 있어서는 후보자를 추천한 정당의 기호와 정당명을 표시하여야 한다.
> ② 기호는 투표용지에 게재할 정당 또는 후보자의 순위에 의하여 "1, 2, 3" 등으로 표시하여야 하며, 정당명과 후보자의 성명은 한글로 기재한다. 다만, 한글로 표시된 성명이 같은 후보자가 있는 경우에는 괄호 속에 한자를 함께 기재한다.
> ③ 후보자의 게재순위를 정함에 있어서는 후보자등록마감일 현재 국회에서 의석을 갖고 있는 정당의 추천을 받은 후보자, 국회에서 의석을 갖고 있지 아니한 정당의 추천을 받은 후보자, 무소속후보자의 순으로 하고, 정당의 게재순위를 정함에 있어서는 후보자등록마감일 현재 국회에서 의석을 가지고 있는 정당, 국회에서 의석을 가지고 있지 아니한 정당의 순으로 한다.
> ④ 제3항의 경우 국회에서 의석을 가지고 있는 정당의 게재순위를 정함에 있어 다음 각 호의 어느 하나에 해당하는 정당은 전국적으로 통일된 기호를 우선하여 부여한다.
>   1. 국회에 5명 이상의 소속 지역구국회의원을 가진 정당
>   2. 직전 대통령선거, 비례대표국회의원선거 또는 비례대표지방의회의원선거에서 전국 유효투표총수의 100분의 3 이상을 득표한 정당
> ⑤ 제3항 및 제4항에 따라 관할선거구선거관리위원회가 정당 또는 후보자의 게재순위를 정함에 있어서는 다음 각 호에 따른다.
>   1. 후보자등록마감일 현재 국회에 의석을 가지고 있는 정당이나 그 정당의 추천을 받은 후보자 사이의 게재순위는 국회에서의 다수의석 순. 다만, 같은 의석을 가진 정당이 둘 이상인 때에는 최근에 실시된 비례대표국회의원선거에서의 득표수 순
>   2. 후보자등록마감일 현재 국회에서 의석을 가지고 있지 아니한 정당이나 그 정당의 추천을 받은 후보자 사이의 게재순위는 그 정당의 명칭의 가나다 순
>   3. 무소속후보자 사이의 게재순위는 관할선거구선거관리위원회에서 추첨하여 결정하는 순
> ⑥ 제5항의 경우에 같은 게재순위에 해당하는 정당 또는 후보자가 2 이상이 있을 때에는 소속정당의 대표자나 후보자 또는 그 대리인의 참여하에 관할선거구선거관리위원회에서 후보자등록마감후에 추첨하여 결정한다. 다만, 추첨개시시각에 소속정당의 대표자나 후보자 또는 그 대리인이 참여하지 아니하는 경우에는 관할선거구선거관리위원회위원장 또는 그가 지명한 자가 그 정당 또는 후보자를 대리하여 추첨할 수 있다.
> ⑦ 지역구 자치구·시·군의원선거에서 정당이 같은 선거구에 2명 이상의 후보자를 추천한 경우 그 정당이 추천한 후보자 사이의 투표용지 게재순위는 해당 정당이 정한 순위에 따르되, 정당이 정하지 아니한 경우에는 관할선거구선거관리위원회에서 추첨하여 결정한다. 이 경우 그 게재순위는 "1-가, 1-나, 1-다" 등으로 표시한다.
> ⑧ 후보자등록기간이 지난 후에 후보자가 사퇴·사망하거나 등록이 무효로 된 때라도 투표용지에서 그 기호·정당명 및 성명을 말소하지 아니한다.
> ⑨ 대통령선거에 있어서 제51조(추가등록)의 규정에 의한 추가등록이 있는 경우에 그 정당의 후보자의 게재순위는 이미 결정된 종전의 당해 정당추천후보자의 게재순위로 한다.
> ⑩ 투표용지에는 일련번호를 인쇄하여야 한다.

16 ④

모두 옳은 설명이다.
㉠ 국회의원선거구획정위원회는 중앙선거관리위원회위원장이 위촉하는 9명의 위원으로 구성하되, 위원장은 위원 중에서 호선한다(공직선거법 제24조 제3항).
㉡ 자치구·시·군의원선거구획정위원회는 11명 이내의 위원으로 구성하되, 학계·법조계·언론계·시민단체와 시·도의회 및 시·도선거관리위원회가 추천하는 사람 중에서 시·도지사가 위촉하여야 한다(공직선거

법 제24조의3 제2항).
ⓒ 국회의원 및 정당의 당원(제1항에 따른 국회의원선거구획정위원회의 설치일부터 과거 1년 동안 정당의 당원이었던 사람을 포함한다)은 위원이 될 수 없다(공직선거법 제24조 제7항).
ⓔ 국회의원선거구획정위원회는 국회의원지역구를 획정함에 있어서 국회에 의석을 가진 정당에게 선거구획정에 대한 의견진술의 기회를 부여하여야 한다(공직선거법 제24조 제10항).
ⓜ 자치구·시·군의원선거구획정위원회는 선거구획정안을 마련함에 있어서 국회에 의석을 가진 정당과 해당 자치구·시·군의 의회 및 장에 대하여 의견진술의 기회를 부여하여야 한다(공직선거법 제24조의3 제4항).
ⓗ 국회의원선거구획정위원회에 그 사무를 지원하기 위한 조직(이하 "지원 조직"이라 한다)을 국회의원선거구획정위원회 설치일 전 30일부터 둘 수 있다(공직선거법 제24조 제12항).
ⓢ 국회의원선거구획정위원회와 자치구·시·군의원선거구획정위원회의 위원은 명예직으로 하되, 위원에게 일비·여비 그 밖의 실비를 지급할 수 있다(공직선거법 제24조 제8항, 제24조의3 제7항).

17 ①

이 법에 규정한 죄의 공소시효는 당해 선거일 후 6개월(선거일후에 행하여진 범죄는 그 행위가 있는 날부터 6개월)을 경과함으로써 완성한다. 다만, 범인이 도피한 때나 범인이 공범 또는 범죄의 증명에 필요한 참고인을 도피시킨 때에는 그 기간은 3년으로 한다(공직선거법 제268조 제1항).

18 ①

대통령으로 선거될 수 있는 자는 국회의원의 피선거권이 있고 선거일 현재 40세에 달하여야 한다(헌법 제67조 제4항).

> 📖 **공직선거법 제16조(피선거권)**
> ① 선거일 현재 5년 이상 국내에 거주하고 있는 40세 이상의 국민은 대통령의 피선거권이 있다. 이 경우 공무로 외국에 파견된 기간과 국내에 주소를 두고 일정기간 외국에 체류한 기간은 국내거주기간으로 본다.
> ② 18세 이상의 국민은 국회의원의 피선거권이 있다.
> ③ 선거일 현재 계속하여 60일 이상(공무로 외국에 파견되어 선거일전 60일후에 귀국한 자는 선거인명부작성기준일부터 계속하여 선거일까지) 해당 지방자치단체의 관할구역에 주민등록이 되어 있는 주민으로서 18세 이상의 국민은 그 지방의회의원 및 지방자치단체의 장의 피선거권이 있다. 이 경우 60일의 기간은 그 지방자치단체의 설치·폐지·분할·합병 또는 구역변경(제28조 각 호의 어느 하나에 따른 구역변경을 포함한다)에 의하여 중단되지 아니한다.
> ④ 제3항 전단의 경우에 지방자치단체의 사무소 소재지가 다른 지방자치단체의 관할 구역에 있어 해당 지방자치단체의 장의 주민등록이 다른 지방자치단체의 관할 구역에 있게 된 때에는 해당 지방자치단체의 관할 구역에 주민등록이 되어 있는 것으로 본다.

19 ②

② 후보자등록신청서의 접수는 공휴일에 불구하고 매일 오전 9시부터 오후 6시까지로 한다(공직선거법 제49조 제7항).
① 후보자의 등록은 대통령선거에서는 선거일 전 24일, 국회의원선거와 지방자치단체의 의회의원 및 장의 선거에서는 선거일 전 20일부터 2일간 관할선거구선거관리위원회에 서면으로 신청하여야 한다(공직선거법 제49조 제1항).
③ 정당은 후보자등록후에는 등록된 후보자에 대한 추천을 취소 또는 변경할 수 없으며, 비례대표국회의원후보자명부(비례대표지방의회의원후보자명부 포함)에 후보자를 추가하거나 그 순위를 변경할 수 없다. 다만, 후보자등록기간 중 정당추천후보자가 사퇴·사망하거나, 소속정당의 제명이나 중앙당의 시·도당창당승인취소 외의 사유로 인하여 등록이 무효로 된 때에는 예외로 하되, 비례대표국회의원후보자명부(비례대표지방의회의원후보자명부 포함)에 후보자를 추가할 경우에는 그 순위는 이미 등록된 자의 다음으로 한다(공직선거법 제50조 제1항).
④ 후보자가 사퇴하고자 하는 때에는 자신이 직접 당해 선거구선거관리위원회에 가서 서면으로 신고하되, 정당추천후보자가 사퇴하고자 하는 때에는 추천정당의 사퇴승인서를 첨부하여야 한다(공직선거법 제54조).

20 ④

④ 선거에 관한 소송에 있어서는 「민사소송 등 인지법」의 규정에 불구하고 소송서류에 붙여야 할 인지는 「민사소송 등 인지법」에 규정된 금액의 10배로 한다(공직선거법 제229조).
① 정당(후보자를 추천한 정당에 한한다) 또는 후보자는 개표완료 후에 선거쟁송을 제기하는 때의 증거를 보전하기 위하여 그 구역을 관할하는 지방법원 또는 그 지원에 투표함·투표지 및 투표록 등의 보전신청을 할

수 있다(공직선거법 제228조 제1항).
② 법관은 제1항의 신청이 있는 때에는 현장에 출장하여 조서를 작성하고 적절한 보관방법을 취하여야 한다. 다만, 소청심사에 필요한 경우 중앙선거관리위원회 또는 시·도선거관리위원회는 증거보전신청자의 신청에 의하여 관여법관의 입회하에 증거보전물품에 대한 검증을 할 수 있다(공직선거법 제228조 제2항).
③ 선거에 관한 소송에 있어서는 대법원 및 고등법원은 고등법원·지방법원 또는 그 지원에 증거조사를 촉탁할 수 있다(공직선거법 제228조 제4항).

21 ②

㉠ 위헌(헌재 2001.7.19. 2000헌마91)
㉡ 위헌(헌재 2006.12.29. 2015헌마1160)
㉢ 위헌(헌재 2008.11.27. 2007헌마1024)
㉣ 합헌(헌재 1996.8.29. 1995헌마108)

22 ①

① 비례대표 국회의원 후보자가 공개장소에서 연설, 대담하는 것을 허용하지 않는 것은 선거운동의 자유를 침해하는 것이 아니다(헌재 2016.12.29. 2015헌마1160).
② 호별방문을 금지하는 것은 선거운동의 자유를 침해하는 것은 아니다(헌재 2016.12.29. 2015헌마1160).
③ 준연동형 비례 대표제는 직접선거원칙과 평등선거원칙에 위배되지 아니한다(헌재 2023.7.25. 2019헌마1443).
④ 국회의원 비례대표 후보자 명단을 확정하기 위한 당내 경선에서도 직접 선거, 평등선거, 비밀선거원칙은 그대로 적용된다(대판 2013.11.28. 2013도 5117).

23 ④

㉠ ○ 시·도의원 지역구 확정과 관련하여 헌법이 허용하는 인구편차의 기준을 인구편차 상하 50%(인구비례 3:1)로 변경하는 것은 타당하다(헌재 2018.6.28. 2014헌마184).
㉡ ○ 자치구 시군의원 지역구 획정과 관련하여 헌법이 허용하는 인구편차의 기준을 인구편차 상하 50%(인구비례 3:1)로 변경하는 것은 타당하다(헌재 2018.6.28. 2014헌마166).
㉢ ○ 국회의원 지역선거구의 인구편차의 기준을 상하 33 3/1%인구비례 2:1을 넘어서지 않는것으로 변경하는 것이 타당하다(헌재 2014.10.30. 2012헌마192).

㉣ ○ 국회의원선거구제도를 소선거구 다수대표제를 채택하는 것은 헌법에 위배되지 아니한다(헌재 2016.5.26. 2012헌마374).
㉤ ○ 국회의원 선거에 있어서 피선거권 행사연령을 만 25세 이상으로 하는 것은 공무담임권을 침해하지 아니한다(헌재 2013.8.29. 2014헌마288).

24 ②

㉠ ○ 1년 이상의 징역의 형의 선고를 받고 그 집행이 종료되지아니한 사람에 대하여 선거권을 제한하는 것은 선거권을 침해하지 아니한다(헌재 2017.5.25. 2016헌마292).
㉡ ○ 임기만료일 전 180일 이내 비례대표국회의원에 궐원이 생길 때를 비례대표 국회의원 의석승계 제한 사유로 규정하는 것은 헌법에 합치되지 아니한다(헌재 2009.6.25. 2008헌바413).
㉢ ○ 선거비용보전 제한조항이 예비후보자 선거비용을 보전하지 않도록 규정하는 것은 선거운동의 자유를 침해하지 아니한다(헌재 2018.7.26. 2016헌마524).
㉣ ✕ 시·도지사 선거운동 과정 선거운동 과정에서 후보자들이 확성장치를 사용할 수 있도록 허용하면서도 그로 인한 소음의 규제 기준을 정하지 아니하는 것은 헌법에 위배된다(헌재 2019.12.27. 2018헌마730).

25 ④

④ 재외선거인의 임기만료 지역구 국회의원 선거권을 인정하지 않는 것은 보통선거원칙에 위배되지 아니한다(헌재 2014.7.24. 2009헌마256).
① 공직선거의 개표사무를 보조하기 위하여 투표지를 구분하거나 계산에 필요한 기계장치 등을 이용할 수 있도록 하는 것은 선거권을 침해하는 것이 아니다(헌재 2016.3.31. 2015헌마1056).
② 대통령령으로 정하는 언론인의 선거운동을 금지하는 것은 언론인의 선거운동의 자유를 침해하는 것이다(헌재 2016.6.30. 2013헌가1).
③ 재외선거인 등록신청시 여권을 제시하도록 하는 것은 선거권과 평등권을 침해하지 않는다(헌재 2015.4.24. 2011헌마567).

제05회 정답 및 해설

문제편 78p

✅ 정답

01	④	02	①	03	③	04	④	05	①
06	①	07	④	08	④	09	③	10	④
11	③	12	②	13	①	14	②	15	④
16	④	17	①	18	②	19	④	20	④
21	④	22	②	23	④	24	②	25	④

01 ④

옳은 것은 ㉠, ㉡, ㉢, ㉤이다.

㉠ 선거운동 및 그 밖의 선거에 관한 사무를 처리하기 위하여 정당 또는 후보자는 정해진 바에 따라 선거사무소와 선거연락소를, 예비후보자는 선거사무소를, 정당은 중앙당 및 시·도당의 사무소에 선거대책기구 각 1개씩을 설치할 수 있다(공직선거법 제61조 제1항).

㉡ 재외국민으로서 해당 지방자치단체의 관할 구역에 주민등록이 되어 있는 사람에게 지역구국회의원선거, 지방자치단체의 의회의원 및 장의 선거권을 부여하였다(공직선거법 제15조 제1항 제2호 및 제2항 제2호).

📕 공직선거법 제15조(선거권)

① 18세 이상의 국민은 대통령 및 국회의원의 선거권이 있다. 다만, 지역구국회의원의 선거권은 18세 이상의 국민으로서 제37조 제1항에 따른 선거인명부작성기준일 현재 다음 각 호의 어느 하나에 해당하는 사람에 한하여 인정된다.
  1. 「주민등록법」 제6조 제1항 제1호 또는 제2호에 해당하는 사람으로서 해당 국회의원지역선거구 안에 주민등록이 되어 있는 사람
  2. 「주민등록법」 제6조 제1항 제3호에 해당하는 사람으로서 주민등록표에 3개월 이상 계속하여 올라 있고 해당 국회의원지역선거구 안에 주민등록이 되어 있는 사람

② 18세 이상으로서 제37조 제1항에 따른 선거인명부작성기준일 현재 다음 각 호의 어느 하나에 해당하는 사람은 그 구역에서 선거하는 지방자치단체의 의회의원 및 장의 선거권이 있다.
  1. 「주민등록법」 제6조 제1항 제1호 또는 제2호에 해당하는 사람으로서 해당 지방자치단체의 관할 구역에 주민등록이 되어 있는 사람
  2. 「주민등록법」 제6조 제1항 제3호에 해당하는 사람으로서 주민등록표에 3개월 이상 계속하여 올라 있고 해당 지방자치단체의 관할구역에 주민등록이 되어 있는 사람
  3. 「출입국관리법」 제10조에 따른 영주의 체류자격 취득일 후 3년이 경과한 외국인으로서 같은 법 제34조에 따라 해당 지방자치단체의 외국인등록대장에 올라 있는 사람

㉢ 후보자는 선거운동을 위하여 해당 선거구안의 읍·면·동 수의 2배 이내의 현수막을 게시할 수 있다(제67조 제1항).

㉤ 누구든지 선거일 전 90일부터 선거일까지 선거운동을 위하여 인공지능 기술 등을 이용하여 만든 실제와 구분하기 어려운 가상의 음향·이미지 또는 영상 등(이하 "딥페이크 영상"이라 한다)을 제작·편집·유포·상영 또는 게시하는 행위를 하여서는 아니된다(공직선거법 제82조8). 〈2023.12.28. 개정〉

㉣ 사전투표소는 사전투표기간 중 매일 오전 6시에 열고 오후 6시에 닫는다(공직선거법 제155조 제2항).

02 ①

고용주는 고용된 사람이 투표하기 위하여 필요한 시간을 청구할 수 있다는 사실을 선거일 전 7일부터 선거일 전 3일까지 인터넷 홈페이지, 사보, 사내게시판 등을 통하여 알려야 한다(공직선거법 제6조의2 제3항).

📕 공직선거법 제6조의2(다른 자에게 고용된 사람의 투표시간 보장)

① 다른 자에게 고용된 사람이 사전투표기간 및 선거일에 모두 근무를 하는 경우에는 투표하기 위하여 필요한 시간을 고용주에게 청구할 수 있다.

② 고용주는 제1항에 따른 청구가 있으면 고용된 사람이 투표하기 위하여 필요한 시간을 보장하여 주어야 한다.

③ 고용주는 고용된 사람이 투표하기 위하여 필요한 시간을 청구할 수 있다는 사실을 선거일 전 7일부터 선거일 전 3일까지 인터넷 홈페이지, 사보, 사내게시판 등을 통하여 알려야 한다.

03 ③

중앙선거관리위원회와 시·도선거관리위원회는 선거에 관한 여론조사의 객관성·신뢰성을 확보하기 위하여 선거여론조사심의위원회를 각각 설치·운영하여야 한다(공직선거법 제8조의8 제1항).

04 ④

제230조 제6항의 죄를 범한 자로서 벌금형의 선고를 받고 그 형이 확정된 후 10년을 경과하지 아니한 자는 피선거권이 없다(공직선거법 제19조 제5호).

> **공직선거법 제19조(피선거권이 없는 자)**
> 선거일 현재 다음 각 호의 어느 하나에 해당하는 자는 피선거권이 없다.
> 1. 제18조(선거권이 없는 자) 제1항 제1호·제3호 또는 제4호에 해당하는 자
> 2. 금고 이상의 형의 선고를 받고 그 형이 실효되지 아니한 자
> 3. 법원의 판결 또는 다른 법률에 의하여 피선거권이 정지되거나 상실된 자
> 4. 「국회법」 제166조(국회 회의 방해죄)의 죄를 범한 자로서 다음 각 목의 어느 하나에 해당하는 자(형이 실효된 자를 포함한다)
>   가. 500만원 이상의 벌금형의 선고를 받고 그 형이 확정된 후 5년이 경과되지 아니한 자
>   나. 형의 집행유예의 선고를 받고 그 형이 확정된 후 10년이 경과되지 아니한 자
>   다. 징역형의 선고를 받고 그 집행을 받지 아니하기로 확정된 후 또는 그 형의 집행이 종료되거나 면제된 후 10년이 경과되지 아니한 자
> 5. 제230조 제6항(정당의 후보자추천 관련 금품수수금지)의 죄를 범한 자로서 벌금형의 선고를 받고 그 형이 확정된 후 10년을 경과하지 아니한 자(형이 실효된 자도 포함한다)

05 ①

시·도별 지역구 시·도의원의 총 정수는 그 관할구역 안의 자치구·시·군(하나의 자치구·시·군이 2 이상의 국회의원지역선거구로 된 경우에는 국회의원지역선거구를 말하며, 행정구역의 변경으로 국회의원지역선거구와 행정구역이 합치되지 아니하게 된 때에는 행정구역을 말한다)수의 2배수로 하되, 인구·행정구역·지세·교통, 그 밖의 조건을 고려하여 100분의 14의 범위에서 조정할 수 있다. 다만, 자치구·시·군의 지역구시·도의원정수는 최소 1명으로 한다(공직선거법 제22조 제1항).

06 ①

공무원 등 법령에 따라 정치적 중립을 지켜야 하는 자는 직무와 관련하여 또는 지위를 이용하여 선거에 부당한 영향력을 행사하는 등 선거에 영향을 미치는 행위를 할 수 없다(공직선거법 제85조 제1항).
🔍 위법한 영향력(×) ③

> **공직선거법 제85조(공무원 등의 선거관여 등 금지)**
> ① 공무원 등 법령에 따라 정치적 중립을 지켜야 하는 자는 직무와 관련하여 또는 지위를 이용하여 선거에 부당한 영향력을 행사하는 등 선거에 영향을 미치는 행위를 할 수 없다.
> ② 공무원은 그 지위를 이용하여 선거운동을 할 수 없다. 이 경우 공무원이 그 소속직원이나 제53조 제1항 제4호부터 제6호까지에 규정된 기관 등의 임직원 또는 「공직자윤리법」 제17조에 따른 사기업체 등의 임·직원을 대상으로 한 선거운동은 그 지위를 이용하여 하는 선거운동으로 본다.
> ③ 누구든지 교육적·종교적 또는 직업적인 기관·단체 등의 조직 내에서의 직무상 행위를 이용하여 그 구성원에 대하여 선거운동을 하거나 하게 하거나, 계열화나 하도급 등 거래상 특수한 지위를 이용하여 기업조직·기업체 또는 그 구성원에 대하여 선거운동을 하거나 하게 할 수 없다.
> ④ 누구든지 교육적인 특수관계에 있는 선거권이 없는 자에 대하여 교육상의 행위를 이용하여 선거운동을 할 수 없다.

④ 선거에 의하여 취임하는 지방자치단체장의 선거운동을 금지하는 공직 선거법 제 60조 1항 제 4호 분 및 이에 위반하는 경우에 형사 처벌 하도록 한 공직 선거법 제 255조 제1항 제2호 부분은 헌법상 평등원칙의 위배되지 아니한다(헌재 2020.03.26. 2018 헌바90).

07 ④

다른 자에게 고용된 사람이 사전투표기간 및 선거일에 모두 근무를 하는 경우에는 투표하기 위하여 필요한 시간을 고용주에게 청구할 수 있다(공직선거법 제6조의2 제1항).

08 ④

누구든지 정당이 특정인을 후보자로 추천하는 일과 관련하여 금품이나 그 밖의 재산상의 이익 또는 공사의 직을 제공하거나 그 제공의 의사를 표시하거나 그 제공을 약속하는 행위를 하거나, 그 제공을 받거나 그 제공의 의사표시를 승낙할 수 없다. 이 경우 후보자(후보자가 되려는 사

람 포함)와 그 배우자(이하 "후보자 등"), 후보자 등의 직계존비속과 형제자매가 선거일 전 150일부터 선거일 후 60일까지 정치자금법에 따라 후원금을 기부하거나 당비를 납부하는 외에 정당 또는 국회의원[정당법 제37조(활동의 자유) 제3항에 따른 국회의원지역구 또는 자치구·시·군의 당원협의회 대표자를 포함하며, 이하 이 항에서 "국회의원 등"이라 한다], 국회의원 등의 배우자, 국회의원 등 또는 그 배우자의 직계존비속과 형제자매에게 채무의 변제, 대여 등 명목여하를 불문하고 금품이나 그 밖의 재산상의 이익을 제공한 때에는 정당이 특정인을 후보자로 추천하는 일과 관련하여 제공한 것으로 본다(공직선거법 제47조의2 제1항).

09 ③

선거인명부는 선거일 전 12일에, 거소·선상투표신고인명부는 선거인명부작성기간만료일의 다음 날에 각각 확정되며 해당 선거에 한하여 효력을 가진다(공직선거법 제44조 제1항).

10 ④

병원·요양소·수용소·교도소 및 구치소나 장애인복지법 제58조(장애인복지시설) 제1항 제1호에 따른 장애인거주시설로서 거소투표신고인을 수용하고 있는 기관·시설의 장은 그 명칭과 소재지 및 거소투표신고인수 등을 선거인명부작성기간만료일 후 3일까지 관할 구·시·군선거관리위원회에 신고하여야 한다(공직선거법 제149조 제1항).

11 ③

대통령선거 시 거소투표신고인명부에 올라 있는 선거인에게 점자형 선거공보를 포함한 책자형 선거공보를 거소투표용지를 발송하는 때에 동봉하여 발송하며, 거소투표용지는 선거일 전 10일까지 거소투표자에게 발송하여야 한다(공직선거법 제65조 제6항 제1호 가목, 동법 제154조 제1항).

12 ②

구·시·군선거관리위원회는 사전투표소에서 교부할 투표용지는 사전투표관리관이 사전투표소에서 투표용지 발급기를 이용하여 작성하게 하여야 한다. 이 경우 투표용지에 인쇄하는 일련번호는 바코드(컴퓨터가 인식할 수 있도록 표시한 막대 모양의 기호를 말한다)의 형태로 표시하여야 하며, 바코드에는 선거명, 선거구명 및 관할 선거관리위원회명을 함께 담을 수 있다(공직선거법 제151조 제6항).

13 ①

선거인(거소투표자와 선상투표자는 제외한다)은 누구든지 사전투표기간 중에 사전투표소에 가서 투표할 수 있다(공직선거법 제158조 제1항).

14 ②

구·시·군선거관리위원회는 개표사무를 보조하기 위하여 투표지를 유·무효별 또는 후보자(비례대표국회의원선거 및 비례대표지방의회의원선거에서는 정당을 말한다)별로 구분하거나 계산에 필요한 기계장치 또는 전산조직을 이용할 수 있다(공직선거법 제178조 제2항).

15 ④

구·시·군선거관리위원회는 제158조 제6항 제2호에 따라 사전투표함을 인계받은 때에는 해당 구·시·군선거관리위원회의 정당추천위원의 참여하에 투표함의 봉함·봉인상태를 확인하고 보관하여야 한다(공직선거법 제176조 제2항).

16 ④

중앙선거관리위원회는 사전투표소에서 사용하기 위하여 확정된 선거인명부의 전산자료 복사본을 이용하여 하나의 선거인명부(이하 "통합선거인명부"라 한다)를 작성한다(공직선거법 제44조의2 제1항).

17 ①

선거운동 및 그 밖의 선거에 관한 사무를 처리하기 위하여 정당 또는 후보자는 다음 각 호에 따라 선거사무소와 선거연락소를, 예비후보자는 선거사무소를, 정당은 중앙당 및 시·도당의 사무소에 선거대책기구 각 1개씩을 설치할 수 있다(공직선거법 제61조 제1항).

18 ②

거소투표자는 관할 구·시·군선거관리위원회로부터 송부 받은 투표용지에 1명의 후보자(비례대표국회의원선거 및 비례대표지방의회의원선거에서는 하나의 정당을 말한다)를 선택하여 투표용지의 해당 칸에 기표한 다음 회송용 봉투에 넣어 봉함한 후 등기우편으로 발송하여야 한다(공직선거법 제158조의2).

19 ④

④ 중앙선거여론조사심의위원회는 전국 또는 2 이상 시·도의 선거구민을 대상으로 하는 여론조사를, 시·도선거여론조사심의위원회는 해당 시·도의 선거구민을 대상으로 하는 여론조사를 심의한다(공직선거법 제8조의8 제9항).
① 공직선거법 제8조의8 제3항
② 공직선거법 제8조의8 제4항
③ 공직선거법 제8조의8 제10항

20 ④

후보자등록을 신청하는 자는 대통령선거·국회의원선거·지방의회의원 및 지방자치단체의 장의 선거와 교육의원선거 및 교육감선거에 후보자로 등록한 경력[선거가 실시된 연도, 선거명, 선거구명, 소속 정당명(정당의 후보자 추천이 허용된 선거에 한정한다), 당선 또는 낙선 여부를 말한다]에 관한 신고서를 제출하여야 한다(공직선거법 제49조 제4항 제7호).

21 ④

㉠ ○ 종교단체 내에서의 직무상 행위를 이용하여 그 구성원에 대하여 선거운동을 하거나 하게 할 수 없는 규정은 헌법에 위배되지 아니한다(헌재 2024.1.25. 2021헌바233).
㉡ ○ 점자형 선거공보의 작성면수를 제한하고 음성변환 방식에 의한 정보제공으로 점자형 선거공보의 작성을 대체할 수 있도록 하는 것은 평등권 위배가 아니다(헌재 2016.12.29., 2016헌마548).
㉢ ○ 선거운동 기간 중 인터넷 언론사 게시판 등에 정당 후보자에 대한지지, 반대의 정보를 게시하려고 할 경우 실명 확인 받도록 한 것은 인터넷 언론사의 언론의 자유를 침해하는 것이다(헌재 2021.1.28., 2018헌마456).
㉣ ○ 선거벽보 등에 후보자의 비정규학력을 게재하지 못하도록 하는 것은 헌법에 위배되지 아니한다(헌재 2009.11.26., 2008헌마114).

㉤ ○ 선거일전 180일부터 선거일까지 선거에 영향을 미치게 하기 위하여 일정한 내용의 문서 기타 이와 유사한 것의 배부 등은 금지하는 조항에 따라 일정한 내용의 휴대전화 문자 메시지 제공을 금지하는 것은 헌법에 위배되지 아니한다(헌재 2009.5.28., 2007헌바24).

22 ②

② 선거일 전 180일부터 선거일까지 선거에 영향을 미치게 하기위하여 정당 또는 후보자를지지, 추천하거나 반대하는 내용이 포함되어 있거나 정당의 명칭 또는 후보자의 성명을 나타내는 인터넷 홈페이지 또는 게시판 등에 전자우편 전송을 금지하는 것은 헌법에 위배된다(헌재2011.12.29., 2007헌마1001).
① 물품, 음식물, 서적, 관광 기타 교통편의를 제공받는 자는 그 제공받은 금액 또는 음식물, 물품 가액의 50배로 규정하는 것은 과잉금지 원칙에 위배된다(헌재 2009.3.26., 2007헌가22).
③ 후보자의 배우자가 그와 함께 다니는 사람 중에서 지정한 1명도 명함교부를 하게 하는 것은 헌법에 위배된다(헌재 2016.6.29., 2016헌마287).
④ 선거운동 등 정치적 표현의 자유는 민주주의사회를 구성하고 움직이게 하는 요소로 최대한 보장해야 한다(헌재 2014.4.24., 2011헌마17).

23 ④

㉠ ○ 투표용지에 표시되는 기호계재 순위를 후보자등록마감일 현재 국회에서 다수의석을 가지고 있는 정당을 우선하는 것은 헌법에 위배되지 아니한다(헌재 2013.11.28., 2013헌마17).
㉡ ○ 지방공무원이 국회의원 재선거에 출마하는 경우 후보자 등록 신청 전까지 그 직에서 사퇴하도록 규정하는 것은 평등권 침해가 아니다(헌재 2014.11.26., 2013헌마185).
㉢ ○ 지방자치단체의 장으로 하여금 당해 지방자치단체의 관할구역이 같거나 겹치는 선거구역에서 실시되는 지역구 국회의원 선거에 입후보하고자 하는 경우 당해선거의 선거일전 180일전까지 그 직을 사퇴하도록 규정하는 것은 비례성원칙에 위배된다(헌재 2003.9.26., 2003헌마106).
㉣ ○ 지방자치단체의 장으로 하여금 당해 지방자치단체의 관할구역이 같거나 겹치는 선거구역에서 실시되는 지역구 국회의원 선거에 입후보하고자 하는 경우 당해선거의 선거일 전 120일 전까지 그 직을 사퇴하도록 규정하는 것은 비례성원칙에 위배되지 아니한다(헌재 2006.7.27., 2003헌마758).

24 ③

③ 지역구 국회의원 예비후보자의 기탁금 반환사유를 예비후보자의 사망, 당내경선 탈락으로 한정하는 것은 헌법에 위배된다(헌재 2018.1.25., 2016헌마541).
① 선거사무장 선거사무관계자에게 선거운동과 관련하여 소정의 실비와 수당을 제외하는 일체의 금품제공을 금지하는 것은 헌법에 위배되지 아니한다(헌재 2011.4.28., 2010헌바273).
② 후보자가 되고자 하는 자의 기부행위를 제한하는 것은 선거운동의 자유를 침해하는 것은 아니다(헌재 2014.4.27., 2013헌바106).
④ 대통령 선거에 예비후보자등록을 선정하는 사람에게 기탁금의 20%인 6000만원을 기탁금 납부하게 하는 것은 헌법에 위배되지 아니한다(헌재 2015.7.30., 2012헌바402).

25 ④

㉠ ○ 인터넷언론사는 선거운동기간 중 당해 홈페이지 게시판 등에 정당·후보자에 대한 지지·반대 등의 정보를 게시하는 경우 실명을 확인받는 기술적 조치를 해야 하고, 행정안전부장관 및 신용정보업자는 실명인증자료를 관리하고 중앙선거관리위원회가 요구하는 경우 지체 없이 그 자료를 제출해야 하며, 실명확인을 위한 기술적 조치를 하지 아니하거나 실명인증의 표시가 없는 정보를 삭제하지 않는 경우 과태료를 부과하도록 정한 공직선거법 조항은 모두 헌법에 위반된다(헌재 2021.1.28., 2018헌마456).
㉡ ○ 사전투표관리관이 투표용지에 자신의 도장을 찍는 경우 도장의 날인은 인쇄날인으로 갈음할 수 있도록 하는 것은 헌법에 위배되지 아니한다(헌재 2023.10.26. 2022헌마232).
㉢ ○ 후보자의 회계책임자가 300만원 이상의 벌금을 선고받은 경우 후보자의 당선을 무효로 하고 있는 것은 헌법에 위배되지 아니한다(헌재2010.3.25., 2009헌마170).
㉣ ○ 지방공무원이 국회의원 재선거에 출마하는 경우에는 후보자 등록 신청 전까지 그 직을 사퇴하도록 하는 것은 공무담임권 침해가 아니다 (헌재 2014.3.27., 2013헌마185).
㉤ ○ 선상투표소에 설치된 모사전송 시스템을 활용하여 선거인이 스스로 투표하는 것은 비밀선거원칙에 위배되지 아니한다(헌재2007.6.28, 2005헌마772).

정답 및 해설

문제편 86p

정답

01	③	02	④	03	①	04	①	05	④
06	④	07	③	08	③	09	③	10	①
11	④	12	③	13	④	14	④	15	③
16	①	17	④	18	④	19	④	20	④

01 ③

- ㉠ ○ 국가는 선거권자가 선거권을 행사할 수 있도록 필요한 조치를 취하여야 한다(공직선거법 제6조 제1항).
- ㉡ ○ 국가와 지방자치단체는 격리자 등의 선거권 행사가 원활하게 이루어질 수 있도록 교통편의 제공 및 그 밖에 필요한 방안을 마련하여야 한다(공직선거법 제6조의3).
- ㉢ ✕ 공무원·학생 또는 다른 사람에게 고용된 자가 선거인명부를 열람하거나 투표하기 위하여 필요한 시간은 보장되어야 하며, 이를 휴무 또는 휴업으로 보지 아니한다(공직선거법 제6조 제3항).
- ㉣ ○ 선거권자는 성실하게 선거에 참여하여 선거권을 행사하여야 한다(공직선거법 제6조 제4항).

02 ④

읍·면·동선거관리위원회는 제외된다.
각급선거관리위원회(읍·면·동선거관리위원회는 제외한다)는 정책선거의 촉진을 위하여 필요한 사항을 적극적으로 홍보하여야 하며, 중립적으로 정책선거 촉진활동을 추진하는 단체에 그 활동에 필요한 경비를 지원할 수 있다(공직선거법 제7조 제2항).

03 ①

- ㉤ 선거관리위원회 위원은 선거사범조사권은 가지나, 수사권은 인정되지 않는다.

> **공직선거법 제9조(공무원의 중립의무 등)**
> ① 공무원 기타 정치적 중립을 지켜야 하는 자(기관·단체를 포함한다)는 선거에 대한 부당한 영향력의 행사 기타 선거결과에 영향을 미치는 행위를 하여서는 아니 된다.
> ② 검사(군검사를 포함한다) 또는 국가경찰공무원(검찰수사관 및 군사법경찰관리를 포함한다)은 이 법의 규정에 위반한 행위가 있다고 인정되는 때에는 신속·공정하게 단속·수사를 하여야 한다.
> 🔍 2017.7.7. 군검찰관 → 군검사

04 ①

- ㉥ 특정정당을 지지할 것을 표방하지 아니한 노동조합은 공명선거추진운동을 할 수 있다.

> **공직선거법 제10조(사회단체 등의 공명선거추진활동)**
> ① 사회단체 등은 선거부정을 감시하는 등 공명선거추진활동을 할 수 있다. 다만, 다음 각 호의 어느 하나에 해당하는 단체는 그 명의 또는 그 대표의 명의로 공명선거추진활동을 할 수 없다.
> 1. 특별법에 의하여 설립된 국민운동단체로서 국가 또는 지방자치단체의 출연 또는 보조를 받는 단체(바르게살기운동협의회·새마을운동협의회·한국자유총연맹을 말한다)
> 2. 법령에 의하여 정치활동이나 공직선거에의 관여가 금지된 단체
> 3. 후보자(후보자가 되고자 하는 자를 포함한다. 이하 이 조에서 같다), 후보자의 배우자와 후보자 또는 그 배우자의 직계존·비속과 형제자매나 후보자의 직계비속 및 형제자매의 배우자(이하 "후보자의 가족"이라 한다)가 설립하거나 운영하고 있는 단체
> 4. 특정 정당(창당준비위원회를 포함한다. 이하 이 조에서 같다) 또는 후보자를 지원하기 위하여 설립된 단체
> 5. 삭제 〈2005.8.4.〉

6. 선거운동을 하거나 할 것을 표방한 노동조합 또는 단체

05 ④

후보자 및 후보자가 되려는 사람은 제1항에 따라 선거방송심의위원회가 설치된 때부터 선거방송의 내용이 불공정하다고 인정되는 경우에는 선거방송심의위원회에 그 시정을 요구할 수 있고, 선거방송심의위원회는 지체 없이 이를 심의·의결하여야 한다(공직선거법 제8조의2 제6항).
① 선거방송심의위원회의 위원은 정당에 가입할 수 없다(공직선거법 제8조의2 제3항).
② 선거방송심의위원회는 선거방송의 정치적 중립성·형평성·객관성 및 제작기술상의 균형유지와 권리구제 기타 선거방송의 공정을 보장하기 위하여 필요한 사항을 정하여 이를 공표하여야 한다(공직선거법 제8조의2 제4항).
③ 선거방송심의위원회는 선거방송의 공정 여부를 조사하여야 하고, 조사결과 선거방송의 내용이 공정하지 아니하다고 인정되는 경우에는 「방송법」제100조 제1항 각 호에 따른 제재조치 등을 정하여 이를 「방송통신위원회의 설치 및 운영에 관한 법률」제3조 제1항에 따른 방송통신위원회에 통보하여야 하며, 방송통신위원회는 불공정한 선거방송을 한 방송사에 대하여 통보받은 제재조치 등을 지체 없이 명하여야 한다(공직선거법 제8조의2 제5항).

06 ④

인터넷선거보도심의위원회에 위원장 1인을 두되, 위원장은 위원 중에서 호선한다(공직선거법 제8조의5 제3항).
🔍 인터넷선거보도심의위원회는 국회에 교섭단체를 구성한 정당이 추천하는 각 1인과 방송통신심의위원회, 언론중재위원회, 학계, 법조계, 인터넷 언론단체 및 시민단체 등이 추천하는 자를 포함하여 중앙선거관리위원회가 위촉하는 11인 이내의 위원으로 구성하며, 위원의 임기는 3년으로 한다. 이 경우 위원정수에 관하여는 제8조의2 제2항 후단을 준용한다(공직선거법 제8조의5 제2항).

07 ③

> 참고 **선거별 선거구선거사무관리**
> [공직선거법 제13조 제1항]

대통령선거	중앙선거관리위원회
비례대표국회의원선거	
시·도지사선거	시·도선거관리위원회
비례대표시·도의회의원선거	
지역구국회의원선거	구·시·군선거관리위원회
지역구시·도의회의원선거	
자치구·시·군의회의원선거	
자치구청장·시장·군수선거	

08 ③

옳지 않은 것은 ㉢이다.

> 📖 **공직선거법 제34조(선거일)**
> ① 임기만료에 의한 선거의 선거일은 다음 각 호와 같다.
>   1. 대통령선거는 그 임기만료일 전 70일 이후 첫 번째 수요일
>   2. 국회의원선거는 그 임기만료일 전 50일 이후 첫 번째 수요일
>   3. 지방의회의원 및 지방자치단체의 장의 선거는 그 임기만료일 전 30일 이후 첫 번째 수요일
> ② 제1항의 규정에 의한 선거일이 국민생활과 밀접한 관련이 있는 민속절 또는 공휴일인 때와 선거일 전일이나 그 다음날이 공휴일인 때에는 그 다음 주의 수요일로 한다.

09 ③

옳은 것은 ㉠, ㉡, ㉢이다.

> 📖 **공직선거법 제15조(선거권)**
> ① 18세 이상의 국민은 대통령 및 국회의원의 선거권이 있다. 다만, 지역구국회의원의 선거권은 18세 이상의 국민으로서 제37조 제1항에 따른 선거인명부작성기준일 현재 다음 각 호의 어느 하나에 해당하는 사람에 한하여 인정된다.
>   1. 「주민등록법」 제6조 제1항 제1호 또는 제2호에 해당하는 사람으로서 해당 국회의원지역선거구 안에 주민등록이 되어 있는 사람
>   2. 「주민등록법」 제6조 제1항 제3호에 해당하는 사

람으로서 주민등록표에 3개월 이상 계속하여 올라 있고 해당 국회의원지역선거구 안에 주민등록이 되어 있는 사람
② 18세 이상으로서 제37조 제1항에 따른 선거인명부작성기준일 현재 다음 각 호의 어느 하나에 해당하는 사람은 그 구역에서 선거하는 지방자치단체의 의회의원 및 장의 선거권이 있다.
  1. 「주민등록법」 제6조 제1항 제1호 또는 제2호에 해당하는 사람으로서 해당 지방자치단체의 관할 구역에 주민등록이 되어 있는 사람
  2. 「주민등록법」 제6조 제1항 제3호에 해당하는 사람으로서 주민등록표에 3개월 이상 계속하여 올라 있고 해당 지방자치단체의 관할구역에 주민등록이 되어 있는 사람
  3. 「출입국관리법」 제10조에 따른 영주의 체류자격 취득일 후 3년이 경과한 외국인으로서 같은 법 제34조에 따라 해당 지방자치단체의 외국인등록대장에 올라 있는 사람

10 ①

옳지 않은 것은 ㉠이다.
선거일 현재 5년 이상 국내에 거주하고 있는 40세 이상의 국민은 대통령의 피선거권이 있다. 이 경우 공무로 외국에 파견된 기간과 국내에 주소를 두고 일정기간 외국에 체류한 기간은 국내거주기간으로 본다(공직선거법 제16조 제1항).

11 ①

자치구·시·군의원지역구의 공정한 획정을 위하여 시·도에 자치구·시·군의원선거구획정위원회를 둔다(공직선거법 제24조의3 제1항).
② 공직선거법 제24조의3 제2항
③ 공직선거법 제24조의3 제3항
④ 공직선거법 제24조의3 제5항

12 ③

구·시·군의 장은 선거인명부를 작성한 때에는 즉시 그 전산자료 복사본을 관할구·시·군선거관리위원회에 송부하여야 한다(공직선거법 제37조 제4항).

13 ④

모두 옳은 설명이다.

> **공직선거법 제47조(정당의 후보자추천)**
> ① 정당은 선거에 있어 선거구별로 선거할 정수범위 안에서 그 소속당원을 후보자(이하 "정당추천후보자"라 한다)로 추천할 수 있다. 다만, 비례대표자치구·시·군의원의 경우에는 그 정수 범위를 초과하여 추천할 수 있다.
> ② 정당이 제1항의 규정에 따라 후보자를 추천하는 때에는 민주적인 절차에 따라야 한다.
> ③ 정당이 비례대표국회의원선거 및 비례대표지방의회의원선거에 후보자를 추천하는 때에는 그 후보자 중 100분의 50 이상을 여성으로 추천하되, 그 후보자명부의 순위의 매 홀수에는 여성을 추천하여야 한다.
> ④ 정당이 임기만료에 따른 지역구국회의원선거 및 지역구지방의회의원선거에 후보자를 추천하는 때에는 각각 전국지역구총수의 100분의 30 이상을 여성으로 추천하도록 노력하여야 한다.
> ⑤ 정당이 임기만료에 따른 지역구지방의회의원선거에 후보자를 추천하는 때에는 지역구시·도의원선거 또는 지역구자치구·시·군의원선거 중 어느 하나의 선거에 국회의원지역구(군지역을 제외하며, 자치구의 일부지역이 다른 자치구 또는 군지역과 합하여 하나의 국회의원지역구로 된 경우에는 그 자치구의 일부지역도 제외한다)마다 1명 이상을 여성으로 추천하여야 한다.

14 ④

「정치자금법」 제27조(보조금의 배분)의 규정에 따라 보조금의 배분대상이 되는 정당은 당내경선사무 중 경선운동, 투표 및 개표에 관한 사무의 관리를 당해 선거의 관할선거구선거관리위원회에 위탁할 수 있다(공직선거법 제57조의4 제1항).

15 ③

대통령선거의 무소속후보자가 되고자 하는 자는 5 이상의 시·도에 나누어 하나의 시·도에 주민등록이 되어 있는 선거권자의 수를 700인 이상으로 한 3천500인 이상 6천인 이하의 선거권자의 추천을 받아야 한다(공직선거법 제48조 제2항 제1호).

> **참고** 무소속후보자가 되고자 하는 경우 추천 선거권자 수
> [공직선거법 48조 제2항]

대통령선거	5 이상의 시·도에 나누어 하나의 시·도에 주민등록이 되어 있는 선거권자의 수를 700인 이상으로 한 3천 500인 이상 6천인 이하
지역구국회의원선거	300인 이상 500인 이하
지역구시·도의회의원선거	100인 이상 200인 이하
시·도지사선거	당해 시·도 안의 3분의 1이상의 자치구·시·군에 나누어 하나의 자치구·시·군을 50인 이상으로 한 1,000인 이상 2,000인 이하
자치구청장·시장·군수선거	300인 이상 500인 이하
자치구·시·군의회의원선거	50인 이상 100인 이하. 단, 인구 1,000인 미만의 선거구에 있어서는 30인 이상 50인 이하

16 ①

무소속후보자는 특정 정당으로부터의 지지 또는 추천받음을 표방할 수 없다(공직선거법 제84조).

> **공직선거법 제84조(무소속후보자의 정당표방제한)**
> 무소속후보자는 특정 정당으로부터의 지지 또는 추천받음을 표방할 수 없다. 다만, 정당의 당원경력의 표시는 그러하지 아니하다. 다만, 다음 각 호의 어느 하나에 해당하는 행위는 그러하지 아니하다.
> 1. 정당의 당원경력을 표시하는 행위
> 2. 해당 선거구에 후보자를 추천하지 아니한 정당이 무소속후보자를 지지하거나 지원하는 경우 그 사실을 표방하는 행위

17 ④

선거운동을 할 수 있는 자는 관혼상제의 의식이 거행되는 장소와 도로·시장·점포·다방·대합실 기타 다수인이 왕래하는 공개된 장소에서 정당 또는 후보자에 대한 지지를 호소할 수 있다(공직선거법 제106조 제2항).

> **공직선거법 제106조(호별방문의 제한)**
> ① 누구든지 선거운동을 위하여 또는 선거기간 중 입당의 권유를 위하여 호별로 방문할 수 없다.

> ② 선거운동을 할 수 있는 자는 제1항의 규정에 불구하고 관혼상제의 의식이 거행되는 장소와 도로·시장·점포·다방·대합실 기타 다수인이 왕래하는 공개된 장소에서 정당 또는 후보자에 대한 지지를 호소할 수 있다.
> ③ 누구든지 선거기간 중 공개장소에서의 연설·대담의 통지를 위하여 호별로 방문할 수 없다.

18 ④

> **참고** 기부행위로 보지 않는 행위
> [공직선거법 제112조 제2항]
> 1. 통상적인 정당활동과 관련한 행위 : "통상적인 범위에서 제공하는 음식물 또는 음료"라 함은 중앙선관위 규칙으로 정하는 금액범위 안에서 일상적인 예를 갖추는 데 필요한 정도로 현장에서 소비될 것으로 제공하는 것. 기념품 또는 선물로 제공하는 것은 제외
> 2. 의례적인 행위
> 3. 구호적·자선적 행위
> 4. 직무상의 행위 : 지방자치단체의 직무상의 행위는 법령·조례에 따라 표창·포상하는 경우를 제외하고는 해당 지자체의 명의로 해야 하며, 해당 지자체장의 직명 또는 성명을 밝히거나 그가 하는 것으로 추정할 수 있는 방법으로 하는 행위는 기부행위로 본다.('그가 하는 것으로 추정할 수 있는 방법'이란 – 종전의 대상·방법·범위·시기 등을 법령 또는 조례의 제정 또는 개정 없이 확대 변경하는 경우, 해당 지자체장의 업적을 홍보하는 등 그를 선전하는 행위가 부가되는 경우)
> 5. 법령의 규정에 근거하여 금품 등을 찬조·출연 또는 제공하는 행위
> 6. 그 밖에 위에 준하는 행위로서 중앙선관위 규칙으로 정하는 행위

19 ④

모두 선거비용으로 인정되지 않는다.

> **공직선거법 제120조(선거비용으로 인정되지 아니하는 비용)**
> 다음 각 호의 어느 하나에 해당하는 비용은 이 법에 따른 선거비용으로 보지 아니한다.
> 1. 선거권자의 추천을 받는 데 소요된 비용 등 선거운동을 위한 준비행위에 소요되는 비용
> 2. 정당의 후보자선출대회비용 기타 선거와 관련한 정당활동에 소요되는 정당비용
> 3. 선거에 관하여 국가·지방자치단체 또는 선거관

리위원회에 납부하거나 지급하는 기탁금과 모든 납부금 및 수수료
4. 선거사무소와 선거연락소의 전화료·전기료 및 수도료 기타의 유지비로서 선거기간 전부터 정당 또는 후보자가 지출하여 온 경비
5. 선거사무소와 선거연락소의 설치 및 유지비용
6. 정당, 후보자, 선거사무장, 선거연락소장, 선거사무원, 회계책임자, 연설원 및 대담·토론자가 승용하는 자동차[제91조(확성장치와 자동차 등의 사용제한) 제4항의 규정에 의한 자동차와 선박을 포함한다]의 운영비용
7. 제삼자가 정당·후보자·선거사무장·선거연락소장 또는 회계책임자와 통모함이 없이 특정 후보자의 선거운동을 위하여 지출한 전신료 등의 비용
8. 제112조 제2항에 따라 기부행위로 보지 아니하는 행위에 소요되는 비용. 다만, 같은 항 제1호 마목(정당의 사무소를 방문하는 사람에게 제공하는 경우는 제외한다) 및 제2호 사목(후보자·예비후보자가 아닌 국회의원이 제공하는 경우는 제외한다)의 행위에 소요되는 비용은 선거비용으로 본다.
9. 선거일 후에 지출원인이 발생한 잔무정리비용
10. 후보자(후보자가 되려는 사람을 포함한다)가 선거에 관한 여론조사의 실시를 위하여 지출한 비용. 다만, 제60조의2 제1항에 따른 예비후보자등록신청개시일부터 선거일까지의 기간 동안 4회를 초과하여 실시하는 선거에 관한 여론조사비용은 선거비용으로 본다.

20 ④

지방의회의원과 지방자치단체장 선거는 선거소청 후에 소송을 제기할 수 있다(공직선거법 제219조 제1항).

제07회 정답 및 해설

✓ 정답

01	①	02	①	03	①	04	②	05	②
06	②	07	③	08	①	09	④	10	④
11	④	12	①	13	③	14	①	15	①
16	②	17	①	18	③	19	③	20	④

01 ①

인터넷광고근거의 표시방법 그 밖에 필요한 사항은 중앙선거관리위원회규칙으로 정한다(공직선거법 제82조의7 제6항).

02 ①

투표구마다 투표관리관 1인을 둔다.

📖 공직선거법 제146조의2(투표관리관 및 사전투표관리관)
① 구·시·군선거관리위원회는 투표에 관한 사무를 관리하게 하기 위하여 투표구마다 투표관리관 1명을, 사전투표소마다 사전투표관리관 1명을 각각 둔다.
② 투표관리관 및 사전투표관리관은 국가 또는 지방자치단체의 소속 공무원 또는 각급학교의 교직원 중에서 위촉하며, 사전투표관리관은 위촉된 투표관리관 중에서 지정할 수 있다.
③ 국가기관·지방자치단체 및 각급 학교의 장이 선거관리위원회로부터 투표관리관 및 사전투표관리관의 추천 협조요구를 받은 때에는 우선적으로 이에 따라야 한다.
④ 투표관리관 및 사전투표관리관의 위촉 및 해촉, 수당 그 밖에 필요한 사항은 중앙선거관리위원회규칙으로 정한다.

03 ①

옳지 않은 것은 ㉠이다.
㉠ 읍·면·동선거관리위원회는 선거일 전일까지 관할 구역 안의 투표구마다 투표소를 설치하여야 한다.

📖 공직선거법 제147조(투표소의 설치)
① 읍·면·동선거관리위원회는 선거일 전일까지 관할 구역 안의 투표구마다 투표소를 설치하여야 한다.
② 투표소는 투표구 안의 학교, 읍·면·동사무소 등 관공서, 공공기관·단체의 사무소, 주민회관 기타 선거인이 투표하기 편리한 곳에 설치한다. 다만, 당해 투표구 안에 투표소를 설치할 적당한 장소가 없는 경우에는 인접한 다른 투표구 안에 설치할 수 있다.
③ 학교·관공서 및 공공기관·단체의 장은 선거관리위원회로부터 투표소 설치를 위한 장소사용 협조요구를 받은 때에는 우선적으로 이에 응하여야 한다.
④ 병영 안과 종교시설 안에는 투표소를 설치하지 못한다. 다만, 종교시설의 경우 투표소를 설치할 적합한 장소가 없는 부득이한 경우에는 그러하지 아니하다.
⑤ 투표소에는 기표소·투표함·참관인의 좌석 그 밖의 투표관리에 필요한 시설을 설비하여야 한다.
⑥ 기표소는 그 안을 다른 사람이 엿볼 수 없도록 설비하여야 하며 어떠한 표지도 하여서는 아니 된다.
⑦ 정당·후보자·선거사무장 또는 선거연락소장은 투표소의 설비에 대하여 그 시정을 요구할 수 있다.

04 ②

10명 이상의 거소투표신고인을 수용하고 있는 기관·시설의 장은 일시·장소를 정하여 해당 신고인의 거소투표를 위한 기표소를 설치하여야 한다(공직선거법 제149조 제3항).

05 ②

㉠ ○ 투표소는 선거일 오전 6시에 열고 오후 6시(보궐선거 등에 있어서는 오후 8시)에 닫는다. 다만, 마감할 때에 투표소에서 투표하기 위하여 대기하고 있는 선거인에게는 번호표를 부여하여 투표하게 한 후에 닫아야 한다(공직선거법 제155조 제1항).
㉡ ✕ 사전투표소는 사전투표기간 중 매일 오전 6시에 열고 오후 6시에 닫는다(공직선거법 제155조 제2항).

ⓒ ○ 투표를 개시하는 때에는 투표관리관은 투표함 및 기표소 내외의 이상유무에 관하여 검사하여야 하며, 이에는 투표참관인이 참관하여야 한다. 다만, 투표개시시각까지 투표참관인이 참석하지 아니한 때에는 최초로 투표하러 온 선거인으로 하여금 참관하게 하여야 한다(공직선거법 제155조 제3항).

ⓔ ○ 사전투표소에서 투표를 개시하는 때에는 사전투표관리관은 사전투표함 및 기표소 내외의 이상 유무에 관하여 검사하여야 하며, 이에는 사전투표참관인이 참관하여야 한다. 다만, 사전투표개시시각까지 사전투표참관인이 참석하지 아니한 때에는 최초로 투표하러 온 선거인으로 하여금 참관하게 하여야 한다(공직선거법 제155조 제4항).

06 ②

㉠ ○ 선거인(거소투표자와 선상투표자는 제외한다)은 누구든지 사전투표기간 중에 사전투표소에 가서 투표할 수 있다(공직선거법 제158조 제1항).

㉡ ○ 사전투표를 하려는 선거인은 사전투표소에서 신분증명서를 제시하여 본인임을 확인받은 다음 전자적 방식으로 손도장을 찍거나 서명한 후 투표용지를 받아야 한다. 이 경우 중앙선거관리위원회는 해당 선거인에게 투표용지가 교부된 사실을 확인할 수 있도록 신분증명서의 일부를 전자적 이미지 형태로 저장하여 선거일의 투표마감시각까지 보관하여야 한다(공직선거법 제158조 제2항).

㉢ ✕ 사전투표관리관은 투표용지 발급기로 선거권이 있는 해당 선거의 투표용지를 인쇄하여 "사전투표관리관" 칸에 자신의 도장을 찍은 후 일련번호를 떼지 아니하고 회송용 봉투와 함께 선거인에게 교부한다(공직선거법 제158조 제3항).

㉣ ○ 전기통신 장애 등이 발생하는 경우 사전투표절차, 그 밖에 필요한 사항은 중앙선거관리위원회규칙으로 정한다(공직선거법 제158조 제8항).

07 ③

투표소에 출입할 수 없는 사람은 ㉤, ㉥이다.
투표하려는 선거인·투표참관인·투표관리관, 읍·면·동선거관리위원회 및 그 상급선거관리위원회의 위원과 직원 및 투표사무원을 제외하고는 누구든지 투표소에 들어갈 수 없다(공직선거법 제163조 제1항).

08 ①

선거인은 투표한 후보자의 성명이나 정당명을 누구에게도 또한 어떠한 경우에도 진술할 의무가 없으며, 누구든지 선거일의 투표마감시각까지 이를 질문하거나 그 진술을 요구할 수 없다. 다만, 텔레비전방송국·라디오방송국·「신문 등의 진흥에 관한 법률」제2조 제1호 가목 및 나목에 따른 일간신문사가 선거의 결과를 예상하기 위하여 선거일에 투표소로부터 50미터 밖에서 투표의 비밀이 침해되지 않는 방법으로 질문하는 경우에는 그러하지 아니하며 이 경우 투표마감시각까지 그 경위와 결과를 공표할 수 없다(공직선거법 제167조 제2항).

09 ④

구·시·군선거관리위원회는 개표사무를 보조하게 하기 위하여 개표사무원을 두어야 한다(공직선거법 제174조 제1항).

> **공직선거법 제173조(개표소)**
> ① 구·시·군선거관리위원회는 선거일 전 5일까지 그 구·시·군의 사무소 소재지 또는 당해 관할구역(당해 구역 안에 적정한 장소가 없는 때에는 인접한 다른 구역을 포함한다) 안에 설치할 개표소를 공고하여야 한다. 다만, 천재·지변 기타 부득이한 사유가 있는 때에는 이를 변경할 수 있으며, 이 경우에는 즉시 공고하여야 한다.
> ② 구·시·군선거관리위원회는 2개 이상의 개표소를 설치할 수 있다.
> ③ 제147조(투표소의 설치) 제3항의 규정은 개표소에 준용한다.
> ④ 2개 이상의 개표소를 설치하는 때의 개표의 절차 및 방법 기타 필요한 사항은 중앙선거관리위원회규칙으로 정한다.

10 ④

투표용지를 교부받은 후 그 선거인에게 책임이 있는 사유로 훼손 또는 오손된 때에는 다시 이를 교부하지 아니한다(공직선거법 제157조 제5항).

> **공직선거법 제157조(투표용지수령 및 기표절차)**
> ① 선거인은 자신이 투표소에 가서 투표참관인의 참관하에 주민등록증(주민등록증이 없는 경우에는 관공서 또는 공공기관이 발행한 증명서로서 사진이 첨부되어 본인임을 확인할 수 있는 여권·운전면허증·공무원증 또는 중앙선거관리위원회규칙으로 정하는 신분증명

서를 말한다. 이하 "신분증명서"라 한다)을 제시하고 본인임을 확인받은 후 선거인명부에 서명이나 날인 또는 무인하고 투표용지를 받아야 한다.
② 투표관리관은 선거일에 선거인에게 투표용지를 교부하는 때에는 사인날인란에 사인을 날인한 후 선거인이 보는 앞에서 일련번호지를 떼어서 교부하되, 필요하다고 인정되는 때에는 100매 이내의 범위 안에서 그 사인을 미리 날인해 놓은 후 이를 교부할 수 있다. 다만, 당해 정당추천위원이 없거나 참여하지 아니하는 경우에는 입회를 포기한 것으로 본다.
③ 투표관리관은 신분증명서를 제시하지 아니한 선거인에게 투표용지를 교부하여서는 아니 된다.
④ 선거인은 투표용지를 받은 후 기표소에 들어가 투표용지에 1인의 후보자(비례대표국회의원선거와 비례대표지방의회의원선거에 있어서는 하나의 정당을 말한다)를 선택하여 투표용지의 해당란에 기표한 후 그 자리에서 기표내용이 다른 사람에게 보이지 아니하게 접어 투표참관인의 앞에서 투표함에 넣어야 한다.
⑤ 투표용지를 교부받은 후 그 선거인에게 책임이 있는 사유로 훼손 또는 오손된 때에는 다시 이를 교부하지 아니한다.
⑥ 선거인은 투표소의 질서를 해하지 아니하는 범위 안에서 초등학생 이하의 어린이와 함께 투표소(초등학생인 어린이의 경우에는 기표소를 제외한다) 안에 출입할 수 있으며, 시각 또는 신체의 장애로 인하여 자신이 기표할 수 없는 선거인은 그 가족 또는 본인이 지명한 2인을 동반하여 투표를 보조하게 할 수 있다.
⑦ 제6항의 경우를 제외하고는 같은 기표소 안에 2인 이상이 동시에 들어갈 수 없다.

11 ④

모두 무효표에 해당한다.

> 📖 **공직선거법 제179조(무효투표)**
> ① 다음 각 호의 어느 하나에 해당하는 투표는 무효로 한다.
>   1. 정규의 투표용지를 사용하지 아니한 것
>   2. 어느 란에도 표를 하지 아니한 것
>   3. 2란에 걸쳐서 표를 하거나 2 이상의 란에 표를 한 것
>   4. 어느 란에 표를 한 것인지 식별할 수 없는 것
>   5. ⓘ표를 하지 아니하고 문자 또는 물형을 기입한 것
>   6. ⓘ표 외에 다른 사항을 기입한 것
>   7. 선거관리위원회의 기표용구가 아닌 용구로 표를 한 것
> ② 사전투표 및 거소투표의 경우에는 제1항의 규정에 의하는 외에 다음 각 호의 어느 하나에 해당하는 투표도 이를 무효로 한다.
>   1. 정규의 회송용 봉투를 사용하지 아니한 것
>   2. 회송용 봉투가 봉함되지 아니한 것
> ③ 선상투표의 경우에는 제1항에 따라 무효로 하는 경우 외에 다음 각 호의 어느 하나에 해당하는 경우에도 무효로 한다.
>   1. 선상투표신고서에 기재된 팩시밀리 번호가 아닌 번호를 이용하여 전송되거나 전송한 팩시밀리 번호를 알 수 없는 것
>   2. 같은 선거인의 투표지가 2회 이상 수신된 경우 정상적으로 수신된 최초의 투표지 외의 것
>   3. 선거인이나 선장 또는 입회인의 서명이 누락된 것(제158조의3 제3항 단서에 따라 입회인을 두지 아니한 경우 입회인의 서명이 누락된 것은 제외한다)
>   4. 표지부분에 후보자의 성명이나 정당의 명칭 또는 그 성명이나 명칭을 유추할 수 있는 내용이 표시된 것

12 ①

구·시·군선거관리위원회는 개표참관인이 개표내용을 식별할 수 있는 가까운 거리(1미터 이상 2미터 이내)에서 참관할 수 있도록 개표참관인석을 마련하여야 한다(공직선거법 제181조 제7항).

13 ③

시·도선거관리위원회가 제1항의 개표록을 송부받은 때에는 대통령선거에 있어서는 후보자별 득표수를, 비례대표국회의원선거에 있어서는 정당별 득표수를 계산·공표하고 집계록을 작성하여 중앙선거관리위원회에 송부하여야 한다(공직선거법 제185조 제3항).

> 📖 **공직선거법 제185조(개표록·집계록 및 선거록의 작성 등)**
> ① 구·시·군선거관리위원회는 개표결과를 즉시 공표하고 개표록을 작성하여 관할선거구선거관리위원회(대통령선거 및 비례대표국회의원선거에 있어서는 시·도선거관리위원회)에 송부하여야 한다.
> ② 제1항의 개표록을 송부받은 관할선거구선거관리위원회는 지체 없이 후보자(비례대표지방의회의원선거에 있어서는 정당을 말한다)별 득표수를 계산·공표하고 선거록을 작성하여야 한다.
> ③ 시·도선거관리위원회가 제1항의 개표록을 송부받은 때에는 대통령선거에 있어서는 후보자별 득표수를,

비례대표국회의원선거에 있어서는 정당별 득표수를 계산·공표하고 집계록을 작성하여 중앙선거관리위원회에 송부하여야 한다.
④ 중앙선거관리위원회가 제3항의 집계록을 송부받은 때에는 대통령선거에 있어서는 후보자별 득표수를, 비례대표국회의원선거에 있어서는 정당별 득표수를 계산·공표하고, 선거록을 작성하여야 한다.
⑤ 개표록·집계록 및 선거록에는 위원장과 출석한 위원 전원이 기명하고 서명 또는 날인하여야 한다. 다만, 정당한 사유 없이 서명 또는 날인을 거부하는 위원이 있는 때에는 그 권한을 포기한 것으로 보고, 개표록·집계록 및 선거록에 그 사유를 기재한다.
⑥ 개표록·집계록 및 선거록의 서식 기타 필요한 사항은 중앙선거관리위원회규칙으로 정한다.

14 ①

개표가 끝난 때에는 투표구별로 개표한 투표지를 유효·무효로 구분하고, 유효투표지는 다시 후보자(비례대표국회의원선거 및 비례대표지방의회의원선거에 있어서는 후보자를 추천한 정당을 말한다)별로 구분하여 각각 포장하여 구·시·군선거관리위원회 위원장이 봉인하여야 한다(공직선거법 제184조).

15 ①

대통령선거에서 후보자가 1인일 때에는 그 득표수가 선거권자 총수의 3분의 1 이상이 아니면 대통령으로 당선될 수 없다(헌법 제67조 제3항).

16 ②

중앙선거관리위원회는 비례대표국회의원선거에서 유효투표총수의 100분의 3 이상을 득표하였거나 지역구국회의원총선거에서 5석 이상의 의석을 차지한 각 정당(이하 이 조에서 "의석할당정당"이라 한다)에 대하여 당해 의석할당정당이 비례대표국회의원선거에서 얻은 득표비율에 따라 비례대표국회의원의석을 배분한다(공직선거법 제189조 제1항).

17 ①

Ⓐ 임기 중 사망·사퇴 등을 사유로 궐원 또는 궐위가 발생한 때 실시하는 선거는 보궐선거이다.

> **공직선거법 제195조(재선거)**
> ① 다음 각 호의 1에 해당하는 사유가 있는 때에는 재선거를 실시한다.
> 1. 당해 선거구의 후보자가 없는 때
> 2. 당선인이 없거나 지역구 자치구·시·군의원선거에 있어 당선인이 당해 선거구에서 선거할 지방의회의원정수에 달하지 아니한 때
> 3. 선거의 전부무효의 판결 또는 결정이 있는 때
> 4. 당선인이 임기개시 전에 사퇴하거나 사망한 때
> 5. 당선인이 임기개시 전에 제192조(피선거권상실로 인한 당선무효 등) 제2항의 규정에 의하여 당선의 효력이 상실되거나 같은 조 제3항의 규정에 의하여 당선이 무효로 된 때
> 6. 제263조(선거비용의 초과지출로 인한 당선무효) 내지 제265조(선거사무장 등의 선거범죄로 인한 당선무효)의 규정에 의하여 당선이 무효로 된 때
> ② 하나의 선거의 같은 선거구에 제200조(보궐선거)의 규정에 의한 보궐선거의 실시사유가 확정된 후 재선거 실시사유가 확정된 경우로서 그 선거일이 같은 때에는 재선거로 본다.

18 ③

후보자는 다른 선거의 후보자의 선거사무장·선거연락소장·선거사무원 또는 회계책임자가 될 수 없다(공직선거법 제205조 제4항).

> **공직선거법 제205조(선거운동기구의 설치 및 선거사무관계자의 선임에 관한 특례)**
> ① 동시선거에 있어서 같은 정당의 추천을 받은 2인 이상의 후보자(비례대표지방의회의원선거에 있어서는 후보자를 추천한 정당을 포함한다. 이하 이 조에서 같다)는 선거사무소와 선거연락소를 공동으로 설치할 수 있다.
> ② 동시선거에 있어서 같은 정당의 추천을 받은 2인 이상의 후보자는 선거사무장·선거연락소장 또는 선거사무원을 공동으로 선임할 수 있다.
> ③ 제1항 및 제2항의 경우 그 설치 또는 선임은 후보자가 각각 설치·선임한 것으로 보며, 그 설치·선임신고서에 그 사실을 명시하여야 하고 공동설치·선임에 따른 비용은 당해 후보자 간의 약정에 의하여 분담할 수 있되, 그 분담내역을 설치·선임신고서에 명시하여야 한다.

④ 후보자는 다른 선거의 후보자의 선거사무장·선거연락소장·선거사무원 또는 회계책임자가 될 수 없다.
⑤ 선거사무소·선거연락소의 공동설치와 선거사무관계자의 공동선임에 따른 설치·선임신고 및 신분증명서의 서식 기타 필요한 사항은 중앙선거관리위원회규칙으로 정한다.

19 ③

지방의회의원선거와 지방자치단체장선거에서는 선거소청이 인정된다(공직선거법 제219조).

20 ④

국회의원, 대통령, 시·도지사, 비례대표의원선거소송은 대법원이 전속관할이다(공직선거법 제222조 제1항).

제08회 정답 및 해설

문제편 99p

정답

01	①	02	①	03	④	04	④	05	①
06	③	07	④	08	②	09	①	10	②
11	④	12	①	13	④	14	①	15	④
16	①	17	②	18	④	19	①	20	④

01 ①

선거인명부의 작성에 관하여는 관할구·시·군선거관리위원회 및 읍·면·동선거관리위원회가 이를 감독한다(공직선거법 제39조 제1항).

📖 공직선거법 제39조(명부작성의 감독 등)
① 선거인명부(거소·선상투표신고인명부를 포함한다. 이하 이 조에서 같다)의 작성에 관하여는 관할구·시·군선거관리위원회 및 읍·면·동선거관리위원회가 이를 감독한다.
② 선거인명부작성에 종사하는 공무원이 임면된 때에는 당해 구·시·군의 장은 지체 없이 관할구·시·군선거관리위원회에 그 사실을 통보하여야 한다.
③ 선거인명부작성기간 중에 선거인명부작성에 종사하는 공무원을 해임하고자 하는 때에는 그 임면권자는 관할구·시·군선거관리위원회 또는 직근 상급선거관리위원회와 협의하여야 한다.
④ 선거인명부작성에 종사하는 공무원이 정당한 사유 없이 선거인명부작성에 관하여 관할구·시·군선거관리위원회 또는 읍·면·동선거관리위원회의 지시·명령 또는 시정요구에 불응하거나 그 직무를 태만히 한 때 또는 위법·부당한 행위를 한 때에는 관할구·시·군선거관리위원회 또는 직근 상급선거관리위원회는 임면권자에게 그 교체를 요구할 수 있다.
⑤ 제4항의 교체요구가 있는 때에는 임면권자는 정당한 사유가 없는 한 이에 따라야 한다.

02 ①

㉠, ㉡은 전국을 단위로 하여 선거한다(공직선거법 제20조 제1항).

📖 공직선거법 제20조(선거구)
① 대통령 및 비례대표국회의원은 전국을 단위로 하여 선거한다.
② 비례대표시·도의원은 당해 시·도를 단위로 선거하며, 비례대표자치구·시·군의원은 당해 자치구·시·군을 단위로 선거한다.
③ 지역구국회의원, 지역구지방의회의원(지역구시·도의원 및 지역구 자치구·시·군의원을 말한다. 이하 같다)은 당해 의원의 선거구를 단위로 하여 선거한다.
④ 지방자치단체의 장은 당해 지방자치단체의 관할구역을 단위로 하여 선거한다.

03 ④

대통령선거의 선거기간은 23일이다(공직선거법 제33조 제1항 제1호).

📖 공직선거법 제33조(선거기간)
① 선거별 선거기간은 다음 각 호와 같다.
  1. 대통령선거는 23일
  2. 국회의원선거와 지방자치단체의 의회의원 및 장의 선거는 14일
  3. 삭제 〈2002.3.7.〉
② 삭제 〈2004.3.12.〉
③ "선거기간"이란 다음 각 호의 기간을 말한다.
  1. 대통령선거 : 후보자등록마감일의 다음 날부터 선거일까지
  2. 국회의원선거와 지방자치단체의 의회의원 및 장의 선거 : 후보자등록마감일 후 6일부터 선거일까지

04 ④

모두 선거운동으로 보지 않는다.

> **공직선거법 제58조(정의 등)**
> ① 이 법에서 "선거운동"이라 함은 당선되거나 되게 하거나 되지 못하게 하기 위한 행위를 말한다. 다만, 다음 각 호의 어느 하나에 해당하는 행위는 선거운동으로 보지 아니한다.
>   1. 선거에 관한 단순한 의견개진 및 의사표시
>   2. 입후보와 선거운동을 위한 준비행위
>   3. 정당의 후보자 추천에 관한 단순한 지지·반대의 의견개진 및 의사표시
>   4. 통상적인 정당활동
>   5. 삭제〈2005.5.14.〉
>   6. 설날·추석 등 명절 및 석가탄신일·기독탄신일 등에 하는 의례적인 인사말을 문자메시지로 전송하는 행위(그림말, 음성, 화상, 동영상 등을 포함한다. 이하 같다)
> ② 누구든지 자유롭게 선거운동을 할 수 있다. 그러나 이 법 또는 다른 법률의 규정에 의하여 금지 또는 제한되는 경우에는 그러하지 아니하다.

05 ①

특별시장이나 시·도지사 선거의 기탁금은 5,000만원이나, 예비후보자는 선거기탁금의 100분의 20에 해당하는 금액을 기탁금으로 납부하여야 한다(공직선거법 제60조의2 제2항).

06 ③

후보자(비례대표국회의원후보자 및 비례대표지방의회의원후보자를 제외하며, 대통령선거에 있어서 정당추천후보자의 경우에는 그 추천정당을 말한다)는 선거운동을 위하여 해당 선거구안의 읍·면·동 수의 2배 이내의 현수막을 게시할 수 있다(공직선거법 제67조 제1항).

07 ④

대통령선거에서 선거운동을 위한 신문광고는 선거기간개시일부터 선거일 전 2일까지 총 70회 이내로 할 수 있다(공직선거법 제69조 제1항).

> **공직선거법 제69조(신문광고)**
> ① 선거운동을 위한 신문광고는 후보자(대통령선거에 있어서 정당추천후보자와 비례대표국회의원선거의 경우에는 후보자를 추천한 정당을 말한다. 이하 이 조에서 같다)가 다음 각 호에 의하여 선거기간개시일부터 선거일 전 2일까지 소속정당의 정강·정책이나 후보자의 정견, 정치자금모금(대통령선거에 한한다) 기타 홍보에 필요한 사항을 「신문 등의 진흥에 관한 법률」 제2조(정의) 제1호 가목 및 나목에 따른 일간신문에 게재할 수 있다. 이 경우 일간신문에의 광고회수의 계산에 있어서는 하나의 일간신문에 1회 광고하는 것을 1회로 본다.
>   1. 대통령선거
>   총 70회 이내
>   2. 비례대표국회의원선거
>   총 20회 이내
>   3. 시·도지사선거
>   총 5회 이내. 다만, 인구 300만을 넘는 시·도에 있어서는 300만을 넘는 매 100만까지마다 1회를 더한다.

08 ②

한국방송공사는 대통령선거·국회의원선거 및 지방자치단체의 장 선거에 있어서 선거운동기간중 텔레비전과 라디오 방송시설을 이용하여 후보자마다 매회 2분 이내의 범위 안에서 관할선거구선거관리위원회가 제공하는 후보자의 사진·성명·기호·연령·소속정당명(무소속후보자는 "무소속"이라 한다) 및 직업 기타 주요한 경력을 선거인에게 알리기 위하여 방송하여야 한다. 이 경우 대통령선거가 아닌 선거에 있어서는 그 지역방송시설을 이용하여 실시할 수 있다(공직선거법 제73조 제1항).

09 ①

ⓒ 선거운동을 하거나 할 것을 표방하지 아니한 노동조합 또는 단체는 후보자 등 초청 대담·토론회를 개최할 수 있다(공직선거법 제81조 제1항).

10 ②

㉠, ㉡, ㉢ 선거방송토론위원회가 주관하는 대담·토론회 초청대상후보자이다.

> **참고** 대통령선거에서 각급선거방송토론위원회가 개최하는 대담·토론회 대상 후보자
> [공직선거법 제82조의2 제4항 제1호]
>
> - 국회에 5인 이상의 소속의원을 가진 정당이 추천한 후보자
> - 직전 대통령선거, 비례대표국회의원선거, 비례대표시·도의원선거 또는 비례대표자치구·시·군의원선거에서 전국 유효투표총수의 100분의 3 이상을 득표한 정당이 추천한 후보자
> - 중앙선거관리위원회규칙이 정하는 바에 따라 언론기관이 선거기간개시일 전 30일부터 선거기간개시일 전일까지의 사이에 실시하여 공표한 여론조사결과를 평균한 지지율이 100분의 5 이상인 후보자

11 ④

전송자의 명칭 및 연락처 규정은 2005.8.4. 개정 시 삭제되었다.

12 ①

㉤ 공원·문화원·시장·운동장은 연설·대담할 수 있다(공직선거법 제80조 제1호).

> **공직선거법 제80조(연설금지장소)**
> 다음 각 호의 1에 해당하는 시설이나 장소에서는 제79조(공개장소에서의 연설·대담)의 연설·대담을 할 수 없다.
> 1. 국가 또는 지방자치단체가 소유하거나 관리하는 건물·시설. 다만, 공원·문화원·시장·운동장·주민회관·체육관·도로변·광장 또는 학교 기타 다수인이 왕래하는 공개된 장소는 그러하지 아니하다.
> 2. 선박·정기여객자동차·열차·전동차·항공기의 안과 그 터미널 구내 및 지하철역 구내
> 3. 병원·진료소·도서관·연구소 또는 시험소 기타 의료·연구시설

13 ④

지방자치단체장은 교양강좌나 경로행사를 개최하거나 후원하는 행위를 선거일 전 60일부터 선거일까지 할 수 없다(공직선거법 제86조 제2항).

14 ①

공개장소에서의 연설·대담은 오후 11시부터 다음날 오전 7시까지는 할 수 없다. 다만, 공개장소에서의 연설·대담을 하는 경우 자동차에 부착된 확성장치 또는 휴대용 확성장치는 오전 7시부터 오후 9시까지 할 수 있다(공직선거법 제102조 제1항).

> **공직선거법 제102조(야간연설 등의 제한)**
> ① 이 법의 규정에 의한 연설·대담과 대담·토론회(방송시설을 이용하는 경우를 제외한다)는 오후 11시부터 다음날 오전 6시까지는 개최할 수 없으며, 공개장소에서의 연설·대담은 오후 11시부터 다음날 오전 7시까지는 이를 할 수 없다. 다만, 공개장소에서의 연설·대담을 하는 경우 자동차에 부착된 확성장치 또는 휴대용 확성장치는 오전 7시부터 오후 9시까지 사용할 수 있다.
> ② 제79조에 따른 공개장소에서의 연설·대담을 하는 경우 오후 9시부터 다음 날 오전 7시까지 같은 조 제10항에 따른 녹음기와 녹화기(비디오 및 오디오 기기를 포함한다. 이하 이 항에서 같다)를 사용할 수 없다. 다만, 녹화기는 소리의 출력 없이 화면만을 표출하는 경우에 한정하여 오후 11시까지 사용할 수 있다. 〈2022.1.18. 개정〉

15 ④

누구든지 선거기간 중 선거에 영향을 미치게 하기 위하여 향우회·종친회·동창회·단합대회 또는 야유회, 그 밖의 집회나 모임을 개최할 수 없다(공직선거법 제103조 제3항).

> **공직선거법 제103조(각종집회 등의 제한)**
> ① 삭제 〈2010.1.25.〉
> ② 특별법에 따라 설립된 국민운동단체로서 국가나 지방자치단체의 출연 또는 보조를 받는 단체(바르게살기운동협의회·새마을운동협의회·한국자유총연맹을 말한다) 및 주민자치위원회는 선거기간 중 회의 그 밖에 어떠한 명칭의 모임도 개최할 수 없다.
> ③ 누구든지 선거기간 중 선거에 영향을 미치게 하기 위하여 향우회·종친회·동창회·단합대회 또는 야유회, 그 밖의 집회나 모임을 개최할 수 없다.
> ④ 선거기간 중에는 특별한 사유가 없는 한 반상회를 개최할 수 없다.
> ⑤ 누구든지 선거일 전 90일(선거일 전 90일 후에 실시사유가 확정된 보궐선거 등에 있어서는 그 선거의 실시사유가 확정된 때)부터 선거일까지 후보자(후보자가 되고자 하는 자를 포함한다)와 관련 있는 저서의 출판기념회를 개최할 수 없다.

16 ①

누구든지 선거일 전 6일부터 선거일의 투표마감시각까지 선거에 관하여 정당에 대한 지지도나 당선인을 예상하게 하는 여론조사(모의투표나 인기투표에 의한 경우를 포함한다. 이하 이 조에서 같다)의 경위와 그 결과를 공표하거나 인용하여 보도할 수 없다(공직선거법 제108조 제1항).

17 ②

누구든지 선거에 관한 여론조사를 실시하려면 여론조사의 목적, 표본의 크기, 조사지역·일시·방법, 전체 설문내용 등 중앙선거관리위원회규칙으로 정하는 사항을 여론조사 개시일 전 2일까지 관할 선거여론조사심의위원회에 서면으로 신고하여야 한다(공직선거법 제108조 제3항).

🔍 위 신고가 제외되는 자 : 제3자로부터 여론조사를 의뢰받은 여론조사 기관·단체(제3자의 의뢰 없이 직접 하는 경우 제외), 정당(창당준비위원회와 정책연구소 포함), 방송사업자, 전국 또는 시·도를 보급지역으로 하는 신문사업자 및 정기간행물사업자, 뉴스통신사업자, 위 방송·신문·정기간행물·뉴스통신사업자가 관리·운영하는 인터넷언론사, 전년도 말 기준 직전 3개월 간의 일일 평균 이용자 수 10만명 이상인 인터넷언론사

18 ②

대통령선거의 선거비용제한액은 '인구수×950'원으로 한다(공직선거법 제121조 제1항 제1호).

19 ①

선거구선거관리위원회는 규정에 따라 후보자(대통령선거의 정당추천후보자와 비례대표국회의원선거 및 비례대표지방의회의원선거에 있어서는 후보자를 추천한 정당)가 공직선거법의 규정에 의한 선거운동을 위하여 지출한 선거비용을 제122조(선거비용제한액의 공고)의 규정에 의하여 공고한 비용의 범위 안에서 대통령선거 및 국회의원선거에 있어서는 국가의 부담으로, 지방자치단체의 의회의원 및 장의 선거에 있어서는 당해 지방자치단체의 부담으로 선거일 후 보전한다(공직선거법 제122조의2 제1항).

20 ④

동시선거에 있어서 사전투표참관인은 8명 이내로 한다(공직선거법 제213조 제4항).

> 📖 **공직선거법 제213조(투표참관인선정 및 지정 등에 관한 특례)**
> ① 동시선거에 있어 투표참관인은 제161조(투표참관) 제2항의 규정에 의한 선정·신고인수에 불구하고 후보자를 추천한 정당과 무소속후보자마다 2인을 선정·신고하여야 한다.
> ② 동시선거의 투표참관인의 지정에 있어 제161조 제4항의 "후보자"는 "정당 또는 후보자"로, "후보자별"은 "정당·후보자별"로 본다.
> ③ 동시선거에서 사전투표참관인은 제162조 제2항에 따른 선정·신고인수에 불구하고 당해 선거에 참여한 정당마다 2인을, 무소속후보자는 1인을 선정·신고하여야 한다.
> ④ 동시선거에 있어서 사전투표참관인은 8명 이내로 하되, 제3항의 규정에 의하여 선정·신고한 인원수가 8명을 넘는 때에는 관할선거관리위원회는 정당이 선정·신고한 자를 우선 지정하고 나머지 인원은 무소속후보자가 선정·신고한 자 중에서 8명에 달할 때까지 추첨에 의하여 지정한다. 이 경우 정당이 선정·신고한 인원수가 12인을 넘는 때에는 제150조 제3항부터 제5항까지의 규정에 따른 정당순위의 앞 순위의 정당이 선정·신고한 자부터 12인에 달할 때까지 지정한다.

제09회 정답 및 해설

문제편 104p

정답

01	④	02	③	03	②	04	④	05	①
06	②	07	③	08	③	09	④	10	①
11	③	12	①	13	④	14	③	15	④
16	④	17	④	18	②	19	④	20	④

01 ④

시·도지사선거에 있어서 당선소송은 대법원에 제기할 수 있다.

구분	대통령·국회의원선거	지방선거
제소권자	정당, 후보자	당선무효소청의 결정에 불복이 있는 소청인
기한	당선인 결정일로부터 30일 이내	소청결정서를 받은 날로부터 10일 이내
피고	• 대통령선거 : 당선인, 중앙선관위원장, 국회의 장, 법무부장관 • 국회의원선거 : 당선인, 당해 선거구 선관위원장, 관할고등검찰청검사장	• 기각, 각하결정 : 당선인 • 인용 결정 : 인용 결정한 선거구 선관위원장
제소법원	대법원	• 비례대표시·도의원선거 및 시·도지사선거 : 대법원 • 그 밖에 지방선거 : 고등법원

02 ③

국회의원 선거권이 없는 사람, 정당의 당원인 사람, 재외투표관리관은 재외선거관리위원회 위원이 될 수 없다(공직선거법 제218조 제3항).

03 ②

정당 또는 후보자(후보자가 되고자 하는 자 포함)는 인터넷언론사의 선거보도가 불공정하다고 인정되는 때에는 그 보도가 있음을 안 날부터 10일 이내에 인터넷선거보도심의위원회에 서면으로 이의신청을 할 수 있다(공직선거법 제8조의6 제2항).

04 ④

모두 옳은 설명이다.

공직선거법 제10조의2(공정선거지원단)

① 각급선거관리위원회(읍·면·동선거관리위원회는 제외한다)는 선거부정을 감시하고 공정선거를 지원하기 위하여 공정선거지원단을 둔다.
② 공정선거지원단은 선거운동을 할 수 있는 자로서 정당의 당원이 아닌 중립적이고 공정한 자 중에서 중앙선거관리위원회규칙으로 정하는 바에 따라 10명 이내로 구성한다. 다만, 선거일 전 60일(선거일 전 60일 후에 실시사유가 확정된 보궐선거 등의 경우 그 선거의 실시사유가 확정된 때)부터 선거일 후 10일까지는 중앙선거관리위원회 및 시·도선거관리위원회는 10인 이내의, 구·시·군선거관리위원회는 20인 이내의 인원을 추가하여 구성할 수 있다.
③ 삭제 〈2008.2.29.〉
④ 삭제 〈2008.2.29.〉
⑤ 삭제 〈2008.2.29.〉
⑥ 선거부정감시단은 관할 선거관리위원회의 지휘를 받아 이 법에 위반되는 행위에 대하여 증거자료를 수집하거나 조사활동을 할 수 있다.
⑦ 선거부정감시단의 소속원에 대하여는 예산의 범위 안에서 수당 또는 실비를 지급할 수 있다.
⑧ 선거부정감시단의 구성·활동방법 및 수당·실비의 지급 기타 필요한 사항은 중앙선거관리위원회규칙으로 정한다.

05 ①

㋐ 국가인권위원회는 인터넷선거보도심의위원회의 위원을 추천할 수 없다.

㋑ 인터넷선거보도심의위원회는 국회에 교섭단체를 구성한 정당이 추천하는 각 1인과 방송통신심의위원회, 언론중재위원회, 학계, 법조계, 인터넷 언론단체 및 시민단체 등이 추천하는 자를 포함하여 중앙선거관리위원회가 위촉하는 11인 이내의 위원으로 구성하며, 위원의 임기는 3년으로 한다. 이 경우 위원정수에 관하여는 제8조의2 제2항 후단을 준용한다(공직선거법 제8조의5 제2항).

06 ②

대통령의 궐위로 인한 선거 또는 재선거는 선거의 실시사유가 확정된 때부터 60일 이내에 실시하되, 선거일은 늦어도 선거일 전 50일까지 대통령 또는 대통령권한대행자가 공고하여야 한다(공직선거법 제35조 제1항).

07 ③

국공립·사립학교의 초·중·고 교사는 당원이 될 수 없으므로 당내경선의 선거인이 될 수 없다(공직선거법 제57조의2 제3항).

08 ③

국회의원지역구는 시·도의 관할구역 안에서 인구·행정구역·지리적 여건·교통·생활문화권 등을 고려하여 기준에 따라 획정한다(공직선거법 제25조 제1항).

> **공직선거법 제25조(국회의원지역구의 획정)**
> ① 국회의원지역구는 시·도의 관할구역 안에서 인구·행정구역·지리적 여건·교통·생활문화권 등을 고려하여 다음 각 호의 기준에 따라 획정한다.
>   1. 국회의원지역구 획정의 기준이 되는 인구는 선거일 전 15개월이 속하는 달의 말일 현재 「주민등록법」 제7조 제1항에 따른 주민등록표에 따라 조사한 인구로 한다.
>   2. 하나의 자치구·시·군의 일부를 분할하여 다른 국회의원지역구에 속하게 할 수 없다. 다만, 인구범위(인구비례 2:1의 범위를 말한다. 이하 이 조에서 같다)에 미달하는 자치구·시·군으로서 인접한 하나 이상의 자치구·시·군의 관할구역 전부를 합하는 방법으로는 그 인구범위를 충족하는 하나의 국회의원지역구를 구성할 수 없는 경우에는 그 인접한 자치구·시·군의 일부를 분할하여 구성할 수 있다.
> ② 국회의원지역구의 획정에 있어서는 제1항 제2호의 인구범위를 벗어나지 아니하는 범위에서 농산어촌의 지역대표성이 반영될 수 있도록 노력하여야 한다.
> ③ 국회의원지역구의 명칭과 그 구역은 별표 1과 같이 한다.

09 ④

모두 거소투표할 수 있다.

> **공직선거법 제38조(거소·선상투표신고)**
> ④ 다음 각 호의 어느 하나에 해당하는 사람은 거소(제6호에 해당하는 선원의 경우 선상을 말한다)에서 투표할 수 있다.
>   1. 법령에 따라 영내 또는 함정에 장기기거하는 군인이나 경찰공무원 중 사전투표소 및 투표소에 가서 투표할 수 없을 정도로 멀리 떨어진 영내(營內) 또는 함정에 근무하는 자
>   2. 병원·요양소·수용소·교도소 또는 구치소에 기거하는 사람
>   3. 신체에 중대한 장애가 있어 거동할 수 없는 자
>   4. 사전투표소 및 투표소에 가기 어려운 멀리 떨어진 외딴 섬 중 중앙선거관리위원회규칙으로 정하는 섬에 거주하는 자
>   5. 사전투표소 및 투표소를 설치할 수 없는 지역에 장기기거하는 자로서 중앙선거관리위원회규칙으로 정하는 자
>   6. 제2항에 해당하는 선원

10 ①

㉑ 벌금 100만원 이상의 형의 범죄경력(실효된 형을 포함하며, 이하 "전과기록"이라 한다)에 관한 증명서류

11 ③

관할선거구선거관리위원회는 규정에 따라 해당 금액을 선거일 후 30일 이내에 기탁자에게 반환한다. 이 경우 반환하지 아니하는 기탁금은 국가 또는 지방자치단체에 귀속한다(공직선거법 제57조 제1항).

> **공직선거법 제57조(기탁금의 반환 등)** 〈개정〉
> ① 관할선거구선거관리위원회는 다음 각 호의 구분에 따른 금액을 선거일 후 30일 이내에 기탁자에게 반환한다. 이 경우 반환하지 아니하는 기탁금은 국가 또는 지방자치단체에 귀속한다. 〈개정 2004. 3. 12., 2005. 8. 4., 2010. 1. 25., 2020. 3. 25., 2022. 4. 20.〉
> 1. 대통령선거, 지역구국회의원선거, 지역구지방의회의원선거 및 지방자치단체의 장선거
>   가. 후보자가 당선되거나 사망한 경우와 유효투표총수의 100분의 15 이상(후보자가 「장애인복지법」 제32조에 따라 등록한 장애인이거나 선거일 현재 39세 이하인 경우에는 유효투표총수의 100분의 10 이상을 말한다)을 득표한 경우에는 기탁금 전액
>   나. 후보자가 유효투표총수의 100분의 10 이상 100분의 15 미만(후보자가 「장애인복지법」 제32조에 따라 등록한 장애인이거나 선거일 현재 39세 이하인 경우에는 유효투표총수의 100분의 5 이상 100분의 10 미만을 말한다)을 득표한 경우에는 기탁금의 100분의 50에 해당하는 금액
>   다. 예비후보자가 사망하거나, 당헌·당규에 따라 소속 정당에 후보자로 추천하여 줄 것을 신청하였으나 해당 정당의 추천을 받지 못하여 후보자로 등록하지 않은 경우에는 제60조의2제2항에 따라 납부한 기탁금 전액
> 2. 비례대표국회의원선거 및 비례대표지방의회의원선거
>   당해 후보자명부에 올라 있는 후보자중 당선인이 있는 때에는 기탁금 전액. 다만, 제189조 및 제190조의2에 따른 당선인의 결정 전에 사퇴하거나 등록이 무효로 된 후보자의 기탁금은 제외한다.
> ② 제56조제3항에 따라 기탁금에서 부담하여야 할 비용은 제1항에 따라 기탁금을 반환하는 때에 공제하되, 그 부담비용이 반환할 기탁금을 넘는 사람은 그 차액을, 기탁금 전액이 국가 또는 지방자치단체에 귀속되는 사람은 그 부담비용 전액을 해당 선거구선거관리위원회의 고지에 따라 그 고지를 받은 날부터 10일 이내에 납부하여야 한다. 〈개정 2010. 1. 25.〉
> ③ 관할선거구선거관리위원회는 제2항의 납부기한까지 해당자가 그 금액을 납부하지 아니한 때에는 관할세무서장에게 징수를 위탁하고, 관할세무서장은 국세체납처분의 예에 따라 이를 징수하여 국가 또는 해당 지방자치단체에 납입하여야 한다. 이 경우 제271조에 따른 불법시설물 등에 대한 대집행비용은 우선 해당 선거관리위원회가 지출한 후 관할세무서장에게 그 징수를 위탁할 수 있다. 〈신설 2010. 1. 25.〉
> ④ 삭제 〈2000. 2. 16.〉
> ⑤ 기탁금의 반환 및 귀속 기타 필요한 사항은 중앙선거관리위원회규칙으로 정한다. 〈개정 2000. 2. 16.〉

12 ①

선거운동은 선거기간개시일부터 선거일 전일까지에 한하여 할 수 있다(공직선거법 제59조 제1항).

13 ④

후보자는 제1항의 규정에 의한 방송광고에 있어서 청각장애선거인을 위한 한국 수화 언어(이하 한국수어라고 한다) 또는 자막을 방영할 수 있다(공직선거법 제70조 제6항).

14 ③

선거운동을 할 수 없는 자는 ㉠, ㉡, ㉢, ㉣이다.

> **공직선거법 제60조(선거운동을 할 수 없는 자)**
> ① 다음 각 호의 어느 하나에 해당하는 사람은 선거운동을 할 수 없다. 다만, 제1호에 해당하는 사람이 예비후보자·후보자의 배우자인 경우와 제4호부터 제8호까지의 규정에 해당하는 사람이 예비후보자·후보자의 배우자이거나 후보자의 직계존비속인 경우에는 그러하지 아니하다.
> 1. 대한민국 국민이 아닌 자. 다만, 제15조 제2항 제3호에 따른 외국인이 해당 선거에서 선거운동을 하는 경우에는 그러하지 아니하다.
> 2. 미성년자(18세 미만의 자를 말한다. 이하 같다)
> 3. 제18조(선거권이 없는 자) 제1항의 규정에 의하여 선거권이 없는 자
> 4. 「국가공무원법」 제2조(공무원의 구분)에 규정된 국가공무원과 「지방공무원법」 제2조(공무원의 구분)에 규정된 지방공무원. 다만, 「정당법」 제22조(발기인 및 당원의 자격) 제1항 제1호 단서의 규정에 의하여 정당의 당원이 될 수 있는 공무원(국회의원과 지방의회의원 외의 정무직공무원을 제외한다)은 그러하지 아니하다.

5. 제53조(공무원 등의 입후보) 제1항 제2호 내지 제7호에 해당하는 자(제5호 및 제6호의 경우에는 그 상근직원을 포함한다)
6. 예비군 중대장급 이상의 간부
7. 통·리·반의 장 및 읍·면·동주민자치센터(그 명칭에 관계없이 읍·면·동사무소 기능전환의 일환으로 조례에 의하여 설치된 각종 문화·복지·편익시설을 총칭한다. 이하 같다)에 설치된 주민자치위원회(주민자치센터의 운영을 위하여 조례에 의하여 읍·면·동사무소의 관할구역별로 두는 위원회를 말한다. 이하 같다)위원
8. 특별법에 의하여 설립된 국민운동단체로서 국가 또는 지방자치단체의 출연 또는 보조를 받는 단체(바르게살기운동협의회·새마을운동협의회·한국자유총연맹을 말한다)의 상근 임·직원 및 이들 단체 등(시·도조직 및 구·시·군조직을 포함한다)의 대표자
9. 선상투표신고를 한 선원이 승선하고 있는 선박의 선장

② 각급선거관리위원회위원·예비군 중대장급 이상의 간부·주민자치위원회위원 또는 통·리·반의 장이 선거사무장, 선거연락소장, 선거사무원, 제62조 제4항에 따른 활동보조인, 회계책임자, 연설원, 대담·토론자 또는 투표참관인이나 사전투표참관인이 되고자 하는 때에는 선거일 전 90일(선거일 전 90일 후에 실시사유가 확정된 보궐선거 등에서는 그 선거의 실시사유가 확정된 때부터 5일 이내)까지 그 직을 그만두어야 하며, 선거일 후 6월 이내(주민자치위원회위원은 선거일까지)에는 종전의 직에 복직될 수 없다. 이 경우 그만둔 것으로 보는 시기에 관하여는 제53조 제4항을 준용한다.

15 ④

대통령선거에 있어서 한국철도공사사장은 중앙선거관리위원회규칙이 정하는 바에 따라 선거운동기간 중에 선거운동용으로 계속하여 사용할 수 있는 전국용 무료승차권 50매를 각 후보자에게 발급하여야 한다(공직선거법 제83조 제1항).

16 ④

후보자의 인터넷광고 시 횟수제한은 없다(공직선거법 제82조의7).

17 ④

주류나 식사는 의정활동보고회나 정책토론 시에 참석자에게 제공할 수 없다(공직선거법 제112조 제2항 제2호 차목).

18 ②

기관지를 발행·배부하고자 하는 때에는 발행 즉시 2부를 중앙선거관리위원회에 제출하여야 하되, 전자적 파일로 대신 제출할 수 있다(공직선거법 제139조 제3항).

19 ④

모두 옳은 설명이다.

> **공직선거법 제151조(투표용지와 투표함의 작성)**
> ① 투표용지와 투표함은 구·시·군선거관리위원회가 작성하여 선거일 전일까지 읍·면·동선거관리위원회에 송부하며, 이를 송부받은 읍·면·동선거관리위원회 위원장은 투표용지를 봉함하여 보관하였다가 투표함과 함께 투표관리관에게 인계하여야 한다.
> ② 하나의 선거에 관한 투표에 있어서 투표구마다 선거구별로 동시에 2개의 투표함을 사용할 수 없다.
> ③ 사전투표소의 투표함(이하 "사전투표함"이라 한다)과 우편으로 접수한 투표를 보관하는 투표함(이하 "우편투표함"이라 한다)은 따로 작성하되, 그 수는 예상 사전투표자수 및 거소투표신고인수·선상투표신고인수를 감안하여 당해 구·시·군선거관리위원회가 정한다.
> ④ 투표용지에는 중앙선거관리위원회규칙이 정하는 바에 따라 관할구·시·군선거관리위원회의 청인을 날인하여야 한다. 이 경우 그 청인의 날인은 인쇄날인으로 갈음할 수 있다.
> ⑤ 구·시·군선거관리위원회는 투표용지의 인쇄·납품 및 읍·면·동선거관리위원회에 송부하는 과정에, 읍·면·동선거관리위원회는 투표용지의 수령·보관 및 투표관리관에게 인계하는 과정에 당해 선거관리위원회의 정당추천위원이 각각 참여하여 입회할 수 있도록 하여야 한다. 이 경우 정당추천위원이 참여하지 아니한 때에는 입회를 포기한 것으로 본다.
> ⑥ 구·시·군선거관리위원회는 제1항 및 제5항에도 불구하고 사전투표소에서 교부할 투표용지는 사전투표관리관이 사전투표소에서 투표용지 발급기를 이용하여 작성하게 하여야 한다. 이 경우 투표용지에 인쇄하는 일련번호는 바코드(컴퓨터가 인식할 수 있도록 표시한 막대 모양의 기호를 말한다)의 형태로 표시하여야 하며, 바코드에는 선거명, 선거구명 및 관할 선거관리

> 위원회명을 함께 담을 수 있다.
> ⑦ 제1항 또는 제6항에 따라 투표용지를 작성하는 때에는 각 정당칸 또는 후보자칸 사이에 여백을 두어야 하며, 그 구체적인 작성방법은 중앙선거관리위원회규칙으로 정한다.
> ⑧ 구·시·군선거관리위원회는 시각장애로 인하여 자신이 기표를 할 수 없는 선거인을 위하여 필요한 경우에는 중앙선거관리위원회규칙이 정하는 바에 따라 특수 투표용지 또는 투표보조용구를 제작·사용할 수 있다.
> ⑨ 투표용지와 투표함의 규격 및 투표용지의 봉함·보관·인계 그 밖에 필요한 사항은 중앙선거관리위원회규칙으로 정한다.

20 ④

투표안내문의 발송을 위한 우편요금은 국가 또는 당해 지방자치단체가 부담한다(공직선거법 제153조 제2항).

제10회 정답 및 해설

문제편 110p

✅ 정답

01	②	02	②	03	②	04	②	05	②
06	④	07	①	08	①	09	②	10	④
11	①	12	④	13	②	14	②	15	②
16	①	17	①	18	②	19	①	20	①

01 ②

투표용지에는 후보자의 기호·정당추천후보자의 소속정당명 및 성명을 표시하여야 한다. 다만, 무소속후보자는 후보자의 정당추천후보자의 소속정당명의 난에 "무소속"으로 표시하고, 비례대표국회의원선거 및 비례대표지방의회의원선거에 있어서는 후보자를 추천한 정당의 기호와 정당명을 표시하여야 한다(공직선거법 제150조 제1항).

02 ②

거소투표신고인을 수용하고 있는 기관·시설의 장은 그 명칭과 소재지 및 거소투표신고인수 등을 선거인명부작성기간만료일 후 3일까지 관할 구·시·군선거관리위원회에 신고하여야 한다(공직선거법 제149조 제1항).

> 📖 **공직선거법 제149조(기관·시설 안의 기표소)**
> ① 다음 각 호의 어느 하나에 해당하는 기관·시설(이하 이 조에서 "기관·시설"이라 한다)로서 제38조제1항의 거소투표신고인을 수용하고 있는 기관·시설의 장은 그 명칭과 소재지 및 거소투표신고인수 등을 선거인명부작성기간만료일 후 3일까지 관할 구·시·군선거관리위원회에 신고하여야 한다. 〈개정 2022. 2. 16.〉
> 1. 병원·요양소·수용소·교도소 및 구치소
> 2. 「장애인복지법」 제58조(장애인복지시설)제1항제1호에 따른 장애인 거주시설
> 3. 「감염병의 예방 및 관리에 관한 법률」 제36조제3항에 따른 감염병관리시설 또는 같은 법 제39조의3제1항에 따른 감염병의심자 격리시설
> ② 제1항의 신고를 받은 관할 구·시·군선거관리위원회는 거소투표신고인을 수용하고 있는 기관·시설의 명칭과 소재지 및 거소투표신고인수 등을 공고하여야 한다.
> ③ 10명 이상의 거소투표신고인을 수용하고 있는 기관·시설의 장은 일시·장소를 정하여 해당 신고인의 거소투표를 위한 기표소를 설치하여야 한다.
> ④ 후보자(대통령선거에서 정당추천후보자의 경우에는 그 추천 정당을 말한다. 이하 이 조에서 같다)·선거사무장 또는 선거연락소장은 10명 미만의 거소투표신고인을 수용하고 있는 기관·시설의 장에게 제2항에 따른 공고일 후 2일 이내에 거소투표를 위한 기표소 설치를 요청할 수 있다. 이 경우 기관·시설의 장은 정당한 사유가 없는 한 이에 따라야 한다.
> ⑤ 제3항 및 제4항에 따라 기표소를 설치하는 기관·시설의 장은 기표소 설치·운영 일시 및 장소를 정하여 그 기표소 설치일 전 2일까지 관할 구·시·군선거관리위원회에 신고하여야 하며, 신고를 받은 관할 구·시·군선거관리위원회는 이를 공고하여야 한다.
> ⑥ 후보자·선거사무장·선거연락소장은 선거권자 중에서 1명을 선정하여 기관·시설의 장이 설치·운영하는 기표소의 투표상황을 참관하게 할 수 있다.
> ⑦ 기관·시설의 장은 기표소를 설치하는 장소에 기표소·참관좌석, 그 밖에 필요한 시설을 설비하여야 한다.
> ⑧ 기관·시설의 거소투표신고인수 공고 서식, 그 밖에 필요한 사항은 중앙선거관리위원회규칙으로 정한다.

03 ②

사전투표·거소투표 및 선상투표는 선거일 오후 6시(보궐선거 등에 있어서는 오후 8시)까지 관할 구·시·군선거관리위원회에 도착되어야 한다(공직선거법 제155조 제5항).

04 ②

사전투표관리관은 사전투표기간 중 매일의 사전투표마감 후 또는 사전투표기간 종료 후 투표지를 인계하는 경우에는 사전투표참관인의 참관하에 ㉠ 투표용지와 회송용 봉투를 함께 교부하여 투표하게 할 경우에는 사전투표함을 개함하고 사전투표자수를 계산한 후 관할 우체국장에게 인계하여 등기우편으로 발송하며, ㉡ 회송용 봉투를 교부하지 아니하고 투표하게 한 경우에는 해당 사전투표함을 직접 관할 구·시·군선거관리위원회에 인계한다(공직선거법 제158조 제6항).

05 ②

㉠ ○ 선장은 선거일 전 8일부터 선거일 전 5일까지의 기간(이하 "선상투표기간"이라 한다) 중 해당 선박의 선상투표자의 수와 운항사정 등을 고려하여 선상투표를 할 수 있는 일시를 정하고, 해당 선박에 선상투표소를 설치하여야 한다. 이 경우 선장은 지체 없이 선상투표자에게 선상투표를 할 수 있는 일시와 선상투표소가 설치된 장소를 알려야 한다(공직선거법 제158조의3 제1항).

㉡ ○ 선장은 선상투표소를 설치할 때 선상투표자가 투표의 비밀이 보장된 상태에서 투표한 후 팩시밀리로 선상투표용지를 전송할 수 있도록 설비하여야 한다(공직선거법 제158조의3 제2항).

㉢ ○ 선장은 선상투표가 진행되는 동안에는 해당 선박에 승선하고 있는 선원 중 대한민국 국민으로서 공정하고 중립적인 사람 1명 이상을 입회시켜야 한다. 다만, 해당 선박에 승선하고 있는 대한민국 국민이 1명 뿐인 경우에는 그러하지 아니하다(공직선거법 제158조의3 제3항).

㉣ ✕ 시·도선거관리위원회는 제5항에 따른 선상투표지를 수신할 팩시밀리에 투표의 비밀이 보장될 수 있도록 기술적 장치를 하여야 한다(공직선거법 제158조의3 제9항).

06 ④

모두 무효로 하지 않는다.

> **참고** 다음의 어느 하나에 해당하는 투표는 무효로 하지 아니한다 [공직선거법 제179조 제4항]
>
> ① ⓥ표가 일부분 표시되거나 ⓥ표 안이 메워진 것으로서 선거관리위원회의 기표용구를 사용하여 기표를 한 것이 명확한 것
> ② 한 후보자(비례대표국회의원선거 및 비례대표지방의회의원선거에 있어서는 정당을 말한다. 이하 이 항에서 같다)란에만 2 이상 기표된 것
> ③ 후보자란 외에 추가 기표되었으나 추가 기표된 것이 어느 후보자에게도 기표한 것으로 볼 수 없는 것
> ④ 삭제〈2015.8.13.〉
> ⑤ 기표한 것이 전사된 것으로서 어느 후보자에게 기표한 것인지가 명확한 것
> ⑥ 인육으로 오손되거나 훼손되었으나 정규의 투표용지임이 명백하고 어느 후보자에게 기표한 것인지가 명확한 것
> ⑦ 거소투표(선상투표를 포함한다)의 경우 이 법에 규정된 방법 외의 다른 방법[인장(무인을 제외한다)의 날인·성명기재 등 누가 투표한 것인지 알 수 있는 것을 제외한다]으로 표를 하였으나 어느 후보자에게 기표한 것인지가 명확한 것
> ⑧ 회송용 봉투에 성명 또는 거소가 기재되거나 사인이 날인된 것
> ⑨ 거소투표자 또는 선상투표자가 투표 후 선거일의 투표개시 전에 사망한 경우 그 거소투표 또는 선상투표
> ⑩ 사전투표소에서 투표한 선거인이 선거일의 투표개시 전에 사망한 경우 해당 선거인의 투표

07 ①

국회의장은 국회의원에 궐원이 생긴 때에는 대통령 및 중앙선거관리위원회에 이를 통보하여야 한다(공직선거법 제200조 제4항).

08 ①

㉣ 재외선거관리위원회는 선거범죄 예방 및 단속에 관한 사무를 처리한다(공직선거법 218조의3 제1항 제5호).

09 ②

선거에 관한 소송에 있어서는 대법원 및 고등법원은 고등법원·지방법원 또는 그 지원에 증거조사를 촉탁할 수 있다(공직선거법 제228조 제4항).

10 ④

㉠, ㉡, ㉢, ㉣, ㉤ 공직선거법은 대통령선거·국회의원선거·지방의회의원 및 지방자치단체의 장의 선거에 적용한다(공직선거법 제2조).

11 ①

선거의 중요성과 의미를 되새기고 주권의식을 높이기 위하여 매년 5월 10일을 유권자의 날로, 유권자의 날부터 1주간을 유권자 주간으로 하고, 각급선거관리위원회(읍·면·동선거관리위원회는 제외한다)는 공명선거 추진활동을 하는 기관 또는 단체 등과 함께 유권자의 날 의식과 그에 부수되는 행사를 개최할 수 있다(공직선거법 제6조 제5항).

12 ④

중앙선거방송토론위원회 위원은 11명 이내로 구성한다 (공직선거법 제8조의7 제2항 제1호).

13 ②

중앙선거관리위원회 위원의 임기는 6년이다(헌법 제114조 제3항).

14 ②

시·도선거관리위원회는 지방의회의원 및 지방자치단체의 장의 선거에 관한 하급선거관리위원회의 위법·부당한 처분에 대하여 이를 취소하거나 변경할 수 있다(공직선거법 제12조 제2항).

15 ②

중앙선거관리위원회는 인터넷을 이용한 선거부정을 감시하고 공정선거를 지원하기 위하여 중앙선거관리위원회규칙으로 정하는 바에 따라 5인 이상 10인 이하로 구성된 사이버공정선거지원단을 설치·운영하여야 한다. 다만, 선거일 전 60일(선거일 전 60일 후에 실시사유가 확정된 보궐선거등의 경우 그 선거의 실시사유가 확정된 때)부터 선거일 후 10일까지는 10인 이내의 인원을 추가하여 구성할 수 있다(공직선거법 제10조의3 제1항). 〈2018.4.6. 개정〉

16 ①

대통령선거의 선거기간은 후보자등록마감일의 다음 날부터 선거일까지, 국회의원선거와 지방자치단체의 의회의원 및 장의 선거의 선거기간은 후보자등록마감일 후 6일부터 선거일까지이다(공직선거법 제33조 제3항).

17 ①

읍·면·동에 투표구를 둔다(공직선거법 제31조 제1항).

18 ②

비례대표자치구·시·군의원정수는 자치구·시·군의원정수의 100분의 10으로 한다. 이 경우 단수는 1로 본다 (공직선거법 제23조 제3항).

19 ①

시·군의 장은 선거인명부작성기간 만료일의 다음 날부터 3일간 장소를 정하여 선거인명부를 열람할 수 있도록 하여야 한다(공직선거법 제40조 제1항).

20 ①

㉠ 관할선거구선거관리위원회가 당내경선의 투표 및 개표에 관한 사무를 수탁관리하는 경우에는 그 비용은 국가가 부담한다. 다만, 투표 및 개표참관인의 수당은 당해 정당이 부담한다(공직선거법 제57조의4 제2항).

제11회 정답 및 해설

문제편 116p

✓ 정답

01	①	02	①	03	②	04	④	05	④
06	②	07	①	08	④	09	①	10	①
11	①	12	②	13	①	14	③	15	①
16	①	17	③	18	①	19	④	20	④

01 ①

ⓔ 자원봉사실적서는 제출서류에 포함되지 않는다.

📖 **공직선거법 제49조(후보자등록 등)**

④ 제1항부터 제3항까지의 규정에 따라 후보자등록을 신청하는 자는 다음 각 호의 서류를 제출하여야 하며, 제56조 제1항에 따른 기탁금을 납부하여야 한다.
1. 중앙선거관리위원회규칙이 정하는 피선거권에 관한 증명서류
2. 「공직자윤리법」 제10조의2(공직선거후보자 등의 재산공개) 제1항의 규정에 의한 등록대상재산에 관한 신고서
3. 「공직자 등의 병역사항신고 및 공개에 관한 법률」 제9조(공직선거후보자의 병역사항신고 및 공개) 제1항의 규정에 의한 병역사항에 관한 신고서
4. 최근 5년간의 후보자, 그의 배우자와 직계존비속(혼인한 딸과 외조부모 및 외손자녀를 제외한다)의 소득세(「소득세법」 제127조 제1항에 따라 원천징수하는 소득세는 제출하려는 경우에 한정한다)·재산세·종합부동산세의 납부 및 체납(10만원 이하 또는 3월 이내의 체납은 제외한다)에 관한 신고서. 이 경우 후보자의 직계존속은 자신의 세금납부 및 체납에 관한 신고를 거부할 수 있다.
5. 벌금 100만원 이상의 형의 범죄경력(실효된 형을 포함하며, 이하 "전과기록"이라 한다)에 관한 증명서류
6. 「초·중등교육법」 및 「고등교육법」에서 인정하는 정규학력(이하 "정규학력"이라 한다)에 관한 최종학력 증명서와 국내 정규학력에 준하는 외국의 교육기관에서 이수한 학력에 관한 각 증명서(한글번역문을 첨부한다). 이 경우 증명서의 제출이 요구되는 학력은 제60조의3 제1항 제4호의 예비후보자홍보물, 제60조의4의 예비후보자공약집, 제64조의 선거벽보, 제65조의 선거공보(같은 조 제9항의 후보자정보공개자료를 포함한다), 제66조의 선거공약서 및 후보자가 운영하는 인터넷홈페이지에 게재하였거나 게재하고자 하는 학력에 한한다.
7. 대통령선거·국회의원선거·지방의회의원 및 지방자치단체의 장의 선거와 교육의원선거 및 교육감선거에 후보자로 등록한 경력[선거가 실시된 연도, 선거명, 선거구명, 소속 정당명(정당의 후보자추천이 허용된 선거에 한정한다), 당선 또는 낙선 여부를 말한다]에 관한 신고서

02 ①

후보자의 등록이 무효로 된 때에는 관할선거구선거관리위원회는 지체 없이 그 후보자와 그를 추천한 정당에 등록무효의 사유를 명시하여 이를 통지하여야 한다(공직선거법 제52조 제4항).

03 ②

㉠, ㉡, ㉥은 사퇴하지 않고 후보자 등록을 할 수 있다(공직선거법 제53조).

💡 **참고** 사퇴하지 않고 후보자 등록을 할 수 있는 사람

① 대통령선거와 국회의원선거에 있어서 국회의원
② 지방의회의원선거와 지방자치단체의 장의 선거에 있어서 당해 지방자치단체의 의회의원이나 장
③ 국회 부의장의 수석비서관·비서관·비서·행정보조요원
④ 국회 상임위원회·예산결산특별위원회·윤리특별위원회 위원장의 행정보조요원
⑤ 국회의원의 보좌관·비서관·비서
⑥ 국회 교섭단체대표의원의 행정비서관
⑦ 국회 교섭단체의 정책연구위원·행정보조요원
⑧ 국공립대학의 총장·학장·교수·부교수·조교수·강사

📖 **공직선거법 제53조(공무원 등의 입후보)**

① 다음 각 호의 어느 하나에 해당하는 사람으로서 후보자가 되려는 사람은 선거일 전 90일까지 그 직을 그만두어야 한다. 다만, 대통령선거와 국회의원선거에 있어서 국회의원이 그 직을 가지고 입후보하는 경우와 지방의회의원선거와 지방자치단체의 장의 선거에 있어서 당해 지방자치단체의 의회의원이나 장이 그 직

을 가지고 입후보하는 경우에는 그러하지 아니하다.
1. 「국가공무원법」 제2조(공무원의 구분)에 규정된 국가공무원과 「지방공무원법」 제2조(공무원의 구분)에 규정된 지방공무원. 다만, 「정당법」 제22조(발기인 및 당원의 자격) 제1항 제1호 단서의 규정에 의하여 정당의 당원이 될 수 있는 공무원(정무직공무원을 제외한다)은 그러하지 아니하다.
2. 각급선거관리위원회위원 또는 교육위원회의 교육위원
3. 다른 법령의 규정에 의하여 공무원의 신분을 가진 자
4. 「공공기관의 운영에 관한 법률」 제4조 제1항 제3호에 해당하는 기관 중 정부가 100분의 50 이상의 지분을 가지고 있는 기관(한국은행을 포함한다)의 상근 임원
5. 「농업협동조합법」・「수산업협동조합법」・「산림조합법」・「엽연초생산협동조합법」에 의하여 설립된 조합의 상근 임원과 이들 조합의 중앙회장
6. 「지방공기업법」 제2조(적용범위)에 규정된 지방공사와 지방공단의 상근 임원
7. 「정당법」 제22조 제1항 제2호의 규정에 의하여 정당의 당원이 될 수 없는 사립학교교원
8. 제2조에 따른 신문 및 인터넷신문, 「잡지 등 정기간행물의 진흥에 관한 법률」 제2조에 따른 정기간행물, 「방송법」 제2조에 따른 방송사업을 발행・경영하는 자와 이에 상시 고용되어 편집・제작・취재・집필・보도의 업무에 종사하는 자로서 중앙선거관리위원회규칙으로 정하는 언론인
9. 특별법에 의하여 설립된 국민운동단체로서 국가 또는 지방자치단체의 출연 또는 보조를 받는 단체(바르게살기운동협의회・새마을운동협의회・한국자유총연맹을 말하며, 시・도조직 및 구・시・군조직을 포함한다)의 대표자

04 ④

후보자의 사퇴 시 기탁금은 반환하지 않는다(공직선거법 제57조).

05 ④

만 18세의 대학생과 국공립대학교의 교수는 선거운동을 할 수 있다(공직선거법 제60조 제1항).

06 ②

지역구국회의원선거 및 시・도지사선거의 예비후보자가 되려는 사람은 선거일 전 120일부터 관할선거구선거관리위원회에 예비후보자등록을 서면으로 신청하여야 한다.

> 공직선거법 제60조의2(예비후보자등록)
> ① 예비후보자가 되려는 사람(비례대표국회의원선거 및 비례대표지방의회의원선거는 제외한다)은 다음 각 호에서 정하는 날(그날 후에 실시사유가 확정된 보궐선거 등에 있어서는 그 선거의 실시사유가 확정된 때)부터 관할선거구선거관리위원회에 예비후보자등록을 서면으로 신청하여야 한다.
> 1. 대통령선거
>   선거일 전 240일
> 2. 지역구국회의원선거 및 시・도지사선거
>   선거일 전 120일
> 3. 지역구시・도의회의원선거, 자치구・시의 지역구의회의원 및 장의 선거
>   선거기간개시일 전 90일
> 4. 군의 지역구의회의원 및 장의 선거
>   선거기간개시일 전 60일

07 ①

◎ 사무소의 임대계약서는 신고사항이 아니다.

> 공직선거법 제61조의2(정당선거사무소의 설치)
> ③ 중앙당 또는 시・도당의 대표자는 정당선거사무소를 설치하는 때에는 지체 없이 관할선거관리위원회에 다음 각 호의 사항을 서면으로 신고하여야 한다. 이 경우 신고사항의 변경이 있는 때에는 지체 없이 그 변경사항을 신고하여야 한다.
> 1. 설치연월일
> 2. 사무소의 소재지와 명칭
> 3. 소장의 성명・주소・주민등록번호
> 4. 사무소인(印)

08 ④

대통령선거에서 예비후보자는 선거운동을 할 수 있는 자 중에서 선거사무장을 포함하여 10인 이내의 선거사무원을 둘 수 있다(공직선거법 제62조 제3항).

> 공직선거법 제62조(선거사무관계자의 선임)
> ③ 예비후보자는 선거운동을 할 수 있는 자 중에서 제1항에 따른 선거사무장을 포함하여 다음 각 호에 따른 수의 선거사무원을 둘 수 있다.

1. 대통령선거
   10인 이내
2. 시·도지사선거
   5인 이내
3. 지역구국회의원선거 및 자치구·시·군의 장 선거
   3인 이내
4. 지역구지방의회의원선거
   2인 이내

09 ①

신문광고에는 광고근거와 광고주명을 표시하여야 한다(공직선거법 제69조 제2항).

10 ①

대통령선거에 있어서 경력방송 횟수는 텔레비전 및 라디오 방송별로 각 8회 이상 실시한다(공직선거법 제73조 제2항 제1호).

참고 경력방송 횟수와 시간

구분	방송횟수	방송시간
대통령선거	텔레비전 및 라디오 방송별 각 8회 이상	후보자마다 매회 2분 이내
국회의원선거 및 자치구·시·군의 장 선거	텔레비전 및 라디오 방송별 각 2회 이상	
시·도지사선거	텔레비전 및 라디오 방송별 각 3회 이상	

11 ①

㉠ ○ 텔레비전 방송시설을 이용한 방송연설을 하는 경우에는 후보자 또는 연설원이 연설하는 모습, 후보자의 성명·기호·소속 정당명(해당 정당을 상징하는 마크나 심벌의 표시를 포함한다)·경력, 연설요지 및 통계자료 외의 다른 내용이 방영되게 하여서는 아니 되며, 후보자 또는 연설원이 방송연설을 녹화하여 방송하고자 하는 때에는 당해 방송시설을 이용하여야 한다(공직선거법 제71조 제4항).
㉡ ○ 방송시설을 경영 또는 관리하는 자는 후보자 또는 연설원의 연설을 위한 방송시설명·이용일시·시간대 등을 선거일전 30일(보궐선거 등에 있어서는 후보자등록신청개시일 전 3일)까지 관할선거구선거관리위원회에 통보하여야 한다(공직선거법 제71조 제5항).

㉢ ○ 선거구선거관리위원회는 후보자등록신청개시일 전 3일(보궐선거 등에 있어서는 후보자등록신청개시일 전일)까지 연설에 이용할 수 있는 방송시설과 일정을 선거구단위로 미리 지정·공고하고 후보자등록신청시 후보자에게 통지하여야 한다(공직선거법 제71조 제6항).
㉣ ○ 대통령선거에 있어서 후보자가 방송시설을 이용한 연설을 하고자 하는 때에는 이용할 방송시설명·이용일시·연설을 할 사람의 성명·소요시간·이용방법 등을 기재한 신청서를 후보자등록마감일후 3일(추가등록의 경우에는 추가등록마감일)까지 중앙선거관리위원회에 서면으로 제출하여야 한다(공직선거법 제71조 제7항).
㉤ ○ 후보자(정당추천후보자는 그 추천정당을 말한다)가 신청한 방송시설의 이용일시가 서로 중첩되는 경우에는 중앙선거관리위원회가 그 일시를 정하되, 그 일시는 모든 후보자에게 공평하여야 한다. 이 경우 후보자가 그 지정된 일시의 24시간 전까지 방송시설이용계약을 하지 아니한 때에는 당해 방송시설을 경영·관리하는 자는 그 시간대에 다른 방송을 할 수 있다(공직선거법 제71조 제8항).

12 ②

위헌인 것은 ㉠, ㉢이다.
㉠ 언론인의 선거운동을 금지하고 위반 시 처벌하도록 규정한 공직선거법 조항은, 정치적 중립성이 요구되지 아니하고 정당 가입이 전면 허용되는 언론인에게 언론매체를 이용하지 아니하고 업무 외적으로 개인적인 판단에 따라 선거운동을 하는 것까지 전면적으로 금지할 필요는 없고, 언론매체를 통한 활동의 측면에서는 이미 다른 조항들에서 충분히 규율하고 있으므로, 언론인의 선거운동의 자유를 침해한다(헌재 2016. 6. 30. 2013헌가1).
🔍 여전히 언론기관은 특정 정당이나 후보자에 대한 지지·반대의사를 표방할 수 없다.
㉡ 누구든지 선거일 전 180일부터 선거일까지 선거에 영향을 미치게 하기 위하여 공직선거법의 규정에 의하지 아니하고는 후보자의 성명을 나타내는 문서·도화, 인쇄물을 배부할 수 없다고 규정한 인쇄물배부금지 조항은 선거운동 등 정치적 표현의 자유를 침해하지 않는다(헌재 2016. 6. 30. 2014헌바253).
㉢ 후보자가 되고자 하는 자는 선거기간 전 당해 선거에 관하여 자신을 위하여 일체의 기부행위를 할 수 없도록 하고 이를 위반할 경우 형사처벌하는 공직선거법 조항들의 위헌 여부를 다투는 헌법소원심판절차는 청구인의 사망으로 2015. 4. 9. 종료되었음을 확인하였

ㄹ. 제21대국회의원선거에 관해 재외투표기간 개시일 이후에 귀국한사람에 대한 투표할 수 없게 하는 것은 헌법에 위반된다(헌재 2022.1.27, 2020헌마895).

13 ④

중앙선거방송토론위원회는 대통령선거 및 비례대표국회의원선거에 있어서 선거운동기간 중 대담·토론회를 개최하여야 한다(공직선거법 제82조의2 제1항).

> 📖 **공직선거법 제82조의2(선거방송토론위원회 주관 대담·토론회)**
> ① 중앙선거방송토론위원회는 대통령선거 및 비례대표국회의원선거에 있어서 선거운동기간 중 다음 각 호에서 정하는 바에 따라 대담·토론회를 개최하여야 한다.
> 1. 대통령선거
>   후보자 중에서 1인 또는 수인을 초청하여 3회 이상
> 2. 비례대표국회의원선거
>   해당 정당의 대표자가 비례대표국회의원후보자 또는 선거운동을 할 수 있는 사람(지역구국회의원후보자는 제외한다) 중에서 지정하는 1명 또는 여러 명을 초청하여 2회 이상

14 ③

공무원 등의 선거에 영향을 미치는 행위금지 규정의 적용에서 제외되는 자는 국회의원과 그 보좌관·비서관·비서 및 지방의회의원이다(공직선거법 제86조 제1항).

> 📖 **공직선거법 제86조(공무원 등의 선거에 영향을 미치는 행위금지)** 〈개정〉
> ① 공무원(국회의원과 그 보좌관·선임비서관·비서관 및 지방의회의원을 제외한다), 선상투표신고를 한 선원이 승선하고 있는 선박의 선장, 제53조 제1항 제4호에 규정된 기관 등의 상근 임원과 같은 항 제6호에 규정된 기관 등의 상근 임직원, 통·리·반의 장, 주민자치위원회위원과 예비군 중대장급 이상의 간부, 특별법에 의하여 설립된 국민운동단체로서 국가나 지방자치단체의 출연 또는 보조를 받는 단체(바르게살기운동협의회·새마을운동협의회·한국자유총연맹을 말한다)의 상근 임·직원 및 이들 단체 등(시·도조직 및 구·시·군조직을 포함한다)의 대표자는 다음 각 호의 어느 하나에 해당하는 행위를 하여서는 아니 된다. [개정 1997.11.14, 2000.2.16, 2002.3.7, 2004.3.12, 2005.8.4, 2010.1.25, 2012.1.17, 2012.2.29, 2014.1.17, 2016.5.29 제14184호(예비군법), 2020. 3.25]
> 1. 소속직원 또는 선거구민에게 교육 기타 명목여하를 불문하고 특정 정당이나 후보자(후보자가 되고자 하는 자를 포함한다. 이하 이 항에서 같다)의 업적을 홍보하는 행위
> 2. 지위를 이용하여 선거운동의 기획에 참여하거나 그 기획의 실시에 관여하는 행위
> 3. 정당 또는 후보자에 대한 선거권자의 지지도를 조사하거나 이를 발표하는 행위
> 4. 삭제 [2010.1.25]
> 5. 선거기간 중 국가 또는 지방자치단체의 예산으로 시행하는 사업 중 즉시 공사를 진행하지 아니할 사업의 기공식을 거행하는 행위
> 6. 선거기간 중 정상적 업무외의 출장을 하는 행위
> 7. 선거기간 중 휴가기간에 그 업무와 관련된 기관이나 시설을 방문하는 행위

15 ①

누구든지 선거일 전 90일부터 선거일까지는 정당 또는 후보자의 명의를 나타내는 저술·연예·연극·영화·사진 그 밖의 물품을 공직선거법에 규정되지 아니한 방법으로 광고할 수 없으며, 후보자는 방송·신문·잡지 기타의 광고에 출연할 수 없다. 다만, 선거기간이 아닌 때에 「신문 등의 진흥에 관한 법률」제2조 제1호에 따른 신문 또는 「잡지 등 정기간행물의 진흥에 관한 법률」제2조에 따른 정기간행물의 판매를 위하여 통상적인 방법으로 광고하는 경우에는 그러하지 아니하다(공직선거법 제93조 제2항).

16 ①

주민자치위원회는 선거기간 중에 회의 그 밖의 모임을 개최할 수 없다(공직선거법 제103조 제2항).

> 📖 **공직선거법 제103조(각종집회 등의 제한)**
> ② 특별법에 따라 설립된 국민운동단체로서 국가나 지방자치단체의 출연 또는 보조를 받는 단체(바르게살기운동협의회·새마을운동협의회·한국자유총연맹을 말한다) 및 주민자치위원회는 선거기간 중 회의 그 밖에 어떠한 명칭의 모임도 개최할 수 없다.

17 ③

누구든지 선거운동을 위하여 5명(후보자와 함께 있는 경우에는 후보자를 포함하여 10명)을 초과하여 무리를 지어 거리를 행진하는 행위를 할 수 없다.

> **공직선거법 제105조(행렬 등의 금지)**
> ① 누구든지 선거운동을 위하여 5명(후보자와 함께 있는 경우에는 후보자를 포함하여 10명)을 초과하여 무리를 지어 다음 각 호의 어느 하나에 해당하는 행위를 할 수 없다. 다만, 제2호의 행위를 하는 경우에는 후보자와 그 배우자(배우자 대신 후보자가 그의 직계존비속 중에서 신고한 1인을 포함한다), 선거사무장, 선거연락소장, 선거사무원, 후보자와 함께 있는 활동보조인 및 회계책임자는 그 수에 산입하지 아니한다.
> 1. 거리를 행진하는 행위
> 2. 다수의 선거구민에게 인사하는 행위
> 3. 연달아 소리지르는 행위. 다만, 제79조(공개장소에서의 연설·대담)의 규정에 의한 공개장소에서의 연설·대담에서 당해 정당 또는 후보자에 대한 지지를 나타내기 위하여 연달아 소리지르는 경우에는 그러하지 아니하다.

18 ①

누구든지 선거운동을 위하여 선거구민에 대하여 서명이나 날인을 받을 수 없다(공직선거법 제107조).

19 ④

모두 금지되는 행위이다.

> **참고 선거에 관한 여론조사 시 유의사항**
> [공직선거법 제108조 제5항 및 제10항]
> ① 누구든지 선거에 관한 여론조사를 하는 경우에는 피조사자에게 질문을 하기 전에 여론조사 기관·단체의 명칭과 전화번호를 밝혀야 하고, 해당 조사대상의 전계층을 대표할 수 있도록 피조사자를 선정하여야 한다.
> ② 금지행위
>   ㉠ 특정 정당 또는 후보자에게 편향되도록 하는 어휘나 문장을 사용하여 질문하는 행위
>   ㉡ 피조사자에게 응답을 강요하거나 조사자의 의도에 따라 응답을 유도하는 방법으로 질문하거나, 피조사자의 의사를 왜곡하는 행위
>   ㉢ 오락 기타 사행성을 조장할 수 있는 방법으로 조사하거나 제13항에 따라 제공할 수 있는 전화요금 할인 혜택을 초과하여 제공하는 행위
>   ㉣ 피조사자의 성명이나 성명을 유추할 수 있는 내용을 공개하는 행위
> ③ 누구든지 오후 10시부터 다음 날 오전 7시까지에는 전화를 이용하여 선거에 관한 여론조사를 실시할 수 없다.

20 ④

모두 선거비용으로 보전하지 않는다.

> **공직선거법 제122조의2(선거비용의 보전 등)**
> ② 제1항에 따른 선거비용의 보전에 있어서 다음 각 호의 어느 하나에 해당하는 비용은 이를 보전하지 아니한다.
> 1. 예비후보자의 선거비용
> 2. 「정치자금법」 제40조(회계보고)의 규정에 따라 제출한 회계보고서에 보고되지 아니하거나 허위로 보고된 비용
> 3. 이 법에 위반되는 선거운동을 위하여 또는 기부행위제한규정을 위반하여 지출된 비용
> 4. 제64조 또는 제65조에 따라 선거벽보와 선거공보를 관할 구·시·군선거관리위원회에 제출한 후 그 내용을 정정하거나 삭제하는 데 소요되는 비용
> 5. 이 법에 따라 제공하는 경우 외에 선거운동과 관련하여 지출된 수당·실비, 그 밖의 비용
> 6. 정당한 사유 없이 지출을 증빙하는 적법한 영수증 그 밖의 증빙서류가 첨부되지 아니한 비용
> 7. 후보자가 자신의 차량·장비·물품 등을 사용하거나 후보자의 가족·소속 정당 또는 제3자의 차량·장비·물품 등을 무상으로 제공 또는 대여받는 등 정당 또는 후보자가 실제로 지출하지 아니한 비용
> 8. 청구금액이 중앙선거관리위원회규칙으로 정하는 기준에 따라 산정한 통상적인 거래가격 또는 임차가격과 비교하여 정당한 사유 없이 현저하게 비싸다고 인정되는 경우 그 초과하는 가액의 비용
> 9. 선거운동에 사용하지 아니한 차량·장비·물품 등의 임차·구입·제작비용
> 10. 휴대전화 통화료와 정보이용요금. 다만, 후보자와 그 배우자, 선거사무장, 선거연락소장 및 회계책임자가 선거운동기간 중 선거운동을 위하여 사용한 휴대전화 통화료 중 후보자가 부담하는 통화료는 보전한다.
> 11. 그 밖에 위 각 호의 어느 하나에 준하는 비용으로서 중앙선거관리위원회규칙으로 정하는 비용

제12회 정답 및 해설

문제편 122p

✓ 정답

01	①	02	④	03	②	04	①	05	①
06	①	07	①	08	③	09	①	10	②
11	③	12	④	13	①	14	④	15	③
16	②	17	④	18	④	19	③	20	④

01 ①

정당이 선거기간 중에 후보자를 추천한 선거구의 소속당원에게 배부할 수 있는 정강·정책홍보물은 정당의 중앙당이 제작한 책자형 정강·정책홍보물 1종으로 한다(공직선거법 제138조 제1항).

02 ④

정당은 선거기간 중 당원을 모집하거나 입당원서를 배부할 수 없다. 다만, 시·도당의 창당 또는 개편을 위하여 창당대회·개편대회를 개최하는 경우에는 그 집회 일까지는 그러하지 아니하다(공직선거법 제144조 제1항).

03 ②

정당(해당 정당의 사무소에 선거대책기구를 설치한 정당은 제외)은 선거기간 중 구호, 그 밖에 정당의 홍보에 필요한 사항과 당해 당부명 및 그 대표자 성명, 해당 정당이 추천한 후보자의 기호·성명·사진·경력 등에 관한 사항을 게재한 간판·현판 또는 현수막을 중앙선거관리위원회규칙으로 정하는 바에 따라 당해 당사의 외벽면 또는 옥상에 설치·게시할 수 있다(공직선거법 제145조 제1항).

04 ①

선거비용의 보전에 있어서 후보자가 자신의 물품을 사용한 비용은 보전하지 않는다(공직선거법 제122조의2 제2항 제7호).

05 ①

ⓐ 금융기관종사자는 투표관리관으로 위촉할 수 없다.

> 📖 **공직선거법 제146조의2(투표관리관 및 사전투표관리관)**
> ① 구·시·군선거관리위원회는 투표에 관한 사무를 관리하게 하기 위하여 투표구마다 투표관리관 1명을, 사전투표소마다 사전투표관리관 1명을 각각 둔다.
> ② 투표관리관 및 사전투표관리관은 국가 또는 지방자치단체의 소속 공무원 또는 각급학교의 교직원 중에서 위촉하며, 사전투표관리관은 위촉된 투표관리관 중에서 지정할 수 있다.
> ③ 국가기관·지방자치단체 및 각급학교의 장이 선거관리위원회로부터 투표관리관 및 사전투표관리관의 추천 협조요구를 받은 때에는 우선적으로 이에 따라야 한다.
> ④ 투표관리관 및 사전투표관리관의 위촉 및 해촉, 수당 그 밖에 필요한 사항은 중앙선거관리위원회규칙으로 정한다.

06 ①

선거인은 투표소의 질서를 해하지 아니하는 범위 안에서 초등학생 이하의 어린이와 함께 투표소(초등학생인 어린이의 경우에는 기표소를 제외)안에 출입할 수 있으며, 시각 또는 신체의 장애로 인하여 자신이 기표할 수 없는 선거인은 그 가족 또는 본인이 지명한 2인을 동반하여 투표를 보조하게 할 수 있다. 이를 제외하고는 같은 기표소 안에 2인 이상이 동시에 들어갈 수 없다(공직선거법 제157조 제6·7항).

07 ①

ⓔ 거소투표용지의 발송용 봉투 및 회송용 봉투의 규격·게재사항 그 밖에 필요한 사항은 중앙선거관리위원회규칙으로 정한다(공직선거법 제154조 제6항).

> 📖 **공직선거법 제154조(거소투표자에 대한 투표용지의 발송)**
> ① 거소투표신고인명부에 올라 있는 선거인(이하 "거소투표자"라 한다)에게 발송할 투표용지(이하 "거소투표용지"라 한다)는 구·시·군선거관리위원회에서 당

해 구·시·군선거관리위원회 정당추천위원의 참여하에 투표용지의 일련번호를 절취한 후 바코드(거소투표의 접수에 필요한 거소투표자의 거소·성명·선거인명부등재번호 등이 기록되어 컴퓨터가 인식할 수 있도록 표시한 막대 모양의 기호를 말한다)가 표시된 회송용 봉투에 넣고 다시 발송용 봉투에 넣어 봉함한 후 선거일 전 10일까지 거소투표자에게 발송하여야 한다. 이 경우 정당추천위원이 그 시각까지 참석하지 아니한 때에는 참여를 포기한 것으로 본다.
② 제1항의 규정에 불구하고 허위로 신고한 자 및 자신의 의사에 의하여 신고된 것으로 인정되지 아니한 거소투표자에게는 당해 구·시·군선거관리위원회의 의결로 거소투표용지를 발송하지 아니할 수 있다. 이 경우 거소투표발송록에 그 사실을 기재하여야 한다.
③ 구·시·군선거관리위원회는 제2항의 규정에 의하여 거소투표용지를 발송하지 아니한 거소투표자와 선거일 전 2일까지 거소투표용지가 반송된 거소투표자의 명단을 작성하여 선거일 전일까지 읍·면·동선거관리위원회에 통지하여야 하며, 읍·면·동선거관리위원회는 지체 없이 이를 투표관리관에게 통지하여야 한다.
④ 거소투표용지의 발송과 회송은 등기우편으로 하되, 그 우편요금은 국가 또는 당해 지방자치단체가 부담한다.
⑤ 구·시·군선거관리위원회는 투표방법 기타 선거에 관한 안내문을 거소투표용지와 동봉하여 발송하여야 한다.
⑥ 거소투표용지의 발송용 봉투 및 회송용 봉투의 규격·게재사항 그 밖에 필요한 사항은 중앙선거관리위원회규칙으로 정한다.

08 ③

선상투표용지를 교부받은 선상투표자는 선상투표용지의 해당란에 기표한 다음 선상투표소에 설치된 팩시밀리로 직접 해당 시·도선거관리위원회에 전송하여야 하고, 전송을 마친 선상투표자는 선상투표지를 직접 봉투에 넣어 봉함한 후 선장에게 제출하여야 한다(공직선거법 제158조의3 제5·6항).

09 ①

구·시·군선거관리위원회는 관할구역 안에 2 이상의 선거구가 있는 경우에는 선거구 단위로 개표한다(공직선거법 제175조 제2항).

10 ②

개표는 투표구별로 구분하여 투표수를 계산한다(공직선거법 제178조 제1항).

11 ③

ㄴ, ㄹ, ㅁ 누구든지 구·시·군선거관리위원회가 발행하는 관람증을 받아 구획된 장소에서 개표상황을 관람할 수 있다.

> **공직선거법 제182조(개표관람)**
> ① 누구든지 구·시·군선거관리위원회가 발행하는 관람증을 받아 구획된 장소에서 개표상황을 관람할 수 있다.
> ② 제1항의 관람증의 매수는 개표장소를 참작하여 적당한 수로 하되, 후보자별로 균등하게 배부되도록 하여야 한다.
> ③ 구·시·군선거관리위원회는 일반관람인석에 대하여 질서유지에 필요한 설비를 하여야 한다.

12 ④

임기만료일이 같은 지방의회의원 및 지방자치단체의 장의 선거는 그 임기만료에 의한 선거의 선거일에 동시실시한다(공직선거법 제203조 제1항).

13 ①

ㅂ 시장·군수·자치구청장 선거소송은 고등법원에 소를 제기해야 한다. 특별시장·광역시장·도지사 선거소송은 대법원에 소를 제기해야 한다(공직선거법 제222조 제2·3항).

14 ④

각급 선거관리위원회의 조직·직무범위 기타 필요한 사항은 법률로 정한다(헌법 제114조 제7항).

15 ③

대통령선거에 있어서 정당추천후보자가 후보자등록기간 중 또는 후보자등록기간이 지난 후에 사망한 때에는 후보자등록마감일 후 5일까지 제47조(정당의 후보자추천) 및 제49조(후보자등록 등)의 규정에 의하여 후보자등록을 신청할 수 있다(공직선거법 제51조).

16 ②

이 법은 「대한민국헌법」과 「지방자치법」에 의한 선거가 국민의 자유로운 의사와 민주적인 절차에 의하여 공정히 행하여지도록 하고, 선거와 관련한 부정을 방지함으로써 민주정치의 발전에 기여함을 목적으로 한다(공직선거법 제1조).

17 ④

모두 당내경선운동을 할 수 없다.
공직선거법 제60조 제1항에 따라 선거운동을 할 수 없는 사람은 당내경선에서 경선운동을 할 수 없다. 다만, 소속 당원만을 대상으로 하는 당내경선에서 당원이 될 수 있는 사람이 경선운동을 하는 경우에는 그러하지 아니한다. 공무원은 그 지위를 이용하여 당내경선에서 경선운동을 할 수 없다(공직선거법 제57조의6).

18 ④

모두 선거비용이다.

> **공직선거법 제119조(선거비용 등의 정의)**
> ① 이 법에서 "선거비용"이라 함은 당해 선거에서 선거운동을 위하여 소요되는 금전·물품 및 채무 그 밖에 모든 재산상의 가치가 있는 것으로서 당해 후보자(후보자가 되려는 사람을 포함하며, 대통령선거에 있어서 정당추천후보자와 비례대표국회의원선거 및 비례대표지방의회의원선거에 있어서는 그 추천정당을 포함한다. 이하 이 항에서 같다)가 부담하는 비용과 다음 각 호의 어느 하나에 해당되는 비용을 말한다.
> 1. 후보자가 이 법에 위반되는 선거운동을 위하여 지출한 비용과 기부행위제한규정을 위반하여 지출한 비용
> 2. 정당, 정당선거사무소의 소장, 후보자의 배우자 및 직계존비속, 선거사무장·선거연락소장·회계책임자가 해당 후보자의 선거운동(위법선거운동을 포함한다. 이하 이 항에서 같다)을 위하여 지출한 비용과 기부행위제한규정을 위반하여 지출한 비용
> 3. 선거사무장·선거연락소장·회계책임자로 선임된 사람이 선임·신고되기 전까지 해당 후보자의 선거운동을 위하여 지출한 비용과 기부행위제한규정을 위반하여 지출한 비용
> 4. 제2호 및 제3호에 규정되지 아니한 사람이라도 누구든지 후보자, 제2호 또는 제3호에 규정된 자와 통모하여 해당 후보자의 선거운동을 위하여 지출한 비용과 기부행위제한규정을 위반하여 지출한 비용

19 ③

선거비용은 인구수를 기준으로 산정된다(공직선거법 제121조 제1항).

20 ④

㉠, ㉡, ㉢, ㉣은 국가 또는 지방자치단체가 후보자를 위하여 부담한다.

> **참고 국가 또는 지방자치단체가 후보자를 위하여 부담하는 비용** [공직선거법 제122조의2 제3항]
> ① 선거벽보의 첩부 및 철거의 비용(첩부 및 철거로 인한 원상복구 비용을 포함한다)
> ② 점자형 선거공보(같은 조 제1항에 따라 후보자가 제출하는 저장매체를 포함한다. 이하 이 항에서 같다)의 작성비용과 책자형 선거공보(점자형 선거공보 및 같은 조 제9항의 후보자정보공개자료를 포함한다) 및 전단형 선거공보의 발송비용과 우편요금
> ③ 점자형 선거공약서의 작성비용
> ④ 활동보조인(예비후보자로서 선임하였던 활동보조인을 포함한다)의 수당, 실비 및 산재보험료
> ⑤ 대담·토론회(합동방송연설회를 포함한다)의 개최비용
> ⑥ 정책토론회의 개최비용
> ⑦ 투표참관인 및 사전투표참관인의 수당과 식비
> ⑧ 개표참관인의 수당과 식비

제13회 정답 및 해설

정답

01	①	02	④	03	③	04	①	05	①
06	③	07	③	08	②	09	③	10	④
11	④	12	①	13	③	14	②	15	①
16	③	17	①	18	④	19	③	20	②

01 ①

- ㉠ ○ 선거구선거관리위원회는 정당, 후보자(예비후보자 포함) 및 그 가족, 선거사무장, 선거연락소장, 선거사무원, 회계책임자 또는 연설원으로부터 기부를 받은 자가 과태료를 부과받은 경우 공직선거법에 따라 보전할 비용 중 그 기부행위에 사용된 비용의 5배에 해당하는 금액을 보전하지 아니한다(공직선거법 제135조의2 제3항).
- ㉡ × 후보자·예비후보자·선거사무장 또는 선거사무소의 회계책임자가 당해 선거와 관련하여 기소되거나 선거관리위원회에 의하여 고발된 때에는 판결이 확정될 때까지 그 위법행위에 소요된 비용의 2배에 해당하는 금액의 보전을 유예한다(공직선거법 제135조의2 제4항).
- ㉢ ○ 선거구선거관리위원회는 정당 또는 후보자에게 선거비용을 보전한 후에 보전하지 아니할 사유가 발견된 때에는 당해 정당 또는 후보자에게 그 사실을 통지하고, 보전비용액 중 해당하는 금액의 반환을 명하여야 한다. 이 경우 정당 또는 후보자는 그 반환명령을 받은 날부터 30일 이내에 당해 선거구선거관리위원회에 이를 반환하여야 한다(공직선거법 제135조의2 제5항).
- ㉣ ○ 선거구선거관리위원회는 정당 또는 후보자가 기한 안에 해당금액을 반환하지 아니한 때에는 대통령선거와 국회의원선거에 있어서는 관할세무서장에게 징수를 위탁하고 관할세무서장이 국세체납처분의 예에 따라 이를 징수하여 국가에 납입하여야 한다(공직선거법 제135조의2 제6항).
- ㉤ ○ 선거구선거관리위원회는 정당 또는 후보자가 기한 안에 해당금액을 반환하지 아니한 때에는 지방자치단체의 의회의원 및 장의 선거에 있어서는 당해 지방자치단체의 장에게 징수를 위탁하고 지방자치단체의 장이 지방세체납처분의 예에 따라 이를 징수하여 지방자치단체에 납입하여야 한다(공직선거법 제135조의2 제6항).

02 ④

정강·정책홍보물은 정당의 중앙당이 제작한다(공직선거법 제137조 제1항).

03 ③

정당(당원협의회 포함)은 선거일 전 30일부터 선거일까지 소속당원의 단합·수련·연수·교육 그 밖에 명목여하를 불문하고 선거가 실시 중인 선거구 안이나 선거구민인 당원을 대상으로 당원수련회 등을 개최할 수 없다. 다만, 당무에 관한 연락·지시 등을 위하여 일시적으로 이루어지는 당원 간의 면접은 당원집회로 보지 아니한다(공직선거법 제141조 제1항).

04 ①

- ㉠ 선거구는 법률로 정한다.
- ㉡, ㉢, ㉣ 투표관리관의 위촉 및 해촉, 수당 그 밖에 필요한 사항은 중앙선거관리위원회규칙으로 정한다(공직선거법 제146조의2 제4항).
- ㉤, ㉥ 현수막의 규격 및 게시방법 등에 관하여 필요한 사항은 중앙선거관리위원회규칙으로 정한다(공직선거법 제67조 제3항).

05 ①

- ㉠ 병영 안에는 투표소를 설치할 수 없다(공직선거법 제147조 제4항).

> **공직선거법 제147조(투표소의 설치)**
> ① 읍·면·동선거관리위원회는 선거일 전일까지 관할 구역 안의 투표구마다 투표소를 설치하여야 한다.
> ② 투표소는 투표구안의 학교, 읍·면·동사무소 등 관공서, 공공기관·단체의 사무소, 주민회관 기타 선거인이 투표하기 편리한 곳에 설치한다. 다만, 당해 투표구 안에 투표소를 설치할 적당한 장소가 없는 경우에는 인접한 다른 투표구 안에 설치할 수 있다.
> ③ 학교·관공서 및 공공기관·단체의 장은 선거관리위원회로부터 투표소 설치를 위한 장소사용 협조요구를 받은 때에는 우선적으로 이에 응하여야 한다.
> ④ 병영 안과 종교시설 안에는 투표소를 설치하지 못한다. 다만, 종교시설의 경우 투표소를 설치할 적합한 장소가 없는 부득이한 경우에는 그러하지 아니하다.

06 ③

국회에 5명 이상의 소속 지역구국회의원을 가진 정당이나 직전 대통령선거, 비례대표국회의원선거 또는 비례대표지방의회의원선거에서 전국 유효투표총수의 100분의 3 이상을 득표한 정당은 국회에서 의석을 가지고 있는 정당의 게재순위를 정함에 있어 전국적으로 통일된 기호를 우선하여 부여한다(공직선거법 제150조 제4항).

07 ③

관할 구·시·군선거관리위원회는 선거일 전 5일부터 2일 동안(이하 "사전투표기간"이라 한다) 선거인명부에 올라 있는 선거인이 투표할 수 있도록 사전투표소를 그 관할구역에 설치·운영하여야 한다(공직선거법 제148조 제1항).

08 ②

투표관리관은 투표가 끝난 후 지체 없이 투표함 및 그 열쇠와 투표록 및 잔여투표용지를 관할구·시·군선거관리위원회에 송부하여야 한다(공직선거법 제170조 제1항).

09 ③

지역구국회의원선거에 있어서는 선거구선거관리위원회가 당해 국회의원지역구에서 유효투표의 다수를 얻은 자를 당선인으로 결정한다. 다만, 최고득표자가 2인 이상인 때에는 연장자를 당선인으로 결정한다(공직선거법 제188조 제1항).

10 ④

모두 옳은 설명이다.

> **공직선거법 제200조(보궐선거)**
> ① 지역구국회의원·지역구지방의회의원 및 지방자치단체의 장에 궐원 또는 궐위가 생긴 때에는 보궐선거를 실시한다.
> ② 비례대표국회의원 및 비례대표지방의회의원에 궐원이 생긴 때에는 선거구선거관리위원회는 궐원통지를 받은 후 10일 이내에 그 궐원된 의원이 그 선거 당시에 소속한 정당의 비례대표국회의원후보자명부 및 비례대표지방의회의원후보자명부에 기재된 순위에 따라 궐원된 국회의원 및 지방의회의원의 의석을 승계할 자를 결정하여야 한다.
> ③ 제2항에도 불구하고 의석을 승계할 후보자를 추천한 정당이 해산되거나 임기만료일 전 120일 이내에 궐원이 생긴 때에는 의석을 승계할 사람을 결정하지 아니한다
> ④ 대통령권한대행자는 대통령이 궐위된 때에는 중앙선거관리위원회에, 국회의장은 국회의원이 궐원된 때에는 대통령과 중앙선거관리위원회에 그 사실을 지체 없이 통보하여야 한다. [개정 2020.1.14]
> ⑤ 지방의회의장은 당해 지방의회의원에 궐원이 생긴 때에는 당해 지방자치단체의 장과 관할선거구선거관리위원회에 이를 통보하여야 하며, 지방자치단체의 장이 궐위된 때에는 궐위된 지방자치단체의 장의 직무를 대행하는 자가 당해 지방의회의장과 관할선거구선거관리위원회에 이를 통보하여야 한다.
> ⑥ 국회의원 또는 지방의회의원이 제53조(공무원 등의 입후보)의 규정에 의하여 그 직을 그만두었으나 후보자등록신청시까지 제4항 또는 제5항의 규정에 의한 궐원통보가 없는 경우에는 후보자로 등록된 때에 그 통보를 받은 것으로 본다.

11 ④

정당에 배분된 비례대표국회의원의석수가 그 정당이 추천한 비례대표국회의원후보자수를 넘는 때에는 그 넘는 의석은 공석으로 한다(공직선거법 제189조 제5항).

12 ①

대통령의 궐위로 인한 선거 또는 재선거(제3항의 규정에 의한 재선거를 제외한다)는 그 선거의 실시사유가 확정된 때부터 60일 이내에 실시하되, 선거일은 늦어도 선거일 전 50일까지 대통령 또는 대통령권한대행자가 공고하여야 한다(공직선거법 제35조 제1항).

13 ③

추천장 검인·교부신청은 공휴일에도 불구하고 매일 오전 9시부터 오후 6시까지 할 수 있다(공직선거법 제48조 제4항).

14 ②

정당이 경선홍보물을 발송하거나 합동연설회 또는 합동토론회를 개최하는 때에는 당해 선거의 관할선거구선거관리위원회에 신고하여야 한다(공직선거법 제57조의3 제2항).

15 ①

후보자(비례대표국회의원후보자 및 비례대표지방의회의원후보자는 제외한다. 이하 이 조에서 같다)는 선거운동기간 중에 소속 정당의 정강·정책이나 후보자의 정견, 그 밖에 필요한 사항을 홍보하기 위하여 공개장소에서의 연설·대담을 할 수 있다(공직선거법 제79조 제1항).

16 ③

중앙선거방송토론위원회는 대통령선거에 있어서 선거운동기간 중 후보자 중에서 1인 또는 수인을 초청하여 3회 이상 대담·토론회를 개최하여야 한다(공직선거법 제82조의2 제1항 제1호).

17 ①

대통령의 임기는 전임대통령의 임기만료일의 다음날 0시부터 개시된다. 다만, 전임자의 임기가 만료된 후에 실시하는 선거와 궐위로 인한 선거에 의한 대통령의 임기는 당선이 결정된 때부터 개시된다(공직선거법 제14조 제1항).

18 ④

모두 옳은 설명이다.

> **공직선거법 제24조의2(국회의원지역구 확정)**
> ① 국회는 국회의원지역구를 선거일 전 1년까지 확정하여야 한다.
> ② 국회의장은 제24조 제11항에 따라 제출된 선거구획정안을 위원회에 회부하여야 한다.
> ③ 제2항에 따라 선거구획정안을 회부받은 위원회는 이를 지체 없이 심사하여 국회의원지역구의 명칭과 그 구역에 관한 규정을 개정하는 법률안(이하 "선거구법률안"이라 한다)을 제안하여야 한다. 이 경우 위원회는 국회의원선거구획정위원회가 제출한 선거구획정안을 그대로 반영하되, 선거구획정안이 제25조 제1항의 기준에 명백하게 위반된다고 판단하는 경우에는 그 이유를 붙여 재적위원 3분의 2 이상의 찬성으로 국회의원선거구획정위원회에 선거구획정안을 다시 제출하여 줄 것을 한 차례만 요구할 수 있다.
> ④ 제3항에 따른 요구를 받은 국회의원선거구획정위원회는 그 요구를 받은 날부터 10일 이내에 새로이 선거구획정안을 마련하여 국회의장에게 제출하여야 한다. 이 경우 선거구획정안의 위원회 회부에 관하여는 제2항을 준용한다.
> ⑤ 선거구법률안 중 국회의원지역구의 명칭과 그 구역에 한해서는 「국회법」 제86조에 따른 법제사법위원회의 체계와 자구에 대한 심사 대상에서 제외한다.
> ⑥ 국회의장은 선거구법률안 또는 선거구법률안이 포함된 법률안이 제안된 후 처음 개의하는 본회의에 이를 부의하여야 한다. 이 경우 본회의는 「국회법」 제95조 제1항 및 제96조에도 불구하고 선거구법률안 또는 선거구법률안이 포함된 법률안을 수정 없이 바로 표결한다.

ⓒ 준연동형비례대표제는 공직선거법상은 규정되어 있다(공직선거법 제189조 제2항, 제3항).

19 ③

후보자의 등록은 대통령선거에서는 선거일 전 24일, 국회의원선거와 지방자치단체의 의회의원 및 장의 선거에서는 선거일 전 20일(이하 "후보자등록신청개시일"이라 한다)부터 2일간(이하 "후보자등록기간"이라 한다) 관할선거구선거관리위원회에 서면으로 신청하여야 한다(공직선거법 제49조 제1항).

20 ②

㉠ ⓞ 투표관리관은 투표참관인으로 하여금 투표용지의 교부상황과 투표상황을 참관하게 하여야 한다(공직선거법 제161조 제1항).
㉡ ⓞ 투표참관인은 정당·후보자·선거사무장 또는 선거연락소장이 후보자마다 투표소별로 2인을 선정하여 선거일 전 2일까지 읍·면·동선거관리위원회에 서면으로 신고하여야 한다(공직선거법 제161조 제2항).
㉢ ✕ 투표참관인은 투표소마다 8명으로 하되, 선정·신고한 인원수가 8명을 넘는 때에는 읍·면·동선거관리위원회가 추첨에 의하여 지정한 자를 투표참관인으로 한다. 다만, 투표참관인의 선정이 없거나 선정·신고한 인원수가 4명에 미달하는 때에는 읍·면·동선거관리위원회가 그 투표구를 관할하는 구·시·군의 구역 안에 거주하는 선거권자중에서 본인의 승낙을 얻어 4명에 달할 때까지 선정한 자를 투표참관인으로 한다(공직선거법 제161조 제3항).
㉣ ⓞ 읍·면·동선거관리위원회가 투표참관인을 지정하는 경우에 후보자수가 8명을 넘는 때에는 후보자별

로 1명씩 우선 선정한 후 추첨에 의하여 8명을 지정하고, 후보자수가 8명에 미달하되 후보자가 선정·신고한 인원수가 8명을 넘는 때에는 후보자별로 1명씩 선정한 자를 우선 지정한 후 나머지 인원은 추첨에 의하여 지정한다(공직선거법 제161조 제4항).

⑩ ○ 정당·후보자·선거사무장 또는 선거연락소장은 그가 선정한 투표참관인에 대하여는 필요한 경우에는 언제든지 읍·면·동선거관리위원회에 신고하고 교체할 수 있으며, 선거일에는 투표소에서 교체신고할 수 있다(공직선거법 제161조 제5항).

제14회 정답 및 해설

문제편 134p

정답

01	④	02	①	03	②	04	②	05	④
06	②	07	①	08	①	09	③	10	①
11	②	12	③	13	①	14	①	15	③
16	①	17	④	18	④	19	④	20	④

01 ④

인터넷선거보도심의위원회의 사무를 처리하기 위하여 선거관리위원회 소속 공무원으로 구성하는 사무국을 둔다(공직선거법 제8조의5 제8항).

02 ①

선거권자와 피선거권자의 연령은 선거일 현재로 산정한다(공직선거법 제17조).

03 ②

ⓛ 한정치산자는 선거권이 인정된다(공직선거법 제18조).

> **공직선거법 제18조(선거권이 없는 자)**
> ① 선거일 현재 다음 각 호의 어느 하나에 해당하는 사람은 선거권이 없다.
>   1. 금치산선고를 받은 자
>   2. 1년 이상의 징역 또는 금고의 형의 선고를 받고 그 집행이 종료되지 아니하거나 그 집행을 받지 아니하기로 확정되지 아니한 사람. 다만, 그 형의 집행유예를 선고받고 유예기간 중에 있는 사람은 제외한다.
>   3. 선거범, 「정치자금법」 제45조(정치자금부정수수죄) 및 제49조(선거비용관련 위반행위에 관한 벌칙)에 규정된 죄를 범한 자 또는 대통령·국회의원·지방의회의원·지방자치단체의 장으로서 그 재임중의 직무와 관련하여 「형법」(「특정범죄가중처벌 등에 관한 법률」 제2조에 의하여 가중처벌되는 경우를 포함한다) 제129조(수뢰, 사전수뢰) 내지 제132조(알선수뢰)·「특정범죄가중처벌 등에 관한 법률」 제3조(알선수재)에 규정된 죄를 범한 자로서, 100만원이상의 벌금형의 선고를 받고 그 형이 확정된 후 5년 또는 형의 집행유예의 선고를 받고 그 형이 확정된 후 10년을 경과하지 아니하거나 징역형의 선고를 받고 그 집행을 받지 아니하기로 확정된 후 또는 그 형의 집행이 종료되거나 면제된 후 10년을 경과하지 아니한 자(형이 실효된 자도 포함한다)
>   4. 법원의 판결 또는 다른 법률에 의하여 선거권이 정지 또는 상실된 자
> ② 제1항 제3호에서 "선거범"이라 함은 제16장 벌칙에 규정된 죄와 「국민투표법」 위반의 죄를 범한 자를 말한다.
> ③ 「형법」 제38조에도 불구하고 제1항 제3호에 규정된 죄와 다른 죄의 경합범에 대하여는 이를 분리 선고하고, 선거사무장·선거사무소의 회계책임자(선거사무소의 회계책임자로 선임·신고되지 아니한 사람으로서 후보자와 통모(통모)하여 해당 후보자의 선거비용으로 지출한 금액이 선거비용 제한액의 3분의 1 이상에 해당하는 사람을 포함한다) 또는 후보자(후보자가 되려는 사람을 포함한다)의 직계존비속 및 배우자에게 제263조 및 제265조에 규정된 죄와 이 조 제1항 제3호에 규정된 죄의 경합범으로 징역형 또는 300만원 이상의 벌금형을 선고하는 때(선거사무장, 선거사무소의 회계책임자에 대하여는 선임·신고되기 전의 행위로 인한 경우를 포함한다)에는 이를 분리 선고하여야 한다.

04 ②

읍·면·동에 투표구를 두며, 구·시·군선거관리위원회는 하나의 읍·면·동에 2 이상의 투표구를 둘 수 있다. 이 경우 읍·면의 리(「지방자치법」 제4조의2 제4항에 따라 행정리를 둔 경우에는 행정리를 말한다)의 일부를 분할하여 다른 투표구에 속하게 할 수 없다(공직선거법 제31조 제1·2항).

05 ④

위원은 명예직으로 하되, 위원에게 일비·여비 그 밖의 실비를 지급할 수 있다(공직선거법 제24조 제8항, 제24조의3 제7항).

06 ②

선거인명부에는 선거권자의 성명·주소·성별 및 생년월일 기타 필요한 사항을 기재하여야 한다(공직선거법 제37조 제2항).

07 ①

선거권자는 누구든지 선거인명부에 누락 또는 오기가 있거나 자격이 없는 선거인이 올라 있다고 인정되는 때에는 열람기간 내에 구술 또는 서면으로 당해 구·시·군의 장에게 이의를 신청할 수 있다(공직선거법 제41조 제1항).

> **참고** 선거인명부이의신청 및 결과
> ① 열람기간 내 구술 또는 서면신청
> ② 구·시·군의 장은 신청 다음날까지 심사 및 결정
>   → 이유있다 : 선거인명부정정 후 신청인, 관계인, 관할 구·시·군선관위에 통지
>   → 이유없다 : 신청인, 관할 구·시·군선관위에 통지
> ③ 불복신청 : 위 결정에 대하여 불복이 있을 경우 신청인, 관계인이 관할 구·시·군선관위에 서면으로 신청

08 ①

정당이 임기만료에 따른 지역구지방의회의원선거에 후보자를 추천하는 때에는 지역구시·도의원선거 또는 지역구자치구·시·군의원선거 중 어느 하나의 선거에 국회의원지역구(군지역을 제외하며, 자치구의 일부지역이 다른 자치구 또는 군지역과 합하여 하나의 국회의원지역구로 된 경우에는 그 자치구의 일부지역도 제외한다)마다 1명 이상을 여성으로 추천하여야 한다(공직선거법 제47조 제5항).

09 ③

부산광역시의원은 300만원, 전주시의원은 200만원의 기탁금을 납부하여야 한다.

> **공직선거법 제56조(기탁금)** 개정
> ① 후보자등록을 신청하는 자는 등록신청 시에 후보자 1명마다 다음 각 호의 기탁금(후보자등록을 신청하는 사람이「장애인복지법」제32조에 따라 등록한 장애인이거나 선거일 현재 29세 이하인 경우에는 다음 각 호에 따른 기탁금의 100분의 50에 해당하는 금액을 말하고, 30세 이상 39세 이하인 경우에는 다음 각 호에 따른 기탁금의 100분의 70에 해당하는 금액을 말한다)을 중앙선거관리위원회규칙으로 정하는 바에 따라 관할선거구선거관리위원회에 납부하여야 한다. 이 경우 예비후보자가 해당 선거의 같은 선거구에 후보자등록을 신청하는 때에는 제60조의2제2항에 따라 납부한 기탁금을 제외한 나머지 금액을 납부하여야 한다.
>   1. 대통령선거는 3억원
>   2. 지역구국회의원선거는 1천500만원
>   2의2. 비례대표국회의원선거는 500만원
>   3. 시·도의회의원선거는 300만원
>   4. 시·도지사선거는 5천만원
>   5. 자치구·시·군의 장 선거는 1천만원
>   6. 자치구·시·군의원선거는 200만원
> ② 제1항의 기탁금은 체납처분이나 강제집행의 대상이 되지 아니한다.
> ③ 제261조에 따른 과태료 및 제271조에 따른 불법시설물 등에 대한 대집행비용은 제1항의 기탁금(제60조의2제2항의 기탁금을 포함한다)에서 부담한다.
> ④ 제1항에 따라 장애인 또는 39세 이하의 사람이 납부하는 기탁금의 감액비율은 중복하여 적용하지 아니한다.

10 ①

정당이 경선후보자가 작성한 1종의 홍보물을 1회에 한하여 발송할 수 있다.

> **공직선거법 제57조의3(당내경선운동)**
> ① 정당이 당원과 당원이 아닌 자에게 투표권을 부여하여 실시하는 당내경선에서는 다음 각 호의 어느 하나에 해당하는 방법 외의 방법으로 경선운동을 할 수 없다.
>   1. 제60조의3 제1항 제1호·제2호에 따른 방법
>   2. 정당이 경선후보자가 작성한 1종의 홍보물(이하 이 조에서 "경선홍보물"이라 한다)을 1회에 한하여 발송하는 방법
>   3. 정당이 합동연설회 또는 합동토론회를 옥내에서 개최하는 방법(경선후보자가 중앙선거관리위원회규칙으로 정하는 바에 따라 그 개최장소에 경선후보자의 홍보에 필요한 현수막 등 시설물을 설치·게시하는 방법을 포함한다)
> ② 정당이 제1항 제2호 또는 제3호의 규정에 따른 방법으로 경선홍보물을 발송하거나 합동연설회 또는 합동토론회를 개최하는 때에는 당해 선거의 관할선거구선거관리위원회에 신고하여야 한다.
> ③ 제1항의 규정에 위반되는 경선운동에 소요되는 비용은 제119조(선거비용 등의 정의)의 규정에 따른 선거비용으로 본다.
> ④ 제1항 제2호의 경선홍보물의 작성 및 제2항의 신고 그 밖에 필요한 사항은 중앙선거관리위원회규칙으로 정한다.

11 ②

예비후보자는 선거사무소를 설치하거나 그 선거사무소에 간판·현판 또는 현수막을 설치·게시하는 행위를 할 수 있다(공직선거법 제60조의3 제1항 제1호).

12 ③

관할선거구선거관리위원회는 후보자가 작성하여 보관 또는 제출할 선거벽보의 수량을 선거기간개시일 전 10일까지 공고하여야 한다. 이 경우 중앙선거관리위원회규칙으로 정하는 바에 따라 일정한 수량을 가산할 수 있다(공직선거법 제64조 제3항).

13 ①

「초·중등교육법」및「고등교육법」에서 인정하는 정규학력과 국내 정규학력에 준하는 외국의 교육기관에서 이수한 학력 외에는 게재할 수 없다(공직선거법 제49조 제4항 제6호).

14 ①

㉠ ○ 후보자(비례대표국회의원후보자 및 비례대표지방의회의원후보자는 제외)는 선거운동기간 중에 소속 정당의 정강·정책이나 후보자의 정견, 그 밖에 필요한 사항을 홍보하기 위하여 공개장소에서의 연설·대담을 할 수 있다(공직선거법 제79조 제1항).
㉡ ○ 후보자의 범위에 비례대표국회의원후보자 및 비례대표지방의회의원후보자는 제외된다(공직선거법 제79조 제1항).
㉢ ○ "공개장소에서의 연설·대담"이라 함은 후보자·선거사무장·선거연락소장·선거사무원과 후보자 등이 선거운동을 할 수 있는 사람 중에서 지정한 사람이 도로변·광장·공터·주민회관·시장 또는 점포, 그 밖에 중앙선거관리위원회규칙으로 정하는 다수인이 왕래하는 공개장소를 방문하여 정당이나 후보자에 대한 지지를 호소하는 연설을 하거나 청중의 질문에 대답하는 방식으로 대담하는 것을 말한다(공직선거법 제79조 제2항).
㉣ ○ 후보자 등이 공개장소에서의 연설·대담을 하는 때(후보자 등이 연설·대담을 하기 위하여 제3항에 따른 자동차를 타고 이동하거나 해당 자동차 주위에서 준비 또는 대기하고 있는 경우를 포함한다)에는 후보자와 선거연락소(대통령선거, 지역구국회의원선거, 시·도지사선거의 선거연락소에 한정된다)마다 각 1대의 녹음기 또는 녹화기(비디오 및 오디오 기기를 포함한다. 이하 이 조에서 같다)를 사용하여 선거운동을 위한 음악 또는 선거운동에 관한 내용을 방송할 수 있다. 이 경우 녹음기 및 녹화기에는 중앙선거관리위원회규칙으로 정하는 바에 따라 표지를 부착하여야 한다(공직선거법 제79조 제10항).

15 ③

일반 공무원은 후보자가 되고자 할 경우 선거일 전 90일까지 그 직을 그만두어야 한다(공직선거법 제53조 제1항 제1호).

> **공직선거법 제53조(공무원 등의 입후보)**
> ① 다음 각 호의 어느 하나에 해당하는 사람으로서 후보자가 되려는 사람은 선거일 전 90일까지 그 직을 그만두어야 한다. 다만, 대통령선거와 국회의원선거에 있어서 국회의원이 그 직을 가지고 입후보하는 경우와 지방의회의원선거와 지방자치단체의 장의 선거에 있어서 당해 지방자치단체의 의회의원이나 장이 그 직을 가지고 입후보하는 경우에는 그러하지 아니하다.
> 1. 「국가공무원법」제2조(공무원의 구분)에 규정된 국가공무원과「지방공무원법」제2조(공무원의 구분)에 규정된 지방공무원. 다만, 「정당법」제22조(발기인 및 당원의 자격) 제1항 제1호 단서의 규정에 의하여 정당의 당원이 될 수 있는 공무원(정무직공무원을 제외한다)은 그러하지 아니하다.
> 2. 각급선거관리위원회위원 또는 교육위원회의 교육위원
> 3. 다른 법령의 규정에 의하여 공무원의 신분을 가진 자
> 4. 「공공기관의 운영에 관한 법률」제4조 제1항 제3호에 해당하는 기관 중 정부가 100분의 50 이상의 지분을 가지고 있는 기관(한국은행을 포함한다)의 상근 임원
> 5. 「농업협동조합법」·「수산업협동조합법」·「산림조합법」·「엽연초생산협동조합법」에 의하여 설립된 조합의 상근 임원과 이들 조합의 중앙회장
> 6. 「지방공기업법」제2조(적용범위)에 규정된 지방공사와 지방공단의 상근 임원
> 7. 「정당법」제22조 제1항 제2호의 규정에 의하여 정당의 당원이 될 수 없는 사립학교교원
> 8. 「신문 등의 진흥에 관한 법률」제2조에 따른 신문 및 인터넷신문,「잡지 등 정기간행물의 진흥에 관한 법률」제2조에 따른 정기간행물,「방송법」제2조에 따른 방송사업을 발행·경영하는 자와 이에 상시 고용되어 편집·제작·취재·집필·보도의 업무

에 종사하는 자로서 중앙선거관리위원회규칙으로 정하는 언론인
9. 특별법에 의하여 설립된 국민운동단체로서 국가 또는 지방자치단체의 출연 또는 보조를 받는 단체(바르게살기운동협의회·새마을운동협의회·한국자유총연맹을 말하며, 시·도조직 및 구·시·군조직을 포함한다)의 대표자

② 제1항 본문에도 불구하고 다음 각 호의 어느 하나에 해당하는 경우에는 선거일 전 30일까지 그 직을 그만두어야 한다.
1. 비례대표국회의원선거나 비례대표지방의회의원선거에 입후보하는 경우
2. 보궐선거 등에 입후보하는 경우
3. 국회의원이 지방자치단체의 장의 선거에 입후보하는 경우
4. 지방의회의원이 다른 지방자치단체의 의회의원이나 장의 선거에 입후보하는 경우

③ 제1항 단서에도 불구하고 비례대표국회의원이 지역구국회의원 보궐선거 등에 입후보하는 경우 및 비례대표지방의회의원이 해당 지방자치단체의 지역구지방의회의원 보궐선거 등에 입후보하는 경우에는 후보자등록신청 전까지 그 직을 그만두어야 한다.

④ 제1항부터 제3항까지의 규정을 적용하는 경우 그 소속기관의 장 또는 소속위원회에 사직원이 접수된 때에 그 직을 그만 둔 것으로 본다.

⑤ 제1항 및 제2항에도 불구하고, 지방자치단체의 장은 선거구역이 당해 지방자치단체의 관할구역과 같거나 겹치는 지역구국회의원선거에 입후보하고자 하는 때에는 당해 선거의 선거일 전 120일까지 그 직을 그만두어야 한다. 다만, 그 지방자치단체의 장이 임기가 만료된 후에 그 임기만료일부터 90일 후에 실시되는 지역구국회의원선거에 입후보하려는 경우에는 그러하지 아니하다.

> 공직선거법 제103조(각종집회 등의 제한)
① 삭제〈2010.1.25.〉
② 특별법에 따라 설립된 국민운동단체로서 국가나 지방자치단체의 출연 또는 보조를 받는 단체(바르게살기운동협의회·새마을운동협의회·한국자유총연맹을 말한다) 및 주민자치위원회는 선거기간 중 회의 그 밖에 어떠한 명칭의 모임도 개최할 수 없다.
③ 누구든지 선거기간 중 선거에 영향을 미치게 하기 위하여 향우회·종친회·동창회·단합대회 또는 야유회, 그 밖의 집회나 모임을 개최할 수 없다.
④ 선거기간 중에는 특별한 사유가 없는 한 반상회를 개최할 수 없다.
⑤ 누구든지 선거일 전 90일(선거일 전 90일 후에 실시사유가 확정된 보궐선거 등에 있어서는 그 선거의 실시사유가 확정된 때)부터 선거일까지 후보자(후보자가 되고자 하는 자를 포함한다)와 관련 있는 저서의 출판기념회를 개최할 수 없다.

16 ①
누구든지 자동차를 사용하여 선거운동을 할 수 없다. 다만, 제79조에 따른 연설·대담장소에서 자동차에 승차하여 선거운동을 하는 경우와 같은 조 제6항에 따른 선거벽보 등을 자동차에 부착하여 사용하는 경우에는 그러하지 아니하다(공직선거법 제91조 제3항).

17 ④
선거기간 중에 특별한 사유가 있으면 반상회는 개최할 수 있다(공직선거법 제103조 제4항).

18 ④
언론기관 등은 후보자 등의 정책이나 공약에 관한 비교평가를 하거나 그 결과를 공표하는 때에는 특정 후보자 등에게 유리 또는 불리하게 평가단을 구성·운영하는 행위나 후보자 등별로 점수부여 또는 순위나 등급을 정하는 등의 방법으로 서열화하는 행위를 하여서는 아니 된다(공직선거법 제108조의3 제2항).

19 ④
ⓒ, ⓜ 졸업식에서의 부상제공행위나 출판기념회에서 참석자에게 통상적인 범위에서 주류를 제공하는 행위는 의례적인 행위에 해당하지 않는다(공직선거법 제112조 제2항 제2호).

20 ④
ⓗ, ⓐ은 게재할 수 없다.
정당기관지에는 당해 정당이 추천한 후보자의 기호·성명·사진·학력·경력 등 외에 후보자의 홍보에 관한 사항을 게재할 수 없다(공직선거법 제139조 제2항).

제15회 정답 및 해설

정답

01	①	02	③	03	①	04	④	05	①
06	①	07	②	08	①	09	③	10	④
11	④	12	④	13	①	14	④	15	④
16	④	17	①	18	②	19	④	20	③

01 ①

이 법은 「대한민국헌법」과 「지방자치법」에 의한 선거가 국민의 자유로운 의사와 민주적인 절차에 의하여 공정히 행하여지도록 하고, 선거와 관련한 부정을 방지함으로써 민주정치의 발전에 기여함을 목적으로 한다(공직선거법 제1조).

02 ③

읍·면·동선거관리위원회를 제외한 각급선거관리위원회는 선거인의 투표참여를 촉진하기 위하여 교통이 불편한 지역에 거주하는 선거인 또는 노약자·장애인 등 거동이 불편한 선거인에게 교통편의를 제공에 필요한 대책을 수립, 시행하여야 하고, 투표를 마친 선거인에게 국공립 유료시설의 이용요금을 면제·할인하는 등의 필요한 대책을 수립·시행할 수 있다. 이 경우 공정한 실시방법 등을 정당·후보자와 미리 협의하여야 한다(공직선거법 제6조 제2항, 2020.12.29. 개정).

03 ①

선거기사심의위원회는 국회에 교섭단체를 구성한 정당과 중앙선거관리위원회가 추천하는 각 1명, 언론학계·대한변호사협회·언론인단체 및 시민단체 등이 추천하는 사람을 포함하여 9명 이내의 위원으로 구성한다. 이 경우 위원정수에 관하여는 제8조의2 제2항 후단을 준용한다(공직선거법 제8조의3 제2항).

04 ④

공정선거지원단은 관할 선거관리위원회의 지휘를 받아 이 법에 위반되는 행위에 대하여 증거자료를 수집하거나 조사활동을 할 수 있다(공직선거법 제10조의2 제6항). 〈2018.4.6. 개정〉

05 ①

임기만료일에 의한 선거의 요일은 공직선거법 제34조에 규정하고 있으며, 선거요일 결정은 국회의 권한이다.

06 ①

- ㉠ ○ 중앙선거관리위원회는 인터넷언론사의 인터넷홈페이지에 게재된 선거보도의 공정성을 유지하기 위하여 인터넷선거보도심의위원회를 설치·운영하여야 한다(공직선거법 제8조의5 제1항).
- ㉡ ○ 인터넷선거보도심의위원회에 위원장 1인을 두되, 위원장은 위원 중에서 호선한다(공직선거법 제8조의5 제3항).
- ㉢ ✕ 인터넷선거보도심의위원회에 상임위원 1인을 두되, 중앙선거관리위원회가 인터넷선거보도심의위원회의 위원 중에서 지명한다(공직선거법 제8조의5 제4항).
- ㉣ ○ 인터넷선거보도심의위원회의 구성·운영, 위원 및 상임위원의 대우, 사무국의 조직·직무범위 기타 필요한 사항은 중앙선거관리위원회규칙으로 정한다(공직선거법 제8조의5 제9항).

07 ②

지방자치단체가 다른 지방자치단체에 편입됨으로 인하여 폐지된 때에는 그 폐지된 지방자치단체의 장은 그 직을 상실한다(공직선거법 제30조 제1항 제4호).

08 ①

② 보궐선거·재선거·증원선거와 지방자치단체의 설치·폐지·분할 또는 합병에 의한 지방자치단체의 장 선거의 선거일은 다음 각 호와 같다. [개정 2000.2.16, 2004.3.12, 2005.8.4, 2011.7.28, 2015.8.13, 2020.12.29]

1. 국회의원·지방의회의원의 보궐선거·재선거 및 지방의회의원의 증원선거는 매년 1회 실시하고, 지방자치단체의 장의 보궐선거·재선거는 매년 2회 실시하되, 다음 각 목에 따라 실시한다. 이 경우 각 목에 따른 선거일에 관하여는 제34조 제2항을 준용한다.
   가. 국회의원·지방의회의원의 보궐선거·재선거 및 지방의회의원의 증원선거는 4월 첫 번째 수요일에 실시한다. 다만, 3월 1일 이후 실시사유가 확정된 선거는 그 다음 연도의 4월 첫 번째 수요일에 실시한다.
   나. 지방자치단체의 장의 보궐선거·재선거 중 전년도 9월 1일부터 2월 말일까지 실시사유가 확정된 선거는 4월 첫 번째 수요일에 실시한다.
   다. 지방자치단체의 장의 보궐선거·재선거 중 3월 1일부터 8월 31일까지 실시사유가 확정된 선거는 10월 첫 번째 수요일에 실시한다.
2. 지방자치단체의 설치·폐지·분할 또는 합병에 따른 지방자치단체의 장 선거는 그 선거의 실시사유가 확정된 때부터 60일 이내의 기간 중 관할선거구선거관리위원회 위원장이 해당 지방자치단체의 장(직무대행자를 포함한다)과 협의하여 정하는 날. 이 경우 관할선거구선거관리위원회 위원장은 선거일 전 30일까지 그 선거일을 공고하여야 한다.

09 ③

선거인명부 또는 거소·선상투표신고인명부의 사본이나 전산자료복사본의 교부신청은 선거기간개시일까지 해당 구·시·군의 장에게 서면으로 하여야 한다(공직선거법 제46조 제2항).

10 ④

지역구국회의원선거의 무소속후보자가 되고자 하는 경우 300인 이상 500인 이하의 선거권자의 추천을 받아야 한다(공직선거법 제48조 제2항 제2호).

> **참고** 무소속후보자가 되고자 하는 경우 추천 선거권자 수 [공직선거법 제48조 제2항]

대통령선거	5 이상의 시·도에 나누어 하나의 시·도에 주민등록이 되어 있는 선거권자의 수를 700인 이상으로 한 3천 500인 이상 6천인 이하
지역구국회의원선거	300인 이상 500인 이하
지역구시·도의회의원선거	100인 이상 200인 이하
시·도지사선거	당해 시·도 안의 3분의 1 이상의 자치구·시·군에 나누어 하나의 자치구·시·군을 50인 이상으로 한 1,000인 이상 2,000인 이하
자치구청장·시장·군수선거	300인 이상 500인 이하
자치구·시·군의회의원선거	50인 이상 100인 이하. 단, 인구 1,000인 미만의 선거구에 있어서는 30인 이상 50인 이하

11 ④

후보자등록신청서의 접수는 공휴일에 불구하고 매일 오전 9시부터 오후 6시까지로 한다(공직선거법 제49조 제7항).

12 ④

누구든지 선거기간 중 관할선거구선거관리위원회가 회보받은 후보자의 전과기록을 열람할 수 있다(공직선거법 제49조 제11항).

13 ①

10만원 이하 또는 3월 이내의 재산세·종합부동산세의 체납은 후보자등록신청 시 제출서류에서 제외된다(공직선거법 제49조 제4항 제4호).

14 ④

모두 등록무효사유에 해당한다.

> **공직선거법 제52조(등록무효)**
> ① 후보자등록 후에 다음 각 호의 어느 하나에 해당하는 사유가 있는 때에는 그 후보자의 등록은 무효로 한다.
>   1. 후보자의 피선거권이 없는 것이 발견된 때
>   2. 제47조(정당의 후보자추천) 제1항 본문의 규정에 위반하여 선거구별로 선거할 정수범위를 넘어 추천하거나, 같은 조 제3항에 따른 여성후보자 추천의 비율과 순위를 위반하거나, 제48조(선거권자의 후보자추천) 제2항의 규정에 의한 추천인수에 미달한 것이 발견된 때
>   3. 제49조 제4항 제2호부터 제5호까지의 규정에 따른 서류를 제출하지 아니한 것이 발견된 때
>   4. 제49조 제6항의 규정에 위반하여 등록된 것이 발견된 때
>   5. 제53조 제1항부터 제3항까지 또는 제5항을 위반하여 등록된 것이 발견된 때
>   6. 정당추천후보자가 당적을 이탈·변경하거나 2 이상의 당적을 가지고 있는 때(후보자등록신청시에 2 이상의 당적을 가진 경우를 포함한다), 소속정당의 해산이나 그 등록의 취소 또는 중앙당의 시·도당 창당승인취소가 있는 때
>   7. 무소속후보자가 정당의 당원이 된 때
>   8. 제57조의2 제2항 또는 제266조 제2항·제3항을 위반하여 등록된 것이 발견된 때
>   9. 정당이 그 소속 당원이 아닌 사람이나 「정당법」 제22조에 따라 당원이 될 수 없는 사람을 추천한 것이 발견된 때
>   10. 다른 법률에 따라 공무담임이 제한되는 사람이나 후보자가 될 수 없는 사람에 해당하는 것이 발견된 때
>   11. 정당 또는 후보자가 정당한 사유 없이 제65조 제9항을 위반하여 후보자정보공개자료를 제출하지 아니한 것이 발견된 때
> ② 제47조 제5항을 위반하여 등록된 것이 발견된 때에는 그 정당이 추천한 해당 국회의원지역구의 지역구 시·도의원후보자 및 지역구 자치구·시·군의원후보자의 등록은 모두 무효로 한다. 다만, 제47조 제5항에 따라 여성후보자를 추천하여야 하는 지역에서 해당 정당이 추천한 지역구 시·도의원후보자의 수와 지역구 자치구·시·군의원후보자의 수를 합한 수가 그 지역구 시·도의원 정수와 지역구 자치구·시·군의원 정수를 합한 수의 100분의 50에 해당하는 수(1 미만의 단수는 1로 본다)에 미달하는 경우와 그 여성후보자의 등록이 무효로 된 경우에는 그러하지 아니하다.
> ③ 후보자가 같은 선거의 다른 선거구나 다른 선거의 후보자로 등록된 때에는 그 등록은 모두 무효로 한다.
> ④ 후보자의 등록이 무효로 된 때에는 관할선거구선거관리위원회는 지체 없이 그 후보자와 그를 추천한 정당에 등록무효의 사유를 명시하여 이를 통지하여야 한다.

15 ④

후보자가 사퇴하고자 하는 때에는 자신이 직접 당해 선거구선거관리위원회에 가서 서면으로 신고하되, 정당추천후보자가 사퇴하고자 하는 때에는 추천정당의 사퇴승인서를 첨부하여야 한다(공직선거법 제54조).

16 ④

지방직공무원인 수원시 팔달구 7급공무원이 국회의원 선거의 후보자가 되려고 할 경우 선거일 전 90일까지 그 직을 그만두어야 한다(공직선거법 제53조 제1항 제1호). 국회의원 출마 시 기탁금은 1,500만원이다(공직선거법 제56조 제1항 제2호).

17 ①

㉠, ㉡은 예비후보자의 선거운동을 위하여 예비후보자의 명함을 직접 주거나 예비후보자의 지지를 호소할 수 있다(공직선거법 제60조의3 제2항 제1호).

> **공직선거법 제60조의3(예비후보자 등의 선거운동)**
> ② 다음 각 호의 어느 하나에 해당하는 사람은 예비후보자의 선거운동을 위하여 제1항 제2호에 따른 예비후보자의 명함을 직접 주거나 예비후보자에 대한 지지를 호소할 수 있다.
>   1. 예비후보자의 배우자(배우자가 없는 경우 예비후보자가 지정한 1명)와 직계존비속
>   2. 예비후보자와 함께 다니는 선거사무장·선거사무원 및 제62조 제4항에 따른 활동보조인
>   3. 예비후보자가 그와 함께 다니는 사람 중에서 지정한 1명

18 ②

예비후보자 등록신청 시 제출하는 것은 ㉠, ㉡, ㉢이다.

> **공직선거법 제60조의2(예비후보자등록)** 개정
> ② 제1항에 따라 예비후보자등록을 신청하는 사람은 다음 각 호의 서류를 제출하여야 하며, 제56조제1항에 따른 해당 선거 기탁금의 100분의 20에 해당하는 금액을 중앙선거관리위원회규칙으로 정하는 바에 따라 관할선거구선거관리위원회에 기탁금으로 납부하여야 한다.
> 1. 중앙선거관리위원회규칙으로 정하는 피선거권에 관한 증명서류
> 2. 전과기록에 관한 증명서류
> 3. 제49조 제4항 제6호에 따른 학력에 관한 증명서(한글번역문을 첨부한다)

19 ④

국회의원 또는 지방의회의원이 의정보고회를 개최하는 때에는 고지벽보와 의정보고회 장소표지를 첩부·게시할 수 있으며, 고지벽보와 표지에는 보고회명과 개최일시·장소 및 보고사항(후보자가 되고자 하는 자를 선전하는 내용을 제외한다)을 게재할 수 있다. 이 경우 의정보고회를 개최한 국회의원 또는 지방의회의원은 고지벽보와 표지를 의정보고회가 끝난 후 지체 없이 철거하여야 한다(공직선거법 제111조 제2항).

20 ③

투표소 안에서 또는 투표소로부터 100미터 안에서 소란한 언동을 하거나 특정 정당이나 후보자를 지지 또는 반대하는 언동을 하는 자가 있는 때에는 투표관리관 또는 투표사무원은 이를 제지하고, 그 명령에 불응하는 때에는 투표소 또는 그 제한거리 밖으로 퇴거하게 할 수 있다. 이 경우 투표관리관 또는 투표사무원은 필요하다고 인정하는 때에는 정복을 한 경찰공무원 또는 경찰관서장에게 원조를 요구할 수 있다(공직선거법 제166조 제1항).

제16회 정답 및 해설

문제편 145p

정답

01	①	02	③	03	②	04	①	05	①
06	④	07	④	08	③	09	③	10	①
11	①	12	②	13	①	14	②	15	④
16	②	17	④	18	③	19	②	20	①

01 ①

㉠, ㉡

① 중앙선거관리위원회는 다음 각 호의 어느 하나에 해당하는 정당(이하 이 조에서 "의석할당정당"이라 한다)에 대하여 비례대표국회의원의석을 배분한다. 〈개정 2020. 1. 14.〉
1. 임기만료에 따른 비례대표국회의원선거에서 전국 유효투표총수의 100분의 3 이상을 득표한 정당
2. 임기만료에 따른 지역구국회의원선거에서 5 이상의 의석을 차지한 정당

02 ③

소청장을 접수한 중앙선거관리위원회 또는 시·도선거관리위원회는 지체 없이 소청장 부본을 당사자에게 송달하여야 한다(공직선거법 제219조 제6항).

03 ②

1인 1표의 투표가치는 평등선거와 관련되고, 여자에게 선거권을 미부여하는 것은 보통선거원칙에 위배된다.

04 ①

대통령선거는 선거기간이 23일이고, 국회의원·지방자치단체장·지방의회의원선거는 선거기간이 14일이다(공직선거법 제33조 제1항).

05 ①

선거일 현재 계속하여 60일 이상(공무로 외국에 파견되어 선거일전 60일 후에 귀국한 자는 선거인명부작성기준일부터 계속하여 선거일까지) 해당 지방자치단체의 관할구역에 주민등록이 되어 있는 주민으로서 25세 이상의 국민은 그 지방의회의원 및 지방자치단체의 장의 피선거권이 있다. 이 경우 60일의 기간은 그 지방자치단체의 설치·폐지·분할·합병 또는 구역변경(제28조 각 호의 어느 하나에 따른 구역변경을 포함한다)에 의하여 중단되지 아니한다(공직선거법 제16조 제3항).

06 ④

자치구·시·군의회의 최소정수는 7인으로 한다(공직선거법 제23조 제2항).

07 ④

하나의 투표구의 선거권자의 수가 1천인을 넘는 때에는 그 선거인명부를 선거인수가 서로 엇비슷하게 분철할 수 있다(공직선거법 제37조 제5항).

08 ③

선거인명부는 선거일 전 12일에, 거소·선상투표신고인명부는 선거인명부작성기간만료일의 다음 날에 각각 확정되며 해당 선거에 한하여 효력을 가진다(공직선거법 제44조 제1항).

09 ③

관할선거구선거관리위원회는 「공직자윤리법」 제9조에 따른 해당 공직자윤리위원회의 요청이 있는 경우 당선인 결정 후 15일 이내에 해당 당선인이 제4항제2호에 따라 제출한 등록대상재산에 관한 신고서의 사본을 송부하여야 한다(공직선거법 제49조 제9항).

10 ①

후보자의 사퇴와 등록무효, 비례대표의원의 경우 후보자 중 당선인이 없는 때에는 기탁금은 국고에 귀속된다(공직선거법 제57조 제1항).

11 ①

선거운동은 선거기간개시일부터 선거일 전일까지에 한하여 할 수 있다(공직선거법 제59조).

12 ②

정당선거사무소에는 당원 중에서 소장 1인을 두어야 하며, 2인 이내의 유급사무직원을 둘 수 있다(공직선거법 제61조의2 제2항).

13 ①

선거사무소와 선거연락소는 고정된 장소 또는 시설에 두어야 하며, 「식품위생법」에 의한 식품접객영업소 또는 「공중위생관리법」에 의한 공중위생영업소 안에 둘 수 없다(공직선거법 제61조 제5항).

14 ②

대통령선거, 지역구국회의원선거, 지역구지방의회의원선거 및 지방자치단체의 장선거에서 점자형 선거공보를 포함한 책자형 선거공보를 제출하는 경우에 게재하는 전과기록에는 죄명과 그 형 및 확정일자를 게재하여야 한다(공직선거법 제65조 제8항 제4호).

15 ④

시·도지사선거 후보자는 선거운동기간 중 소속정당의 정강·정책이나 후보자의 정견 기타 홍보에 필요한 사항을 발표하기 위하여 1회 10분 이내에서 지역방송시설을 이용하여 텔레비전 및 라디오 방송별 각 5회 이내 연설을 할 수 있다(공직선거법 제71조 제1항 제5호).

16 ②

선거운동을 할 수 있는 자는 관혼상제의 의식이 거행되는 장소와 도로·시장·점포·다방·대합실 기타 다수인이 왕래하는 공개된 장소에서 정당 또는 후보자에 대한 지지를 호소할 수 있다(공직선거법 제106조 제2항).

17 ④

누구든지 야간(오후 10시부터 다음 날 오전 7시까지를 말한다)에는 전화를 이용하여 선거에 관한 여론조사를 실시할 수 없다(공직선거법 제108조 제10항).

18 ③

선거구선거관리위원회는 선거별로 제121조(선거비용제한액의 산정)의 규정에 의하여 산정한 선거비용제한액을 중앙선거관리위원회규칙이 정하는 바에 따라 공고하여야 한다(공직선거법 제122조).

19 ②

선거비용의 보전에 있어서 예비후보자의 선거비용은 이를 보전하지 아니한다(공직선거법 제122조의2 제2항 제1호).

20 ①

정당·후보자·선거사무장 또는 선거연락소장은 그가 선정한 투표참관인에 대하여는 필요한 경우에는 언제든지 읍·면·동선거관리위원회에 신고하고 교체할 수 있으며, 선거일에는 투표소에서 교체신고할 수 있다(공직선거법 제161조 제5항).

제17회 정답 및 해설

정답

01	①	02	④	03	④	04	③	05	④
06	①	07	③	08	①	09	②	10	②
11	②	12	③	13	④	14	④	15	①
16	③	17	③	18	①	19	②	20	②

01 ①
투표가 끝난 후 투표함을 송부하는 때에는 후보자별로 투표참관인 1인과 호송에 필요한 정복을 한 경찰공무원을 2인에 한하여 동반할 수 있다(공직선거법 제170조 제2항).

02 ④
천재·지변 기타 부득이한 사유로 인하여 개표를 모두 마치지 못하였다 하더라도 개표를 마치지 못한 지역의 투표가 선거의 결과에 영향을 미칠 염려가 없다고 인정되는 때에는 중앙선거관리위원회는 우선 당선인을 결정할 수 있다(공직선거법 제187조 제4항).

03 ④
시·도지사선거의 기탁금은 5천만원, 자치구·시·군의 장 선거의 기탁금은 1천만원이다(공직선거법 제56조 제1항).

04 ③
지방의회의원 및 지방자치단체의 장의 선거는 그 임기만료일 전 30일 이후 첫 번째 수요일에 선거한다(공직선거법 제34조 제1항 제3호).

> **공직선거법 제34조(선거일)**
> ① 임기만료에 의한 선거의 선거일은 다음 각 호와 같다.
>   1. 대통령선거는 그 임기만료일 전 70일 이후 첫 번째 수요일
>   2. 국회의원선거는 그 임기만료일 전 50일 이후 첫 번째 수요일
>   3. 지방의회의원 및 지방자치단체의 장의 선거는 그 임기만료일 전 30일 이후 첫 번째 수요일
> ② 제1항의 규정에 의한 선거일이 국민생활과 밀접한 관련이 있는 민속절 또는 공휴일인 때와 선거일 전일이나 그 다음날이 공휴일인 때에는 그 다음 주의 수요일로 한다.

05 ④
관할선거구선거관리위원회는 제4항 제2호부터 제7호까지와 제10항의 규정에 의하여 제출받거나 회보받은 서류를 선거구민이 알 수 있도록 공개하여야 한다. 다만, 선거일 후에는 이를 공개하여서는 아니 된다(공직선거법 제49조 제12항).

06 ①
「정당법」 제22조(발기인 및 당원의 자격)의 규정에 따라 당원이 될 수 없는 자는 당내경선의 선거인이 될 수 없다(공직선거법 제57조의2 제3항).

07 ③
비례대표국회의원선거에서는 텔레비전 및 라디오 방송별로 각 15회 이내의 선거운동을 위한 방송광고를 할 수 있다(공직선거법 제70조 제1항 제2호).

08 ①

국가 또는 지방자치단체가 소유하거나 관리하는 건물·시설에서는 공개장소에서의 연설·대담을 할 수 없다(공직선거법 제80조 제1호).

> **공직선거법 제80조(연설금지장소)**
> 다음 각 호의 1에 해당하는 시설이나 장소에서는 제79조(공개장소에서의 연설·대담)의 연설·대담을 할 수 없다.
> 1. 국가 또는 지방자치단체가 소유하거나 관리하는 건물·시설. 다만, 공원·문화원·시장·운동장·주민회관·체육관·도로변·광장 또는 학교 기타 다수인이 왕래하는 공개된 장소는 그러하지 아니하다.
> 2. 선박·정기여객자동차·열차·전동차·항공기의 안과 그 터미널 구내 및 지하철역 구내
> 3. 병원·진료소·도서관·연구소 또는 시험소 기타 의료·연구시설

09 ②

언론기관의 후보자 등 초청 대담·토론회는 언론기관이 방송시간·신문의 지면 등을 고려하여 자율적으로 개최한다(공직선거법 제82조 제2항).

10 ②

공영방송사는 그의 부담으로 선거방송토론위원회 주관 대담·토론회를 텔레비전방송을 통하여 중계방송하여야 하되, 대통령선거에 있어서 중앙선거방송토론위원회가 주관하는 대담·토론회는 오후 8시부터 당일 오후 11시까지의 사이에 중계방송하여야 한다. 다만, 지역구국회의원선거 및 자치구·시·군의 장 선거에 있어서 전국을 방송권역으로 하는 등 정당한 사유가 있는 경우에는 그러하지 아니하다(공직선거법 제82조의2 제10항).

11 ②

병영 안과 종교시설 안에는 투표소를 설치하지 못한다. 다만, 종교시설의 경우 투표소를 설치할 적합한 장소가 없는 부득이한 경우에는 그러하지 아니하다(공직선거법 제147조 제4항). 병영 안의 경우에는 투표소 설치를 절대적으로 금지한다.
① 공직선거법 제108조
③ 국회의원 정원 (2016.3.3. 개정)

헌법상 최소인원 (헌법 제41조 제2항)	국회의원 정원 (공직선거법 제21조 제1항)	
200인 이상	300인	
	지역구 의원	전국구 의원
	253명	47명

④ 안성시시설관리공단의 상근직원이 당원이 아닌 자에게도 투표권을 부여하는 당내경선에서 선거운동할 수 없게 하는 것은 위헌이다(헌재 2022.12.22, 2021헌가36).

12 ③

누구든지 선거일 전 90일(선거일 전 90일 후에 실시사유가 확정된 보궐선거 등에 있어서는 그 선거의 실시사유가 확정된 때)부터 선거일까지 후보자(후보자가 되고자 하는 자를 포함한다)와 관련있는 저서의 출판기념회를 개최할 수 없다(공직선거법 제103조 제5항).

13 ④

비례대표국회의원선거의 선거비용제한액은 인구수 × 90원이다(공직선거법 제121조 제1항 제3호).

14 ④

기부행위제한규정을 위반하여 지출한 비용은 보전하지 아니한다(공직선거법 제122조의2 제2항 제3호).

> **참고** 선거비용보전사유 및 규모

선거 종류	보전 사유	보전 규모
대통령선거, 지역구국회의원선거, 지역구지방의회의원선거 및 지방자치단체의 장 선거	후보자가 당선되거나 사망한 경우 또는 후보자의 득표수가 유효투표총수의 100분의 15 이상인 경우	후보자가 지출한 선거비용의 전액 보전
	후보자의 득표수가 유효 투표 총수의 100분의 10 이상 100분의 15 미만인 경우	후보자가 지출한 선거비용의 100분의 50에 해당하는 금액 보전
비례대표국회의원선거 및 비례대표지방의회의원선거	후보자명부에 올라 있는 후보자 중 당선인이 있는 경우	당해 정당이 지출한 선거비용의 전액 보전

15 ①

선거벽보의 첩부 및 철거의 비용은 국가 또는 지방자치단체가 후보자를 위하여 부담한다(첩부 및 철거로 인한 원상복구 비용을 포함한다)(공직선거법 제122조의2 제3항 제1호).

16 ③

선거가 임박한 시기에 있어서 정당이 행하는 일간신문 등의 광고 1회의 규격은 가로 37센티미터 세로 17센티미터 이내로 하여야 하며, 후보자가 되고자 하는 자의 사진·성명(성명을 유추할 수 있는 내용을 포함한다) 기타 선거운동에 이르는 내용을 게재할 수 없다(공직선거법 제137조 제2항).

17 ③

누구든지 기표소 안에서 투표지를 촬영하여서는 아니 된다(공직선거법 제166조의2 제1항).

18 ①

사전투표소에서 투표를 개시하는 때에는 사전투표관리관은 사전투표함 및 기표소 내외의 이상유무에 관하여 검사하여야 하며, 이에는 사전투표참관인이 참관하여야 한다. 다만, 사전투표개시시각까지 사전투표참관인이 참석하지 아니한 때에는 최초로 투표하러 온 선거인으로 하여금 참관하게 하여야 한다(공직선거법 제155조 제4항).

> **공직선거법 제155조(투표시간)** 개정
> ① 투표소는 선거일 오전 6시에 열고 오후 6시(보궐선거 등에 있어서는 오후 8시)에 닫는다. 다만, 마감할 때에 투표소에서 투표하기 위하여 대기하고 있는 선거인에게는 번호표를 부여하여 투표하게 한 후에 닫아야 한다.
> ② 사전투표소는 사전투표기간 중 매일 오전 6시에 열고 오후 6시에 닫되, 제148조제1항제3호에 따라 설치하는 사전투표소는 관할 구·시·군선거관리위원회가 예상 투표자수 등을 고려하여 투표시간을 조정할 수 있다. 이 경우 제1항 단서의 규정은 사전투표소에 이를 준용한다.
> ③ 투표를 개시하는 때에는 투표관리관은 투표함 및 기표소내외의 이상유무에 관하여 검사하여야 하며, 이에는 투표참관인이 참관하여야 한다. 다만, 투표개시시각까지 투표참관인이 참석하지 아니한 때에는 최초로 투표하러 온 선거인으로 하여금 참관하게 하여야 한다.
> ④ 사전투표소에서 투표를 개시하는 때에는 사전투표관리관은 사전투표함 및 기표소내외의 이상유무에 관하여 검사하여야 하며, 이에는 사전투표참관인이 참관하여야 한다. 다만, 사전투표개시시각까지 사전투표참관인이 참석하지 아니한 때에는 최초로 투표하러 온 선거인으로 하여금 참관하게 하여야 한다.
> ⑤ 사전투표·거소투표 및 선상투표는 선거일 오후 6시(보궐선거등에 있어서는 오후 8시)까지 관할구·시·군선거관리위원회에 도착되어야 한다.
> ⑥ 제1항 본문 및 제2항 전단에도 불구하고 격리자등이 선거권을 행사할 수 있도록 격리자등에 한정하여서는 투표소를 오후 6시 30분에 열고 오후 7시 30분에 닫으며, 사전투표소(제148조제1항제3호에 따라 설치하는 사전투표소를 제외하고 사전투표기간 중 둘째 날의 사전투표소에 한정한다. 이하 이 항에서 같다)는 오후 6시 30분에 열고 오후 8시에 닫는다. 다만, 농산어촌 지역에 거주하는 고령자·장애인·임산부 등 교통약자인 격리자등은 관할 보건소로부터 일시적 외출의 필요성을 인정받은 경우 오후 6시 전에도 투표소 또는 사전투표소에서 투표할 수 있다.
> ⑦ 제6항 본문에 따라 투표하는 경우 제5항, 제176조제4항, 제218조의16제2항 및 제218조의24제2항부터 제4항까지의 규정 중 "선거일 오후 6시"를 각각 "선거일 오후 7시 30분"으로 본다.

19 ②

주민등록이 되어 있지 아니하고 재외선거인명부에 올라 있지 아니한 사람으로서 외국에서 투표하려는 선거권자는 대통령선거와 임기만료에 따른 비례대표국회의원선거를 실시하는 때마다 해당 선거의 선거일 전 60일까지 공관을 직접 방문하여 서면으로 신청하는 방법, 관할구역을 순회하는 공관에 근무하는 직원에게 직접 서면으로 신청하는 방법, 우편 또는 전자우편을 이용하거나 중앙선거관리위원회 홈페이지를 통하여 신청하는 방법 중 어느 하나에 해당하는 방법으로 중앙선거관리위원회에 재외선거인 등록신청을 하여야 한다(공직선거법 제218조의5 제1항).

20 ②

법무부장관은 국외에서 공직선거법에서 금지하는 행위를 하였다고 인정할 만한 상당한 이유가 있는 외국인에 대하여 입국을 금지할 수 있다. 다만, 수사에 응하기 위하여 입국하려는 때에는 그러하지 아니하다(공직선거법 제218조의31 제1항).

제18회 정답 및 해설

문제편 154p

✓ 정답

01	①	02	①	03	①	04	③	05	①
06	②	07	④	08	②	09	④	10	③
11	①	12	④	13	④	14	①	15	①
16	②	17	④	18	③	19	①	20	④

01 ①

참고 선거운동을 할 수 없는 자
| 공직선거법 제60조 제1항, 2020.1.14개정 |

선거운동을 할 수 없는 자	예외로 선거운동이 가능한 경우
대한민국 국민이 아닌 자	㉠ 예비후보자·후보자의 배우자인 경우 ㉡ 영주의 체류자격 취득일 후 3년이 경과한 외국인으로서 해당 지방자치단체의 외국인등록대장에 올라 있는 사람이 그 구역에서 선거하는 지방자치단체의 의회의원 및 장의 선거에서 선거운동을 하는 경우
18세 미만인 미성년자	
선거권이 없는 자	
국가공무원과 지방공무원	㉠ 예비후보자·후보자의 배우자이거나 후보자의 직계존비속인 경우 ㉡ 정당의 당원이 될 수 있는 공무원(국회의원과 지방의회의원 외의 정무직공무원은 선거운동 못함)
각급선거관리위원회위원 또는 교육위원회의 교육위원	
다른 법령의 규정에 의하여 공무원의 신분을 가진 자	
한국은행을 포함하여 정부가 100분의 50 이상의 지분을 가지고 있는 기관의 상근임원	
농협·축협·수협·임협·엽연초생산협동조합의 상근임원과 이들 조합의 중앙회장 및 상근직원	
지방공사와 지방공단의 상근임원	
정당의 당원이 될 수 없는 사립학교교원	예비후보자·후보자의 배우자이거나 후보자의 직계존비속인 경우
예비군 중대장급 이상의 간부	
통·리·반의 장	
읍·면·동주민자치센터에 설치된 주민자치위원회위원	
특별법에 의하여 설립된 국민운동단체로서 국가 또는 지방자치단체의 출연 또는 보조를 받는 단체(바르게살기운동협의회·새마을운동협의회·한국자유총연맹을 말한다)의 상근 임·직원 및 이들 단체 등(시·도조직 및 구·시·군조직을 포함한다)의 대표자	
선상투표신고를 한 선원이 승선하고 있는 선박의 선장	

02 ①

대통령선거의 선거기간은 후보자등록마감일의 다음 날부터 선거일까지이다(공직선거법 제33조 제3항).

> **공직선거법 제33조(선거기간)**
> ① 선거별 선거기간은 다음 각 호와 같다.
>   1. 대통령선거는 23일
>   2. 국회의원선거와 지방자치단체의 의회의원 및 장의 선거는 14일
> ② 삭제 〈2004.3.12.〉
> ③ "선거기간"이란 다음 각 호의 기간을 말한다.
>   1. 대통령선거 : 후보자등록마감일의 다음 날부터 선거일까지
>   2. 국회의원선거와 지방자치단체의 의회의원 및 장의 선거 : 후보자등록마감일 후 6일부터 선거일까지

03 ①

이 법에서 "선거인"이란 선거권이 있는 사람으로서 선거인명부 또는 재외선거인명부에 올라 있는 사람을 말한다(공직선거법 제3조).

04 ③

선거인명부에 오를 자격이 있는 국내에 거주하는 사람으로서 제4항 제1호부터 제5호까지에 해당하는 사람(제15조 제2항 제3호에 따른 외국인은 제외한다)은 선거인명부작성기간 중 구·시·군의 장에게 서면으로 신고(이하 "거소투표신고"라 한다)를 할 수 있다. 이 경우 우편에 의한 거소투표신고는 등기우편으로 처리하되, 그 우편요금은 국가 또는 해당 지방자치단체가 부담한다(공직선거법 제38조 제1항).

05 ①

외국인인 주민은 대통령선거와 국회의원선거의 선거권이 인정되지 않는다(공직선거법 제15조 제2항).

> **공직선거법 제15조(선거권)**
> ① 18세 이상의 국민은 대통령 및 국회의원의 선거권이 있다. 다만, 지역구국회의원의 선거권은 18세 이상의 국민으로서 제37조 제1항에 따른 선거인명부작성기준일 현재 다음 각 호의 어느 하나에 해당하는 사람에 한하여 인정된다.
>   1. 「주민등록법」 제6조 제1항 제1호 또는 제2호에 해당하는 사람으로서 해당 국회의원지역선거구 안에 주민등록이 되어 있는 사람
>   2. 「주민등록법」 제6조 제1항 제3호에 해당하는 사람으로서 주민등록표에 3개월 이상 계속하여 올라 있고 해당 국회의원지역선거구 안에 주민등록이 되어 있는 사람
> ② 18세 이상으로서 제37조 제1항에 따른 선거인명부작성기준일 현재 다음 각 호의 어느 하나에 해당하는 사람은 그 구역에서 선거하는 지방자치단체의 의회의원 및 장의 선거권이 있다.
>   1. 「주민등록법」 제6조 제1항 제1호 또는 제2호에 해당하는 사람으로서 해당 지방자치단체의 관할 구역에 주민등록이 되어 있는 사람
>   2. 「주민등록법」 제6조 제1항 제3호에 해당하는 사람으로서 주민등록표에 3개월 이상 계속하여 올라 있고 해당 지방자치단체의 관할구역에 주민등록이 되어 있는 사람
>   3. 「출입국관리법」 제10조에 따른 영주의 체류자격 취득일 후 3년이 경과한 외국인으로서 같은 법 제34조에 따라 해당 지방자치단체의 외국인등록대장에 올라 있는 사람

06 ②

우리나라는 소선거구제를 채택하고 있으며(공직선거법 제21조 제2항), 다만 지역구 자치구·시·군의회의원선거에서는 하나의 자치구·시·군의회의원지역구에서 유효득표의 다수를 얻은 자 순으로 2인 이상 4인 이하를 선출함으로써 중선거구제를 채택하고 있다(공직선거법 제26조 제2항).

07 ④

국회의원선거구획정위원회는 국회의원지역구를 획정함에 있어서 국회에 의석을 가진 정당에게 선거구획정에 대한 의견진술의 기회를 부여하여야 한다(공직선거법 제24조 제10항).

08 ②

정당은 선거에 있어 선거구별로 선거할 정수범위 안에서 그 소속당원을 후보자로 추천할 수 있다. 다만, 비례대표 자치구·시·군의원의 경우에는 그 정수 범위를 초과하여 추천할 수 있다(공직선거법 제47조 제1항).

09 ④

정당은 후보자등록 후에는 등록된 후보자에 대한 추천을 취소 또는 변경할 수 없으며, 비례대표국회의원후보자명부(비례대표지방의회의원후보자명부를 포함)에 후보자를 추가하거나 그 순위를 변경할 수 없다. 다만, 후보자등록기간 중 정당추천후보자가 사퇴·사망하거나, 소속정당의 제명이나 중앙당의 시·도당 창당승인취소 외의 사유로 인하여 등록이 무효로 된 때에는 예외로 하되, 비례대표국회의원후보자명부에 후보자를 추가할 경우에는 그 순위는 이미 등록된 자의 다음으로 한다(공직선거법 제50조 제1항).

10 ③

농업협동조합법·수산업협동조합법·산림조합법·엽연초생산협동조합법에 의하여 설립된 조합의 상근 임원과 이들 조합의 중앙회장으로서 후보자가 되려는 사람은 선거일 전 90일까지 그 직을 그만두어야 한다(공직선거법 제53조 제1항 제5호).

11 ①

기탁금은 체납처분이나 강제집행의 대상이 되지 아니한다(공직선거법 제56조 제2항).

12 ④

읍·면·동선거관리위원회를 제외한 각급선거관리위원회는 선거부정을 감시하고 공정선거를 지원하기 위하여 공정선거지원단을 둔다(공직선거법 제10조의2 제1항). 〈2018.4.6. 개정〉

13 ④

비례대표국회의원선거 및 비례대표지방의회의원선거는 예비후보자등록에서 제외된다(공직선거법 제60조의2 제1항).

> **공직선거법 제60조의2(예비후보자등록)**
> ① 예비후보자가 되려는 사람(비례대표국회의원선거 및 비례대표지방의회의원선거는 제외한다)은 다음 각 호에서 정하는 날(그날 후에 실시사유가 확정된 보궐선거 등에 있어서는 그 선거의 실시사유가 확정된 때)부터 관할선거구선거관리위원회에 예비후보자등록을 서면으로 신청하여야 한다.
> 1. 대통령선거
>   선거일 전 240일
> 2. 지역구국회의원선거 및 시·도지사선거
>   선거일 전 120일
> 3. 지역구시·도의회의원선거, 자치구·시의 지역구의회의원 및 장의 선거
>   선거기간개시일 전 90일
> 4. 군의 지역구의회의원 및 장의 선거
>   선거기간개시일 전 60일

14 ①

예비후보자는 자신의 성명·사진·전화번호·학력(정규학력과 이에 준하는 외국의 교육과정을 이수한 학력)·경력, 그밖에 홍보에 필요한 사항을 게재한 길이 9센티미터 너비 5센티미터 이내의 명함을 직접 주거나 지지를 호소하는 행위로 선거운동을 할 수 있다. 다만, 선박·정기여객자동차·열차·전동차·항공기의 안과 그 터미널·역·공항의 개찰구 안, 병원·종교시설·극장의 옥내(대관 등으로 해당시설이 본래 용도와 용도를 이용되는 경우 제외) 주거나 지지를 호소하는 행위는 그러하지 아니하다(공직선거법 제60조의3 제1항 제2호).

15 ①

선거운동에 사용하는 선거벽보에는 후보자만의 사진을 부착할 수 있다(공직선거법 제64조 제1항).

> **공직선거법 제64조(선거벽보)**
> ① 선거운동에 사용하는 선거벽보에는 후보자의 사진(후보자만의 사진을 말한다)·성명·기호(제150조에 따라 투표용지에 인쇄할 정당 또는 후보자의 게재순위를 말한다. 이하 같다)·정당추천후보자의 소속정당명(무소속후보자는 "무소속"이라 표시한다)·경력[학력을 게재하는 경우에는 정규학력과 이에 준하는 외국의 교육과정을 이수한 학력 외에는 게재할 수 없다. 이 경우 정규학력을 게재하는 경우에는 졸업 또는 수료당시의 학교명(중퇴한 경우에는 수학기간을 함께 기재하여야 한다)을 기재하고, 정규학력에 준하는 외

국의 교육과정을 이수한 학력을 게재하는 때에는 그 교육과정명과 수학기간 및 학위를 취득한 때의 취득 학위명을 기재하여야 하며, 정규학력의 최종학력과 외국의 교육과정을 이수한 학력은 제49조 제4항 제6호에 따라 학력증명서를 제출한 학력에 한하여 기재할 수 있다. 이하 같다]·정견 및 소속정당의 정강·정책 그 밖의 홍보에 필요한 사항(지역구국회의원선거에 있어서는 비례대표국회의원후보자명단을, 지역구 시·도의원선거에 있어서는 비례대표시·도의원후보자 명단을, 지역구 자치구·시·군의원선거에 있어서는 비례대표자치구·시·군의원후보자명단을 포함하며, 후보자 외의 자의 인물사진을 제외한다)을 게재하여 동에 있어서는 인구 500명에 1매, 읍에 있어서는 인구 250명에 1매, 면에 있어서는 인구 100명에 1매의 비율을 한도로 작성·첨부한다. 다만, 인구밀집상태 및 첨부장소 등을 감안하여 중앙선거관리위원회규칙으로 정하는 바에 따라 인구 1천명에 1매의 비율까지 조정할 수 있다.

② 제1항의 기탁금은 체납처분이나 강제집행의 대상이 되지 아니한다.
③ 제261조에 따른 과태료 및 제271조에 따른 불법시설물 등에 대한 대집행비용은 제1항의 기탁금(제60조의2제2항의 기탁금을 포함한다)에서 부담한다. 〈개정 2010. 1. 25.〉
④ 제1항에 따라 장애인 또는 39세 이하의 사람이 납부하는 기탁금의 감액비율은 중복하여 적용하지 아니한다. 〈신설 2022. 4. 20.〉

16 ②

비례대표국회의원선거에서 총 20회 이내의 신문광고를 할 수 있다(공직선거법 제69조 제1항 제2호).

> **공직선거법 제69조(신문광고)**
> ① 후보자등록을 신청하는 자는 등록신청 시에 후보자 1명마다 다음 각 호의 기탁금(후보자등록을 신청하는 사람이 「장애인복지법」 제32조에 따라 등록한 장애인이거나 선거일 현재 29세 이하인 경우에는 다음 각 호에 따른 기탁금의 100분의 50에 해당하는 금액을 말하고, 30세 이상 39세 이하인 경우에는 다음 각 호에 따른 기탁금의 100분의 70에 해당하는 금액을 말한다)을 중앙선거관리위원회규칙으로 정하는 바에 따라 관할선거구선거관리위원회에 납부하여야 한다. 이 경우 예비후보자가 해당 선거의 같은 선거구에 후보자등록을 신청하는 때에는 제60조의2제2항에 따라 납부한 기탁금을 제외한 나머지 금액을 납부하여야 한다. 〈개정 1997. 11. 14., 2000. 2. 16., 2001. 10. 8., 2002. 3. 7., 2010. 1. 25., 2012. 1. 17., 2020. 3. 25., 2022. 4. 20.〉
> 1. 대통령선거는 3억원
> 2. 지역구국회의원선거는 1천500만원
> 2의2. 비례대표국회의원선거는 500만원
> 3. 시·도의회의원선거는 300만원
> 4. 시·도지사선거는 5천만원
> 5. 자치구·시·군의 장 선거는 1천만원
> 6. 자치구·시·군의원선거는 200만원

17 ④

후보자와 후보자가 지명하는 연설원은 소속정당의 정강·정책이나 후보자의 정견 기타 홍보에 필요한 사항을 발표하기 위하여 정해진 바에 따라 선거운동기간 중 텔레비전 및 라디오 방송시설을 이용한 연설을 할 수 있다(공직선거법 제71조 제1항).

> **공직선거법 제71조(후보자 등의 방송연설)**
> ① 후보자와 후보자가 지명하는 연설원은 소속정당의 정강·정책이나 후보자의 정견 기타 홍보에 필요한 사항을 발표하기 위하여 다음 각 호에 의하여 선거운동기간 중 텔레비전 및 라디오 방송시설[제70조(방송광고) 제1항의 규정에 의한 방송시설을 말한다. 이하 이 조에서 같다]을 이용한 연설을 할 수 있다.
> 1. 대통령선거
>   후보자와 후보자가 지명한 연설원이 각각 1회 20분 이내에서 텔레비전 및 라디오 방송별 각 11회 이내
> 2. 비례대표국회의원선거
>   정당별로 비례대표국회의원후보자 중에서 선임된 대표 2인이 각각 1회 10분 이내에서 텔레비전 및 라디오 방송별 각 1회
> 3. 지역구국회의원선거 및 자치구·시·군의 장 선거
>   후보자가 1회 10분 이내에서 지역방송시설을 이용하여 텔레비전 및 라디오 방송별 각 2회 이내
> 4. 비례대표시·도의원선거
>   정당별로 비례대표시·도의원선거구마다 당해 선거의 후보자 중에서 선임된 대표 1인이 1회 10분 이내에서 지역방송시설을 이용하여 텔레비전 및 라디오 방송별 각 1회
> 5. 시·도지사선거
>   후보자가 1회 10분 이내에서 지역방송시설을 이용하여 텔레비전 및 라디오 방송별 각 5회 이내

18 ③

누구든지 선거운동을 하도록 권유·약속하기 위하여 선거구민에 대하여 신분증명서·문서 기타 인쇄물을 발급·배부 또는 징구하거나 하게 할 수 없다(공직선거법 제93조 제3항).

19 ①

선거비용제한액을 산정하는 때에는 당해 선거의 직전 임기만료에 의한 선거의 선거일이 속하는 달의 말일부터 제122조(선거비용제한액의 공고)의 규정에 의한 공고일이 속하는 달의 전전달 말일까지의 전국소비자물가변동률(「통계법」 제3조의 규정에 의하여 통계청장이 매년 고시하는 전국소비자물가변동률을 말한다)을 감안하여 정한 비율(이하 "제한액산정비율"이라 한다)을 적용하여 증감할 수 있다. 이 경우 그 제한액산정비율은 관할선거구선거관리위원회가 해당 선거 때마다 정한다(공직선거법 제121조 제2항).

20 ④

중앙선거관리위원회는 제출된 정당별 비례대표국회의원 후보자명부에 기재된 당선인으로 될 순위에 따라 정당에 배분된 비례대표국회의원의 당선인을 결정한다(공직선거법 제189조 제4항).

정답 및 해설

정답

01	④	02	①	03	③	04	①	05	②
06	④	07	①	08	①	09	③	10	②
11	②	12	①	13	④	14	①	15	④
16	①	17	④	18	②	19	③	20	③

01 ④

비례대표국회의원 또는 비례대표지방의회의원이 소속정당의 합당·해산 또는 제명 외의 사유로 당적을 이탈·변경하거나 2 이상의 당적을 가지고 있는 때에는 「국회법」제136조(퇴직) 또는 「지방자치법」제78조(의원의 퇴직)의 규정에 불구하고 퇴직된다. 다만, 비례대표국회의원이 국회의장으로 당선되어 「국회법」규정에 의하여 당적을 이탈한 경우에는 그러하지 아니하다(공직선거법 제192조 제4항).

02 ①

천재·지변 기타 부득이한 사유로 인하여 선거를 실시할 수 없거나 실시하지 못한 때에는 대통령선거와 국회의원선거에 있어서는 대통령이, 지방의회의원 및 지방자치단체의 장의 선거에 있어서는 관할선거구선거관리위원회위원장이 당해 지방자치단체의 장(직무대행자를 포함한다)과 협의하여 선거를 연기하여야 한다(공직선거법 제196조 제1항).

03 ③

동시선거에 있어서 투표용지는 색도 또는 지질 등을 달리하는 등 중앙선거관리위원회규칙이 정하는 바에 따라 선거별로 구분이 되도록 작성·교부할 수 있다(공직선거법 제211조 제1항).

04 ①

임기만료에 의한 지방자치단체의 의회의원 및 장의 선거를 동시에 실시하는 경우 개표진행 및 결과공표는 제178조 제1항·제3항에도 불구하고 읍·면·동을 단위로 할 수 있다(공직선거법 제216조 제2항).

05 ②

대통령선거 및 국회의원선거에 있어서 당선의 효력에 이의가 있는 정당(후보자를 추천한 정당에 한한다) 또는 후보자는 당선인결정일부터 30일 이내에 제52조 제1항·제3항 또는 제192조 제1항부터 제3항까지의 사유에 해당함을 이유로 하는 때에는 당선인을, 제187조(대통령당선인의 결정·공고·통지) 제1항·제2항, 제188조(지역구국회의원당선인의 결정·공고·통지) 제1항 내지 제4항, 제189조(비례대표국회의원의석의 배분과 당선인의 결정·공고·통지) 또는 제194조(당선인의 재결정과 비례대표국회의원의석 및 비례대표지방의회의원의석의 재배분) 제4항의 규정에 의한 결정의 위법을 이유로 하는 때에는 대통령선거에 있어서는 그 당선인을 결정한 중앙선거관리위원회위원장 또는 국회의장을, 국회의원선거에 있어서는 당해 선거구선거관리위원회위원장을 각각 피고로 하여 대법원에 소를 제기할 수 있다(공직선거법 제223조 제1항).

06 ④

자유선거원칙은 헌법에 규정되지 않았다. 헌법 제41조 제1항은 "국회는 국민의 보통·평등·직접·비밀선거에 의하여 선출된 국회의원으로 구성한다."라고 규정하고 있으나, 자유선거원칙도 선거의 원칙으로서 당연히 인정된다.

07 ①

각급선거관리위원회(읍·면·동선거관리위원회를 제외한다)는 사회단체 등이 불공정한 활동을 하는 때에는 경고·중지 또는 시정명령을 하여야 하며, 그 행위가 선거운동에 이르거나 선거관리위원회의 중지 또는 시정명령을 이행하지 아니하는 때에는 고발 등 필요한 조치를 하여야 한다(공직선거법 제10조 제3항).

08 ①

선거기사심의위원회의 구성과 운영에 관하여 필요한 사항은 언론중재위원회가 정한다(공직선거법 제8조의3 제7항).

09 ③

인터넷선거보도심의위원회는 국회에 교섭단체를 구성한 정당이 추천하는 각 1인과 방송통신심의위원회, 언론중재위원회, 학계, 법조계, 인터넷 언론단체 및 시민단체 등이 추천하는 자를 포함하여 중앙선거관리위원회가 위촉하는 11인 이내의 위원으로 구성하며, 위원의 임기는 3년으로 한다. 이 경우 위원정수에 관하여는 제8조의2 제2항 후단을 준용한다(공직선거법 제8조의5 제2항).

10 ②

중앙선거관리위원회는 법령의 범위안에서 선거관리·국민투표관리 또는 정당사무에 관한 규칙을 제정할 수 있으며, 법률에 저촉되지 아니하는 범위 안에서 내부규율에 관한 규칙을 제정할 수 있다(헌법 제114조 제6항).

11 ②

㉠, ㉡, ㉢은 피선거권이 없다.

> **공직선거법 제19조(피선거권이 없는 자)**
> 선거일 현재 다음 각 호의 어느 하나에 해당하는 자는 피선거권이 없다.
> 1. 제18조(선거권이 없는 자) 제1항 제1호·제3호 또는 제4호에 해당하는 자
> 2. 금고 이상의 형의 선고를 받고 그 형이 실효되지 아니한 자
> 3. 법원의 판결 또는 다른 법률에 의하여 피선거권이 정지되거나 상실된 자
> 4. 「국회법」 제166조(국회 회의 방해죄)의 죄를 범한 자로서 다음 각 목의 어느 하나에 해당하는 자(형이 실효된 자를 포함한다)
>   가. 500만원 이상의 벌금형의 선고를 받고 그 형이 확정된 후 5년이 경과되지 아니한 자
>   나. 형의 집행유예의 선고를 받고 그 형이 확정된 후 10년이 경과되지 아니한 자
>   다. 징역형의 선고를 받고 그 집행을 받지 아니하기로 확정된 후 또는 그 형의 집행이 종료되거나 면제된 후 10년이 경과되지 아니한 자
> 5. 제230조 제6항의 죄를 범한 자로서 벌금형의 선고를 받고 그 형이 확정된 후 10년을 경과하지 아니한 자(형이 실효된 자도 포함한다)

12 ①

국회의원선거구획정위원회와 자치구·시·군의원선거구획정위원회로부터 선거구획정업무에 필요한 자료의 요청을 받은 국가기관 및 지방자치단체는 지체 없이 이에 따라야 한다(공직선거법 제24조 제9항, 제24조의3 제7항).

13 ④

㉠, ㉡, ㉢, ㉣, ㉤ 지방의회의원과 지방자치단체장선거는 임기만료일 전 30일 이후 첫 번째 수요일에 실시한다(공직선거법 제34조 제1항 제3호).

> **공직선거법 제34조(선거일)**
> ① 임기만료에 의한 선거의 선거일은 다음 각 호와 같다.
>   1. 대통령선거는 그 임기만료일 전 70일 이후 첫 번째 수요일
>   2. 국회의원선거는 그 임기만료일 전 50일 이후 첫 번째 수요일
>   3. 지방의회의원 및 지방자치단체의 장의 선거는 그 임기만료일 전 30일 이후 첫 번째 수요일
> ② 제1항의 규정에 의한 선거일이 국민생활과 밀접한 관련이 있는 민속절 또는 공휴일인 때와 선거일 전일이나 그 다음날이 공휴일인 때에는 그 다음 주의 수요일로 한다.

14 ①

선거인명부에 오를 자격이 있는 국내에 거주하는 사람으로서 제4항 제1호부터 제5호까지에 해당하는 사람(제15조 제2항 제3호에 따른 외국인은 제외한다)은 선거인명부작성기간 중 구·시·군의 장에게 서면으로 신고(이하 "거소투표신고"라 한다)를 할 수 있다. 이 경우 우편에 의한 거소투표신고는 등기우편으로 처리하되, 그 우편요금은 국가 또는 해당 지방자치단체가 부담한다(공직선거법 제38조 제1항).

15 ④

천재지변, 그 밖의 사고로 인하여 선거인명부(거소·선상투표신고인명부를 포함한다. 이하 이 조에서 같다)가 멸실·훼손된 경우 선거의 실시를 위하여 필요한 때에는 구·시·군의 장은 다시 선거인명부를 작성하여야 한다. 다만, 제38조 제6항에 따라 송부한 거소·선상투표신고인명부의 등본이 있는 때에는 거소·선상투표신고인명부를 다시 작성하지 아니할 수 있다(공직선거법 제45조 제1항).

16 ①

㉤ 경기도지방의회의원선거 후보자등록신청을 하는 자는 기탁금 300만원을 납부하여야 한다. 시·군·자치구의회의원선거 기탁금은 200만원이다(공직선거법 제56조 제1항).

> **공직선거법 제56조(기탁금)** 〔개정〕
> ① 후보자등록을 신청하는 자는 등록신청 시에 후보자 1명마다 다음 각 호의 기탁금(후보자등록을 신청하는 사람이 「장애인복지법」 제32조에 따라 등록한 장애인이거나 선거일 현재 29세 이하인 경우에는 다음 각 호에 따른 기탁금의 100분의 50에 해당하는 금액을 말하고, 30세 이상 39세 이하인 경우에는 다음 각 호에 따른 기탁금의 100분의 70에 해당하는 금액을 말한다)을 중앙선거관리위원회규칙으로 정하는 바에 따라 관할선거구선거관리위원회에 납부하여야 한다. 이 경우 예비후보자가 해당 선거의 같은 선거구에 후보자등록을 신청하는 때에는 제60조의2제2항에 따라 납부한 기탁금을 제외한 나머지 금액을 납부하여야 한다.
>   1. 대통령선거는 3억원
>   2. 지역구국회의원선거는 1천500만원
>   2의2. 비례대표국회의원선거는 500만원
>   3. 시·도의회의원선거는 300만원
>   4. 시·도지사선거는 5천만원
>   5. 자치구·시·군의 장 선거는 1천만원
>   6. 자치구·시·군의원선거는 200만원
> ② 제1항의 기탁금은 체납처분이나 강제집행의 대상이 되지 아니한다.
> ③ 제261조에 따른 과태료 및 제271조에 따른 불법시설물 등에 대한 대집행비용은 제1항의 기탁금(제60조의2제2항의 기탁금을 포함한다)에서 부담한다.
> ④ 제1항에 따라 장애인 또는 39세 이하의 사람이 납부하는 기탁금의 감액비율은 중복하여 적용하지 아니한다.

17 ④

병역사항으로는 후보자 및 후보자의 직계비속의 군별·계급·복무기간·복무분야·병역처분사항 및 병역처분사유[「공직자 등의 병역사항 신고 및 공개에 관한 법률」 제8조(신고사항의 공개) 제3항의 규정에 따라 질병명 또는 심신장애내용의 비공개를 요구하는 경우에는 이를 제외한다]을 게재한다(공직선거법 제65조 제8항 제2호).

18 ②

서울특별시장선거에서 경력방송은 텔레비전 및 라디오 방송별로 각 3회 이상 한다(공직선거법 제73조 제2항 제3호).

19 ③

선거비용제한액 산정을 위한 인구수의 기준일, 제한액산정비율의 결정 기타 필요한 사항은 중앙선거관리위원회규칙으로 정한다(공직선거법 제121조 제3항).

20 ③

선거사무장·선거연락소장·선거사무원·활동보조인 및 회계책임자에 대하여는 수당과 실비를 지급할 수 있다. 다만, 정당의 유급사무직원, 국회의원과 그 보좌관·비서관·비서 또는 지방의회의원이 선거사무장등을 겸한 때에는 실비만을 보상할 수 있으며, 후보자등록신청개시일부터 선거기간개시일 전일까지는 후보자로서 신고한 선거사무장등에게 수당과 실비를 지급할 수 없다(공직선거법 제135조 제1항).

제20회 정답 및 해설

문제편 164p

✓ 정답

01	①	02	①	03	④	04	③	05	①
06	④	07	①	08	③	09	②	10	①
11	②	12	④	13	①	14	④	15	①
16	②	17	①	18	②	19	④	20	②

01 ①

㉢ 사이버공정선거지원단은 정당의 당원이 아닌 중립적이고 공정한 자로 구성한다(공직선거법 제10조의3 제3항). 〈2018.4.6.개정〉

02 ①

중앙선거관리위원회는 대통령이 임명하는 3인, 국회에서 선출하는 3인과 대법원장이 지명하는 3인의 위원으로 구성한다. 위원장은 위원 중에서 호선한다(헌법 제114조 제2항).

03 ④

중앙선거관리위원회는 이 법에 특별한 규정이 있는 경우를 제외하고는 선거사무를 통할·관리하며, 하급선거관리위원회(투표관리관 및 사전투표관리관을 포함) 및 제218조에 따른 재외선거관리위원회와 제218조의2에 따른 재외투표관리관의 위법·부당한 처분에 대하여 이를 취소하거나 변경할 수 있다(공직선거법 제12조 제1항).

04 ③

지방자치단체의 설치·폐지·분할 또는 합병에 따른 지방자치단체의 장 선거는 그 선거의 실시사유가 확정된 때부터 60일 이내의 기간 중 관할선거구선거관리위원회 위원장이 해당 지방자치단체의 장(직무대행자를 포함한다)과 협의하여 정하는 날에 실시한다. 이 경우 관할선거구선거관리위원회 위원장은 선거일 전 30일까지 그 선거일을 공고하여야 한다(공직선거법 제35조 제2항 제2호).

05 ①

18세 이상으로서 선거인명부작성기준일 현재 영주의 체류자격 취득일 후 3년이 경과한 외국인으로서 해당 지방자치단체의 외국인등록대장에 올라 있는 사람은 그 구역에서 선거하는 지방자치단체의 의회의원 및 장의 선거권이 있다(공직선거법 제15조 제2항 제3호).

06 ④

대통령 및 비례대표국회의원은 전국을 단위로 하여 선거한다(공직선거법 제20조 제1항).

> **공직선거법 제20조(선거구)**
> ① 대통령 및 비례대표국회의원은 전국을 단위로 하여 선거한다.
> ② 비례대표시·도의원은 당해 시·도를 단위로 선거하며, 비례대표자치구·시·군의원은 당해 자치구·시·군을 단위로 선거한다.
> ③ 지역구국회의원, 지역구지방의회의원(지역구시·도의원 및 지역구자치구·시·군의원을 말한다. 이하 같다)은 당해 의원의 선거구를 단위로 하여 선거한다.
> ④ 지방자치단체의 장은 당해 지방자치단체의 관할구역을 단위로 하여 선거한다.

07 ①

하나의 국회의원지역선거구에서 선출할 국회의원의 정수는 1인으로 한다(공직선거법 제21조 제2항).

08 ③

임기 중에 사망·사퇴시는 보궐선거 사유에 해당한다.

09 ②

구·시·군의 장은 거소·선상투표신고인명부를 작성한 때에는 즉시 그 등본(전산자료 복사본을 포함) 각 1통을 관할구·시·군선거관리위원회에 송부하여야 한다(공직선거법 제38조 제6항).

10 ①

관할선거구 안에 주민등록이 된 선거권자는 각 선거(비례대표국회의원선거 및 비례대표지방의회의원선거 제외)별로 정당의 당원이 아닌 자를 당해 선거구의 후보자(이하 "무소속후보자"라 한다)로 추천할 수 있다(공직선거법 제48조 제1항).

11 ②

대통령선거의 후보자는 후보자의 등록이 끝난 때부터 개표종료 시까지 사형·무기 또는 장기 7년 이상의 징역이나 금고에 해당하는 죄를 범한 경우를 제외하고는 현행범인이 아니면 체포 또는 구속되지 아니하며, 병역소집의 유예를 받는다(공직선거법 제11조 제1항).

12 ④

제268조 제1항 본문에도 불구하고 국외에서 범한 이 법에 규정된 죄의 공소시효는 해당 선거일 후 5년을 경과함으로써 완성한다(공직선거법 제218조의26 제1항).

13 ①

중앙선거관리위원회, 법무부, 경찰청 등은 재외선거관리위원회 또는 재외투표관리관이 행하는 재외선거사무를 지원하고 위법행위 예방 및 자료수집 등을 위하여 필요한 경우에는 공관에 소속 직원을 파견할 수 있다(공직선거법 제218조의28 제1항).

14 ④

모두 예비후보자의 등록무효사유에 해당한다.

> **참고 예비후보자등록무효사유**
> [공직선거법 제60조의2 제4항]
> ㉠ 피선거권이 없는 것이 발견된 때
> ㉡ 전과기록에 관한 증명서류를 제출하지 아니한 것이 발견된 때
> ㉢ 그 직을 가지고 입후보할 수 없는 자에 해당하는 것이 발견된 때
> ㉣ 후보자가 될 수 없는 자에 해당하는 것이 발견된 때
> ㉤ 다른 법률에 따라 공무담임이 제한되는 사람이나 후보자가 될 수 없는 사람에 해당하는 것이 발견된 때

15 ①

대통령선거 예비후보자는 선거사무소 1개소를 설치할 수 있다(공직선거법 제61조 제1항 제1호).

> **공직선거법 제61조(선거운동기구의 설치)**
> ① 선거운동 및 그 밖의 선거에 관한 사무를 처리하기 위하여 정당 또는 후보자는 다음 각 호에 따라 선거사무소와 선거연락소를, 예비후보자는 선거사무소를, 정당은 중앙당 및 시·도당의 사무소에 선거대책기구 각 1개씩을 설치할 수 있다.
> 1. 대통령선거
>   정당 또는 후보자가 설치하되, 선거사무소 1개소와 시·도 및 구·시·군(하나의 구·시·군이 2 이상의 국회의원지역구로 된 경우에는 국회의원지역구를 말한다. 이하 이 조에서 같다)마다 선거연락소 1개소
> 2. 지역구국회의원선거
>   후보자가 설치하되, 당해 국회의원지역구 안에 선거사무소 1개소. 다만, 하나의 국회의원지역구가 2 이상의 구·시·군으로 된 경우에는 선거사무소를 두지 아니하는 구·시·군마다 선거연락소 1개소
> 3. 비례대표국회의원선거 및 비례대표지방의회의원선거정당이 설치하되, 선거사무소 1개소(비례대표시·도의원선거의 경우에는 비례대표시·도의원후보자명부를 제출한 시·도마다, 비례대표자치구·시·군의원선거의 경우에는 비례대표자치구·시·군의원후보자명부를 제출한 자치구·시·군마다 선거사무소 1개소)
> 4. 지역구지방의회의원선거
>   후보자가 설치하되, 당해 선거구 안에 선거사무소 1개소
> 5. 시·도지사선거
>   후보자가 설치하되, 당해 시·도 안에 선거사무소 1개소와 당해 시·도 안의 구·시·군마다 선거연락소 1개소
> 6. 자치구·시·군의 장 선거
>   후보자가 설치하되, 당해 자치구·시·군 안에 선거사무소 1개소. 다만, 자치구가 아닌 구가 설치된 시에 있어서는 선거사무소를 두지 아니하는 구마다 선거연락소 1개소를 둘 수 있으며, 하나의 구·시·군이 2 이상의 국회의원지역구로 된 경우에는 선거사무소를 두지 아니하는 국회의원지역구마다 선거연락소 1개소를 둘 수 있다.

16 ②

후보자(대통령선거에 있어서 정당추천후보자와 비례대표국회의원선거 및 비례대표지방의회의원선거의 경우에는 그 추천정당을 말한다)는 선거운동을 위하여 책자형 선거공보 1종(대통령선거에서는 전단형 선거공보 1종을 포함한다)을 작성할 수 있다. 이 경우 비례대표국회의원선거 및 비례대표지방의회의원선거에서는 중앙선거관리위원회규칙으로 정하는 바에 따라 해당 정당이 추천한 후보자 모두의 사진·성명·학력·경력을 게재하여야 한다(공직선거법 제65조 제1항).

17 ①

대통령선거에서 공개장소에서의 연설·대담을 위하여 후보자와 시·도 및 구·시·군선거연락소마다 각 1대·각 1조의 자동차와 이에 부착된 확성장치 및 휴대용 확성장치를 각각 사용할 수 있다(공직선거법 제79조 제3항).

> 📖 **공직선거법 제79조(공개장소에서의 연설·대담)**
> ③ 공개장소에서의 연설·대담을 위하여 다음 각 호의 구분에 따라 자동차와 이에 부착된 확성장치 및 휴대용 확성장치를 각각 사용할 수 있다.
>   1. 대통령선거
>   후보자와 시·도 및 구·시·군선거연락소마다 각 1대·각 1조
>   2. 지역구국회의원선거 및 시·도지사선거
>   후보자와 구·시·군선거연락소마다 각 1대·각 1조
>   3. 지역구지방의회의원선거 및 자치구·시·군의 장 선거 후보자마다 1대·1조

18 ②

㉠ ○ 예비후보자의 선거운동에서 예비후보자 외에 독자적으로 명함을 교부하거나 지지를 호소할 수 있는 주체를 예비후보자의 배우자와 직계존·비속으로 제한한 것은, 선거운동을 할 배우자나 직계존·비속이 없는 예외적인 경우까지 고려하지 않았다고 하여 청구인들의 평등권을 침해한 것이라고 볼 수는 없다(헌재 2011.8.30. 2010헌마259).

㉡ ○ 인터넷언론사에 대하여 선거운동기간 중 당해 인터넷홈페이지의 게시판·대화방 등에 정당·후보자에 대한 지지·반대의 글을 게시할 수 있도록 하는 경우 실명을 확인받도록 하는 기술적 조치를 할 의무, 위와 같은 글이 "실명인증"의 표시가 없이 게시된 경우 이를 삭제할 의무를 부과한 것은 헌법에 위반된다(헌재 2021.1.28. 2018헌마456).

㉢ ✕ 집행유예자와 수형자의 선거권을 제한하는 법 조항은 선거권을 침해하고 헌법 제41조 제1항 및 제67조 제1항이 규정한 보통선거원칙에 위반하여 집행유예자와 수형자를 차별취급하는 것이므로 평등의 원칙에도 어긋난다. 단, 수형자에 대한 선거권 제한은 헌법불합치, 집행유예자에 대한 선거권 제한은 위헌 결정을 내렸다(헌재 2014.1.28. 2012헌마409).

㉣ ○ 18세 이상으로서 선거인명부작성기준일 현재 「출입국관리법」 제10조에 따른 영주의 체류자격 취득일 후 3년이 경과한 외국인으로서 같은 법 제34조에 따라 해당 지방자치단체의 외국인등록대장에 올라 있는 사람은 그 구역에서 선거하는 지방자치단체의 의회의원 및 장의 선거권이 있다(공직선거법 제15조 제2항 제3호).

㉤ ○ 재외선거 투표절차를 공관방문투표방법으로 정한 것은 선거권을 침해하지 않는다(헌재 2014.7.24. 2009헌마256).

19 ④

노동조합의 명의로 선거운동을 할 수 있다(공직선거법 제87조 제1항).

> 📖 **공직선거법 제87조(단체의 선거운동금지)**
> ① 다음 각 호의 어느 하나에 해당하는 기관·단체(그 대표자와 임직원 또는 구성원을 포함한다)는 그 기관·단체의 명의 또는 그 대표의 명의로 선거운동을 할 수 없다.
>   1. 국가·지방자치단체
>   2. 제53조(공무원 등의 입후보) 제1항 제4호 내지 제6호에 규정된 기관·단체
>   3. 향우회·종친회·동창회, 산악회 등 동호인회, 계 모임 등 개인 간의 사적모임
>   4. 특별법에 의하여 설립된 국민운동단체로서 국가 또는 지방자치단체의 출연 또는 보조를 받는 단체(바르게살기운동협의회·새마을운동협의회·한국자유총연맹을 말한다)
>   5. 법령에 의하여 정치활동이나 공직선거에의 관여가 금지된 단체
>   6. 후보자 또는 후보자의 가족(이하 이 항에서 "후보자 등"이라 한다)이 임원으로 있거나, 후보자등의 재산을 출연하여 설립하거나, 후보자 등이 운영경비를 부담하거나 관계법규나 규약에 의하여 의사결정에 실질적으로 영향력을 행사하는 기관·단체
>   7. 삭제 〈2005.8.4.〉

> 8. 구성원의 과반수가 선거운동을 할 수 없는 자로 이루어진 기관·단체
>
> ② 누구든지 선거에 있어서 후보자(후보자가 되고자 하는 자를 포함한다)의 선거운동을 위하여 연구소·동우회·향우회·산악회·조기축구회, 정당의 외곽단체 등 그 명칭이나 표방하는 목적 여하를 불문하고 사조직 기타 단체를 설립하거나 설치할 수 없다.

20 ②

언론기관 등이 후보자 등의 정책이나 공약에 관한 비교평가의 결과를 공표하는 때에는 평가주체, 평가단 구성·운영, 평가지표·기준·방법 등 평가의 신뢰성·객관성을 입증할 수 있는 내용을 공표하여야 하며, 비교평가와 관련 있는 자료 일체를 해당 선거의 선거일 후 6개월까지 보관하여야 한다. 이 경우 선거운동을 하거나 할 것을 표방한 단체는 지지하는 후보자등을 함께 공표하여야 한다(공직선거법 제108조의3 제3항).

제21회 정답 및 해설

정답

01	②	02	④	03	②	04	④	05	④
06	①	07	①	08	①	09	④	10	④
11	①	12	④	13	④	14	②	15	①
16	①	17	③	18	④	19	④	20	①

01 ②

ⓒ 국외에서 이 법에 규정된 죄를 범한 자로서 「형사소송법」에 따라 법원의 관할을 특정할 수 없는 자의 제1심 재판 관할은 서울중앙지방법원으로 한다(공직선거법 제218조의26 제2항).

02 ④

ⓔ 정당이 그 명의로 재해구호·장애인돕기·농촌일손돕기 등 대민 자원봉사활동을 하거나 그 자원봉사활동에 참석한 당원에게 정당의 경비로 교통편의(여비는 제외한다)와 통상적인 범위에서 식사류의 음식물을 제공하는 행위는 기부행위로 보지 않는 통상적인 정당활동과 관련한 행위이다(공직선거법 휴대전화 가상번호 제2항 제1호 자목). 그러므로 정당이 그 명의로 농촌일손돕기봉사활동에 참여한 당원에게 정당의 경비로 여비를 제공하는 행위는 기부행위로 본다.

03 ②

대통령선거 후보자가 당선되거나 사망한 경우 또는 후보자의 득표수가 유효투표총수의 100분의 15 이상인 경우에는 후보자가 지출한 선거비용의 전액을 보전한다(공직선거법 제122조의2 제1항 제1호).

공직선거법 제122조의2(선거비용의 보전 등) 개정

① 선거구선거관리위원회는 다음 각호의 규정에 따라 후보자(대통령선거의 정당추천후보자와 비례대표국회의원선거 및 비례대표지방의회의원선거에 있어서는 후보자를 추천한 정당을 말한다. 이하 이 조에서 같다)가 이 법의 규정에 의한 선거운동을 위하여 지출한 선거비용[「정치자금법」 제40조(회계보고)의 규정에 따라 제출한 회계보고서에 보고된 선거비용으로서 정당하게 지출한 것으로 인정되는 선거비용을 말한다]을 제122조(선거비용제한액의 공고)의 규정에 의하여 공고한 비용의 범위안에서 대통령선거 및 국회의원선거에 있어서는 국가의 부담으로, 지방자치단체의 의회의원 및 장의 선거에 있어서는 당해 지방자치단체의 부담으로 선거일후 보전한다. 〈개정 2004. 3. 12., 2005. 8. 4.〉

1. 대통령선거, 지역구국회의원선거, 지역구지방의회의원선거 및 지방자치단체의 장선거
  가. 후보자가 당선되거나 사망한 경우 또는 후보자의 득표수가 유효투표총수의 100분의 15 이상인 경우 후보자가 지출한 선거비용의 전액
  나. 후보자의 득표수가 유효투표총수의 100분의 10 이상 100분의 15 미만인 경우 후보자가 지출한 선거비용의 100분의 50에 해당하는 금액
2. 비례대표국회의원선거 및 비례대표지방의회의원선거후보자명부에 올라 있는 후보자중 당선인이 있는 경우에 당해 정당이 지출한 선거비용의 전액

② 제1항에 따른 선거비용의 보전에 있어서 다음 각 호의 어느 하나에 해당하는 비용은 이를 보전하지 아니한다. 〈신설 2005. 8. 4., 2010. 1. 25., 2011. 7. 28.〉

1. 예비후보자의 선거비용
2. 「정치자금법」 제40조(회계보고)의 규정에 따라 제출한 회계보고서에 보고되지 아니하거나 허위로 보고된 비용
3. 이 법에 위반되는 선거운동을 위하여 또는 기부행위제한규정을 위반하여 지출된 비용
4. 제64조 또는 제65조에 따라 선거벽보와 선거공보를 관할 구·시·군선거관리위원회에 제출한 후 그 내용을 정정하거나 삭제하는데 소요되는 비용
5. 이 법에 따라 제공하는 경우 외에 선거운동과 관련하여 지출된 수당·실비 그 밖의 비용
6. 정당한 사유 없이 지출을 증빙하는 적법한 영수증 그 밖의 증빙서류가 첨부되지 아니한 비용
7. 후보자가 자신의 차량·장비·물품 등을 사용하거나 후보자의 가족·소속 정당 또는 제3자의 차량·장비·물품 등을 무상으로 제공 또는 대여받는 등 정당 또는 후보자가 실제로 지출하지 아니한 비용
8. 청구금액이 중앙선거관리위원회규칙으로 정하는 기준에 따라 산정한 통상적인 거래가격 또는 임차가격과 비교하여 정당한 사유 없이 현저하게 비싸다고 인정되는 경우 그 초과하는 가액의 비용

9. 선거운동에 사용하지 아니한 차량·장비·물품 등의 임차·구입·제작비용
10. 휴대전화 통화료와 정보이용요금. 다만, 후보자와 그 배우자, 선거사무장, 선거연락소장 및 회계책임자가 선거운동기간 중 선거운동을 위하여 사용한 휴대전화 통화료 중 후보자가 부담하는 통화료는 보전한다.
11. 그 밖에 위 각 호의 어느 하나에 준하는 비용으로서 중앙선거관리위원회규칙으로 정하는 비용

③ 다음 각 호의 어느 하나에 해당하는 비용은 국가 또는 지방자치단체가 후보자를 위하여 부담한다. 이 경우 제3호의2 및 제5호의 비용은 국가가 부담한다. 〈개정 2004. 3. 12., 2005. 8. 4., 2007. 1. 3., 2008. 2. 29., 2010. 1. 25., 2014. 1. 17., 2015. 8. 13., 2020. 12. 29., 2022. 4. 20.〉
1. 제64조에 따른 선거벽보의 첩부 및 철거의 비용(첩부 및 철거로 인한 원상복구 비용을 포함한다)
2. 제65조에 따른 점자형 선거공보(같은 조 제11항에 따라 후보자가 제출하는 저장매체를 포함한다. 이하 이 항에서 같다)의 작성비용과 책자형 선거공보(점자형 선거공보 및 같은 조 제9항의 후보자정보공개자료를 포함한다) 및 전단형 선거공보의 발송비용과 우편요금
3. 제66조(선거공약서)제8항의 규정에 따른 점자형 선거공약서의 작성비용
3의2. 활동보조인(예비후보자로서 선임하였던 활동보조인을 포함한다)의 수당, 실비 및 산재보험료
4. 제82조의2(선거방송토론위원회 주관 대담·토론회)의 규정에 의한 대담·토론회(합동방송연설회를 포함한다)의 개최비용
5. 제82조의3(선거방송토론위원회 주관 정책토론회)의 규정에 의한 정책토론회의 개최비용
6. 제161조(投票參觀)의 규정에 의한 투표참관인 및 제162조에 따른 사전투표참관인의 수당과 식비
7. 제181조(開票參觀)의 규정에 의한 개표참관인의 수당과 식비

④ 제3항제6호에 따른 투표참관인 및 사전투표참관인 수당은 10만원으로 하고, 같은 항 제7호에 따른 개표참관인 수당은 10만원으로 한다. 이 경우 투표참관인 및 사전투표참관인의 수당과 개표참관 도중 개표참관인을 교체하는 경우의 수당은 6시간 이상 출석한 사람에게만 지급한다. 〈신설 2022. 4. 20.〉
⑤ 제1항 내지 제3항의 규정에 따른 비용의 산정 및 보전청구 그 밖에 필요한 사항은 중앙선거관리위원회규칙으로 정한다. 〈개정 2005. 8. 4., 2022. 4. 20.〉

04 ④

예비후보자의 선거비용, 휴대전화 통화료와 정보이용요금(단, 후보자와 그 배우자, 선거사무장, 선거연락소장 및 회계책임자가 선거운동기간 중 선거운동을 위하여 사용한 휴대전화 통화료 중 후보자가 부담하는 통화료는 보전), 공직선거법에 따라 제공하는 경우 외에 선거운동과 관련하여 지출된 수당·실비, 그 밖의 비용은 선거비용으로 보전하지 아니한다(공직선거법 제122조의2 제2항).

05 ④

투표관리관 및 사전투표관리관의 위촉 및 해촉, 수당, 그 밖의 필요한 사항은 중앙선거관리위원회규칙으로 정한다(공직선거법 제146조의2 제4항).

06 ①

읍·면·동선거관리위원회는 투표사무를 보조하게 하기 위하여 다음 각 호의 어느 하나에 해당하는 자 중에서 투표사무원을 위촉하되, 선거일 전 3일까지 그 성명을 공고하여야 한다(공직선거법 제147조 제9항).

07 ①

구·시·군선거관리위원회는 세대별로 선거인의 성명·선거인명부등재번호·투표소의 위치·투표할 수 있는 시간·투표할 때 가지고 가야 할 지참물, 그 밖의 투표참여를 권유하는 내용 등이 기재된 투표안내문을 작성하여 선거인명부확정일 후 2일까지 관할구역 안의 매세대에 발송하여야 한다. 이 경우 제65조 제7항에 따라 통보받은 세대에는 점자형 투표안내문을 동봉하여 발송하여야 한다(공직선거법 제153조 제1항).

08 ①

ⓑ 투표참여를 권유하는 내용을 기재하여야 하나, 강요하는 내용을 기재할 수는 없다(공직선거법 제153조 제1항).

> **공직선거법 제153조(투표안내문의 발송)**
> ① 구·시·군선거관리위원회는 세대별로 선거인의 성명·선거인명부등재번호·투표소의 위치·투표할 수 있는 시간·투표할 때 가지고 가야 할 지참물 그 밖에 투표참여를 권유하는 내용 등이 기재된 투표안내문을 작성하여 선거인명부확정일 후 2일까지 관할구역 안의 매세대에 발송하여야 한다. 이 경우 제65조 제7항에

따라 통보받은 세대에는 점자형 투표안내문을 동봉하여 발송하여야 한다.
② 제1항의 투표안내문의 발송을 위한 우편요금은 국가 또는 당해 지방자치단체가 부담한다.
③ 투표안내문의 작성은 전산조직에 의할 수 있다.
④ 투표안내문의 서식·규격 게재사항 및 우편발송절차 기타 필요한 사항은 중앙선거관리위원회규칙으로 정한다.

09 ④

선거인은 자신이 투표소에 가서 투표참관인의 참관하에 주민등록증(주민등록증이 없는 경우에는 관공서 또는 공공기관이 발행한 증명서로서 사진이 첨부되어 본인임을 확인할 수 있는 여권·운전면허증·공무원증 또는 중앙선거관리위원회규칙으로 정하는 신분증명서를 말한다. 이하 "신분증명서"라 한다)을 제시하고 본인임을 확인받은 후 선거인명부에 서명이나 날인 또는 무인하고 투표용지를 받아야 한다(공직선거법 제157조 제1항).

10 ④

대한민국 국민이 아닌 자·미성년자·제18조(선거권이 없는 자) 제1항 각호의 1에 해당하는 자·제53조(공무원 등의 입후보) 제1항 각 호의 1에 해당하는 자·후보자 또는 후보자의 배우자는 투표참관인이 될 수 없다(공직선거법 제161조 제7항).

11 ①

투표관리관 또는 투표사무원은 투표소의 질서가 심히 문란하여 공정한 투표가 실시될 수 없다고 인정하는 때에는 투표소의 질서를 유지하기 위하여 정복을 한 경찰공무원 또는 경찰관서장에게 원조를 요구할 수 있다(공직선거법 제164조 제1항).

12 ④

구·시·군선거관리위원회는 사전투표소를 설치할 때에는 선거일 전 9일까지 그 명칭·소재지 및 설치·운영기간을 공고하고, 선거사무장 또는 선거연락소장에게 이를 통지하여야 하며, 관할구역 안의 투표구마다 5개소에 공고문을 첨부하여야 한다. 사전투표소의 설치장소를 변경한 때에도 또한 같다(공직선거법 제148조 제2항).

13 ④

검사(군검사를 포함) 또는 국가경찰공무원(검찰수사관 및 군사법경찰관리를 포함)은 이 법의 규정에 위반한 행위가 있다고 인정되는 때에는 신속·공정하게 단속·수사를 하여야 한다(공직선거법 제9조 제2항).

14 ②

시·도선거관리위원회는 선상투표지 관리록에 선상투표지 수신상황과 발송상황을 적어야 한다(공직선거법 제158조의3 제11항).

15 ①

선장이 제1항에 따라 선상투표용지를 받은 때에는 즉시 해당 선상투표자에게 인계하여야 한다(공직선거법 제154조의2 제3항).

16 ①

선거인은 투표한 후보자의 성명이나 정당명을 누구에게도 또한 어떠한 경우에도 진술할 의무가 없으며, 누구든지 선거일의 투표마감시각까지 이를 질문하거나 그 진술을 요구할 수 없다. 다만, 텔레비전방송국·라디오방송국·「신문 등의 진흥에 관한 법률」 제2조 제1호 가목 및 나목에 따른 일간신문사가 선거의 결과를 예상하기 위하여 선거일에 투표소로부터 50미터 밖에서 투표의 비밀이 침해되지 않는 방법으로 질문하는 경우에는 그러하지 아니하며 이 경우 투표마감시각까지 그 경위와 결과를 공표할 수 없다(공직선거법 제167조 제2항).

17 ③

투표관리관은 투표가 끝난 후 선거인명부 기타 선거에 관한 모든 서류를 관할구·시·군선거관리위원회위원장에게 인계하여야 한다(공직선거법 제171조).

18 ④

구·시·군선거관리위원회는 개표참관인으로 하여금 개표소 안에서 개표상황을 참관하게 하여야 한다(공직선거법 제181조 제1항).

19 ④

대통령선거 후보자가 1인일 때에는 그 득표수가 선거권자 총수의 3분의 1 이상이 아니면 당선될 수 없으나(헌법 제67조 제3항), 나머지 선거의 후보자는 1인 후보일 때에는 무투표 당선된다(공직선거법 제188조 제2항).

20 ①

대통령선거는 그 선거일부터 임기만료일까지의 기간이 1년 미만인 경우라도 선거를 실시한다(공직선거법 제201조 제1항).

> **참고** 대통령선거·비례대표국회의원선거 및 비례대표지방의회의원선거를 제외하고, 다음의 경우에는 보궐선거 등을 실시하지 아니할 수 있다.
> [공직선거법 제201조 제1항]
>
> ㉠ 그 선거일부터 임기만료일까지의 기간이 1년 미만인 경우
> ㉡ 지방의회의 의원정수의 4분의 1 이상이 궐원(임기만료일까지의 기간이 1년 이상인 때에 재선거·연기된 선거 또는 재투표사유로 인한 경우를 제외함)되지 아니한 경우
> ㉢ 제219조(선거소청) 제2항 또는 제223조(당선소송)의 규정에 의하여 당선의 효력에 관한 쟁송이 계속 중인 때에는 보궐선거를 실시하지 아니한다.

MEMO

MEMO

채한태
명품공직선거법
전범위 모의고사

4판 1쇄	2024년 3월 12일
편저자	채한태
발행인	손성은
발행처	메가스터디교육(주)
디자인/제작	메가스터디DES
주소	서울시 서초구 효령로 321(서초동, 덕원빌딩)
전화	02-3498-4202
팩스	02-3498-4344
등록	제 2020-000118 호
ISBN	979-11-6722-629-7　13360
정가	18,000원

이 책에 실린 모든 내용에 대한 저작권은 메가스터디교육(주)에 있으므로 무단으로 전재하거나 복제, 배포할 수 없습니다.
파본이나 잘못된 책은 구입처에서 바꾸어 드립니다.

채한태
명품공직선거법

탁월한 적중률! 합격의 동반자!